Rechtspopulismus im Fokus

Lukas Boehnke · Malte Thran
Jacob Wunderwald
(Hrsg.)

Rechtspopulismus im Fokus

Theoretische und praktische
Herausforderungen
für die politische Bildung

 Springer VS

Hrsg.
Lukas Boehnke
Merseburg, Deutschland

Jacob Wunderwald
Merseburg, Deutschland

Malte Thran
Merseburg, Deutschland

ISBN 978-3-658-24298-5   ISBN 978-3-658-24299-2   (eBook)
https://doi.org/10.1007/978-3-658-24299-2

Die Deutsche Nationalbibliothek verzeichnet diese Publikation in der Deutschen National-
bibliografie; detaillierte bibliografische Daten sind im Internet über http://dnb.d-nb.de abrufbar.

Springer VS ist ein Imprint der eingetragenen Gesellschaft Springer Fachmedien Wiesbaden GmbH
und ist ein Teil von Springer Nature
Die Anschrift der Gesellschaft ist: Abraham-Lincoln-Str. 46, 65189 Wiesbaden, Germany

Inhaltsverzeichnis

Einleitung

Lukas Boehnke, Malte Thran und Jacob Wunderwald

Das gegenwärtige Erstarken rechtspopulistischer Parteien, Bewegungen und Strömungen ist in vielen Gesellschaften brisante Realität. Während in Deutschland rechtspopulistische Akteure seit den verstärkten Fluchtbewegungen 2015 Erfolge verzeichnen, sind sie in verschiedenen Nationen wie in Polen oder den USA in der Regierung vertreten. Dass dieses Phänomen im öffentlichen Diskurs mit der Kategorie Rechtspopulismus gefasst wird, ist insbesondere in Deutschland allerdings noch eine sehr neue Entwicklung. So wurde die PEGIDA-Bewegung anfangs beispielsweise noch als ,Wutbürger', ,Nazis in Nadelstreifen', ,Rassisten' oder ,Neue Rechte' bezeichnet.[1] In den Sozialwissenschaften hingegen wird mit der Kategorie Rechtspopulismus schon seit Jahrzehnten ein vielfach untersuchtes Phänomen beschrieben (vgl. Decker 2006: 9). Charakteristisch für Rechtspopulismus ist unter anderem die politische Gestaltung einer Grauzone zwischen konservativ-demokratischen und klar rechtsextremistischen Positionen. Das bedeutet allerdings nicht, dass diese Positionen nur am Rand der Gesellschaft aufzufinden wären – rechte Positionen sind in der „Mitte" der Gesellschaft seit Jahrzehnten nachweisbar.[2]

Von der politischen Bildung wird Rechtspopulismus als Herausforderung und bisweilen auch als Bedrohung für die Demokratie gefasst. Rechtspopulismus gilt als Krisenphänomen der repräsentativen Demokratie, wobei der Deutungsraum von zwei diskursiven Hauptlinien bestimmt wird. Einerseits erscheint Rechtspopulismus als *Ursache* einer Krise der demokratischen Repräsentation, andererseits gilt er nur als *Symptom* einer Repräsentationskrise. Was Populismus genau

---

[1] Wir verzichten der besseren Lesbarkeit wegen auf eine geschlechtersensible Schreibweise. Wenn nicht Männer, Frauen oder Andere zu inhaltlich-argumentativen Zwecken besonders hervorgehoben werden, sollen damit stets alle Geschlechter angesprochen werden. Die Autorinnen und Autoren sind zu einem reflektierten und sensiblen Umgang mit u.a. Geschlechterkategorien aufgefordert und können selbst entscheiden, welchen Prinzipien und Sprachregeln sie in dieser Frage folgen wollen.

[2] Das belegen einschlägige Studien beispielsweise über autoritäre Einstellungen in der "enthemmten Mitte" (Decker et al 2016) oder die "gruppenbezogene Menschenfeindlichkeit" in der "gespaltenen Mitte" (Zick et al 2016).

© Springer Fachmedien Wiesbaden GmbH, ein Teil von Springer Nature 2019
L. Boehnke et al. (Hrsg.), *Rechtspopulismus im Fokus*,
https://doi.org/10.1007/978-3-658-24299-2_1

bedeutet und wie er ins Verhältnis, zum Beispiel zur 'Demokratie' gesetzt wird, welche Probleme wie vonseiten der politischen Bildung Probleme lokalisiert werden und wie man ihnen begegnen solle – diese Fragen werden in diesem Zusammenhang kontrovers diskutiert.

Für die politische Bildung stellt sich also nicht nur die alte Frage mit neuer Brisanz, ob sie die ihr zugewiesene Feuerwehrfunktion annehmen soll. Neben der Beurteilung von Lage und Handlungsmöglichkeiten wird auch über Zweck, Auftrag und Selbstverständnis der politischen Bildung neu diskutiert. Dabei gilt es als Konsens, dass die mündige Bürgerin und der mündige Bürger das Kernziel der politischen Bildung darstellen. Nach Wolfgang Sander (2007: 43) geht es immer um eine „Anstiftung zur Freiheit", die in der Vermittlung eines besonderen konzeptuellen Deutungswissen aus politischer Urteilsfähigkeit, politischer Handlungsfähigkeit und methodischen Fähigkeiten der selbständigen Orientierung zu politischen Fragen besteht. Die Breite dieses Begriffs spiegelt sich allerdings in der Perspektivenvielfalt und Multiperspektivität der heutigen politischen Bildung.

Die kritische Haltung der politischen Bildung gegenüber einer bestimmten Politik – in diesem Falle Rechtspopulismus – darf aber keine Selbstverständlichkeit sein, sondern ist immer auch die Frage nach der Legitimität: Warum kann, darf und soll politische Bildung den Rechtspopulismus kritisieren? Können dafür die „bewährten" Konzepte, die zur Arbeit gegen Rechtsextremismus vorliegen, einfach „umgeschrieben" werden? Ist Rechtspopulismus wirklich im Kern antidemokratisch, oder ist Rechtspopulismus als Ansicht innerhalb des Pluralismus demokratischer Meinungen anzuerkennen, und wie müssen dann eigentlich die Antworten der politischen Bildung aussehen?

Durch die aktuellen Erfolge des Rechtspopulismus werden Menschenrechte und die repräsentative Demokratie in Frage gestellt. Diesen Tendenzen muss selbstverständlich auch die politische Bildung entgegentreten. Die durch Rechtspopulismus initiierten Veränderungen können aber auch als Chance der politischen Bildung verstanden werden, mit vormals unerreichten Menschen ins Gespräch zu kommen. Dabei können auch gesellschaftliche Probleme, die von Rechtspopulisten ideologisch gedeutet, im Rahmen von Bildungsprozessen behandelt werden. Zum anderen kann diskutiert werden, ob die politische Bildung etwas aus der Auseinandersetzung mit populistischen Methodiken lernen kann. Katrin Stainer-Hämmerle (2017: 30; 35f) schlägt beispielsweise für die politische Bildung vor, sich in die Konkurrenz mit rechtspopulistischen Akteuren vor Ort zu begeben und eigene Konzepte mit Blick auf rechtspopulistische Praxis thematisch und stilistisch so zu modernisieren, dass selbst die Bevölkerungsgruppen –

im Falle Österreichs etwa politisch wenig informierte Jugendliche – erreicht werden können, die nachweislich erfolgreich von Rechtspopulisten angesprochen werden.

Es stellt sich somit die Frage, wie über Rechtspopulismus und dessen Gefahr für die Demokratie aufgeklärt und die Eigenständigkeit der Bürgerinnen und Bürger durch politische Bildung gefördert werden kann. Wie können demokratische und analytische Kompetenzen gebildet und gestärkt werden, welche Werte können im Rahmen von Aufklärung und demokratischer Diskussion vermittelt werden? Politische Bildung wird in diesem Zusammenhang als ‚politische Sozialwissenschaft' verstanden insofern sie an der Schnittstelle von gesellschaftswissenschaftlicher Theoriebildung und gesellschaftlicher Praxis des politischen Handelns arbeitet. In einer thematischen Zweiteilung steht daher im ersten theoretischen Teil dieses Buches, was Rechtspopulismus als Phänomen und Begriff für die politische Bildung bedeutet oder bedeuten kann. Im zweiten Teil folgen praktische Fragen nach Lösungen und Gegenstrategien für die Politische Bildung im Kontext des Rechtspopulismus.

Im Beitrag von Lukas Boehnke und Malte Thran geht es darum, die Defizitorientierung in Theorien zum Rechtspopulismus zu kritisieren. In den Sozialwissenschaften und in der politischen Bildung gibt es die Tendenz, begriffliche und normative Ebenen zu vermischen, indem Rechtspopulismus in verschiedenen Formen als defizitär bestimmt wird. Der Beitrag argumentiert dafür, statt einer normativen Defizitorientierung eine ideologietheoretisch fundierte, politische Analysekompetenz ins Zentrum einer mündigkeitsorientierten politischen Bildung zu stellen.

Jack Weber widmet sich in seinem Beitrag den populären Begründungsversuchen des rechtspopulistischen Erfolgs. Er kritisiert die Erklärungsmuster „Angst", „Soziale Unzufriedenheit", „Einfache Lösungen", „Unzufriedenheit mit den Eliten" und „Rattenfängerei", da damit den rechtspopulistischen Auffassungen in unterschiedlicher Weise ihr politischer Charakter abgesprochen werde. Dagegen betont Jack Weber, dass man die nationalistischen Interpretationen von politischen Problemen ernst nehmen müsse und dass es darauf ankäme, mit Argumenten gegen Rassismus und Nationalismus anzugehen.

Leoni J. Keskinkilic fokussiert in ihrem Beitrag zur Europäisierung rechter Nationalparteien die Bedeutung von Europa-Narrativen in aktuellen rechten Programmatiken und geht auch der Frage nach, wie Politische Bildung auf die Rolle eingehen kann, die Nation, Kultur und Religion für die Formulierung rechter Krisendiagnosen heute spielen. Dazu wird anhand von Positionen der AFD und des Front National (heute: Rassemblement National) nachvollzogen, wie relevante

Bevölkerungsteile aus der 'Mitte der Gesellschaft' angesprochen werden konnten. Mit Blick auf die Narrative marginalisierter Minderheiten in Europa wird eine für die Politische Bildung nützliche alternative Perspektive auf den Kontinent entfaltet.

In ihrem Beitrag zur These des Sozialstaatsversagens als Ursache des Erfolgs von Rechtspopulismus stellt Ina Schildbach diesen vieldiskutierten Kausalzusammenhang grundlegend in Frage. Es gebe keinen Automatismus, dass Menschen in einer benachteiligenden Lebenssituation nach rechtspopulistischen Antworten suchen. Die Verbindung beider Phänomene sei im öffentlichen Diskurs vielmehr eine „Leerstelle". Die politische Bildung müsse rechte Argumentationen, in denen soziale in nationale Probleme verwandelt werden, kritisieren. Dazu müsse aber auch Abstand genommen werden von Sichtweisen, in denen Armut aus staatsfunktionaler Perspektive nicht mehr als Problem der Betroffenen, sondern als Problem des Gemeinwesens wahrgenommen werde.

Im ersten von drei Beiträgen zur Identitären Bewegung widmet sich Lukas Boehnke den metapolitischen Ideologien und Strategien des politischen Framings, die von dieser politischen Gruppe in einem rechten Kulturkampf um die politische Prägung und Mobilisierung junger Menschen eingesetzt werden. Im Fokus stehen dabei neben der kritischen Darstellung der identitären Identitätskonstruktion auch die Analyse typischer politischer (Um-)Deutungsangebote und Kommunikationsstrategien der Aktivisten.

Jan Batzer setzt sich exemplarisch mit popkulturell inspirierten Ästhetisierungen der Identitären Bewegung auseinander. Im Beitrag zur national-identitären Politisierung des Hipsters wird vertiefend auf die Umdeutungen kultureller Codes eingegangen. Ausgehend von der kulturwissenschaftlichen Analyse konkreter identitärer Identitätskonstruktion werden mögliche kulturelle Gegenpraktiken diskutiert, die dazu geeignet sein können, anti-identitäre Gegenbilder zu stärken und zu entwickeln.

Eva Grigori und Jerome Trebing analysieren, wie von rechten Akteuren die Strategien von offener Jugendarbeit und sozialer Arbeit für ihre Zwecke genutzt werden. Am Beispiel der Identitären Bewegung und der Gruppe Kontrakultur aus Halle (Saale) wird gezeigt, wie das nicht vordergründig ideologische ‚patriotische Streetwork' der Akteure in vorhandene Lücken der sozialen Arbeit stößt und zum Erfolg der rechten Gruppen beiträgt. Grigori und Trebing fordern vonseiten der professionellen Sozialen Arbeit neue Ansätze und Gegenstrategien zu entwickeln, wobei eine intensive Reflexion der Erfahrungen in den 90er Jahren mit akzeptierender Jugendarbeit erfolgen sollte.

Josef Kraft und Sofia Sboui untersuchen aus politikwissenschaftlicher Perspektive, ob und wie Linkspopulismus eine Antwort auf rechten Populismus sein kann. Die mit der verschärften Konkurrenz und der Ökonomisierung aller Lebensbereiche verbundene zunehmende Spaltung der Gesellschaft wird als wichtige Ursache von Entdemokratisierungsdynamiken gefasst, zu denen der Aufstieg des Rechtspopulismus gezählt wird. Dagegen empfehlen sie eine Demokratisierung aller Lebensbereiche, die Partizipation ungeachtet von sozialer Stellung zum Ziel hat.

Lasse von Bargen behandelt in seinem Beitrag die Frage, ob und wie Politische Bildung die Ängste der Leute ernst nehmen kann. Am Begriff des populistischen „Heartland" wird die Paradoxie einer politisch geltend gemachten, aber zugleich nicht diskutierbaren Angst vor Gemeinschaftszerstörung als Problem für die Politische Bildung entwickelt. Neben der Durchsetzung verbindlicher demokratischer Regeln der Debatte und der Dekonstruktion rechtspopulistischer Inhalte schlägt der Autor eine Strategie der Gegenaffekte vor, die den exkludierenden Tendenzen der „Heartland" Konzeption auf emotionaler Ebene entgegengehalten werden könne.

Nico Wangler fragt, ob eine politikwissenschaftlich fundierte Aufklärung in der politischen Bildung unter Beachtung der Grundprinzipien des Beutelsbacher Konsenses ein erfolgsversprechendes Mittel im Sinne von Extremismusprävention sein kann. An vier Thesen werden begriffliche Probleme (1) und die mangelnde Unvoreingenommenheit (2) in Bezug auf Rechtspopulismus kritisiert. Die politische Bildung begebe sich in Bezug auf affektive Dynamiken rechter Ideologievermittlung in das Dilemma (3), entweder unwirksam zu sein oder ihren aufklärerischen Anspruch aufgeben zu müssen. Als Lösung (4) schlägt Wrangler eine Kombination aus Menschenrechtspädagogik mit emotionalisierenden Elementen der interkulturellen Pädagogik und Diskriminierungsprävention vor.

Lara Möller setzt sich in ihrem Beitrag mit der Bedeutung des Rechtspopulismus als Katalysator verbreiteter rechter Einstellungen in der ‚Mitte' der Gesellschaft auseinander. Da rechte Position ihre Legitimation letztlich aus der Gesellschaft beziehen, schlägt Möller subjekt- und lebenswelttorientierte Konzepte des lebenslangen Lernens vor, um Kompetenzen des methodischen)Urteilens und Handelns zu vermitteln. Zur kritischen Reflexion innerhalb der Demokratie, zur Interessensartikulation und zur aktiven Partizipation mündiger Bürger*innen innerhalb einer aktiven und gelebten Demokratie schlägt Möller drei Konzepte vor, die sich der Vermittlung von Inclusive Citizenship Education, Bürgerbewusstsein und einem Konzept des Selbstreflexiven Ichs widmen.

Kai Dietrich argumentiert aus der Perspektive der kritischen Jugendarbeit für eine lebensweltlich orientierte Sozialarbeit als Strategie gegen Rechtspopulismus, in der Erzählungen und das Erzählen zu pädagogischen Zwecken mobilisiert werden. Im Kontext von Rechtspopulismus oder völkischem Nationalismus können so auf Seiten der Adressaten die Konstrukte von Demokratie und Gesellschaft erweitert und ko-produktiv neu formiert werden. Ziel erzählungsorientierter Arbeitsweisen ist es, Erzählungen und Deutungen, welche als gemeinschaftliche Erfahrungen von Auseinandersetzungen mit Wirklichkeit entstanden sind, zu reformulieren. Dadurch sollen neue Deutungsoptionen entstehen, die von den Adressaten in ihren alltäglichen Sozialbezügen implementiert werden können.

Erik Weckel stellt schließlich in seinem Beitrag ein Konzept zur Demokratie- und Menschenrechtsbildung für Erwachsene im ländlichen Raum vor. Das skizzierte Konzept richtet sich an Professionelle aus dem Bereich Erwachsenenbildung und soll sie darin unterstützen, Rechtspopulismus, antidemokratische Haltungen und Positionen handlungsorientiert zu reflektieren. Inhaltlich steht dabei die Vermittlung von Haltung und Fähigkeiten im Vordergrund. In fünf Modulen wird pädagogisch systematisiert, wie die Vermittlung und Etablierung von Präventions- und Interventionskompetenzen als Querschnittsaufgabe und Arbeitsprinzip der Erwachsenenbildung umgesetzt werden können.

Literaturverzeichnis

Decker, Frank (Hrsg.) (2006): Populismus Gefahr für die Demokratie oder nützliches Korrektiv? Wiesbaden: Springer VS.

Decker, Oliver/Kiess, Johannes/Brähler, Elmar (Hrsg.) (2016): Die enthemmte Mitte Autoritäre und rechtsextreme Einstellung in Deutschland. Leipzig: Psychosozial Verlag.

Diendorfer, Gertraud/ Sandner, Günther/ Turek, Elisabeth (Hrsg.) (2017): Populismus – Gleichheit – Differenz. Herausforderungen für die politische Bildung. Schwalbach: Wochenschau.

Sander, Wolfgang (2007): Politik entdecken - Freiheit leben. Didaktische Grundlagen politischer Bildung. Schwalbach: Wochenschau.

Stainer-Hämmerle, Katrin (2017): Populismus und Politische Bildung. In: Diendorfer, Gertraud/ Sandner, Günther/ Turek, Elisabeth (Hrsg.) (2017): Populismus – Gleichheit – Differenz. Herausforderungen für die politische Bildung. Schwalbach: Wochenschau. 29-40.

Zick, Andreas /Küpper, Beate / Krause, Daniela (2016): Gespaltene Mitte – Feindselige Zustände. Rechtsextreme Einstellungen in Deutschland 2016. Berlin: Dietz.

Defizitäre Populismusbegriffe: Von der Defizitperspektive zur ideologietheoretischen Analysekompetenz

Lukas Boehnke und Malte Thran

> *„Es gibt keine einfache Reduktion von Politik auf Moral - es sei denn in politischen Systemen, die politische Gegner moralisch disqualifizieren und sie mit diesem Argument aus der Politik entfernen."*
>
> (Luhmann 2008:171)

Der Begriff Rechtspopulismus hat mittlerweile eine Alltagsrelevanz erreicht, mit ihm wird in öffentlichen Diskursen nicht nur ein bestimmtes politisches Phänomen bezeichnet, vielmehr ist mit dieser Kategorie immer auch eine Delegitimation impliziert. In der Regel bezeichnet sich niemand selbst als Rechtspopulist, dies verdeutlich die normative Bedeutung dieser Kategorie. Von dieser vorrangig normativen Begriffsverwendung grenzen sich die Sozialwissenschaften, in denen dieser Begriff entwickelt wurde, ab. Populismus und Rechtspopulismus stellen Kategorien dar, mit denen der Anspruch verbunden ist, ein Ergebnis wissenschaftlicher Analyse distanziert und unparteilich zu bestimmen. Ausgegangen wird von den Annahmen, dass es den „Rechtspopulismus" getrennt von seiner bewertenden Einordnung als *Gegenstand* gibt und dass mit dieser *Kategorie* dieses abgrenzbare Phänomen beschrieben werden kann. Dabei wird von verschiedenen Autoren festgehalten, dass Populismus vergleichsweise schwer zu fassen sei; auch der zugrundeliegende Begriff des Volkes bringe theoretische Schwierigkeiten mit sich (vgl. Ionescu/ Gellner 1969; Laclau 1977: 143; Canovan 1981). In Bezug auf diese Probleme fasst Karin Priester (2012) zum Beispiel ihre theoretische Auseinandersetzung mit Populismus als „Annäherung an ein Chamäleon." Im Unterschied zu anderen politischen Ideologien wie dem Liberalismus vertritt der Populismus keine inhaltlich einheitliche Position, auch ist die klare Abgrenzung von Populismus und etablierter Demokratie schwierig, da populistische Praktiken sich z.B. auch in Wahlkämpfen demokratischer Parteien finden.

Obwohl es der Wissenschaft also nicht oder zumindest nicht unmittelbar um Legitimation und Delegitimation politischer Auffassungen, sondern um deren Analyse geht, werden normative Logiken mit der Erklärung dieser Auffassungen reproduziert. Neben Positionen, die ausdrücklich Normativität befürworten und einfordern, gibt es auch Stimmen, wie die der Darmstädter Politikwissenschaftler Dirk Jörke und Veith Selk (2017: 11), die dies als Problem darstellen, das sich

© Springer Fachmedien Wiesbaden GmbH, ein Teil von Springer Nature 2019
L. Boehnke et al. (Hrsg.), *Rechtspopulismus im Fokus*,
https://doi.org/10.1007/978-3-658-24299-2_2

aber, aufgrund der Verortung von Wissenschaft in der Gesellschaft, nicht vermeiden lasse. Wissenschaftler haben nicht nur eigene, subjektive Wertungen und
Standpunkte, die in die Begriffsbildung miteinfließen, sie betätigen sich auch in
einem gesellschaftlichen Umfeld, in dem bestimmte Theorien auf größere Zustimmung treffen als andere. Jörke und Selk argumentieren, dass eine Bestimmung des Populismus als „demokratiefeindlicher Theorie" in diesem Kontext unabhängig von der Frage, ob diese Charakterisierung überhaupt zutreffend ist, auf
Zustimmung trifft und damit für diejenigen, die diese These vertreten, positive
Wirkungen haben kann. Sie kritisieren, dass die Moralisierung des Phänomens
Rechtspopulismus durch die etablierte Politik kontraproduktiv sei, da dies dazu
beitrage, dass Rechtspopulisten sich in ihrer Weltsicht bestärkt sehen (ebd.: 13).

Kritische Einwände gegen gängige Formen, Rechtspopulismus normativ zu
betrachten und damit Ausgrenzungspraktiken zu verbinden, kommen auch von
anderen Seiten, so u.a. aus der Systemischen Sozialen Arbeit. Johannes Herwig-
Lempp (2017: 57) argumentiert, in delegitimierenden Diskursen würden die
Rechte und Menschenrechte von Rechtspopulisten negiert, zudem seien „Abwehr, Ablehnung und Abwertung, [...] Diskriminierung und Dämonisierung" un-
zweckmäßige, letztlich erfolglose Exklusionsstrategien. Er spricht sich für eine
systemische Haltung aus, die sich um das Verstehen der Denklogiken rechter Argumentationen bemüht. So könne die Parole „Wir sind das Volk" auch als
Wunsch nach Aufmerksamkeit interpretiert werden; die Kritik an der „Lügenpresse" sei auch als verständliche Reaktion auf eine „schlechte Behandlung durch
die Presse" (ebd.: 59) zu werten. Philipp Manow (2018: 6-9) argumentiert, dass
die vorherrschende Sicht auf Populismus von einer akademischen Perspektive bestimmt sei, mit der sich über das ungehörige Benehmen des niederen Volkes
echauffiert werde. Dabei werde nicht nur der Inhalt der rechtspopulistischen Kritik zu wenig berücksichtigt, sondern es gehe vor allem um Legitimitätsbestrei-
tung, die Populismus in Stil und Formfragen überführe. In eine ähnliche Richtung
zielen Per Leo, Maximilian Steinbeiß und Pascal Zorn mit ihrem Werk „Mit
Rechten reden" (2017: 37), in dem sie für eine Rückkehr auf eine Gesprächs- und
Verstehensebene plädieren. Sie argumentieren, dass problematische Auffassungen durch ihre Markierung ja nicht beseitigt, sondern bestenfalls nur aus dem öffentlichen Raum entfernt würden. Diese Sichtweisen sind nicht unwidersprochen
geblieben, so hat beispielsweise Stephan Lessenich (2017) an diesen Standpunkten die unrealistischen Erwartungen an die „Kraft des besseren Arguments" kritisiert und allgemein bezweifelt, „dass man mit der Macht der Logik den Rechts-
rednern den Wind aus den Segeln nehmen könne." Diese Position impliziert, dass
man sich ohne normativen Hintergrund nicht auf rechtspopulistische Standpunkte
beziehen könne; sie plädiert insofern *für* Normativität.

Die normative Beurteilungsebene ist auch insofern eine Herausforderung, als sie weder vollständig ausgeblendet werden kann und auch der vorliegende Beitrag sicherlich nicht frei von normativen Grundlagen und Implikationen ist, noch unabhängig vom Standpunkt der Wissenschaftler zu denken ist. Trotzdem bedarf es dem Anspruch nach unparteiischer, trennscharfer und präziser Begriffe, und zwar nicht nur aus Gründen einer dem Ideal nach werturteilsfreien Wissenschaftlichkeit, sondern vor allem, um ein Verständnis der Eigenlogik des Phänomens Rechtspopulismus als Grundlage für dessen kritische Behandlung in der politischen Bildung zu schaffen. Insofern ist es notwendig, die in wissenschaftlichen Begriffen des Rechtspopulismus enthaltenen moralischen Elemente von nichtmoralischen zu trennen, also die „Prozesse der Moralisierung [...] selbst zum Gegenstand der Analyse" (Anhorn 2013: 257) zu machen. Roland Anhorn formuliert dies im Rahmen eines ideologiekritischen Ansatzes in Bezug auf den „Soziale-Probleme-Diskurs", der sich dadurch auszeichnet, dass in ihm die „[...] in den Strukturen gesellschaftlicher Ungleichheits- und Herrschaftsverhältnisse angelegten Widersprüche und Konflikte [...]" in moralisierenden Diskurslogiken „[...]" in soziale Sachverhalte, die primär unter dem Gesichtspunkt des Normbruchs, der Abweichung von der 'guten Ordnung" einer integrierten Gesellschaft wahrgenommen werden" (ebd: 262) verwandelt werden.

Normbruch als Defizit

Die normative Ebene von Rechtspopulismusbegriffen besteht im Kern darin, dass Rechtspopulismus als *Bruch von bestimmten Normen* erscheint. Das bedeutet zunächst einmal, dass Rechtspopulismus als etwas bestimmt wird, was er *nicht* ist – nämlich als Nicht-Entsprechung zu einer Norm. Dieses negative Urteil wird allerdings nicht als ein Verhältnis zu einem äußeren Maßstab gedacht, sondern als die gewissermaßen „innere" Mangelhaftigkeit des Rechtspopulismus, als *sein* Defizit vorgestellt. Kurz: Das Ungenügen am äußeren Maßstab wird in eine negative Eigenschaft der Sache, in ihr inneres Defizit verwandelt. Die Mängel, die dann dem Rechtspopulismus als seine Qualität zugeschrieben werden, drücken allerdings nur äußerliche und insofern sachfremde Beurteilungsgesichtspunkte aus; in ihrer Verschiedenheit sind sie Ausdruck der *verschiedenen* Kriterien, unter denen Rechtspopulismus wahrgenommen wird.

Am konkreten Beispiel zeigt sich, wie dieser theoretischen Konstruktion ein normativer Gehalt eigen sein kann: Nicht-Bestimmungen werden dadurch zu Defizitkonstruktionen, dass sie am Gegenstand als *fehlend*, als *sein* Mangel festgehalten werden. So lässt sich die Argumentation von Hans-Georg Betz (1994: 107) einordnen, der dem Populismus einen „Mangel an großen Visionen „attestiert. Am Gegenstand wird es als *Mangel* festgehalten, Bestimmungen zu haben, die dieser– *nicht hat*. Dass dem auf diese Weise betrachteten Gegenstand etwas *fehlt*, geht in der Regel einher mit dem Urteil einer *Verfehlung*.

Nicht-Bestimmungen können bei der Theoriebildung in verschiedenen Weisen sinnvoll sein. Es gibt Kategorien wie z.b. „Waise", die notwendigerweise durch die Nichtexistenz von etwas anderem bestimmt sind. Darüber hinaus können Nicht-Bestimmungen sinnvoll sein, da sie Differenzen zwischen ähnlichen Gegenständen markieren und auf diese Weise einen Gegenstand vom Anderen abgrenzen. Es kann bspw. sinnvoll sein, bei der Begriffsbestimmung des Populismus festzuhalten, dass Populisten in der Regel repräsentative Demokratie *nicht* im Prinzip ablehnen, sie sich darin von faschistischer bzw. nationalsozialistischer Politik unterscheiden (vgl. Müller 2016: 47f.; Jörke/Selk 2017: 73). Negative Bestimmungen sind aber kein unmittelbarer Beitrag zur Analyse, sondern stellen nur eine Voraussetzung für sie dar, da die Fokussierung des Gegenstands durch seine Unterscheidung von anderen erleichtert wird. Problematisch wird es allerdings, wenn die Differenz zum Wesensmerkmal erhoben wird, da der Gegenstand so mit seinem Unterschied zu Anderem identifiziert wird. Dies findet sich häufig im Kontext mit Rechtspopulismus, der als Nicht-Demokratie mit den Unterschieden zur (etablierten) Demokratie gleichgesetzt wird, ohne die Gemeinsamkeiten in Betracht zu ziehen, die mit der Demokratie bestehen.

Rechtspopulismus gilt in dieser theoretischen Sicht als Abweichung von einer „eigentlichen", „vernünftigen" oder „wahren" Politik. Unabhängig vom jeweiligen Inhalt dessen, womit das Defizit konstruiert wird, rücken dadurch die logisch-positiven Ziele in den Hintergrund. Gleichzeitig ist aber auch klar, dass die Vertreter dieser Positionen nicht ihren defizitären Charakter als Begründungszusammenhang für ihr populistisches Programm anführen, sondern diese immer Kritiken und Ziele formulieren, an die sie selbst glauben und die sie deshalb vertreten.

Insofern Defizite durch einen Vergleich mit etwas äußerlich Erwünschtem konstruiert werden, geht es der Defizitperspektive nicht um die immanente Kritik der Annahmen, Beurteilungen und Schlussfolgerungen rechtspopulistischer Auffassungen. Das ist nicht nur für die politische Auseinandersetzung, sondern auch für eine politische Bildung ein Problem, da die Abweichungslogik das theoretische Erfassen der Positionen verhindert oder zumindest erschwert. Zudem fokussiert die Defizitperspektive in der Regel *Narrationen von Differenz*, wohingegen Gemeinsamkeiten zwischen Demokratie und Populismus aus dem Blick fallen.

Rechtspopulismus als Kombination dreier Teilideologien

Im Folgenden soll am Rechtspopulismusbegriff von Cas Mudde (2017) bzw. Cas Mudde und Cristobal Kaltwasser (2017: 8; vgl. 2012b, 2013, 2017) und der aktuellen Diskussion über diesen Begriff gezeigt werden, wie dabei begriffliche und normative Elemente in einen widersprüchlichen Zusammenhang treten. Mudde bzw. Mudde/Kaltwasser haben die in der Rechtspopulismusforschung einschlägigste Definition erstellt, in dieser wird Rechtspopulismus als eine Ideologie aufgefasst, die notwendigerweise drei Elemente miteinander verbinde: Populismus, Nativismus und Autoritarismus.

- *Populismus* ist eine „dünne" Ideologie, sie kann rechte wie linke Positionen beinhalten. Im Kern zeichne sie sich durch die Dichotomie „gutes Volk" – „korrupte Eliten" aus.
- *Nativismus* fasst das Bedrohungsszenario, das für die eigene Nation durch Menschen anderer Nationalität und ausländische Einflüsse im Allgemeinen entsteht.
- *Autoritarismus* schildert ein bestimmtes Politikverständnis, in dem durch strikte Durchsetzung des Gesetzes die innere Ordnung, die als bedroht wahrgenommen wird, wiederhergestellt werden muss. Man kann dieses Element des Rechtspopulismus auch so fassen, dass in der Durchsetzung des Rechts die staatliche Souveränität stets mit durchgesetzt werden müsse; dazu gehört Mudde (2017: 4) zufolge auch, dass soziale Fragen vor allem als Ordnungsfragen, als Fragen einer „harten" Durchsetzung des Rechts betrachtet werden.

Populismus als manichäische Dichotomie

Populismus fassen Mudde/Kaltwasser (2017) als eine Heilslehre, in der sich zwei moralisch konstruierte Pole gegensätzlich gegenüberstehen. Auf der einen Seite stehe das moralisch gute Volk, auf der anderen Seite die moralisch schlechte, „korrupte Elite". Populisten gehe es darum, gegen die „korrupten Eliten" den Willen des Volkes in der Politik zu vertreten, ihm in Staat und Gesellschaft überhaupt erst Geltung zu verschaffen.

Diese allgemeine Bestimmung von Populismus setzt ein Urteil einer politischen Krise voraus, das der populistischen Weltsicht immanent ist. Populisten diagnostizieren eine Entzweiung oder Entfremdung von Staat und Volk, die sich, mit Jörke/Selk (2017: 96), als „kollektive Enttäuschungserfahrung" bezeichnen lässt. Der populistische Cleavage-Befund lautet, dass die Volkssouveränität nicht verwirklicht sei. Dies ist, wie Jörke/Selk (2017: 95) argumentieren, aber in modernen Demokratien nie der Fall. Volkssouveränität werde immer auch an anderen Prinzipien wie zum Beispiel Liberalismus und Republikanismus relativiert. Populisten messen die politische Wirklichkeit an ihrer verabsolutierten Vorstellung von Volkssouveränität und konstatieren eine grundlegende „Abweichung zwischen demokratischem Ideal und politischer Wirklichkeit" (ebd.). Dabei ist festzuhalten, dass populistische Kritik für überparteiliche Anliegen eintritt und sich insofern auf „gültige Normen der politischen Legitimität" beruft, die gegen systematisch begriffene Korruption ins Feld geführt werden (Jörke/Selk 2017: 67f). Populismus ist insofern weder per se undemokratisch, noch notwendigerweise verfassungsfeindlich. Populismus ist stets eine Form der Opposition, in welcher der in demokratischen Auseinandersetzungen gängige Konsens konkurrierender politischer Interessen grundsätzlich aufgekündigt ist. Während sich in demokratischen Diskursen Konkurrenten um Ämter und Posten in der Regel gegenseitig zugestehen, das allgemeine Wohl zu verfolgen, behaupten Populisten, dass konkurrierende Parteien und Politiker dieses Wohl gar nicht anstreben würden. Die regierenden Parteien scheitern in dieser Sicht nicht aufgrund von Unvermögen, fehlender Fähigkeiten oder Fehlern, sondern aufgrund eines falschen Willens. Populisten bestreiten ihren Konkurrenten um die Macht die „gute Absicht" zu verantwortlicher Politik.

Die Kategorie „Korruption" ist in diesem Kontext in einem weiteren Sinne zu fassen, es geht nicht nur um (systematische) Fälle privater Vorteilsnahme eines „volksfernen Establishment", womit der Bruch des Allgemeinwohls durch Verfolgung von Privatinteressen der Politiker angeprangert wird. Die vorgestellte Volksfeindlichkeit der Eliten kann sich in rechtspopulistischen Erklärungsmustern auch in „unnationalen" Ideologien wie z.b. einem zu kosmopolitisch gefassten Allgemeininteresse manifestieren. Die Eliten würden das Volk „verraten", sie würden dabei mit „Fake News" von einer „Lügenpresse" flankiert, die absichtlich die Unwahrheit sage, um dem Volk zu schaden (vgl. Müller 2016: 63). Den Eliten wird das Volk mit einer grundsätzlich positiven moralischen Qualität gegenübergestellt, es wird die „Rechtschaffenheit des kleinen Mannes" gegen ein moralisch verkommenes Establishment hochgehalten (Holtmann/Krappidel/Rehse 2006: 71). Diese moralisierende Erklärung ist bereits der Kern jeder Verschwörungstheorie, die mit Groh (1992: 304) als Ausdruck einer Bewältigung von „Krisensituationen" betrachtet werden kann, in denen ein als unverdient interpretiertes Unrecht durch eine feindliche Gruppe mit „bösen" Absichten erklärt wird. Diese Deutung geht von der Vorstellung eines harmonischen Miteinanders in Nationen aus, in der alle berechtigten Interessen in der Nation und die Interessen der Nation gleichsam aufgehen. Probleme aller Art, auch soziale, werden insofern als Ausdruck einer gestörten Harmonie eingeordnet, und diese Störung wird erklärt aus einem volksfeindlichen Willen der Elite der Nation.

Populisten leiten aus dieser Krisendiagnose ihren fundamentalen Anspruch ab, die Nation wiederherzustellen, indem sie die verlorene Volkssouveränität im Staat wieder realisieren. Populisten sind also unabhängig von der politischen Differenzierung nach „links" oder „rechts" immer national, da es ihnen um die Wiederherstellung der *gestörten Einheit* der Nation geht (vgl. Decker/Lewandowsky 2009: 2). Der aus der Krisenanalyse populistischer Opposition heraus formulierte Claim schließt dabei mit ein, das *gesamte* Volk als ein einheitliches zu repräsentieren. Populismus lässt sich mit Reckwitz (2017: 414) als eine „Form des Politischen" bestimmen, die eine unmittelbare Identität von Volk und Staat anstrebt. Die populistische Vorliebe für Plebiszite kann ebenso als Beleg dafür herangezogen werden wie die Parole „Wir sind das Volk". Müller (2016: 88f) argumentiert, dass Populisten gewissermaßen das Ideal einer differenzlosen Repräsentation verfolgen, in der paradoxerweise Repräsentant und Repräsentierte möglichst identisch werden wird. Die Behauptung von Volkssouveränität gegen undemokratische Strukturen oder koloniale Repression kann unter Umständen auch als Kampf um Demokratie (wie z.b. in der Vorwendezeit in der DDR) oder als Kampf um nationale Unabhängigkeit gefasst werden. Dies verdeutlicht, dass man Populismus als begriffliche und nicht als normative Kategorie fassen muss. Denn eine Behauptung von Volkssouveränität gegen „korrupte Strukturen" kann unabhängig von einer Beurteilung der jeweiligen politischen Ausgangslage nicht als undemokratisch oder anderweitig „falsch" gekennzeichnet werden.

Zusammengefasst lässt sich, auf einer begrifflichen Ebene, Populismus mit der Dichotomie „gutes Volk" – „korrupte Eliten" sinnvoll beschreiben. Die Schwierigkeit der Beurteilung von Mudde bzw. Mudde/Kaltwasser liegt aber darin, dass der dem Populismus immanente Gegensatz von Volk und Eliten als „manichäisch", als Heilslehre gefasst wird. Einerseits ist mit der Kategorie „Heilslehre" der moralisierende Charakter der Dichotomie „gutes Volk" – „korrupte Eliten" treffend gekennzeichnet. Andererseits aber wird mit dieser Bezeichnung der politische Gehalt sakralisiert und dadurch implizit entpolitisiert. Dies ist insofern ein Problem, als damit Populismus in die Nähe eines bloßen Glaubens gerückt wird, worin ihm ein unpolitisch-defizitärer Status zugewiesen wird. Populismus erscheint am Maßstab sachlich-rationaler Politik gemessen als „bloßer" Glaube, als unsachliche Weltanschauung.

Homogenität als „Antipluralismus"

Defizitkonstruktionen finden sich auch im Zusammenhang mit der Kategorie der Homogenität. Im Populismus werden alle Mitglieder des Volkes als *gleichartige* gefasst. Die Gleichartigkeit kann sozial über eine vermeintliche oder wirkliche identische soziale ökonomische Lage (z.b. „hard working americans") oder kulturell über eine (vermeintlich) einheitliche nationale Identität konstruiert werden (Reckwitz 2017: 415). Populisten verstehen sich als Ausdruck dieser einheitlichen Volkseigenschaft, die sie gegen das Establishment verteidigen, das am Ideal des Volkes blamiert wird.

Mudde/Kaltwasser (2013: 499) kritisieren die „monistische Perspektive" des Populismus, in der die Vielfalt von Gruppen und gesellschaftlichen Interessen ausgelöscht werde. Dass Populisten eine Homogenität des Volkswillens unterstellen, ist nicht zu bestreiten. Problematisch wird es allerdings, wenn diese Homogenitätskonstruktion als „antipluralistisch" bestimmt wird (vgl. Manow 2018: 6f). „Antipluralismus" ist einerseits für Populisten kein Problem; wenn sie das „gute" Volk den „korrupten" Eliten gegenüberstellen, gibt es *für sie* offenbar eine moralische Gleichartigkeit im Volk. Andererseits ist fraglich, ob Populisten tatsächlich gegenüber dem Pluralismus grundlegend negativ eingestellt sind, oder ob sie nicht vielmehr eine *eigene* Pluralismuskonzeption vertreten; zu dieser kann eventuell auch der Ethnopluralismus zählen, der im vorliegenden Beitrag nicht weiter untersucht wird. Insofern Populisten sich, im Unterschied z.b. zum Faschismus, innerhalb demokratischer „Spielregeln" betätigen, ist die Annahme einer vollständigen Ablehnung des Pluralismus zudem unlogisch.

Das analytisch interessante Spannungsverhältnis zwischen Pluralismus und Populismus, wie auch zwischen Populismus und demokratischer Wahl wird mit der Kategorie „antipluralistisch" einseitig aufgelöst. Populismus erscheint so lediglich als Verstoß gegen den Wert des Pluralismus. In diesem Sinne ist auch die Argumentation von Jan-Werner Müller (2016: 44ff) zu hinterfragen: Populisten hätten, so Müller, einen „Alleinvertretungsanspruch" für einen Volkswillen. Da dieser allerdings in der Realität nicht homogen, sondern pluralistisch verfasst ist, seien Populisten immer „antipluralistisch." Problematisch ist an dieser Schlussfolgerung auch, dass damit Populismus an einem Maßstab konstruktiver Konkurrenz, konstruktiven Mitwirkens bei der Gestaltung des Allgemeinwohls gemessen wird, den Populisten – aufgrund ihrer Krisendiagnose – gerade ablehnen. Populisten argumentieren nicht selten so, dass sie ihre Position als Ausdruck der Meinungsfreiheit interpretiert sehen wollen, diese Selbstlegitimation impliziert ein Bekenntnis zum Pluralismus, nicht dessen generelle Ablehnung. Zudem begründen Populisten ihren Wunsch nach Beschränkung des existenten Pluralismus meist damit, dass volksfeindliche Positionen aus ihm ausgeschlossen werden sollten; auch dies ist keine prinzipielle Ablehnung des Pluralismus. Man kann daher nach beiden Seiten hin betrachtet „Antipluralismus" nicht als Wesensmerkmal des Populismus festhalten. Das bedeutet aber im Umkehrschluss nicht, dass von einem demokratischen Standpunkt die Homogenitätsvorstellungen der Populisten nicht kritisiert werden können. Es muss vielmehr differenziert werden zwischen einem *Unbehagen mit* Populismus, das aus demokratietheoretischer Sicht formuliert werden kann und muss, und Eigenschaften, die den Populismus *an und für sich* charakterisieren.

Symbolische Repräsentation als Empiriedefizit

Populisten unterstellen einen einheitlichen, „wahren" Willen, den sie - mit „Mut zur Wahrheit" - zu vertreten behaupten (vgl. Müller 2016: 49). Müller (ebd.) kennzeichnet diese Form der Repräsentation als symbolische, da nicht der empirische Wille des Volkes vertreten werden solle, sondern ein Bild eines „eigentlichen" Volkes – ein Volksideal. Dieses ideale Volk sei keine gegebene Größe, sondern müsse, so Müller, immer erst entlang verschiedener Unterscheidungskriterien definiert werden. Die notwendige Kehrseite dieses Definitionsprozesses sei ferner, dass empirische Teile des Volks als nicht dem Volksideal entsprechendes (Un-)Volk betrachtet würden (ebd.: 130). Wenn es „wahre" Amerikaner und „echte" Deutsche gebe, dann auch „falsche" und „unechte." Hier besteht tatsächlich ein zentraler Unterschied zur Repräsentationsvorstellung demokratischer Politik. Während demokratische Politiker ihre Repräsentationsansprüche auf das empirische Volk beziehen und sich insofern von Wahlen als Ausdruck des Volkswillens in ihren Ansprüchen „korrigieren" lassen, stellen Populisten, so Müller, bei Wahlniederlagen eher das demokratische Prozedere sowie dessen Bedingungen in Frage stellen. So retten sie damit angesichts „falscher" Wahlergebnisse ihr *Ideal* vom Volk gegen dessen (vermeintliche) Unterdrückung, Verführung bzw. allgemeiner formuliert mangelhafte Realisierung (ebd: 63ff).

Die von Müller (2016: 88, 130) charakterisierte symbolische Repräsentation bezieht sich letztlich nicht auf einen empirischen Willen, sondern auf eine willensunabhängige Wesenheit, einen moralisch intakten „Volksgeist", der in einem „Heartland" (vgl. Taggart 2000; Mudde/Kaltwasser 2017: 9) verortet wird. Populisten charakterisieren den Volkswillen meist über Zuschreibungen wie „Tugend und harte Arbeit" (Müller 2016: 52), sie argumentieren für moralische Werte (Decker 2017: 16). Es ist an dieser Stelle wichtig, darauf hinzuweisen, dass es tatsächlich auch und gerade in liberalen Demokratien eine gelebte Moral bzw. Sittlichkeit gibt, im Sinne einer wahrgemachten Fiktion eines einheitlichen Volkswillens, eines gelebten und insofern auch in bestimmten Formen wahrgemachten

Glaubens an eine nationale Gemeinschaft. Auf diese Vorstellungen beziehen sich Populisten als Berufungsinstanz. Die Betonung, dass die von Populisten zu repräsentierende Größe rein konstruiert sei oder sogar *überhaupt nicht* existiere (vgl. Mudde/Kaltwasser 2013: 501), widerspricht auch dem Umstand, dass Teile des Volkes diesen Repräsentationsansprüchen durch die Wahl recht geben. In der gelebten Sittlichkeit eines Volkes sieht sich der Glaube an einen vorstaatlichen Volksgeist bestätigt, auf den sich Populisten als Legitimation für ihre Politik beziehen. Diese besondere Form der Legitimation von Populisten gilt, gemessen an normativen Vorstellungen der etablierten Demokratie, als *defizitäre Repräsentation*. Der Hintergrund dieser Defizitkategorisierung liegt in der mit ihr geleisteten Legitimationsbestreitung. Zusammengefasst beanspruchen Populisten somit, ein (gelebtes) Volksideal, die Moralität des Volkes zu vertreten, wohingegen die etablierten demokratischen Repräsentationsvorstellungen ihre Legitimität aus einem (messbaren) Wählerwillen beziehen. Allerdings sollte dabei nicht vergessen werden, dass auch die etablierte demokratische Repräsentationsidee nicht moralfrei ist, was sich zum Beispiel an den nur ihrem „Gewissen", also einer moralischen Kategorie, verpflichteten Parlamentariern illustrieren lässt.

Populistische Politik beansprucht für sich, der Ausdruck eines Volksideals zu sein und aus diesem konkrete Politik abzuleiten. Die besondere Fähigkeit des populistischen Politikers liegt diesem Selbstverständnis zufolge weniger in der *Führung* eines Volkes, als darin, den im Grunde guten Willen des Volkes zu erkennen, abzubilden, ihn zu artikulieren und im Staat geltend zu machen (Müller 2016: 47). Bereits an dieser Deutungsnotwendigkeit eines offenbar der Deutung noch bedürftigen Volkswillens zeigt sich, dass Populisten sich auf eine ‚symbolische Substanz' beziehen. Dass die Deduktion einer konkreten Politik aus dieser ‚Substanz' nicht nur von Populisten, sondern auch ihren Wählern geglaubt wird, verweist aber eben auch darauf, dass diese Substanz offenbar *ideologisch existent* sein muss. Dies wird von der Vorstellung des Empiriedefizits bestritten – es wird die kontrafaktische Behauptung aufgestellt, dass das Repräsentationsverhältnis von Populisten und ihren Wählern eigentlich gar keines sei.

Dass der populistische Repräsentationsanspruch ideologischer Natur ist, bedeutet also, dass er nicht nur eine bloße „falsche Annahme" ist – er ist vielmehr „wahr und zugleich falsch" (Eagleton 2000: 25). Das Volk, auf das er sich bezieht, begreift sich schließlich selbst als ein durch eine nationale Identität bestimmtes – die Konstruktion einer jenseits von Schicht und Klasse liegenden Gemeinschaftlichkeit ist kein bloßes Hirngespinst populistischer Ideologen. Bezogen wird sich auf einen tatsächlich vorhandenen Glauben des Volkes, das dieses Homogenitätskonstrukt in verschiedenen Handlungen, nicht nur anlässlich von Fußballweltmeisterschaften, im gesellschaftlichen Alltag *lebt* (vgl. Eagleton 2000: 27-31ff.; vgl. Billig 1995).

Nativismus als besondere Form des Nationalismus

Aus Populismus wird Cas Mudde (2017a: 4) zufolge Rechtspopulismus, wenn zum Gegensatz Volk-Elite noch zwei weitere Bestimmungen hinzutreten, nämlich *Nativismus* und *Autoritarismus*.

Der Begriff Nativismus wurde zu Beginn des 20. Jahrhunderts entwickelt, um das Paradoxon zu charakterisieren, dass ein Einwanderungsland feindlich gegenüber Einwanderern sein kann (vgl. Peter 2015: 797). Nativistische Konstruktionen der Nation werden dabei meist als Gegenteil von vermeintlich „offeneren" nationalen Identitätskonstruktionen vorgestellt. Jeder Nationalismus ist allerdings insofern ausgrenzend, als er Menschen entlang des Kriteriums der Zugehörigkeit zur Nation einteilt und damit auch Privilegierungen und Diskriminierungen verbindet. Durch seinen notwendig exklusiven Charakter wird Nationalismus allerdings noch nicht zum Nativismus, denn erst die Feindseligkeit gegenüber fremden Nationszugehörigen ist dafür konstitutiv (Mudde 2017: 4). Nativismus enthält stets die Beurteilung fremder Nationen bzw. nationaler Identität als Bedrohung für die eigene Nation bzw. die eigene nationale Identität und strebt daher Verhältnisse an, in denen Nationalstaaten rein von Mitglieder der jeweiligen Nation bevölkert sind (Mudde/Kaltwasser 2013: 502).

Ein Kernelement von Nativismus ist nationale Identität. Diese stellt die Konstruktion einer willensunabhängigen Zugehörigkeit zu einer Nation dar, die insofern immer einen naturalisierenden und determinierenden Charakter aufweist. Dabei ist keine einfache Entscheidung zur Zugehörigkeit gemeint, die sich von Kalkulationen oder Argumenten leiten lässt, sondern vielmehr „ist" man Deutscher, Amerikaner usw., die Zugehörigkeit zur Nation ontologisiert. Nationale Identität enthält somit zwar eine Parallele zum Hoheitsakt, der mit Staatsbürgerschaft verbunden ist, und diese liegt in der bedingungslosen Zurechnung zu einem politischen Kollektiv. Hier ist mit Thorsten Mense (2016: 93) darauf hinzuweisen, dass in Bezug auf Flucht und Migration mit dem Pass „ein bedrucktes Stück Papier über Leben und Tod entscheiden kann." Während Staatsbürgerschaft aber eine Bestimmung der *Relation* Staat-Bürger ist, wird in der nationalen Identität die Zugehörigkeit zur Nation als Bestimmtheit des Nationszugehörigen selbst imaginiert.

Man kann nationale Identität als eine Form fassen, wie „unabhängig von realer Ungleichheit und Ausbeutung" ein „kameradschaftlicher Verbund von Gleichen" vorgestellt wird (Anderson 1996: 17), somit als abstrakte Gemeinschaft. Auch in der Frage, ob sich die Politik der Pflege und Betreuung dieser Identität annehmen solle, besteht keine Differenz zu etablierter demokratischer Politik. Auch wenn es konkurrierende Annahmen über den Inhalt von Identität und mitunter auch die

Vielfältigkeit als der Inhalt dieser Identität gedacht wird, was die Identität ausmachen soll, so muss jede Identitätskonstruktion der Form nach homogen sein - denn
schließlich soll sie das einigende Band aller Zugehörigen zur Nation sein, muss
also allen gleichermaßen und als gleiche Qualität zukommen.

Natur als Form und Gesellschaft als Inhalt

Insofern nationale Identität immer eine Gleichförmigkeit aller Mitglieder der
Nation postuliert, und diese Gleichförmigkeit nicht in Willensakten, sondern in
Eigenschaften gegeben sei, ist nationale Identität immer homogen. Es ist hier
sinnvoll, zwischen der Form der nationalen Identitätskonstruktion und ihrem Inhalt zu unterscheiden. Während der Form nach jede Identitätskonstruktion als Na-
turkonstruktion gedacht wird, sind moderne Vorstellungen von Identität dem Inhalt nach meist nicht naturalistisch. Liberale bzw. demokratische Identitätskonstruktionen, zu denen auch (rechts-)populistische zu zählen sind, unterscheiden sich von faschistischen bzw. rechtsextremistischen darin, dass im engeren
Sinne rassistische Kategorien (z.B. „Blut") nicht gewählt werden. Mense (2016:
47) unterscheidet zwischen einer „ethnic nation" und einer „civic nation", wobei
er in der ethnischen Nation auch Kultur als Merkmal fasst, wohingegen in der
politischen Nation – wie sie nach der Revolution in Frankreich vorgestellt wurde
– die Zugehörigkeit als Willensleistung betont werde, die auf der Einsicht in die
Notwendigkeit einer politischen Organisation der Gesellschaft gründe.

Kultur als Kriterium der nationalen Identität ist einerseits, im Vergleich zu
rassischen Identitätskonstruktionen, eine veränderliche Größe (vgl. Lewandowsky 2017: 7). Allerdings bekommt Kultur, wenn sie Identität begründen
soll, notwendigerweise eine neue Qualität, und zwar nicht nur, weil damit Bestimmungen von gesellschaftlicher Subjektivität naturalisiert werden, sondern
auch, weil damit ein nationaler Kulturbegriff gedacht wird. Welsch (2010) hat
diesen als „Kugelmodell" gekennzeichnet, mit dem eine reine, von äußeren Einflüssen uninspirierte „Nationalkultur", eine Homogenitätsfiktion" gedacht werde.

Auch Steinfeld (2018) kritisiert die Essentialisierung von Kultur, er argumentiert, dass dadurch „etwas gesellschaftlich Erworbenes, also Kultur, in etwas natürlich Vorausgesetztes" umgedeutet werde. Das „Branding", das sich Nationen
aufgrund ihrer Gleichartigkeit als unterscheidendes „Alleinstellungsmerkmal"
suchten, sei mit dem Bestreben von Marketingexperten zu vergleichen, aus-
tauschbaren Waren im Interesse ihrer Vermarktung eine vermeintlich einzigartige
Besonderheit anzuhängen.

Das Bestreben, eine nationale Identität zu definieren, die unverwechselbar die besondere Eigenart der jeweiligen Nation darstelle, sei insofern immer auch als Reflex auf die Austauschbarkeit von modernen Nationen hin zu betrachten, die in ihren allgemeinen Wesenszügen gerade nicht einzigartig seien.

Bedrohte Identität

Demokratische und rechtspopulistische Sichtweisen auf nationale Identität unterscheiden sich nicht nur hinsichtlich des Inhalts, sondern auch in Bezug darauf, inwieweit diese Identität als verwirklicht bzw. gefährdet betrachtet wird. Während in demokratischen Nationskonzepten die Identität des Volkes als erfolgreich verwirklicht gesehen wird, betrachten Rechtspopulisten diese Gemeinschaft als bedroht. Der Nativismus begreift Identität dabei nicht nur als durch innere, sondern vor allem durch äußere Einflüsse bedroht. Eine wesentliche Besonderheit rechtspopulistischer Betrachtung von nationaler Identität liegt darin, dass das Verhältnis der eigenen zu anderen Nationen als ein tendenziell gegensätzliches gefasst wird. Rechtspopulisten gehen von einer feindlichen „Umwelt" aus, in der das Volk durch ein feindliches Ausland bzw. Ausländer bedroht werde, dass es also um Verteidigung bzw. Selbstbehauptung des Volkes in verschiedenen Politikfeldern gehen müsse.

Rechtspopulisten ergreifen daher für die Verteidigung der Grundlagen der Nation Partei. Sie plädieren generell für die Selbstbehauptung des eigenen Volkes und „seines" Staates gegen schädliche Elemente, die mit ihrer abweichenden Eigenart die Ordnung und das Volk in seiner Reinheit stören. Dabei zeichnet sich der Nativismus durch einen inneren Widerspruch aus. Schädliche äußere Einflüsse bedrohen die Identität, die insofern als flexibel und fluktuierend, als durch Äußeres beeinflussbar gedacht wird. Probleme und Störungen der Nation erklären sich in dieser Sichtweise aus einer identitätsstörenden oder -zerstörenden Anwesenheit von Individuen mit der falschen, nicht-eigenen Identität (Vgl. Boehnke/Thran 2015: 195). Zugleich aber ist sie so starr, unabänderlich und nicht-übertragbar, dass Vorstellungen der Integration als nur schwer möglich oder sogar als unmöglich beurteilt werden. Die Widersprüchlichkeit einer Identität, die ihre Mitglieder nicht nur immer noch suchen, sondern auch beständig verteidigen müssen, zeigt sich auch darin, dass es staatliches Wirken braucht, um sie im Inneren zu schützen. Wenn nämlich nur aufgrund hoheitlicher Politik das „Wesen" des Volkes realisiert werden kann, dann ist es offenbar nicht an und für sich bereits dies „Wesen", dann handelt es sich gerade nicht um ein staatsunabhängiges „so-sein" einer bestimmten Gruppe.

Nativismus als defizitärer Nationalismus

Es gibt verschiedene Formen, in denen die spezifisch rechtspopulistische Identitätskonstruktion als defizitär gefasst wird. Zum einen wird betont, dass der moderne Nationsbegriff über Vorstellungen von Rasse bzw. Natur hinaus sei. Dort, wo Rechtspopulisten nicht kulturalistisch, sondern naturalistisch argumentieren, wird ihnen dies als Abweichung von einem modernen Begriff von Nation entgegengehalten. Zugleich gilt das Bild einer grundsätzlichen Gegensätzlichkeit von nationalen Identitäten als defizitär, da Vielfalt als Wert anerkannt zu werden habe, obwohl Vielfalt und deren Begrenzung in der Nationszugehörigkeit sich notwendig widersprechen. Problematisch werden diese Defizitkonstruktionen, weil sie zum einen die Gemeinsamkeiten zwischen demokratischen und populistischen Identitätsvorstellungen übersehen und zum anderen dem Rechtspopulismus Bestimmungen anlasten, die demokratischen Vorstellungen ebenso immanent sind.

Dass kulturessentialistische Vorstellungen gar nicht so weit entfernt sind von Vorstellungen des Deutsch-seins als Einheit in Vielfalt, wird auch in Defizitkonstruktionen übersehen, die „chauvinistische" Abwertungen als zu kritisierende Bestimmungen in den Vordergrund rücken (vgl. Wodak 2016: 64). Nativismus erscheint in dieser Perspektive nicht als eigenlogische Konstruktion von nationaler Identität, sondern als Abweichung von einer „richtigen" Identität und einem „richtigen" Verhältnis von nationalen Identitäten, das in einem Anerkennungsverhältnis anstelle eines Gegensatzverhältnisses bestünde. Von der Kritik ausgeklammert wird damit die als selbstverständlich gedachte Differenzierung von Menschen nach Nationszugehörigkeit und die Verwandlung der nationalen Differenzkategorie in eine Identität, in ein gruppenspezifisches Wesensmerkmal der so unterteilten Menschheit.

Autoritarismus

Das dritte Element, das Mudde (2017: 4) zufolge für den Rechtspopulismus konstitutiv ist, ist der Autoritarismus. Dieser wird als Glauben an eine hart durchgesetzte Ordnung verstanden, in der mittels „law and order policies" (ebd.) Vergehen hart bestraft werden. Auch bei diesem Element sind begriffliche und defizitorientierte Sichtweisen miteinander verschränkt. Auf begrifflicher Ebene lässt sich festhalten, dass der Wunsch nach restriktiver Durchsetzung der Ordnung von einer Lagebeurteilung ausgeht, in der die Ordnung – und die sie schützende Instanz – als bedroht betrachtet werden. Der autoritäre Politiker, der autoritäre Staat soll deshalb mit seiner Macht die Ordnung nach innen durchsetzen und vor äußeren Einflüssen schützen, die Macht ist insofern kein Selbstzweck, sondern Notwendigkeit der Verteidigung einer Ordnung, die in der Demokratie nicht bzw.

nicht in dieser grundsätzlichen Weise in Frage gestellt gesehen wird. Dass es an dieser Ordnung im Volk ein Bedürfnis gibt, lässt sich, angesichts der Betrachtung einer gefährdeten Ordnung, dann auch als Sehnsucht nach einer „harten Hand" von unten denken, die die Ordnung gegen widerständige Elemente durchsetzt. Dieses Bedürfnis, dies haben die Mitte Studien gezeigt (Decker/Kies/Brähler 2015: 14), ist in der Bevölkerung weit verbreitet. Es kann also zusammengefasst von Autoritarismus auf zwei Ebenen gesprochen werden, zum Einen gibt es einen politischen Autoritarismus, der auf der Ebene des Staates vorliegt, zum Anderen den psychologischen Autoritarismus bzw. „autoritären Charakter", der auf der Ebene der Individuen verortet liegt.

So wie auch im Kontext mit Nativismus eine mangelhafte Identitätsvorstellung als Defizit der Rechtspopulisten konstruiert wird, so wird auch der Autoritarismus als mangelhaftes Verhältnis von Volk und Staat gedeutet. Der Konflikt zwischen der Aufrechterhaltung einer bestehenden und der Durchsetzung einer nicht oder nur teilweise bestehenden Rechtsordnung, der sich u.a. auch im Strafmaß („drakonische Strafen") geltend machen kann, wird in dieser Sicht dann als Unrecht bzw. als Verstoß gegen Rechtsstaatlichkeit gedeutet. Dadurch wird die Infragestellung der Ordnung, die Rechtspopulisten als gegebene Lage sehen, implizit abgestritten.

Defizitperspektiven in der politischen Bildung

In der politischen Bildung gibt es die Tendenz, Rechtspopulismus als Defizitphänomen zu betrachten. Am Beispiel des Leitfadens „Rechtspopulismus durchschauen und Paroli bieten" von Katrin Matuschek und Sarah Morcos (2016: 1) lässt sich verdeutlichen, wie Rechtspopulismus im Sinne einer Defizitperspektive problematisiert wird.

> „Rechtspopulistische Argumentationsstrategien sind häufig antidemokratisch, antielitär, antipluralistisch und menschenfeindlich und berufen sich meist auf Verschwörungstheorien. Populismus ist u.a. ein Phänomen gesellschaftlicher Modernisierungskrisen und gibt vereinfachende Antworten auf komplexe Probleme. Dabei funktioniert Populismus emotional und nicht rational. [...] Denken, Handeln und Sprache von Rechtspopulist_innen richten sich gegen unsere pluralistische, demokratische und offene Gesellschaft. Rechtspopulist_innen markieren die Grauzone zwischen demokratisch-konservativ und rechtsextrem. Populisten benutzen eine aggressive Rhetorik und konstruieren ein »Wir gegen die!«, das verschiedene Bevölkerungsgruppen gegeneinander ausspielt." (Matuschek/Morcos 2016: 1)

Der Leitfaden argumentiert mit einer deutlichen Konfrontation von Demokratie, Rationalität und Wahrheit auf der einen und Rechtspopulismus, Emotionalität und Lüge auf der anderen Seite. Am Rechtspopulismus wird der Bruch von Normen der Demokratie festgehalten, er wird mit Defizitkategorien als feindseliges und weltfremdes *Gegenteil* demokratischer Politik gefasst. Jene erscheint in dieser dichotomischen Zuschreibung als grundsätzlich rational, der Komplexität der Gesellschaft angepasst und tolerant. Auf diese Weise wird ein unkritisches Bild von „unserer" Gesellschaft gezeichnet. Denn es ist in Frage zu stellen, ob in jener nicht ebenfalls „Bevölkerungsgruppen gegeneinander" ausgespielt werden wie zum Beispiel „jung" gegen „alt" oder „beschäftigt" vs. „arbeitslos". Zudem werden auch in der Demokratie sehr geschlossene Vorstellungen von Wertebewusstsein und Integration vertreten usw.

In diesem Ansatz wird Rechtspopulismus als *moralisch mangelhaftes Phänomen* bestimmt. Die *Handlungsstrategie gegen Rechtspopulismus* orientiert sich an dieser Logik. Die Mängel von „Lügen und rechtspopulistischen Gesprächsstrategien" sollen erstens durch Faktenchecks überführt werden, also im Rahmen einer Entlarvungsstrategie (Matuschek/Morcos 2016: 6). Zweitens solle in der politischen Bildung vor allem der eigene Standpunkt konfrontativ gegen rechtspopulistische Auffassungen gestellt werden und dabei soll an „gemeinsame Werte" appelliert werden (ebd.). Gerade in dieser Kombination von Entlarvung, Konfrontation und moralischer Einvernahme erweist sich das skizzierte Vorgehen als ein defizitorientiertes. Zwar konstruieren Rechtspopulisten in der Tat bestimmte Fakten, dies muss in der politischen Bildung selbstverständlich auch thematisiert und richtiggestellt werden. In den Fokus der politischen Bildung sollte aber die *Deutung* der Fakten, treten. Diese sollte in ihrer inneren Logik rekonstruiert und in ihrer Widersprüchlichkeit offengelegt wird. Die Argumentationen, mit denen Rechtspopulisten aus Arbeitslosigkeit und demographischem Wandel eine von Geflüchteten bzw. der Migrationspolitik verursachte Krise der Nation konstruieren, können nicht durch den Verweis auf die Empirie widerlegt werden, sondern nur durch die Rekonstruktion der inneren Widersprüchlichkeit der vorgebrachten ideologischen Deutungen. Dabei sollte natürlich die eigene Position, von der aus Akteure der politischen Bildung argumentieren, offengelegt und für die Teilnehmenden in Bildungsprozessen transparent gemacht werden. Aber mit dem Beziehen einer Gegenposition sind rechtspopulistische Positionen gerade nicht widerlegt, da ihnen auf diese Weise kein immanenter Mangel nachgewiesen wird.

Politische Analysekompetenz durch Ideologietheorie

Die politische Bildung verfolgt unterschiedlichste Ziele, eine übergeordnete Stellung nimmt dabei aber die Mündigkeit des Bürgers ein (vgl. Bremer/Gerdes 2012: 683). Dabei geht es neben der Vermittlung eines demokratischen Wertebewusstsein vor allem um den Erwerb von Orientierungswissen und analytischer Fähigkeiten, mithilfe derer sich der Mensch politisch entfalten kann (Rothe 1999:

97). Im Zentrum der Bemühungen steht damit ein eigenständig denkendes Individuum, das aufgrund eigener Kenntnisse, Haltungen und Interessen sich als politisches Subjekt zu betätigen vermag. Die politische Bildung will diese Selbstbestimmtheit fördern, sie versteht sich selbst insofern als eine „Anstiftung zur Freiheit" (Sander 2007, 43). In Bezug auf das Phänomen Rechtspopulismus bedeutet dies, dass der Ermöglichung von *Analysekompetenz* in der politischen Bildung eine zentrale Bedeutung zukommt.

Markus Gloe und Tonio Oeftering (2017: 26) schlagen unter dem Titel „politische Bildung meets politische Theorie" vor, dass politische Theorie in „Bildung zur Demokratie" transformiert werden solle. Ihnen zufolge müsse es Aufgabe der politischen Theorie sein, demokratische Alternativen aufzuzeigen, die als solche wiederum „höchst relevant für den politischen Bildungsprozess" (ebd.) und von der Politischen Bildung sowohl nach Seiten der Theorie als auch ihrer Objekte (die Lernenden) zu reflektieren wären.

In diesem Sinne kann die politische Bildung *erstens* versuchen, die Analysekompetenz der Bürger zu fördern und zu diskutieren, was Populismus und insbesondere Rechtspopulismus ist. Es geht insofern um das Verständnis der Logik des Rechtspopulismus im Allgemeinen und rechtspopulistischer Standpunkte in besonderen Politikfeldern – *Ideologietheorie* muss zum Bestandteil von politischer Bildung werden. Zugleich muss *zweitens* in Betracht gezogen werden, dass Rechtspopulismus ein Ausdruck tiefer liegender Probleme ist und in rechtspopulistischen Auffassungen reale gesellschaftliche Phänomene ideologisch gedeutet werden. Es bedarf daher nicht nur der ideologietheoretischen Aufklärung über Gründe von rechtspopulistischen Denkmustern, sondern auch *gesellschaftswissenschaftliche Aufklärung* über strukturelle Problemlagen und deren Ursachen. Ideologie- und Gesellschaftstheorie stellen die Grundlage dafür da, dass *drittens* mittels *argumentativer Ideologiekritik* den rechtspopulistischen Auffassungen der Boden entzogen werden kann.

Während politische Analysekompetenz also eine Distanz zu eigenen Auffassungen einnehmen muss, damit sie sich auf die Eigenlogik der rechtspopulistischen Ideologie zum Ziel ihrer Rekonstruktion und Kritik einlassen kann, ist darin nicht eingeschlossen, dass Normativität unterbleiben müsse. Vielmehr kann politische Analysekompetenz als Grundlage für fundiertes Argumentieren für demokratische Normen verstanden werden. Dabei ist allerdings wichtig, dass Normativität nicht, wie im Rahmen der Defizitlogik ausgeführt, unter der Hand in Bestimmungen des Rechtspopulismus verwandelt und somit gewissermaßen „unbewusst" zum Vermittlungsgegenstand der politischen Bildung gerät. Vielmehr ist es notwendig, dass Normativität auch zum Gegenstand politischer Analyse werden muss, sie selbst thematisiert wird. Indem Normativität offengelegt wird,

wird überhaupt erst ein aufgeklärtes Verhältnis zu ihr ermöglicht, wird ein demokratisches Wertebewusstsein auch für jene begründbar, bzw. verständlich, die diese Werte aufgrund von populistischen Wahrnehmungsmustern in anderer Weise betrachten, sie wie gezeigt einerseits überhöhen und andererseits negieren.

Dabei muss zudem berücksichtigt werden, dass politische Bildung nicht nur dem Indoktrinationsverbot verpflichtet ist, sondern dass rechtspopulistische Auffassungen überwiegend – im Unterschied zu rechtsextremen Ideologien – *innerhalb* des Pluralismus der Demokratie verortet sind. Die politische Bildung muss Differenz in den politischen Auffassungen zulassen: Es gibt in Demokratien kein Recht darauf, dass Andere die „richtige Meinung", also meistens die eigene, teilen. Rechtspopulismus muss daher zwar innerhalb der Grenzen des Meinungspluralismus anerkannt werden. Rechtspopulistische Äußerungen sind zudem nicht erst dann zu kritisieren, wenn sie diese Grenzen überschreiten. Dass Rechtspopulismus durch die Meinungsfreiheit gedeckt ist, bedeutet jedoch nicht, dass sich die politische Bildung mit einer vermeintlich werturteilslosen Haltung auf Beliebigkeit verpflichten lassen müsse. Vielmehr halten wir es für geboten in einem herrschaftsfreien Diskurs offen zu argumentieren und die widersprüchlichen Logiken rechtspopulistischer Auffassungen zu kritisieren.

Literaturverzeichnis

Anderson, Benedict (1996): Die Erfindung der Nation. Zur Karriere eines erfolgreichen Konzepts. Frankfurt/New York: Campus.

Anhorn, Roland 2013: Wie die Moral in die Soziale Arbeit kommt... und was sie dabei anrichtet. Über den „Soziale-Probleme-Diskurs", „Moralunternehmer" und „Moralpaniken" in der Sozialen Arbeit am Beispiel der Kinder-Armut. Eine ideologiekritische Skizze. In: Großmaß, Roland; Anhorn, Roland (Hrsg.) (2013): 255-294.

Bauer, Ullrich/Bittlingmayer, Uwe H. /Scherr, Albert (Hrsg.) (2012): Handbuch Bildungs- und Erziehungssoziologie. Wiesbaden: Springer Verlag VS.

Betz, Hans-Georg (1994): Radical Right-Wing Populism in Western Europe, New York: St. Martin's Press.

Billig, Michael (1995): Banal Nationalism. London: Sage.

Boehnke, Lukas/Thran, Malte (2015): The value-based nationalism of Pegida. Journal for Deradicalization, Jg. 2, Nr. 3, 178-209.

Bremer, Helmut/Gerdes, Jürgen 2012: Politische Bildung. In: Bauer, Ullrich; Bittlingmayer, Uwe H.; Scherr, Albert (Hrsg.) (2012): Handbuch Bildungs- und Erziehungssoziologie. Wiesbaden: Springer VS. 683-701.

Canovan, Margaret (1981): Populism. London: Junction Books.

Decker, Frank 2017: Populismus in Westeuropa. Theoretische Einordnung und vergleichende Perspektiven. In: Diendorfer, Gertraud; Sandner, Günther; Turek, Elisabeth (2017): Populismus – Gleichheit – Differenz. Schwalbach: Wochenschau. 11-28.

Decker, Frank/Lewandowsky, Marcel (2009a). Rechtspopulismus als (neue) Strategie der politischen Rechten. http://library.fes.de/pdf-files/akademie/online/08320.pdf [Abfrage am 20.06. 2018].

Decker, Oliver/ Johannes Kies/ Elmar Brähler (2015): Rechtsextremismus der Mitte und sekundärer Autoritarismus. Gießen: Psychosozial Verlag.

Eagleton, Terry (2000): Ideologie. Eine Einführung. Stuttgart: J.B. Metzler.

Diendorfer, Gertraud/Sandner, Günther/Turek, Elisabeth (2017): Populismus – Gleichheit – Differenz. Herausforderungen für die politische Bildung. Schwalbach: Wochenschau.

Gloe, Markus/Oeftering, Tonio (2017): Politische Bildung meets politische Theorie. Baden-Baden: Nomos Verlag.

Groh, Dieter (1992): Anthropologische Dimensionen der Geschichte. Frankfurt a.m.: Suhrkamp.

Groh, Dieter (1992): Die verschwörungstheoretische Versuchung oder: Why do bad things happen to good people? In: Groh, Dieter (1992): 267-306.

Großmaß, Ruth/Anhorn, Roland (Hrsg.) (2013): Kritik der Moralisierung. Theoretische Grundlagen - Diskurskritik - Klärungsvorschläge für die berufliche Praxis. Wiesbaden: Springer VS.

Herwig-Lempp, Johannes (2017): „Nazis raus! Haut ab!'"? Zum systemischen Umgang mit Menschen und Rechten. Zeitschrift für systemische Therapie und Beratung, 2/17, 54-60.

Holtmann, Everhard; Krappidel, Adrienne; Rehse, Sebastian (2006): Die Droge Populismus. Zur Kritik des politischen Vorurteils. Wiesbaden: Springer VS.

Ionesco, Ghita/Gellner, Ernest (1969): Populism. Its meanings and national characteristics. London: Weidenfeld & Nicholson.

Jörke, Dirk/Selk, Veith (2017): Theorien des Populismus zur Einführung. Hamburg: Junius Verlag.

Leo Per/Steinbeis Maximilian/Zorn Daniel-Pascal (2017): Mit Rechten reden. Ein Leitfaden. Stuttgart: Klett-Cotta.

Laclau, Ernesto (1977): Politics and Ideolog'y in Marxist Theory. Capitalism - Fascism - Populism. London: NLB.

Lessenich, Stephan (2017): Mit der Kraft des besseren Arguments? FAZ, 22.11.2017.

Lewandowsky, Marcel (2017): Was ist und wie wirkt Rechtspopulismus? Bürger & Staat. Rechtspopulismus. Stuttgart: Landeszentrale für politische Bildung Baden-Württemberg. 4-11.

Luhmann, Niklas (2008): Die Moral der Gesellschaft. Frankfurt a.m.: Suhrkamp.

Manow, Philipp (2018): „Dann wählen wir uns ein anderes Volk..." Populisten vs. Elite, Elite vs. Populisten. In: Merkur, 72. Jg., Nr. 827, 5-14.

Matuschek, Katrin/Morcos, Sarah (2016): Rechtspopulismus durchschauen und Paroli bieten! Zusammenhänge verstehen und demokratisch handeln. MUP-Praxishilfe.https://www.fesmup.de/files/mup/pdf/arbeitshilfen/MuPraxishilfe_Populismus_durchschauen_und_Paroli_bieten.pdf. [Abfrage am 20.6.2018]

Mense, Thorsten (2016): Kritik des Nationalismus. Stuttgart: Theorie.org
Müller, Jan-Werner (2016): Was ist Populismus? Ein Essay. Berlin: Suhrkamp.

Mickel, Wolfgang W. (Hrsg.) (1999): Handbuch zur politischen Bildung. Schwalbach: Wochenschau.

Mudde, Cas/Kaltwasser, Cristobal R. (2012): Populism in Europe and the Americas. Cambridge: Cambridge University Press.

Mudde, Cas/Kaltwasser, Cristobal R. (2013): Populism. Oxford handbook of political ideologies. http://www.oxfordhandbooks.com/view/10.1093/oxfordhb/9780199585977.001.0001/oxfordhb-9780199585977-e-026.[Abfrage am 20.6. 2018]

Mudde, Cas/Kaltwasser, Cristobal (2017): Populism. A very Short introduction. Oxford: University Press.

Mudde, Cas. (2004): The Populist Zeitgeist. In: Government and Opposition, Jg. 39, Nr. 4, 542– 563.

Mudde, Cas. (2007). Populist Radical Right Parties in Europe. Cambridge: University Press.

Mudde, Cas (2017): Introduction to the populist radical right. The populist radical right - a reader. London: Routledge.

Priester, Karin (2012): Wesensmerkmale des Populismus. Bundeszentrale für politische Bildung. http://www.bpb.de/apuz/75848/wesensmerkmale-des-populismus?p=all. [Abfrage am 20.6.2018]

Reckwitz Andreas (2017): Die Gesellschaft der Singularitäten. Zum Strukturwandel der Moderne. Berlin: Suhrkamp.

Rothe, Klaus (1999): Aufgabenfelder. In: Mickel, Wolfgang W. (Hrsg.): Handbuch zur politischen Bildung. Bundeszentrale für politische Bildung. Schwalbach: Wochenschau. 95-97.

Sander, Wolfgang (2007): Politik entdecken - Freiheit leben. Didaktische Grundlagen politischer Bildung. Schwalbach: Wochenschau Verlag.

Steinfeld, Thomas (2018): Ich weiß nicht, wer ich bin. Was ist das eigentlich: „Identität"? Ein Versuch zur Klärung eines missverstandenen Begriffs, SZ, 26.4.2018.

Taggart, Paul (2000): Populism. Buckingham: Open University Press.

Welsch, Wolfgang (2010): Was ist eigentlich Transkulturalität?: http://www2.uni-jena.de/welsch/papers/W_Welsch_Was_ist_Transkulturalit%C3%A4t.pdf [Abfrage am 20.6.2018]

Wodak, Ruth (2016): Politik mit der Angst. Zur Wirkung rechtspopulistischer Diskurse. Wien: Edition Konturen.

Der ›Rechtsruck‹ und seine Gründe[3]

Jack Weber

„Mehrere hundert Demonstranten haben die geladenen Politiker beim Empfang zur zentralen Einheitsfeier in Dresden lautstark beschimpft. Die Protestierer, vor allem Anhänger des fremdenfeindlichen Pegida-Bündnisses, riefen vor dem weiträumig abgesperrten Veranstaltungsort, dem Dresdner Verkehrsmuseum, ›Volksverräter‹, ›Haut ab‹ und ›Merkel muss weg‹."
n-tv, 3.10.2016

Markus Frohnmaier (Bundesvorsitzender der Jungen Alternative: „Ich sage diesen linken Gesinnungsterroristen, diesem Parteienfilz ganz klar: Wenn wir kommen, dann wird aufgeräumt, dann wird ausgemistet, dann wird wieder Politik für das Volk und nur für das Volk gemacht – denn wir sind das Volk, liebe Freunde."
handelsblatt.com, 2.12.2015/spiegel.de 26.11.2015

Die Rechten sind auf dem Vormarsch: In Deutschland erringt die AfD zweistellige Wahlergebnisse, in mehreren Staaten Europas – Frankreich, Niederlande, Österreich, Ungarn, Polen – verzeichnen rechte Parteien ebenfalls große Wahlerfolge oder stellen sogar schon die Regierungen. In den USA wird Donald Trump Präsident. Zugleich bildet sich außerhalb der Parlamente in Deutschland mit Pegida eine dauerhafte rechte Demonstrationskultur, sodass Häusler/Virchow von einer „neuen sozialen Bewegung von rechts" sprechen (2016). Parallel dazu steigen Gewalttaten gegen Ausländer sprunghaft an.

Die rechten Gruppen und Parteien etablieren nationalistische, rassistische und ausländerfeindliche Töne, die bisher im demokratischen öffentlichen Diskurs verpönt und aus ihm verbannt waren – und sie bekommen damit in Deutschland und in anderen Ländern des Westens eine Massenbasis. Ihre Parolen unterscheiden sich insbesondere durch die Form, in der sie vorgetragen werden, von den bekannten politischen Äußerungen. Sie geben sich grundsätzlich und vernichtend kritisch gegenüber der aktuellen Politik und sehen sich im Kampf mit dem „Establishment" bzw. dem „System". Dem werfen sie vor, den deutschen Staat willentlich vor die Hunde gehen zu lassen: Nicht Unfähigkeit oder Inkonsequenz wie

---

3 Der Beitrag von Jack Weber wurde zuvor als „Der ›Rechtsruck‹ und seine Gründe" In: Gloël, Rolf; Gützlaff, Kathrin; Weber, Jack (Hg.)(2017): Gegen Rechts argumentieren lernen. Hamburg. S. 15-55 publiziert, Nachdruckgenehmigung erteilt.

© Springer Fachmedien Wiesbaden GmbH, ein Teil von Springer Nature 2019
L. Boehnke et al. (Hrsg.), *Rechtspopulismus im Fokus*,
https://doi.org/10.1007/978-3-658-24299-2_3

bisher im Diskurs unter politischen Gegnern bekannt, sondern bewusster Missbrauch, Verrat und Eigennutz lauten die Vorwürfe gegen die Etablierten.

Dass solche Frontalangriffe auf die etablierte Politik, dass die zugrundeliegende Fundamentalkritik an der Ausländer- und Flüchtlingspolitik, am ›Ausverkauf Deutschlands‹, an ›Europa‹ etc. eine so große Zustimmung im Wahlvolk bekommen, schreckt Politik, Öffentlichkeit und Wissenschaft auf: Was finden die Anhänger und Wähler rechter Parteien an deren Parolen? Warum werden sie zu Parteigängern der rechten Standpunkte? Wie werden sie also zu den massenhaften ›Trägern‹ des ›Rechtsrucks‹?

Die Frage wird jedoch im öffentlichen Diskurs überwiegend nicht mit dem Blick in die entsprechenden Parteiprogramme oder die politischen Verlautbarungen beantwortet, in denen ja die politischen Absichten und Standpunkte der Parteien und Bewegungen zu finden wären, denen sich viele zuwenden. Vielmehr werden die Antworten in den Persönlichkeiten der WählerInnen gesucht: Angst, Unsicherheit, Dummheit, Verführbarkeit.

Der folgende Artikel will sich mit diesen Antworten kritisch auseinandersetzen. Fünf im öffentlichen und politischen Diskurs gängige Erklärungen dafür, warum Menschen den rechten Parolen folgen würden, werden jeweils mit Zitaten dokumentiert, die für diese Erklärungen möglichst typisch sind. Die zitierten Positionen werden dann praktisch befragt, indem der Artikel Fragen zu ihnen stellt. Zu jeder gängigen Erklärung werden dann Gegenthesen zur Diskussion. Ein Fazit schließt den Artikel ab.

Warum schließen sich Menschen rechten politischen Vorstellungen, Parteien und Organisationen an? Fünf gängige Erklärungen und (Gegen-)Thesen

Gängige Erklärung 1: „Angst" – Bürger wählen und agieren rechts, weil sie Angst haben: Angst vor der Globalisierung und Angst vor Fremden.

„Angst vor Fremden ist nichts, was von Geburt aus vorhanden ist, sondern etwas Erlerntes. Sie resultiert zum einen aus einer gefühlten Überforderung mit der modernen Gesellschaft, beispielsweise wenn Menschen mit Pluralität nicht zurechtkommen. Zum zweiten bekommen wir, wenn wir mal beim Thema Islam bleiben, aus vielen Quellen immer wieder Bilder vorgelegt, in denen der Islam als eine Gefahr dargestellt wird: von den Eltern, der Politik, aus dem Freundeskreis oder den Medien."
Hans-Peter Killguss, Leiter der Info- und Bildungsstelle gegen Rechtsextremismus im NS-Dokumentationszentrum der Stadt Köln, im Interview mit dem Goethe-Institut Prag, Mai 2013

Warum erlernen die Anhänger der Rechten von Eltern, Politik, Freundeskreis oder Medien ausgerechnet Angst vor dem Islam? Warum verlernen oder verwerfen sie andere Inhalte und Parolen, die von denselben Quellen kommen?

„Der Angstforscher Bandelow wies darauf hin, dass es früher ein Überlebensvorteil gewesen sei, Angst vor Fremden zu haben. Als die Menschen noch ›in Stämmen organisiert waren, war es wichtig, den eigenen Stamm zu unterstützen und andere bis aufs Blut zu bekämpfen‹, erläuterte er. ›Die Ängste, die daraus entstanden, sind bis heute in jedem Menschen präsent‹, sagte der Professor für Psychiatrie und Psychotherapie an der Universität Göttingen dem Evangelischen Pressedienst (epd). Angst wird in zwei Gebieten verarbeitet, die nicht notwendigerweise zusammenarbeiten, wie Bandelow erklärte. Es gebe einen intelligenten Teil, mit rationalen Argumenten zugänglich sei und auch die positiven Seiten der Globalisierung sehe. ›Und es gibt einen primitiven Teil. Dort halten sich solche Urängste hartnäckig.‹ In diesem Teil seien beispielsweise auch Ängste vor Spinnen oder Hunden erhalten geblieben. ›Auch solche Ängste waren früher für das Überleben wichtig, heute stören sie.‹
Demagogen können nach Bandelows Worten ›primitive Ängste wie Xenophobie leicht auslösen und für sich ausnutzen‹. Mit ihrer ›einfachen Sprache und einfachen Botschaften bedienen sie die Ängste, die ohnehin vorhanden sind‹. Da solche Befürchtungen im primitiven Teil des Gehirns angesiedelt seien, könnten Politiker demokratischer Parteien dem nicht unmittelbar mit intellektuellen Argumenten entgegenwirken."
www.domradio.de/themen/soziales/2016-11-30/globalisierungsangst-treibt-populisten-waehler-die-arme

Warum können Angstforscher, Politiker demokratischer Parteien und deren Anhänger den hartnäckigen Urängsten des primitiven Hirnteils entkommen, rechte Politiker und deren Anhänger aber nicht? Sind die betreffenden Hirnteile bei rechten und demokratischen Wählern unterschiedlich?

„Die Menschen unterstützen politische Außenseiter, die ihre Globalisierungsängste im Kontext ihrer wirtschaftlichen Situation und ihres Kompetenzwettstreits mit Einwanderern geschickt artikulieren.
Unsere Ergebnisse zeigen, dass Menschen, die die Globalisierung als eine Bedrohung wahrnehmen, am meisten Migration fürchten. Sie sehen Migration häufiger als eine der wichtigsten Herausforderungen für die Zukunft, sie haben weniger Kontakt mit Ausländern in ihrem Alltag und äußern häufiger ausländerfeindliche Gefühle. Sie sind außerdem skeptischer gegenüber der Europäischen Union und der Politik im Allgemeinen. Die Auseinandersetzung mit diesen Ängsten gehört zu den zentralen politischen Herausforderungen der kommenden Jahre. Nur wer sie aufzulösen weiß, wird Wähler von den populistischen Parteien zurückgewinnen können."
Aus der Studie „Eupinions" der Bertelsmann Stiftung (2016)

Die Theorie, dass „Ängste" – vor „Globalisierung", „Migration" etc. – die Ursache für rechtes Denken und Handeln seien, wird in der folgenden Karikatur ins Bild gesetzt und zugespitzt. Was an der „Angst"-Theorie wird dadurch (implizit) kritisiert?

Abbildung 1: Mit freundlicher Genehmigung von Karikaturist Thomas Plaßmann: „Es ist diese Angst".

Warum steckt hier jemand aus „Angst vor der Globalisierung" gerade eine
Flüchtlingsunterkunft an? Hat der Brandstifter Angst vor den Flüchtlingen? Ist
der Brandstifter gegenüber den Flüchtlingen ohnmächtig oder ihnen ausgeliefert?
Warum nimmt der Flüchtling den Brandanschlag „nicht persönlich"?

(Gegen-)Thesen:

1.   Die Karikatur bringt es mit Ironie auf den Punkt: Wenn Menschen
Brandbomben in Kinderzimmer in Flüchtlingsheimen werfen, auf Demonstratio-
nen Loblieder auf die Überlegenheit der eigenen Kultur anstimmen und Parteien
wählen, die Härte gegen Flüchtlinge, Minderheiten und andere Staaten einfordern, dann liegt es nicht nahe, in diesen Taten ausgerechnet Angst als Beweg-
grund zu vermuten.

2.   Wenn die Taten der rechten Bürger mit einer „erlernten" oder einer Urangst vor Fremden begründet werden, werden sie ihres politischen Inhalts ent-
kleidet. Nicht eine politische Überzeugung, sondern die unbewusste oder unre-
flektierte Reproduktion von etwas Erlerntem oder Angeborenem ist dann Grund
ihrer Gewalttaten, Wahlentscheidungen und Parolen. ›Folgerichtig‹ nimmt der

Flüchtling den Brandanschlag gegen sich in der Karikatur deshalb „nicht persönlich": Er ist ja angeblich gar nicht gegen ihn gerichtet, sondern resultiert aus Mechanismen und Ängsten, „die ohnehin vorhanden sind".

3.   Die Annahme einer „Urangst", die in allen Menschen in der Physis des
Hirns – seinen jeweiligen Teilen – enthalten sein und die das rechte Denken eines
Teils der Bevölkerung erklären soll, beinhaltet einen Widerspruch: Wenn bei allen Menschen diese physiologische Festlegung auf rechtes Gedankengut bzw. auf
primitive Urängste vorhanden ist, dann ist nicht schlüssig zu erklären, warum die
einen den rechten Gedanken fassen und teilen, und die anderen, die über dieselben
Hirnteile verfügen und auch „Urängste" in sich tragen sollen, nicht.

4.   Täter, Wähler und Demonstranten werden so entschuldigt und gleichzeitig verachtet: Entschuldigt, weil keine rechte ausländerfeindliche Gesinnung sie
leitet, sondern sie – ganz oder zum Teil – durch etwas von ihnen gar nicht zu
Kontrollierendes geleitet werden, weshalb sie nur „unschuldige" Opfer geschickter Einflüsterer sind. Zugleich werden sie damit als Menschen geringgeschätzt,
die nicht wirklich Herr über ihren Verstand sind: Ihre Urteile werden – ohne sie
inhaltlich zu kritisieren – als irrational betrachtet, sodass man ihnen nicht mit „intellektuellen Argumenten entgegenwirken" könne. Vulgo: ›Doof bleibt doof, da
helfen keine Argumente.‹

5.   Gerade in dieser von allen politischen Inhalten befreiten Irrationalität –
ihrer Angst – sollen die nach rechts gerückten Bürger dann wieder Sorgeobjekte
der Politik werden. Die ihnen zugeschriebenen Ängste werden wieder politisiert,
indem sie zur „zentralen politischen Herausforderung", also zum Gegenstand der
politischen Konkurrenz mit den Rechten, aber auch zwischen den traditionellen
Parteien erklärt werden: Diese werfen sich wechselseitig nicht die hinter Brand-
anschlägen gegen Flüchtlingsheime stehenden politischen Standpunkte und Ziele
vor, sondern beschuldigen den jeweils anderen, sich um die angeblich darin sich
ausdrückenden irrationalen Ängste der Bürger nicht genügend gekümmert zu haben, und rühmen sich selbst, diese Ängste nun aufzugreifen oder sie schon immer
im Fokus gehabt zu haben.

Gängige Erklärung 2: „Soziale Unzufriedenheit" – Bürger schließen sich den Rechten an, weil sie mit ihrer sozialen Lage unzufrieden sind

Abbildung 2: Mit freundlicher Genehmigung von Karikaturist Thomas Plaßmann

Gibt es einen Zusammenhang zwischen Arbeitslosigkeit und Ausländerhass? Was soll man dem Kind in der Karikatur antworten? Wovon hängt es ab, ob es zum Ausländerjäger wird oder nicht?

„Es ist falsch, die Wahlerfolge der AfD allein durch Rassismus und Rechtspopulismus zu erklären. Ihr Aufstieg ist nicht denkbar ohne die soziale Polarisierung, die sich (aufgrund der neoliberalen Politik in Deutschland, aber auch weltweit) dramatisch verschärft hat. Der Mangel an bezahlbaren Wohnungen und guten Jobs, die Reduktion der Demokratie auf die Verwaltung von Sachzwängen ist der Nährboden, auf dem der rechte Kulturkampf gedeihen kann."
Bernd Riexinger, DIE LINKE, auf dem marx21-Kongress „Wohin steuert Deutschland?", 6.5.2016

Wenn der Aufstieg der Rechten „nicht ohne" soziale Notlagen „denkbar" sein soll – ist er dann mit dem Mangel an bezahlbaren Wohnungen und guten Jobs hinreichend erklärt?

„Dort, wo große soziale Verwerfungen sichtbar sind, kann Propaganda erfolgreich sein: Ängste vor sozialem Abstieg können dann leichter geschürt werden, die extreme Rechte kann sagen: ›Das droht euch auch und schuld daran sind die Muslime beziehungsweise die Migranten.‹" Hans-Peter Killguss, Leiter der Info- und Bildungsstelle gegen Rechtsextremismus im NS-Dokumentationszentrum der Stadt Köln im Interview mit dem Goethe-Institut; www.goethe.de/ins/cz/prj/jug/the/ang/de11037510.htm

Kann rechte Propaganda nur da erfolgreich sein, wo „soziale Verwerfungen sichtbar" sind? Und ist sie dann auf jeden Fall erfolgreich?

„Zu den aktuell dominierenden Wertekonflikten kommen materielle Sorgen, die Angst vor Statusverlust und sozialem Abstieg ... Flüchtlinge, Zugewanderte und überhaupt ›die anderen‹ werden zur Projektionsfläche persönlicher Krisen, und Abstiegsängste und rassistische Einstellungen brechen sich Bahn. Ein Bild, das die Rechtspopulisten genüsslich zuspitzen." Robert Pausch: „Wer wählt die Populisten?", in Zeit Online, 16.5.2016

Wie genau werden laut Robert Pausch materielle Sorgen von Menschen zu rassistischen Einstellungen? Was bricht sich da Bahn und wo kommt das her? Oder war das schon immer irgendwie bzw. irgendwo da?

(Gegen-)Thesen:

1.   Lohneinbußen, verbreitete prekäre Lebensverhältnisse, Mieten, die sich viele nicht mehr leisten können: Die These von der sozialen Unzufriedenheit als Grund für den Rechtsruck in der Bevölkerung weiß um die Verschlechterung der Lebensverhältnisse für viele. Diese prekären Lebensverhältnisse, von denen wie selbstverständlich ausgegangen wird, werden hinsichtlich ihrer (angeblichen) Konsequenzen betrachtet: Sie sind als der fruchtbare Boden identifiziert, auf den die rechte Propaganda fallen kann. Woher diese Notlagen kommen, ist hier weniger interessant als die Frage, wohin sie angeblich zu führen drohen: zum Abdriften der Betroffenen nach rechts, außerhalb des etablierten Parteienspektrums. In dieser Hinsicht werden sie zum politischen Problem: nicht als Sorge um die Nöte als solche, sondern um die Radikalisierung der Notleidenden.

2.   Mit Metaphern wie „Nährboden", „Projektionsfläche" oder etwas, das „sich Bahn bricht", wird einerseits ein nur sehr vager Zusammenhang zwischen prekären sozialen Lagen und rechter Gesinnung beschrieben. Andererseits stehen die Bilder für eine gewissermaßen ›natürliche‹ Ursache-Wirkungskette bzw. für einen regelrechten Automatismus – und drücken darin vor allem viel Verständnis für die nach rechts gerückten Wähler aus. Eine Erklärung oder gar Kritik daran, dass die Wut dieser sozial unzufriedenen Bürger sich ausgerechnet gegen Migranten richtet, die weder die Urheber der sozialen Härten noch deren Profiteure

sind, die im Gegenteil noch prekäreren Lebensbedingungen ausgesetzt sind, leistet diese Metaphorik nicht. Im Gegenteil: Sie ersetzt die Erklärung des politischen Standpunktes, der die Rechtswähler und -täter bewegt, durch die Metapher vom „Nährboden" – die Empfänglichkeit für nationalistische und fremdenfeindliche Gedanken erscheint so geradezu naheliegend und verständlich.

3.   Es gibt keinen Automatismus für den Übergang von prekärer sozialer Lage zu rechtem Gedankengut, Gewalt gegen Ausländer oder dem Ruf nach einem starken Staat. Aus einer schlechten sozialen Lage lassen sich vielmehr eine Reihe von ganz unterschiedlichen Urteilen ableiten: Man kann das eigene Scheitern in der Konkurrenz um den Arbeitsplatz, die Lehrstelle oder die Wohnung als Ergebnis einer falschen Wirtschaftspolitik, als persönliches Versagen oder als von Ausländern verschuldet deuten. Zur Frage des Kindes in der Karikatur ist deshalb zu sagen, dass es keinen notwendigen Übergang vom Lehrstellenmangel zur Gewalt gegen Ausländer gibt. Ob der Junge in der Karikatur als Erwachsener Ausländer hassen oder/und jagen wird, hängt vielmehr davon ab, ob er sein mögliches Scheitern in der Konkurrenz um Arbeitsplätze und Lehrstellen nationalistisch und rassistisch interpretiert bzw. ob ihm solche Erklärungen einleuchten und ob er sich dadurch zu Gegnerschaft und Gewalt gegen Ausländer aufgerufen und berechtigt sieht.

4.   Wenn jemand diesen (überhaupt nicht automatisch ablaufenden und auch nicht sonderlich logischen) Übergang von Arbeits- und Perspektivlosigkeit hin zu einer gefühlten und praktizierten rechten Ausländerfeindlichkeit vollzieht, dann muss er folgende Denkschritte (mit)machen:

Ausgangspunkt für diesen Übergang ist, dass in der Marktwirtschaft die wesentlichen Bedingungen und Güter, um ein gutes Leben zu führen, also ökonomisch teilhaben zu können, nur in der Konkurrenz gegen andere zu erringen sind. Dafür kennt jeder Beispiele: die Schlange vor der Wohnungsbesichtigung, das Ringen um einen Arbeitsplatz gegen 200 andere, die ihn auch brauchen, die Konkurrenz um gute Noten, um dann an die besseren Ausbildungen und Berufe zu kommen.

Nationalistisch denkende Konkurrenzteilnehmer sehen ihr Interesse an Berufsausbildung, Verdienst, Konsum usw., also an ökonomischer Teilhabe an der Gesellschaft, dagegen als gutes Recht, das ihnen als – rechtschaffenen – Deutschen zustehen würde und zu dessen Anerkennung und Umsetzung die deutsche Gesellschaft und der deutsche Staat eigentlich verpflichtet seien. In der Konkurrenz beanspruchen sie als Deutsche eine hervorragende Stellung – eine Grundgleichung nationalen Anspruchsdenkens, das sich sehr subjektiv darüber hinwegsetzt, dass es ein solches Recht objektiv-faktisch nicht gibt.

Wenn sie in der Konkurrenz um Noten, Lehr- und Arbeitsstellen, Wohnungen oder um all die anderen Mittel, in unserer Gesellschaft ein gutes Leben führen zu können, dann scheitern, halten Nationalisten als wesentlich eines fest: dass ihnen ihr eingebildetes Recht als rechtschaffene, sich redlich bemühende Deutsche verwehrt würde.

Dass nun auch Ausländer zur Konkurrenz um Arbeit, Wohnen usw. in Deutschland zugelassen werden, führt Ausländerfeinde zum nächsten Schritt der Erklärung ihres Scheiterns: Als Nicht-Deutsche dürften Ausländer eigentlich gar nicht an der Konkurrenz teilnehmen, sie sind also unberechtigte Konkurrenten. Damit ist für die Ausländerfeinde ihre eigene schlechte soziale Lage erklärt: Der Grund liegt darin, dass ihr ›Recht‹ auf exklusive nationale Teilnahme in der Konkurrenz durch unberechtigte Konkurrenten hintertrieben wurde – die Ausländer nehmen ›uns‹ Arbeitsplätze, Wohnungen etc. weg. Erstens sind die also schuld, wenn ›wir‹ auf keinen grünen Zweig kommen, und zweitens der Staat, weil der Fremde als Konkurrenten ins Land lässt, statt für deren ordnungsgemäßen Ausschluss zu sorgen.

Damit meinen sie erstens, allen Grund zu haben, gegen Ausländer zu sein und sie zu hassen, weil diese für ihr Scheitern verantwortlich seien. Die Ausländer gehören nicht hierher und machen all das kaputt, was sich Deutsche als ihr gutes Recht ausmalen. Zweitens beschuldigen sie den Staat, seine Pflicht gegenüber seinem deutschen Volk nicht geleistet zu haben, die darin bestünde, die nationale marktwirtschaftliche Konkurrenz um Arbeit und Güter des Lebens exklusiv auf Deutsche zu beschränken. Die daraus resultierenden Parolen lauten also: 1. „Ausländer raus", 2. „Volksverräter".

Zwischenfazit

Ausländerfeindlichkeit und Rechtsextremismus resultieren nicht aus dem Scheitern in der Konkurrenz und einer schlechten sozialen Lage – wie die große Zahl an Bürgern aus der gesellschaftlichen Mitte in den rechten Gruppen und Parteien beweist. Wenn Verlierer der Konkurrenz, die es in rechten Parteien natürlich auch gibt, ihre soziale Notlage zum Argument für Ausländerfeindlichkeit etc. machen, dann wirkt da kein automatischer Mechanismus, sondern dann erklären sich Verlierer auf verkehrte Weise ihr Scheitern: Schlechte Erfahrungen in der Konkurrenz werden mit der Anwesenheit von Ausländern in Deutschland gedanklich verbunden und das eine mit dem anderen erklärt. So wird aus dem Scheitern in der Konkurrenz ein Grund gegen Ausländer zu sein – indem nationalistisch gesinnte Verlierer daraus einen Grund für Ausländerhass machen!

Statt sich den Zusammenhang von sozialer Lage und rechtem Gedankengut als dubiosen Automatismus („Nährboden", „Projektionsfläche" usw.) verständlich und damit letztlich nicht mehr kritikabel zu machen, muss es im ›Kampf gegen Rechts‹ darum gehen, sich die (oben dargelegten) Schritte der falschen Erklärung für die soziale Not klarzumachen und ihre Fehlerhaftigkeit und Schädlichkeit (auch für diejenigen, die diesen Gedanken anhängen) nachzuweisen.

Gängige Erklärung 3: „Einfache Lösungen" – Das Volk will einfache Lösungen und wählt deshalb die Rechten, die diese anbieten.

Oliver Kalkofe zu den AfD-Wahlerfolgen

„Und wie lässt sich das deutschlandweite AfDerjucken nun erklären? Der Auftritt ist laut und polternd, die Kandidaten schmerzhaft unsympathisch, inhaltlich wird viel sehr Altes und wenig Neues geboten … Für sämtliche komplizierten Probleme hat man genau eine Lösung (keine Flüchtlinge mehr!), und wirklich mitregieren möchte man auf keinen Fall. Bleibt die Frage: Wieso ist gerade solch eine Partei derart erfolgreich?

Antwort: eben genau deswegen! Weil sie das Leben so schön simpel macht. Man braucht nicht nachzudenken, das macht eh nur Aua im Kopf, empört nicken und in der Gruppe laut Parolen grölen reicht völlig aus ... Im Grunde lieben wir alles, was uns das mühsame Denken abnimmt, die harte Brotkruste von der Realität abschneidet und die komplexe Welt einfacher verdaulich macht."

Aus: „Das schöne einfache Leben" von Oliver Kalkofe, in: TV-Spielfilm 20/2016

Sind die Rechten deshalb gegen Ausländer, weil das so schön einfach ist? Was ist „simpel" daran, gegen Ausländer zu sein? Inwiefern macht sich Herr Kalkofe das jetzt zu einfach?

„Populisten geben auf vielschichtige Probleme einfache Antworten. Das kommt gerade bei jenen gut an, die durch die Komplexität von Digitalisierung und Globalisierung und den mit ihnen einhergehenden gestiegenen Mobilitäts- und Flexibilisierungserfordernissen verunsichert und durch den stetigen Wandel aus dem bekannten und vertrauten Status quo herausgerissen werden."

Der Wirtschaftswissenschaftler Thomas Straubhaar, Huffington Post, vom 22.9.2016

„Die Entscheidungsprozesse sind natürlich schwer nachvollziehbar. Sie sind abstrakt geworden, denken Sie an so etwas wie die Eurokrise, im Grunde gar nicht mehr nachvollziehbar. Was umgekehrt für die Politiker das Problem bedeutet, dass sie heute auf internationalen Treffen der Regierungschefs Milliardenpakete in einer völlig abstrakten Art und Weise schnüren müssen. Und am nächsten Tag müssen sie den Leuten erklären, dass möglicherweise die Lebensarbeitszeit verlängert werden muss oder die Renten nicht mehr ganz so passen werden, wie man das gewohnt ist. Das ist ein Spagat, der extrem ist. Der hat mit der zunehmenden Komplexität unserer Gesellschaft, unserer Welt insgesamt zu tun, worunter letztlich alle, wenn man so will, leiden."

Der Historiker Andreas Wirsching zum Rechtsruck in Europa im Interview mit Deutschland Radio Kultur, 27.8.2016

Was ist am Schnüren von Milliardenpaketen „abstrakt"? Wer hat welches von den vielschichtigen Problemen, von denen Herr Straubhaar spricht? Sind diese Probleme für Bürger und Politiker dieselben? Für welche Sorte „Problem" und „extremen Spagat" der Politiker hat Herr Wirsching vollstes Verständnis?

(Gegen-)Thesen:

1.   Die These, dass die rechten Parteien so attraktiv seien, weil sie „einfache Lösungen" anbieten würden, will sich um den Inhalt der Lösungen nicht kümmern: Die rechten Parteien, so der Gedanke, bieten diese Lösungen nicht an, weil sie davon politisch überzeugt sind, sondern nur, weil sie als einfache Lösungen eine taktische Wirkung auf den Wähler hätten, der es gerne einfach hätte. Spiegelbildlich ist gemäß dieser These auch für Wähler, Schläger und Demonstranten nicht der politische Inhalt der rechten Standpunkte das Überzeugende, sondern dass sie einfache Standpunkte seien. Dass das Einfache das für den Wähler Entscheidende sein soll, tilgt den politischen Inhalt der Entscheidung, lässt ihn zumindest nachrangig erscheinen.

2.   Oliver Kalkofe drückt in seiner Glosse die übliche Verachtung für die rechten Wähler deutlich aus. Denkfaulheit und Dummheit soll gerade die leiten, die den rechten Gedanken und Parteien folgen: Nicht, was sie denken, sondern dass sie im Grunde gar nicht denken (wollen), soll erklären, dass sie der AfD ihre Stimme geben. Die Wissenschaftler Straubhaar und Wirsching drücken den gleichen Gedanken vornehmer aus – die einfachen Geister sind (im Unterschied zu ›uns‹) der „Komplexität" der Welt einfach nicht gewachsen. Ganz ohne den Inhalt rechten Denkens kritisch zu prüfen, wird es als Denken zweiter Klasse abgewertet: An die Stelle der politischen Auseinandersetzung tritt die Beschimpfung und die inhaltsleere elitäre Abgrenzung.

3.   Der Gegenpol zur Verachtung der Rechten und ihrer Anhänger ist das Hohe Lied auf die Politiker, die keine einfachen Antworten geben, sondern sich der „Komplexität" der Gesellschaft, ja der Welt insgesamt, stellen. Sie sind, folgt man der Hochachtung des Historikers Wirsching, die Experten, die diese Komplexität allein begreifen können, Entscheidungen treffen, die außer ihnen keiner mehr nachvollziehen kann, und diese Entscheidungen an das niedere Volk vermitteln (müssen). So bewältigen sie ein Problem durch einen bewundernswerten „Spagat": Sie erklären den Bürgern, dass deren Wohlfahrt einfach zu teuer für den Staat ist, sodass sie immer länger arbeiten müssen und mit ihrer stetig sozialstaatlich gesenkten Rente trotzdem verarmen – und das trotz eines existierenden Reichtums, der so immens ist, dass er sogar in Milliardenpaketen für die Rettung von Banken und Staatsfinanzen aufgewandt werden kann. Für dieses „Vermitt-

lungsproblem" der Politiker Verständnis zu haben, ist zynisch und verkehrt: Damit wird das Nebeneinander von Reichtum und Verarmung zur quasi naturnotwendigen Folge einer dubiosen steigenden Komplexität der Welt erklärt, die eigentlich nur die Politiker verstehen – die Betroffenen haben es einfach wie ein Naturgesetz hinzunehmen.

4. Dass der Unterschied zwischen den regierungsamtlichen politischen Standpunkten und denen der Rechten im Grad der Komplexität liegen soll, ist bei genauerer Betrachtung selbst eine grobe Vereinfachung und nicht überzeugend. Was beispielsweise soll an der Behauptung der rechten Parteien „simpel" oder leicht zu verstehen sein, dass niedrige Renten, Altersarmut und fehlende Kitaplätze daran lägen, dass so viel Geld für Flüchtlinge ausgegeben würde, wo doch die Beschwerden über diese sozialen Mängel seit Jahrzehnten und unabhängig davon bestehen, ob gerade viele Flüchtlinge kommen oder nicht? Wieso sollte – ein weiteres Beispiel – die ›bürgernahe‹ Werbung für die europäische Währungsunion, durch sie würden ›Wechselgebühren wegfallen‹ und das Reisen erleichtert werden, komplizierter sein als die Behauptung der Rechten, die Währungsunion schade dem deutschen Volk, weil es für die Schulden anderer Staaten zahlen müsse, die die gefälligst selbst zu tragen hätten?

Zwischenfazit

„Einfach" und „simpel" sind die Politikangebote der Rechten keineswegs. Sie unterscheiden sich von denen der etablierten Parteien nicht im Grad der Komplexität, sondern durch ihren Inhalt. Die Anhänger und Wähler rechter Parteien sind deshalb auch nicht dümmer als die anderer Parteien – jedenfalls nicht in dem Sinne, dass sie der „Abstraktheit" politischer Entscheidungen oder der „Komplexität" unserer Welt geistig weniger gewachsen wären als andere Zeitgenossen. Sie denken nicht beschränkt oder gar nicht, sondern anders. Wenn man sich mit ihren Standpunkten auseinandersetzen und deren Fehler aufdecken will, muss man sich mit deren Inhalten auseinandersetzen – und darf sich die Sache nicht dadurch selbst zu einfach machen, dass man Rechte einfach für doof erklärt.

Gängige Erklärung 4: „Unzufriedenheit mit den Eliten" – Die Rechten haben Zulauf, weil weite Teile des Volkes kein Vertrauen (mehr) in die politischen Eliten haben.

„Die Erfolge der Rechtspopulisten sind in erster Linie durch Unzufriedenheit mit den bisher regierenden politischen Eliten zu erklären."
Der Politikwissenschaftler Kamil Marcinkiewicz im Interview zu den Gründen des Rechtsrucks; www.uni-hamburg.de/newsletter/mai-2016/warum-kommt-es-in-europa-zum-aktuellen-rechtsruck-herr-marcinkiewicz.html

„Was den Rechtspopulismus so gefährlich macht, sind nicht so sehr Fremdenfeindlichkeit, Ausländerhass und ethnische Prioritätensetzung. Das ist zwar bedenklich genug, aber es handelt sich um Sekundärfolgen eines viel grundsätzlicheren Angriffs auf das liberal-demokratische Demokratieverständnis – im Namen von mehr Demokratie. ... Populisten haben ein feines Gespür dafür, dass hier eine Verengung des politischen Handelns auf Elitenabsprachen und eine zunehmende Bürgerferne von Politik stattfindet. Das von Burke für notwendig erachtete Vertrauen der Wähler in die Repräsentation schwindet dahin."
Karin Priester, Rechtspopulismus und Demokratie in Europa, Neue Gesellschaft Frankfurter Hefte 1 2010: 59f.

Hat die Unzufriedenheit mit den regierenden Eliten auch einen Inhalt? Warum schlägt sie sich ausgerechnet in Wählerstimmen für die AfD (und nicht für DKP, Ökologisch-Demokratische Partei, Tierschutzpartei, Partei Bibeltreuer Christen etc.) nieder? Wieso führt die Kritik an der „Bürgerferne von Politik" ausgerechnet zur „Sekundärfolge" Fremdenfeindlichkeit und Ausländerhass? Ist es nicht vielleicht umgekehrt?

„Politik muss den potenziellen Wählern dieser Parteien klarmachen, dass sie ihre Sorgen ernst nehmen. Man muss versuchen, diesen sich abgehängt fühlenden Wählermilieus klarzumachen: Auch wir sind an euren realen Lebensumständen interessiert. Und wir tun unser Bestes, das im positiven Sinne zu verändern. Und wir hören euch zu und wir nehmen das ernst, was ihr uns zu sagen versucht. Das, glaube ich, wäre der allerelementarste Schritt, um dem Rechtspopulismus dieses Wir-sind-diejenigen-die-wirklich-das-Ohr-am-Volk-haben-Image abzujagen, was im Moment eine dringende Notwendigkeit ist für die etablierten Parteien."
Der Politologe Ernst Hillebrand im Deutschlandfunk, 30.7.2015; ww.deutschlandfunk.de/europasuche-nach-rezept-gegen-rechtspopulismus.1148.de.html?dram:article_id=326950

„[Deutschlandradio Kultur]: Man kann ja beobachten, dass der eine oder andere Politiker ja durchaus versucht ist, Parolen von Pegida oder der AfD zu übernehmen und die so ein bisschen schöner zu verpacken.
Andreas Wirsching: Ja. Ich halte das für falsch. Ich halte es für falsch und auch nicht für ganz ungefährlich. Denn in einer Situation, wo es Tendenzen zum Radikalismus gibt, in einer solchen Situation ist es, meine ich, gefährlich, rhetorisch mit den Radikalen konkurrieren zu wollen. Denn (!) die Erfahrung zeigt, dass in einer solchen Situation gewissermaßen das radikale Original dann am Ende die Nase vorn hat."
Der Historiker Andreas Wirsching im Interview mit Deutschlandradio Kultur, 27.8.2016

Warum und wie soll den Wählern klargemacht werden, dass die Politik ihr „Ohr am Volk" hat und sich um ihre Probleme kümmert? Würden sie das, wenn dem so wäre, nicht selber merken? Worin unterscheidet sich dieses Programm der Vertrauenswerbung vom „Rechtspopulismus", der damit bekämpft werden soll? Warum sollte man nach Meinung von Herrn Wirsching rechte Parolen nicht übernehmen? Sollte man rechte Parolen dann verwenden, wenn man damit „die Nase vorn" hätte?

(Gegen-)Thesen

1. Es ist schon so, dass sich in den Wahlstimmen für die AfD eine prinzipielle Unzufriedenheit vieler Bürger mit der Art und Weise äußert, wie sie ›von oben‹ regiert werden. Dass sich der Protest dagegen aber in der Unterstützung ausgerechnet rechter Parteien niederschlägt, zeigt: Die Unzufriedenheit mit den „regierenden Eliten" hat einen spezifischen politischen Inhalt – und der besteht im Vorwurf, die etablierten Parteien würden das Land durch ihre Politik der Öffnung für Flüchtlinge, Ausländer und der Einbindung in internationale Strukturen um seine „Identität" bringen.

2. Dieses Verhältnis wird auf den Kopf gestellt, wenn Frau Priester Ausländerhass und Fremdenfeindlichkeit zu „Sekundärfolgen" eines viel grundlegenderen Vertrauensverlusts in das demokratische System erklärt. Wo soll dieses Misstrauen eigentlich herkommen, wenn nicht aus der Kritik an der Regierungspolitik – und der Inhalt dieser Kritik ist mit den ›Kernthemen‹ der rechten Parteien eindeutig umschrieben: gegen Ausländer und die angebliche Unterordnung nationaler Interessen unter ›das Ausland‹. Das leuchtet rechten Wählern so sehr ein, dass sie den Frontalangriff rechter Bewegungen gegen die „Vaterlandsverräter" mittragen.

3. Wer nur den (in logischer Hinsicht) negativen Befund festhält – Rechte vertrauen dem demokratischen System nicht (mehr) –, streicht den (in logischer Hinsicht) positiven politischen Inhalt der rechten Fundamentalopposition durch. Offenbar interessieren sich die zitierten Wissenschaftler weniger für diese ausländerfeindlichen, nationalistischen und rassistischen Positionen als für den – für sie anscheinend weit „bedenklicheren" – Umstand, dass sie einen prinzipiellen Vertrauensschwund in die repräsentative Demokratie konstatieren müssen. Dass da eine Distanz zwischen dem Volk und seinen Repräsentanten vorliegt, ist so gesehen viel entscheidender als die Frage, worauf sich diese Distanz gründet und welchen Inhalt sie hat – folgerichtig spielt bei der Überlegung, mit welchen Gegenmaßnahmen dem ›Rechtsruck‹ zu begegnen ist, die Auseinandersetzung mit dessen Inhalten keine besonders große Rolle.

4. Wenn die prinzipielle Feindschaft rechter Parteien und Wähler gegen das demokratische System von ihrem Inhalt und Grund getrennt wird, dann ist das nicht nur verkehrt – es liefert auch die Vorlage dafür, die etablierten Parteien und deren Maßnahmen zur ›Rückgewinnung‹ rechter Wähler davon zu befreien, einen Gegensatz zu inhaltlichen Standpunkten der Rechten argumentativ auszutragen. Stattdessen empfehlen die zitierten Wissenschaftler, den Bürgern irgendwie das ›Gefühl‹ zu vermitteln, dass sie den etablierten Parteien eher vertrauen können als den rechten – so soll dann um das „Image" konkurriert werden, ganz nah am Ohr des Volkes zu sein: Vertrauensbildende Maßnahmen, vulgo: Anbiederung, sollen kritische Auseinandersetzung ersetzen.

5. Dass es bei dieser Konkurrenz um den erfolgreicheren Populismus naheliegt, rechte Positionen zu übernehmen, merken die so argumentierenden Wissenschaftler selber – und dementieren: Nein, die Parolen der Rechten wolle man nicht übernehmen – warum? Nicht weil sich das von deren Inhalten her sowieso verbietet und weil man ja gegen diese Parolen und die darin geäußerten Standpunkte vorgehen und sich nicht mit ihnen gemein machen will – sondern weil „die Erfahrung zeigt", dass das die Rechten eher stärkt als schwächt. Klarer kann man kaum ausdrücken, dass es diesen Wissenschaftlern weniger darum geht, gegen Ausländerfeindlichkeit und Rassismus zu Felde zu ziehen, als vielmehr den etablierten Parteien Tipps für ihre Konkurrenz mit Rechts um das Image von Volksnähe zu geben.

Zwischenfazit

Wenn man die bloße Tatsache, dass Wähler und Anhänger rechter Parteien dem etablierten demokratischen System und den regierenden Eliten nicht (mehr) vertrauen, zum eigentlichen Inhalt des Rechtsrucks erklärt, dann werden die nationalistischen und rassistischen Inhalte rechter Standpunkte zur Nebensache erklärt. In Wahrheit sind sie der Grund für die so rigoros vorgetragene Feindschaft, die von rechten Parteien und Bewegungen gegenüber den demokratischen Parteien artikuliert wird. Die Sorge um die Wiederherstellung des Vertrauensverhältnisses zwischen Volk und politischer Führung ersetzt die kritische Auseinandersetzung mit diesen Inhalten – an ihre Stelle treten taktische Überlegungen, wie man die Konkurrenz gegen Rechts um ein ›volksfreundliches‹ Image betreiben sollte.

Gängige Erklärung 5: „Populismus und Rattenfängerei" – Wähler werden von rechten Populisten verführt, die deshalb so attraktiv sind, weil sie dem Volk nach dem Mund reden, aber ihre eigentlichen Ziele verschleiern.

„Entscheidend ist, dass das schleichende Gift des Populismus sich nicht weiter einfrisst. ... Den Rattenfängern vom rechten Rand, die mit kulturpolitischen Zielen wie der Verankerung der deutschen Sprache als Staatsziel im Grundgesetz oder der Erklärung von Kultur als Pflichtaufgabe auf allen staatlichen Ebenen werben, darf nicht auf den Leim gegangen werden."
Olaf Zimmermann & Gabriele Schulz, www.kulturrat.de, 25.2.2017

Was wird von Anhängern der Rechten behauptet, wenn man sagt, sie seien „Rattenfängern" „auf den Leim gegangen"?

„Ein Grund ist aber auch der propagandistische Wandel bei der extremen Rechten. Man sieht dort, dass man mit Kultur und Religion viel mehr Stimmung machen kann als mit einfachen Ausländerraus-Parolen: Wenn sie sich auf die Bedrohung des christlichen Abendlandes beziehen, sind die Rechten viel erfolgreicher, weil solche Aussagen anschlussfähiger an die Diskurse in der Mitte der Gesellschaft sind."
Hans-Peter Killguss, Leiter der Info- und Bildungsstelle gegen Rechtsextremismus im NS-Dokumentationszentrum der Stadt Köln, im Interview mit dem Goethe-Institut Prag, Mai 2013

„Das erste Zwischenziel ist also nicht, formale Macht über Entscheidungen zu erlangen, sondern die faktische Deutungshoheit zu wichtigen Themen – und damit die Macht über die Gedanken der Menschen. ... Die Verschleierung der wahren Ziele beugt Verboten vor und führt dazu, dass sich nur einige Landesämter in ihren Verfassungsschutzberichten mit dem Phänomen der neuen Rechten auseinandersetzen."
Christoph Giesa, Die neuen Rechten – keine Nazis und trotzdem brandgefährlich. In: Aus Politik und Zeitgeschichte 9/2015: 17

„Verschleiern" die Rechten wirklich ihre „wahren Ziele"? Sehen die Rechten eine Gefahr für ihr christliches Abendland nur aus taktischen Gründen, also gar nicht ›wirklich‹? Wollen sie „die deutsche Sprache als Staatsziel" im Grundgesetz verankern" – oder ist das nur Taktik und „Rattenfängerei"? Wie soll das gehen: die „Macht über die Gedanken der Menschen" zu erlangen? Fühlt sich jeder, der die rechten Parolen hört, so davon angesprochen, dass er gar nicht anders kann, als ihnen „auf den Leim zu gehen"?

„Wer den Populismusvorwurf erhebt, sollte – gut jesuitisch – die Gabe der Unterscheidung üben. Meint er zu Recht den demagogischen Antänzer, der seine Opfer in die Falle lockt, umarmt, um sie zu missbrauchen oder auszunehmen? Oder verdächtigt er das Bemühen als unanständig, die Leute mit ihren Sorgen und Nöten ernst zu nehmen, ihnen zuzuhören und sie auf der Suche nach Lösungen zu begleiten?"
Bodo Hombach im Handelsblatt vom 20./21./22.1.2015

Wie kann man, wie von Herrn Hombach gefordert, zwischen ›gutem‹ und ›bösem‹ Populismus unterscheiden?

(Gegen)Thesen

1.   Die Erklärung, die Attraktivität der rechten Parteien und Organisationen komme daher, dass diese dem Volk nach dem Mund reden und ihre wahren Absichten verschleiern, unterstellt den Parteien ein taktisches Verhältnis zu ihren politischen Positionen und Veröffentlichungen. Die Idee lebt von dem Gedanken, dass die rechten Parteien das, was sie verlautbaren, nicht wirklich ernst meinten, und dass sie diese Positionen nur vertreten würden, um Anhänger zu bekommen. Dafür aber, dass die Positionen gar nicht ernst gemeint wären, liefern die Vertreter dieser Erklärung keinen Anhaltspunkt, und der lässt sich bei den Rechten auch gar nicht finden. Warum sollten diese ihre ausländerfeindlichen, europakritischen und gegen die Politik gerichteten Positionen nicht ernst, sondern nur taktisch meinen?

2.   Dass die rechten „Rattenfänger" dem Volk nach dem Mund reden, z.B. indem sie ihnen Wohltaten versprechen, lässt sich auch an deren Positionen selbst nicht entdecken. Was sie versprechen, ist, den Staat gegen äußere und innere Feinde zu stärken, Ausländer aus der Nation und aus den Sozialsystemen auszugrenzen, die deutsche Kultur zu schützen und den Interessen des deutschen Staats in Europa und in der Welt mehr Geltung zu verschaffen. Keines dieser politischen Ziele verspricht den Deutschen eine Besserung ihres Lebens, mehr Bequemlichkeit oder größere Wohlfahrt. Es zeigt sich also, dass die Verteufelung der Rechten als „Rattenfänger" keinen anderen Gehalt und Grund hat als die Unzufriedenheit mit deren Erfolg: Weil einem dieser nicht gefällt, seine Verurteilung sich aber die Kritik der inhaltlichen Positionen schenkt, wird er als mit unlauteren Mitteln erzielt dargestellt, die erfolgreichen Rechten noch weiter ins moralische Abseits gestellt, in dem man sie ohnehin angesiedelt hat.

3.   Die Behauptung, die Wähler rechter Parteien würden „Rattenfängern" auf den Leim gehen, verwandelt die Einigkeit in den Anschauungen zwischen rechten Politikern und ihren Anhängern in ihr Gegenteil: Mittels geschickter populistischer Verführung würden dem Volk Gedanken eingeflößt, die es eigentlich gar nicht haben will, die es aber wie in Hypnose übernimmt. Das ist erstens Unsinn: Nicht jeder, der rechte Parolen hört, verfällt der von ihnen angeblich ausgehenden „Macht über Gedanken" und wird rechts. Diese Manipulationsidee, der zufolge man anderen Menschen Gedanken aufzwingen könnte, die von denen eigentlich abgelehnt werden, ist etwas fürs Gruselkabinett bzw. ein Traum für Leute, die diese Macht gerne hätten, aber nichts für seriöse Wissenschaft.

4. Zweitens werden auf diese Weise die Anhänger der Rechten entschuldigt und vor dem Vorwurf, sie seien rechts, in Schutz genommen: Eigentlich denken sie gar nicht so Rechts, wie sie es tun. Zu ihren rechten Positionen sind sie ja verführt worden, es sind also gar nicht ihre eigenen – letztlich können sie gar nichts für ihre Meinungen und Standpunkte. Dabei ist es in Wahrheit völlig unerheblich, ob jemand selbst auf einen Gedanken gekommen ist oder ob er ihn von einem anderen vorgelegt bekommen hat: Wenn er ihm einleuchtet, macht er ihn sich zu eigen, dann ist es auch seiner.

5. Drittens werden die rechten Wähler so der Dummheit bezichtigt: Sie lassen sich, geistig minderbemittelt, wie sie sind, zu Positionen verführen, lassen sich Gedanken aufschwätzen, die sie eigentlich gar nicht haben wollen. All das geht an der Sache vorbei: Die Anhänger der Rechten werden nicht durch Verführung, Täuschung und Manipulation rechts. Wenn ihnen die Parolen der rechten Politiker einleuchten und gefallen, dann denken sie genauso wie die rechten Macher und Führer und stimmen mit deren politischen Urteilen überein. Mit denen muss man sich also kritisch auseinandersetzen, anstatt sich mit pseudowissenschaftlicher Arroganz über das dumme rechte Wahlvolk zu erheben und sich die inhaltliche Kritik seines Denkens zu ersparen.

6. Die Kritik an den rechten „Rattenfängern" verwendet den Populismusvorwurf sehr selektiv: Wie oben in Punkt 4 gesehen, wird es geradezu als Aufgabe seriöser Parteien angesehen, für Zustimmung zu ihrer Politik dadurch zu werben, dass man den Wählern ›das Gefühl gibt‹, sie würden in ihren Anliegen ernst genommen – wieso gilt das nicht als Populismus? Weil man mit der politischen Richtung einverstanden ist, die sich auf diese Weise um das Image von Volksnähe bemüht. Der Populismusvorwurf ist also abhängig davon, gegen wen man ihn erheben will – man muss schon vorher wissen, für bzw. gegen welche politische Richtung man eingestellt ist, um das eine Mal ein verantwortungsvolles Schließen einer „Lücke" zwischen Volk und Regierung – das wäre dann sozusagen der ›gute‹ Populismus‹ – und das andere Mal bösen Populismus, Verführung und Rattenfängerei zu entdecken.

Fazit

Die gängigen Erklärungen, warum rechtes nationalistisches und rassistisches Gedankengut in den westlichen Demokratien immer populärer wird, sprechen dem Anwachsen der rechten Bewegungen den politischen Charakter ab. Die Rechten würden – folgt man den Erklärungen – ihre Anhänger aus Angst, Dummheit, prekärer sozialer Lage, Bequemlichkeit oder durch Verführung gewinnen. Dass die Wähler der Rechten wissen, warum sie ihr Wahlkreuz bei den entsprechenden Parteien setzen, dass die rechten Demonstranten meinen, was sie skandieren, und dass die rechten Gewalttäter wirklich ihre Opfer meinen und treffen wollen, scheint den Kommentatoren aus Wissenschaft und Medien so unfassbar, dass sie zu weitgehend unpolitischen (psychologischen/anthropologischen/soziologischen) Deutungsversuchen kommen oder die Erklärung einfach gleich durch eine moralische Aus- bzw. elitäre Abgrenzung ersetzen. Das Spezifische ihres Themas, politisch radikale Überzeugungen und politisch motivierte Gewalt, verpassen sie dabei zielstrebig: Sie entpolitisieren ihren politischen Gegenstand. Politisch unerwünschte Überzeugungen sind keine Überzeugungen – das scheint das Einmaleins dieser Erklärungen zu sein.

Einleuchtend ist das nicht: Wenn Menschen ihre schlechte soziale Lage nationalistisch und rassistisch erklären, dann ist der Grund ihres Nationalismus allemal nicht einfach diese Lage, sondern dass sie sie nationalistisch interpretieren. Wenn sie Angst davor haben, dass sie sozial absteigen könnten, und deswegen rechts wählen, dann müssen sie eine Vorstellung davon haben, warum gerade Ausländer statt des sie entlassenden Betriebes daran schuld seien; „Verführung" zum Nationalismus geht nicht ohne Einsicht in die Argumente des Verführers. Nimmt man dagegen die Wähler und Täter als urteilende Subjekte ernst, und spricht ihnen ihre Urteilsfähigkeit nicht ab, auch wenn man ihre Urteile falsch und gefährlich findet, dann ist die Erklärung, warum sie den Rechten folgen, einfach: Sie finden deren politische Ansichten richtig und teilen sie. Die Konsequenz aus dieser schlichten und bitteren Wahrheit besteht darin, dass an der argumentativen Auseinandersetzung mit diesen politischen Überzeugungen, mit Nationalismus, Rassismus und Ausländerfeindlichkeit, im Kampf gegen den Rechtsruck kein Weg vorbeiführt.

Literaturverzeichnis

Bertelsmann Stiftung (Hrsg.) (2016): eupinions #2016 /3 - Globalisierungsangst oder Wertekonflikt? Wer in Europa populistische Parteien wählt und warum.

Gloel, R., Gützlaff, K., Weber, J. (2017): Gegen Rechts argumentieren lernen, Hamburg.

Giesa, C. (2015): Die neuen Rechten – keine Nazis und trotzdem brandgefährlich. In: Aus Politik und Zeitgeschichte 9/2015:17.

Häusler, A./Virchow, F. (Hrsg.) (2016): Neue soziale Bewegungen von rechts? Hamburg.

Patzelt, W. J. (2015): Die Sorgen der Leute ernstnehmen. In: Aus Politik und Zeitgeschichte 9/2015.

Priester. K. (2010): Rechtspopulismus und Demokratie in Europa, Neue Gesellschaft Frankfurter Hefte 1 2010.

Die „Europäisierung" rechter Nationalparteien. Der Front National, die Alternative für Deutschland und die Idee von Europa

Leoni J. Keskinkilic

Die *Nation* erlebt zunehmend eine Renaissance als Bezugsgröße europäischer Gesellschaften. Während sich die Bevölkerung aus Großbritannien in einem Referendum für den EU-Austritt entscheidet, erfahren rechte Nationalparteien mehrerer EU-Mitgliedsstaaten in Wahlergebnissen und -prognosen einen nicht zu unterschätzenden Rückenwind. In ihren Parteiprogrammen fordern sie den Rückbezug auf sich klar abgrenzende nationale Einheiten, kritisieren das supranationale politisch-ökonomische Projekt EU-Europa sowie die „Ideologie des Multikulturalismus".

Europa wird von einer „Vielfachkrise" (Demirović et al. 2011) und sich zuspitzenden Widersprüchen herausgefordert, was insbesondere in Wirtschaft und Politik und im Kontext der aktuellen Fluchtbewegungen zunehmend auch in Bezug auf Menschenrechte und demokratische Werte deutlich sichtbar wird (Rajaram 2016). Doch trotz ‚Sinnkrise' bleibt Europa auch für rechtspopulistische Parteien hoch aktuell. Marine Le Pen, die Präsidentschaftskandidatin der französischen rechten Partei Front National (FN), verkündete: „Ich bin Europäerin!"[4] Und auch die Alternative für Deutschland (AfD) plädierte auf einem Kongress der Fraktion Europa der Nationen und der Freiheit (ENF) des Europäischen Parlaments für ein gemeinsames Europa. Dort kamen neben der AfD und dem FN rechte Parteien aus den Niederlanden, Österreich und Italien unter dem Motto „Freiheit für Europa" zusammen, feierten (vorab) das „Jahr der Patrioten" und das damit einleitende Ende der „Unterdrückung der Völker" durch die EU (Zeit online vom 21.1.2017).

---

4   Siehe auch www.leparisien.fr/elections/presidentielle/video-marine-le-pen-je-suis-europee-nne-26-03-2017-6796809.php vom 26.4.2017.

© Springer Fachmedien Wiesbaden GmbH, ein Teil von Springer Nature 2019
L. Boehnke et al. (Hrsg.), *Rechtspopulismus im Fokus*,
https://doi.org/10.1007/978-3-658-24299-2_4

Auch wenn der FN und die AfD parteipolitische Unterschiede aufweisen, verbinden sie *Nation* und *Europa* als gemeinsame Referenzpunkte. Besonders im Zuge der aktuellen Flucht- und Migrationsbewegungen, in dem die EU-Mitgliedstaaten die Einwanderung nach Europa als gemeinsam handelnde Instanz zu regulieren und abzuwehren versuchen, stellen jene Parteien klare Forderungen, in denen sie Europa diskursiv als kulturell homogenes Gebilde konstruieren und definieren, wer zu Europa gehört, dort leben darf und wer nicht. In Debatten um Immigration und Zugehörigkeit entwerfen der FN und die AfD Narrative über vermeintliche Besonderheiten der ‚nationalen' Kultur und Religion und verknüpfen sie mit hegemonialen Diskursen über Europa, um sich miteinander zu verbünden und gleichzeitig, nicht immer im gegenseitigen Einverständnis, voneinander abzugrenzen.

Vor diesem Hintergrund widmet sich der folgende Artikel den Fragen: *Auf welche Narrative des Europäischen beziehen sich nationale rechte Parteien? Wie verhalten sich diese Europanarrative zu ihren Krisendiagnosen? Und welche Rolle spielen darin Nation, Kultur und Religion für die Gesellschaft?* Um diesen Fragen nachzugehen, stelle ich nach methodischen Überlegungen die im Zentrum stehenden Parteien, den FN und die AfD, kurz vor. Anhand dreier Narrative zur 1) *Nationalen Zugehörigkeit*, zu 2) *Nationalen Werten* und 3) *Europa als Ideengemeinschaft* wird ein Einblick gegeben, welche Themen rechte Parteien verhandeln und wie sie ihre politischen Forderungen artikulieren. Daran anschließend ist von besonderem Interesse, in welchem Verhältnis ihre Narrative zu kollektiv geteilten Wissensbeständen in und über Europa stehen und welche Lücken und Widersprüche aufkommen. Dabei folge ich der These, dass der FN und die AfD zunehmend Zuspruch erhalten, diskurs- und politikfähig sind, da ihre parteipolitischen Perspektiven nicht (ausschließlich) über rechte Randerzählungen artikuliert werden, sondern an dominanten Sicht- und Denkweisen aus der „Mitte der Gesellschaft" (Decker/Kiess/Brähler 2016) anknüpfen, was zur Legitimierung und Normalisierung ihrer nationalistischen Forderungen beiträgt.

Verflochtene Narrative

Der Artikel basiert primär auf Analysen der Wahlprogramme des FN und der AfD. Zudem ziehe ich exemplarisch medial veröffentlichte Interviews mit Politiker*innen der Parteien zu ihren politischen Forderungen und Motiven hinzu. Den Fokus lege ich dabei auf Debatten und Aussagen über Zugehörigkeit, Kultur, Religion und Europa während der Wahlkämpfe in Frankreich vor den Wahlen im April und in Deutschland im September 2017.

Die Begriffe Narrativ, Diskurs und Hegemonie sind für die Analyse zentral. Der Begriff Narrativ meint eine sprachliche Äußerung, die zugleich Inhalt und Subtext transportiert. Das Narrativ übersetzt „Erfahrung" in Kategorien, bettet sie in einem spezifischen Kontext ein und schließt bestimmte Elemente ein beziehungsweise aus. Somit ist ein Narrativ immer eine Interpretation, die Einblicke in kollektiv geteilte Wissensbestände über Normen, Werte und Vorstellungen gibt und grundlegende Klassifikationen und Gesellschaftsstrukturen aufdeckt. Um ein Narrativ zu verstehen, muss demnach die ihm zugrundeliegende Sinnstruktur analysiert werden (Bubenhofer/Müller/Scharloth 2013). Ein „narrativer Diskurs" ist schließlich eine Erzählung mit Bezug auf Geschichte, die wiederum durch den Bezug auf die Narration zu einem Diskurs wird (Genette 2010: 13). Der Diskurs formt die in den Narrativen definierten, sozialen und politischen Verhältnisse und strukturiert den Bereich des Sagbaren. Nach Michel Foucault legt schließlich die „Ordnung des Diskurses" fest, wie sich Subjekte von welchen sozialen Positionen aus artikulieren können, damit ihre Äußerung als „wahr" gilt (Foucault 1993: 24). Narrative sind verbunden mit Macht und konstituierend für die soziale Ordnung einer Gesellschaft. Sie sind zentrale Referenzpunkte von individuellen und kollektiven Identitäten und Entitäten (z.B. Erinnerungen, Mythen, Nation) und können sich zum hegemonialen Diskurs entwickeln, wenn er sich als „dominante[r] Horizont sozialer Orientierung" (Glasze/Mattisek 2009: 160) behauptet. Die Hegemonie eines Diskurses führt zur temporären Schließung, die eine spezifisch konstruierte soziale Wirklichkeit gleichsam naturalisiert.

Mit Bezug auf die kritische Europäisierungsforschung folge ich bei der Analyse der Narrative des FN und der AfD einem doppelten Ansatz: Ich untersuche die Prozesse der Europäisierung aus global verflechtungsgeschichtlicher Perspektive (Adam et al., erscheint 2018; Randeria 1999). Dabei verstehe ich *Europa* und *Nation* nicht als gegebene Einheiten, sondern als diskursive Konstruktionen, die vor dem Hintergrund gesellschaftlicher Kämpfe um Ein- und Ausschlüsse, verschiedener Interessen und Bedürfnisse, flexibler Kräfteverhältnisse und postkolonialer Beziehungen immer wieder neu hergestellt werden (müssen). Um die Komplexität der Herstellungsprozesse zu verstehen, werden Europas globalhistorischen Verstrickungen sowie sein unabgeschlossener, widersprüchlicher, heterogener und multipler Charakter berücksichtigt (Chakrabarty 2013). Ein solcher Ansatz blickt über nationale und europäische Grenzen hinaus und bricht mit dem methodologischen und konzeptionellen Nationalismus und Eurozentrismus, die zahlreichen Arbeiten in und von Europa inhärent sind (kritisch dazu Conrad/Randeria 2013). *Europa* und *Nation* hingegen als umkämpfte, flexible gesellschaftliche Felder zu betrachten, ist zunehmend Ausgangspunkt in soziologischen und anthropologischen Arbeiten. Wissenschaftler*innen widmen sich etwa den kulturellen und religiösen Imaginationen in europäischen Selbstbildern (u.a. Asad 2003; Chakrabarty 2013; De Genova 2014; Göle 2008). Ein spezifischer Fokus liegt auf der Sichtbarmachung *interner Anderer* und ihre im kollektiven Gedächtnis nicht erzählten Geschichten. Beispielsweise wird hervorgehoben, wie sich das europäische *Selbst* durch die Abgrenzung vom nicht-europäischen *Anderen* konstituiert beziehungsweise sich das *Eigene* erst im Spiegel des *Anderen* zu finden sucht (Asad 2003: 177). Als einer der wegweisenden Denker der postkolonialen Theorie analysiert etwa Edward W. Said in seinem vielzitierten Werk „Orientalismus" die Geschichte des europäischen Imperialismus und Kolonialismus und stellt den *Orient* als Produkt *westlicher* Repräsentation und Aneignung des *Anderen* heraus: „[D]er Orientalismus ist [...] ein westlicher Stil, den Orient zu beherrschen, zu gestalten und zu unterdrücken" (Said 2009 [1978]: 11). Jedoch wird in Saids und ähnlichen Analysen problematisiert, dass primär die Prozesse der ‚Veranderung' (*othering*) fokussiert und sich kaum der Konstruktion des Selbst gewidmet werde (Anidjar 2003: xix). Fernando Coronil plädiert beispielsweise für den Begriff des „Okzidentalismus", um die Bedingung der Möglichkeit der Konstruktion orientalistischer Bilder in den Fokus zu stellen (Coronil 2013: 473).

Aus dieser Perspektive heraus untersuche ich neben den entworfenen Fremdbildern des FN und der AfD, insbesondere ihre Selbstbilder und befrage sie zu ihren (global-)historischen Verflechtungen, Machtrelationen, Auslassungen und Ambivalenzen. Eine solche Analyse gibt schließlich relevante Einblicke in das Feld des Sagbaren und Diskursfähigen in und von Europa.

Rechtspopulismus in Europa: Der Front National und die Alternative für Deutschland

Der FN und die AfD verzeichnen derzeit einen nicht zu unterschätzenden Aufschwung. Dabei basieren die Parteien aus Frankreich und Deutschland auf unterschiedlichen Entstehungskontexten und Entwicklungslinien: Der FN wurde 1972 von Jean-Marie Le Pen gegründet und galt mit seinen offen antisemitischen, rassistischen Äußerungen sowie autoritären, völkisch-nationalistischen Gesellschaftsvorstellungen als eine klar im rechtsextremistischen Spektrum einzuordnende Partei (Häusler/Roeser 2014 : 9). Als sich Jean-Marie Le Pen 2002 als Präsidentschaftskandidat aufstellte, zog er mit knapp 17 Prozent in die zweite Runde ein. Anschließend blieb der Stimmenanteil für die Partei unter 10 Prozent. Seit Marine Le Pen, die Tochter des Gründers, 2011 die Führungsspitze des FN übernahm, erfuhr die Sprache der Partei deutliche Veränderungen. Antisemitische und rassistische Äußerungen sind durch ein „republikanisch-egalitäres Narrativ" (Kempin 2017: 29) ersetzt worden. An die Stelle des Feindbildes, das sich insbesondere gegen den Islam und Muslim*innen richtet, traten nun vermehrt Repräsentationen des Selbst, das mit Begriffen wie „Gleichheit", „Freiheit" und „Einheit" gefüllt wurde und sich lediglich implizit vom *Anderen* abgrenzt (ebd.).

In Marine Le Pens Wahlprogramm „verpflichtete" sie sich als diesjährige Präsidentschaftskandidatin im „Namen des Volkes" zur (Wieder-)Herstellung eines „freien", „sicheren", „wohlhabenden", „gerechten", „stolzen", „mächtigen" und „langlebigen" Frankreich (FN 2017, eigene Übersetzung). Dabei widmete sie sich unter dem Motto „Weder rechts noch links – französisch!" insbesondere sozialen und ökonomischen Problemen. Der Slogan „Nationale Präferenz" sollte weiter die „individuellen Freiheitsrechte", „westlichen Ideale" und „kulturelle Identität" schützen (Häusler/Roeser 2014: 12f.). Mit dem rhetorischen und inhaltlichen Wandel veränderten sich auch die Zustimmungswerte der Partei. Der FN verzeichnet einen stetigen Zuwachs, vor allem an jungen Wähler*innen unter 25 Jahren (Kohrs 2017). Am 6. Mai 2017 erhielt Le Pen in der zweiten Runde der Präsidentschaftswahlen rund 34 Prozent der Stimmen. Trotz des verpassten Wahlsiegs bekommt der FN von rechten Parteien internationalen Rückenwind. Nicht zuletzt gratulierte auch Frauke Petry Le Pen zum Wahlausgang. Sie honorierte ihre „klaren Thesen und [...] realistische Vision für eine Politik für ihr Heimatland".[5]

Frauke Petry ist die ehemalige Vorsitzende der AfD und damit einer im Vergleich zum FN sehr jungen Partei, die 2013 aus Protest gegen den Maastricht-Vertrag entstand. Doch, auch wenn das Gründungsdatum nicht weit zurückliegt, weist die Partei inhaltlich Parallelen zum bereits 1994 gegründeten Bund Freier Bürger auf, der sich 2000 wieder auflöste, und gilt als Anlaufstelle für ehemalige Mitglieder anderer Rechtsaußenparteien wie Die Freiheit oder den Republikanern (Häusler/Roeser 2014: 31f.). Unter dem Motto „Mut zu Deutschland!" zog die AfD in den Bundestagswahlkampf 2017 und widmete sich insbesondere den Themen „Immigration", „Asyl", „Islam" und „Deutsche Leitkultur" (AfD 2017). Auf der Patriotischen Plattform verkündet die AfD: „Wir halten an Deutschland fest: [...] an seiner Sprache und Kultur gegen die Herausbildung einer multikulturellen Gesellschaft auf seinem Boden".[6] Weiter bekräftigte der AfD-Fraktionsvorsitzende des Thüringer Landtags Björn Höcke: „Deutschland ist [...] schwach und nachgiebig gegenüber schleichenden Veränderungen, die langfristig die Substanz unserer Gesellschaft bedrohen" (zit. nach Häusler/Roeser 2014: 30f.). Am 24. September 2017 erhielt die AfD 12,6 Prozent der Stimmen und zog damit als drittstärkste Kraft in den Bundestag ein.

---

5   Siehe www.afd.de/frauke-petry-gratulation-an-marine-le-pen/ vom 24.4.2017 [8.1.2018].

6   Siehe www.patriotische-plattform.de/beispiel-seite/ [8.1.2018]

Wie beim FN ist auch die Einordnung der AfD im politischen Spektrum strittig. Zwar weisen verschiedene Wissenschaftler*innen auf rechtsextreme, völkisch-nationalistische, antisemitische und rassistische Argumentationsmuster von AfD-Politiker*innen hin (siehe u.a. Benz 2016; Vehrkamp/Wratil 2017), doch werden beide Parteien mittlerweile dem „Rechtspopulismus" zugeordnet (Häusler/Roeser 2014). Damit wird eine bestimmte Artikulationsweise benannt, durch die sich neue Möglichkeiten „für einen rechten Kulturkampf ergeben haben, der neben den Themenfeldern *Euro, Einwanderung, Islam* und *nationale Identitätspolitik* auch familien- und geschlechterpolitische Fragen in den öffentlichen Diskurs einspeist" (Häusler 2016: 1, H.i.O.). Rechtsextrem klassifizierte Begriffe wie „Rasse" und „Volk" würden im (deutschsprachigen) Rechtspopulismus durch „Tradition", „Kultur" oder „Heimat" ersetzt, weshalb der Politikstil auch als „harmlosere Form des Rechtsextremismus gedeutet [wird]" (Häusler/Roeser 2014: 10). Nationalismus und Rassismus werden dabei nicht aufgegeben, sondern lediglich in kulturelle und/oder religiöse Feindbilder umformuliert (Häusler/Roeser 2015: 25).

Insgesamt plädieren rechtspopulistische Parteien weiterhin für eine ‚Demokratie', folgen dabei aber einer gesellschaftlichen Verpflichtung, nach der die *Mehrheit* geschützt und *ihre* Ordnung auf Kosten von Minderheiten verteidigt werden soll. Um den Reichtum, die Privilegien und den Schutz *unseres* Europas sicherzustellen, fordern sie die „Souveränität des Volkes" zurück (ebd.: 11). Demokratische Werte wie Freiheits-, Gleichheits- und Menschrechte werden dabei nationalisiert und in ein Freund-Feind-Schema eingebettet, um staatliche und gesellschaftliche Ausschlüsse zu rechtfertigen. Aus der Perspektive rechtspopulistischer Parteien besteht die Krise Europas darin, dass Wohlstand, Werte, Zusammenhalt und Sicherheit von *inneren* und *äußeren Anderen* bedroht und von den regierenden politischen Eliten sowie Multikulturalismus-Befürworter*innen aufs Spiel gesetzt würden. Eine nationalistische und rassistische Politik soll diese Entwicklung verhindern, wobei der FN gezielt mit Sozialpolitik und linken Argumentationen wie „soziale Gerechtigkeit" wirbt (Kempin 2017: 12), während die AfD insbesondere neoliberale und nationalkonservativ grundierte Gesellschafts- und Wirtschaftsvorstellungen anpreist (Häusler/Roeser 2014: 35). Doch auch wenn sich die AfD und der FN in einigen Aspekten unterscheiden, geben die folgenden Narrative Einblicke darein, über welche gemeinsamen „Thesen" und „Visionen" – wie es Petry an Le Pen formuliert – sich die Parteien verständigen und verbinden.

Geteilte Narrative eines nationalen Selbst im europäischen Raum

Nationale Zugehörigkeit: „Wir wollen entscheiden, wer zu uns kommt"

„Es lebe das französische Volk. Es lebe die Republik. Es lebe Frankreich."
(Welter 2017). verkündete Le Pen vor ihren Anhänger*innen in Bordeaux kurz
vor der Präsidentschaftswahl im April 2017. Siegessicher bekräftigte sie ihre
zentralen Wahlkampfthemen: „(Innere) Sicherheit" und die „Verteidigung des
Volkes". Dabei sprach sie neben der persönlichen Unversehrtheit, auch von ökonomischen und sozialen Sicherheiten, um den Schutz „unserer Unabhängigkeit,
der Einheit der Franzosen, der sozialen Gerechtigkeit und des Wohlstands für
alle" (FN 2017: 2) zu garantieren. Die ‚Sicherheitskrise' will der FN über zwei
Wege lösen. Erstens soll die Bevorzugung der Franzosen etwa auf dem Arbeitsmarkt sichergestellt und zweitens strikte Maßnahmen gegenüber dem bedrohen-
den und werteverändernden „Islamismus" und der „unkontrollierten Massenein-
wanderung" durchgesetzt werden (Häuser/Roeser 2014: 21). Um Gefahren ‚von
außen' zu bekämpfen, fordert der FN die Begrenzung der Einwanderung auf
10.000 Migrant*innen pro Jahr, die Kündigung des Schengen-Abkommens, den
Wiederaufbau der nationalen Grenzkontrollen, die Vergabe der französischen
Staatsangehörigkeit nicht durch den Geburtsort, sondern über einen Einbürge-
rungsprozess sowie die Verunmöglichung der doppelten außereuropäischen
Staatsbürgerschaft. Daneben sei die „Innere Sicherheit", die der FN in erster Linie
durch den „islamistischen Terrorismus" bedroht sieht, über innerstaatliche Ver-
bote, Kontrollen und bei Straffälligkeit durch den Entzug der französischen
Staatsbürgerschaft zu gewährleisten (FN 2017: 6). Weiter verknüpft der FN das
Thema *Sicherheit* nicht nur gezielt mit EU, Islam und Einwanderung, sondern
auch mit der Frage wer ‚Wir' sind und wer vor wem beschützt werden muss
(Kempin 2017: 6). Nach den Terroranschlägen in Frankreich 2015 und 2016 gelten solche Fragen zunehmend als relevant und das Bedrohungspotenzial durch
Immigrant*innen und so genannte Islamist*innen als plausibel: Über zwei Drittel
der Bevölkerung sind der Ansicht, dass in Frankreich zu viele Immigrant*innen
lebten, und sprechen gleichzeitig dem FN die höchste Problemlösungskompetenz
zu (ebd.). Die klassenübergreifende Wähler*innenschaft des FN vereine dabei die
„Formel ‚Franzose zu sein' [...] und ‚wir sind hier bei uns'" (Welter 2017). Eine
Formel, die sich über soziale Fragen und Widersprüche in Bezug auf Armut und
soziale Gerechtigkeit zu stellen vermag.

Ähnlich wie der FN verhandelt auch die AfD das Thema *Sicherheit* über den
Wiederaufbau von Staatsgrenzen, um sich vor Terrorismus, Gewalt und Kriminalität zu schützen (AfD 2017, 19). Auch die Eingrenzung der Einwanderung
wird gefordert, doch anders als der FN nennt die AfD (zumindest im Wahlprogramm) keine genauen Zahlen. Unter dem Kapitel „Asyl braucht Grenzen" erklärt
die Partei: „Wir wollen selbst entscheiden, wer zu uns kommt, und ausschließlich

qualifizierten Zuzug nach Bedarf zulassen" (ebd.: 28). Die Themen „Zuwanderung" und „Asyl" verknüpft die AfD des Weiteren mit pauschalen Integrations-
anforderungen: „Jeder Migrant oder Einwanderer [...] hat eine Bringschuld, sich
seiner neuen Heimat und der deutschen Leitkultur anzupassen, nicht umgekehrt"
(ebd.: 31). Demnach soll die deutsche Staatsangehörigkeit nur erhalten werden,
wenn an der „erfolgreiche[n] Assimilation und Loyalität zu seiner neuen Heimat
keine Zweifel bestehen." Damit erziele die AfD die „Selbsterhaltung, nicht
Selbstzerstörung unseres Staates und Volkes. [...] Wir wollen unseren Nachkommen ein Land hinterlassen, das noch als unser Deutschland erkennbar ist" (ebd.).

Beide Parteien warnen vor dem „Islam", „Islamismus" und „islamistischen
Terrorismus" als zentrale Bedrohung der (inneren) Sicherheit, dem durch restrik-
tive Maßnahmen im Bereich Immigration und Staatsbürgerschaft begegnet werden soll. Während sich der FN bei Fragen um ‚nationale Zugehörigkeit' neben
Einwanderung ökonomischen und sozialen Spannungen widmet, steht im Fokus
der AfD primär die Integrations- und (Leit-)Kultur-Frage. Das folgende werteb-
ezogene Narrativ gibt schließlich weiter Aufschluss über die Frage, wer oder was
das oben genannte „Wir", „das Volk", „den Franzosen" oder „unsere Nachkommen" repräsentiert.

*Nationale Werte: „Wir wahren unser kulturelles Gesicht, unsere westlichen
Ideale"*

„Die AfD bekennt sich zur deutsche Leitkultur" (ebd.: 46). Mit diesem Grundsatz wird die „Leitkultur" zum Gegenbegriff des Multikulturalismus erklärt und
definiert das Verhältnis zwischen „Deutschen" und „Migrant*innen" wie folgt:
Während die *eigene* Kultur in erster Linie für Werte „des Christentums, der An-
tike, des Humanismus und der Aufklärung" steht, stelle die „Ideologie des ‚Multikulturalismus'" eine „Nicht-Kultur" dar, die „unsere Bräuche und Traditionen,
Geistes- und Kulturgeschichte" zerstöre. Um die „kulturellen Errungenschaften"
und das „kulturelle Gesicht" zu wahren, plädiert die AfD daher für die eigenständige Weiterentwicklung der „deutschen" Kultur und die vollständige Assimilation von Immigrant*innen (ebd.). Ein solches homogenisierendes Kulturverständnis vertritt auch der FN, der des Weiteren die ‚nationale Kultur' vor Vermischung
bewahren und vor äußeren Einflüssen schützen will, wie es Le Pen eindrücklich
formuliert: „Mit dem Wegfall unserer Grenzen hat sich bei uns ein Islamismus
festgesetzt, der unsere zivilisatorischen Werte infrage stellt, unsere Identität, unser Regelwerk, unsere Sitten, unsere Lebensweisen" (Welter 2017). Die Forderung des FN nach „nationaler Präferenz" dient demnach nicht nur der Sicherheit,
sondern auch der Wahrung „nationaler Werte" und „westlicher Ideale" (ebd.).
Diese identifiziert die AfD im Spezifischen im „christlichen Abendland" und den
damit verbundenen Erfahrungen der „Aufklärung" und des „Säkularismus", aus

denen die Prinzipien der Gleichheit und Freiheit erst entsprungen seien (AfD 2017: 10). Diese kulturalistische Verschiebung der nationalen Identität konstru- iert um ‚Deutsche' beziehungsweise ‚Franzosen' herum eine Art ‚natürliches (eu- ropäisches) Erbe', von dem die *Anderen* aufgrund ihrer (vermeintlichen) Her- kunft, Religionszugehörigkeit und als ‚Fremde' per se ausgeschlossen seien.

Da das zentrale Feindbild im Narrativ des FN und der AfD der Islam darstellt,[7] führten die zunehmenden Zahlen und der ansteigende politische Einfluss von Muslim*innen in Europa unausweichlich zum „Kulturkampf" und kulminierten in „islamistischem Terrorismus" (AfD 2017: 46). Im Zuge dieses Bedrohungs- szenarios sprechen die Parteien Muslim*innen nicht nur ihre Existenzberechti- gung und Zugehörigkeit, sondern auch ihr Recht auf freie Religionsausübung ab. Hierbei wird die AfD auch von religiösen Fürsprecher*innen unterstützt, die sich als Christen in der AfD (ChrAfD) zum „Schutz des religiösen Befindens der christlichen Mehrheitsbevölkerung", deren freie Religionsausübung sie durch „den Islam" bedroht sehen, organisieren.[8] Die AfD widmet „dem Islam" in ihrem Wahlprogramm ein ganzes Kapitel, in dem sie neben seiner Nicht-Zugehörigkeit zu Deutschland, auch auf seinen „Herrschaftsanspruch als alleingültige Religion" und „religiösen Imperialismus" verweist (AfD 2017, S 33). Die AfD fordert da- her, der islamischen Religionsausübung „Schranken zu setzen", indem etwa das Tragen des Kopftuches im öffentlichen Dienst verboten werden soll, da es als „religiös-politisches Zeichen der Unterordnung" dem *eigenen* Wert der „Gleich- berechtigung von Frauen und Männern" widerspreche (ebd.: 34). Da dem Islam zudem das übergeordnete Recht des säkularen Staats und dessen weltanschauli- che Neutralität „fremd" seien, stünde er auch hier „im Widerspruch zu einem to- leranten Nebeneinander der Religionen, das die christlichen Kirchen, jüdischen Gemeinden und andere religiöse Gemeinschaften in der Moderne praktizieren" (ebd.).

Ebenso wie die AfD spricht der FN direkt religiöse Gruppen an, die ihre freie Religionsausübung gegenüber den bedrohlichen *Anderen* verteidigen wollen: Beispielsweise erhalten sie Unterstützung von „engagierten Katholiken", die den Einfluss, die Sichtbarkeit und „die Existenz einer muslimischen Gemeinschaft im

---

7   An anderen Stellen bezieht sich die AfD auf andere Feindbilder, beispielsweise wenn sie die „Massenmigration" aus afrikanischen Ländern als Destabilisierung „unseres Konti- nents" darstellen (AfD 2017, S. 27).

8   Siehe www.chrafd.de/index.php/grundsatzerklaerung

Land als Bedrohung für Frankreichs Identität" (Kempin 2017: 20) erachten. Ähnlich wie die AfD verbindet auch der FN die „Verteidigung der Laizität"[9] mit den Rechten und Grundfreiheiten „der Frau", die der „Islamismus" zurückdränge (FN 2017: 4). Unter dem Schlüsselbegriff *Laizität* fordert Le Pen daher das Verbot der Religionsausübung im gesamten öffentlichen Raum, wobei lediglich die Religionspraktiken von Muslim*innen thematisiert werden (Kempin 2017: 12).

Neben der Abgrenzung vom Islam und der Identifizierung mit dem Christentum inszenieren sich beide Parteien auch als Verteidigerinnen des Judentums in Europa und führen rassistische Debatten über einen „importierten Antisemitismus" von Muslim*innen (Zeit online vom 1.9.2016). Petry bezeichnete die AfD etwa als „einer der wenigen Garanten jüdischen Lebens auch in Zeiten illegaler antisemitischer Migration nach Deutschland" (Die Welt vom 6.4.2017). Und Le Pen definierte Muslim*innen als die zentrale Bedrohung für Jüd*innen, auch wenn sie diese nicht direkt benennt: „In bestimmten Gegenden [...] ist es weder gut, eine Frau zu sein, noch homosexuell oder jüdisch, nicht einmal französisch oder weiß" (zit. nach Kempin 2017: 12). Solche Versuche, sich mit Jüd*innen zu verbünden, erscheinen angesichts antisemitischer Äußerungen von AfD- und FN-Politiker*innen fragwürdig und sind Teil des ambivalenten Verhältnisses in Fragen um Zugehörigkeit und Anerkennung von Jüd*innen in Europa. Erst kürzlich relativierte Le Pen wieder die Shoa und die Rolle Frankreichs im Nationalsozialismus und plädierte für eine neue Geschichtsdeutung, um wieder „stolz auf Frankreich" sein zu können: „[Man] hat [...] unseren Kindern beigebracht, dass sie Gründe haben, Frankreich zu kritisieren. Weil man nur die dunklen Seiten unserer Geschichte gesehen hat" (zit. nach Welter 2017). Auch die AfD spricht von einer „Verengung der deutschen Erinnerungskultur auf die Zeit des Nationalsozialismus" (AfD 2017: 47) und fordert eine „erweiterte Geschichtsbetrachtung [...], die auch die positiv identitätsstiftenden Aspekte deutscher Geschichte mit umfasst" (ebd.). Das ambivalente Verhältnis zum Judentum verweist schließlich auf die Gleichzeitigkeit und Flexibilität von Feindbildern und Ungleichheitsstrukturen wie Rassismus und Antisemitismus in beiden Parteien, auch wenn sie unterschiedlich artikuliert werden und diskursfähig sind (Benz 2016).

Über das Feindbild *Islam* definieren die AfD und der FN das nationale Selbst im Bereich Kultur schließlich als christlich religiös, aufgeklärt, säkular und tolerant, das per se für Gleichheit und Freiheit stehe. Die daraus resultierende Kultur

---

9   Anders als Deutschland bezeichnet sich Frankreich nicht als *säkularer*, sondern *laizistischer-laizistischer* Staat. Darin sind Kirche und Staat voneinander getrennt, jegliche Einflussnahme der Religionen auf Staat und Zivilgesellschaft wird abgelehnt und die Gleichwertigkeit aller Religionen soll gewährleistet werden (Kempin 2017, S. 18).

des Abendlandes müsse sich nun gegen den Islam im „Kampf der Kulturen" behaupten. Dieser Kampf wird innerhalb der Nation vorhersagt, zerstöre aber bereits die „europäischen Werte des Zusammenlebens aufgeklärter Bürger" (AfD 2017: 46). Im folgenden Abschnitt stellt sich nun die Frage, inwiefern dieses Selbst über die nationalen Grenzen hinaus in einen gemeinsamen europäischen Horizont eingebettet wird.

Europa als Ideengemeinschaft: „Weil wir zutiefst europäisch denken"

Die Wahrung der nationalen Einheit kommt in fast allen Forderungen des FN und der AfD zum Ausdruck. Ihr Bezug auf ein gemeinsames Europa erscheint daher zunächst widersprüchlich. Dennoch bekräftigt Le Pen: „Ich bin Europäerin, ich glaube an [...] ein Europa der Kooperation, das des Airbus und der Ariane [...]".[10] Ebenso positiv hebt die AfD gemeinsame wissenschaftliche und wirtschaftliche wohlstands- und wachstumsfördernde Projekte hervor. Dennoch stehe über der „partnerschaftlichen Zusammenarbeit" die „Freiheit und Selbstbestimmung der europäischen Nationen" (AfD 2017: 17), wobei die AfD die Absage an die Vision des EU-Europa wie folgt formuliert:

„Es gibt weder ein europäisches Staatsvolk, [...] noch ist erkennbar, dass sich ein solches [...] herausbildet. Kulturen, Sprachen und nationale Identitäten sind durch Jahrhunderte dauernde geschichtliche Entwicklungen entstanden. Sie stellen [...] unverzichtbare Identifikationsräume dar, die nur in nationalen Staaten [...] wirkungsvoll ausgestaltet werden können" (ebd.: 6).

Während demnach Kultur, Sprache und Identität nationale Angelegenheiten seien, stelle *Europa* laut Le Pen einen gemeinsamen Denkhorizont dar: „[M]an wirft uns vor, antieuropäisch zu denken. Das Gegenteil ist richtig. Weil wir zutiefst europäisch denken, wollen wir die europäische Idee wiederbeleben – das echte Europa, das ist die Vielfalt der Nationen, das ist das lebendige Europa" (Welter 2017).
Im Zentrum steht schließlich nicht eine die *Nation* ersetzende europäische Identität, sondern *Europa* bildet im internationalen Raum eine spezifische „Ideengemeinschaft", die sich an eine gemeinsame Vergangenheit erinnert und aus der sich auch eine gemeinsame Gegenwart ergebe. Diesem Narrativ zufolge brachte die oben genannte „europäische Entwicklungsgeschichte" *die* zentralen und universal geltenden „zivilisatorische Errungenschaften" wie Freiheit und Gleichheit hervor, die ein friedliches Zusammenleben zwischen „aufgeklärter Bürgern" ermöglichten (AfD 2017: 46). Weiter erklärt die AfD, dass „Unfreiheit"

---

10   Siehe www.leparisien.fr/elections/presidentielle/video-marine-le-pen-je-suis-europeenne-26-03-2017-6796809.php vom 26.4.2017 [8.1.2018].

und „Ungleichheit" in Form von „Sklaverei" oder „Leibeigenschaft" „erst [durch] die christliche und humanistische Kultur der europäischen Völker" beendet worden seien. Sie „brachte die vorgenannten Prinzipien hervor und verwirklichte sie in einem jahrhundertelangen Prozess". Heute sieht die AfD diese jedoch durch einen „Rückschritt" und die „Ideologie des Multikulturalismus" bedroht (ebd.). Dieser Auffassung nach diene die „nationale Präferenz" und das „Schranken setzen" gegenüber Muslim*innen und Geflüchteten der Sicherheit von Nation, Kultur, Identität, Wohlstand und Frieden, die historisch errungen worden seien und damit Europa heute quasi als ‚natürliche' Entwicklung und Europäer*innen als ‚natürliches' Erbe zustünden.

Der FN und die AfD beziehen sich auf ein Europa, dessen Geschichte Gleichheit, Freiheit und Fortschritt allein durch die christlich-humanistische Kultur hervorgebracht habe und heute auch nur durch diese Kultur und spezifisch ‚europäische Erfahrung' aufrechterhalten werden können. Während beide Parteien die nationalen „Identifikationsräume" sichern, ordnen sie sich gleichzeitig in das Narrativ der europäischen Idee ein und beanspruchen, seine machtvolle und einflussreiche „europäische Zivilisationsgeschichte" zu repräsentieren, die sie „partnerschaftlich" verteidigen wollen.

Eurozentrische Meistererzählungen – Momente der Irritation

> „Europe's colonial past is not merely an epoch of overseas power [...]. It is the beginning of an irreversible global transformation that remains an intrinsic part of ‚European experiences' and is part of the reason that Europe has become what it is today" (Asad 2003: 170).

In den Narrativen erklären der FN und die AfD die Bedrohung der persönlichen und identitäts-bezogenen Sicherheit der europäischen „Völker" durch den Islam und Muslim*innen sowie die Multikulturalismus-vertretende EU zum Schlüsselproblem der aktuellen Krise Europas. Dagegen werden eine sicht- und spürbare Eingrenzung des nationalen Territoriums sowie eine klare Ordnung der Immigration, Kultur und Religion gefordert. Nation, Zugehörigkeit und Religion werden dabei kulturalisiert, während kulturelle Identität, Werte und Prinzipien gleichermaßen nationalisiert wie für ganz Europa als gemeinsamer Horizont geltend gemacht werden.

Iman Attia (2017) stellt fest, dass sich das in den Narrativen verankerte „Verständnis von Kultur, Religion und Nation [...] bezüglich ihres Essentialismus, ihrer Homogenisierung und ihrer Dichotomisierung nicht von jenem anderer Politiker*innen [...]" (ebd.: 14) unterscheidet. Darüber hinaus knüpfen die aufgeführten Narrative neben anderen auf zwei signifikanten, historisch tradierten Wissensbeständen über Europa an: Erstens, wenn *Muslim*innen* und der *Islam* als zentrales europäisches Feindbild konstruiert werden. Und zweitens, wenn *Europas* Selbstbild mit Gleichheit und Freiheit assoziiert wird, dessen Entstehungsgeschichte auf dem Christentum und Humanismus basiere. Der Anthropologe Talal Asad verweist weiter auf die Verwobenheit beider Diskurse: „The problem of understanding Islam in Europe is primarily [...] a matter of understanding how ‚Europe' is conceptualized by Europeans" (Asad 2003: 159).

Darstellungen des Islams und von Muslim*innen als „'das Andere des Westens'" (Attia 2009: 5), das die Sicherheit Europas bedroht und die europäische Kultur zerstört, bedienen sich an orientalistischen und antimuslimischen Bildern, deren Entstehung in die Zeit des Kolonialismus zurückführt (ebd.: 7): Darin repräsentiert der Islam primär einen Mangel an Werten und Prinzipien wie Freiheit, Zivilisiertheit, Menschlichkeit sowie an gleichem Respekt vor Frauen (Goldberg 2006: 345). Weiter wird der Islam im Kontext Religion als „politische Ideologie" diffamiert, während er im Kontext Säkularismus als „hyperreligiös" gilt (Anidjar 2008: 53). Laut Talal Asad (2003: 164) bedingen dabei Säkularismus und Orientalismus einander, denn das hegemoniale Verständnis der europäisch-säkularen Ordnung basiert in erster Linie auf christlichen Normen und Werten, die den *religiösen Anderen* zu beherrschen suchen. *Europa* ist demnach als „religiös-politisches Konstrukt" vom Christentum her zu denken (ebd.).

Zum gängigen Narrativ über *Islam* und *Orient* zählt weiter das sexualisierte Bild über die *unterdrückte orientalische Frau,* mit dem das Bild über die Angst vor *dem männlichen Islam* einhergeht (Attia 2009: 11). Daran anlehnend erzählen der FN und die AfD vom gefährlichen (immigrierten) *orientalischen Mann,* vor dem die *freie und gleichgestellte Frau* (von *uns*) beschützt werden müsse. Der Körper und die Rolle der weißen Frau werden für nationalistische Politik instrumentalisiert und müssen – ungeachtet bestehender ungleicher Geschlechterverhältnisse – als Symbol der vermeintlich errungenen Freiheit und Gleichheit in *unserer* Gesellschaft herhalten.

Die Konstruktion des *europäischen Selbst* folgt schließlich einer rassifizierenden Logik, nach der Menschen aufgrund zugeschriebener kultureller und/oder religiöser Merkmale in Gruppen zusammengefasst, stigmatisiert, als nicht zugehörig erklärt, diskriminiert und ausgeschlossen werden (Rommelspacher 2009). Im hegemonialen Diskurs dienen dieser Logik zufolge die *orientalischen Anderen* im *Inneren Europas* der Externalisierung von Kriminalität, Gefahr und Unterdrückung. Sie werden zur Quelle von gesellschaftlichen Problemen erklärt, die ausschließlich eine Frage des *Anderen,* niemals des *Eigenen* werden. In den Narrativen des FN und der AfD artikuliert sich dies etwa über den „muslimischen Flüchtling", der zur zentralen Figur des Fremden und Bedrohlichen wird (Attia 2017: 14).

Neben Bildern der *Anderen*, existieren jedoch auch genaue Vorstellungen darüber, wer *der Europäer* sei und zu *Europa* gehöre. David T. Goldberg (2006) betont etwa, dass durch Prozesse der „racial europeanization" *der Europäer* als „weiß" und „christlich" entworfen worden sei (ebd.: 352). Was heute in Debatten um Zugehörigkeit, Werte und in Prozessen der Marginalisierung als (zumeist) unsichtbarer Maßstab gilt, bezieht sich demnach auf fest verankerte und historisch tradierte Wissensbestände und resultiert in der Vorstellung einer „unveränderlichen Substanz" (Asad 2003: 165) Europas, die den Islam zwar „tolerieren", ihn jedoch nicht als *eigen* anerkennen kann. Nach dieser Vorstellung können Muslim*innen zwar in Europa koexistieren, jedoch niemals europäisch sein. Sie sind in, aber nicht aus Europa. Laut Iman Attia ignoriert eine solche Auffassung die lange und facettenreiche Geschichte des Islams und von Muslim*innen in Europa, die über Jahrhunderte hinweg mit den anderen beiden monotheistischen Religionen kooperierten, sich gegenseitig beeinflussten und bekriegten (Attia 2017: 14). Ihre Verflechtungsgeschichte wird im Narrativ der religiösen Abgrenzung vom Islam wie vom Judentum jedoch zumeist verschleiert. Dennoch sind das Abgrenzungsnarrativ wie auch die Verflechtungsgeschichte gleichermaßen konstituierend für Europas Selbst(-Verständnis).

Neben der Ordnung der Religion(-en) beziehen sich die Narrative des FN und der AfD auf weitere Vorstellungen des spezifischen und „natürlichen" Gewordenen-Seins Europas. Dabei steht die „christlich-humanitäre Kultur", die zu den universal geltenden Menschrechten der „Gleichheit" und „Freiheit" geführt habe, im Mittelpunkt. Im Gegensatz zu einer solchen romantisierenden und Gewaltverhältnisse verschleiernden Erzählung verdeutlicht etwa Walter Mignolo die Verwobenheit von Europas Selbstverständnis heute mit der Zeit des Kolonialismus, Imperialismus und der christlich motivierten Zivilisierungsmission. Er verweist auf die Genealogie von europäisch besetzten Termini wie „Fortschritt", „Menschenrechte" und „Demokratie", die einer zutiefst eurozentrischen Logik und der kolonialen Idee der „europäisch-westlichen Zivilisation" folgten (Mignolo 2011: 14). Darin gelte Europa und seine Geschichte als globaler „stillschweigender Maßstab" (Chakrabarty 2013: 283), dessen Zivilisation in ihrer Entwicklung universal, distinktiv und sozial wie kulturell am fortschrittlichsten sei: „[D]ie europäische Entwicklung [wird] als eine Erfahrung sui generis begriffen, die gänzlich innerhalb der Traditionen der Geschichte Europas erklärt werden könne" (Conrad/Randeria 2013: 13). Einflüsse von *außen* und jegliche Mitgestaltung der *Anderen* erscheinen undenkbar. Vorherrschend ist die Vorstellung der Abkopplung vom „Rest" der Welt und der „zivilisatorischen Errungenschaften" als „abendländische Besonderheiten", wozu nicht zuletzt auch die Schlüsselerfahrungen des Christentums, der Aufklärung und des Säkularismus zählten, die zu einer spezifischen „europäischen Zivilisiertheit" führten (ebd.: 10; Hall 1996).

Solche hierarchisierenden, eurozentrischen und religiös verknüpften Narrative von Europas Errungenschaften und Einzigartigkeiten verschweigen seine Verbrechen und Verwicklungen in Ungleichheitsverhältnisse, die bis heute die globale Ordnung prägen. Nicht erzählt wird etwa, dass die europäischen Kolonialmächte vom 15. bis ins 20. Jahrhundert hinein systematisch zahlreiche außereuropäische Gebiete besetzt, Menschen rassifiziert, unterdrückt, versklavt, ausgebeutet und ermordet haben. Ebenso wird, wie Frantz Fanon in „Die Verdammten dieser Erde" (1969) eindrücklich zeigt, die enge Zusammenarbeit zwischen Kirche und Kolonialmacht verwischt (ebd.: 32). Auch innereuropäische Kriege, Konkurrenzen und Heterogenitäten sowie Europas Rolle in Bezug auf Diskriminierung, Unterdrückung, Ausgrenzung, Verfolgung, Vertreibung und insbesondere bezügliche der Genozide an Jüd*innen sowie Sinti und Roma in der Zeit des Nationalsozialismus finden in den Narrativen keinen Platz oder werden bagatellisiert (Conrad/Randeria 2013: 18).

Die verzerrenden Narrative sind daher als Versuche der Überblendung durch positiv konnotierte „Meistererzählungen" von „Fortschritt", „Gleichheit", „Freiheit" und „Frieden" des „europäischen Imperiums" mit seiner „christlich-humanistischen Kultur" zu verstehen. Der FN und die AfD bedienen sich schließlich klassisch eurozentrischer Diskurse, die unter anderem auf Europas koloniale Geschichte zurückzuführen sind und in denen „der Westen als ein imperialer Fetisch konstituiert [wird], als die imaginierte Heimat der Sieger der Geschichte, als Verkörperung ihrer Macht" (Coronil 2013: 499).

In *diesem Europa* wird die *Nation* als natürlich gewachsene Einheit, deren Bürger*innen ein gemeinsames europäisches – weiß-christliches – Erbe teilten, ideologisiert. Die Geschichte beziehungsweise die Idee von *Europa* wird auf ein Territorium und durch Auslassungen und Abstraktionen auf einen einzig möglichen Erzählstrang reduziert, der den Maßstab und die (Vor-)Bedingung der nationalen Zugehörigkeit, kulturellen Werte und Identität setzt (Asad 2003: 193f.). So warnen die AfD und der FN gleichermaßen vor der kulturellen Vermischung, da sie zur „Zerstörung" Europas führe. Eine solche Ideologie erinnert nicht zuletzt an koloniale Diskurse über eine zu verhindernde „Rassenmischung" (Césaire 2010 [1968]: 54).

Insgesamt machen die Europanarrative des FN und der AfD jegliche Gewaltverhältnisse der Vergangenheit und Gegenwart sowie migrantische Mitgestaltung, Kämpfe, Widerstände und Transformationskräfte unsichtbar. Schließlich ist *dieses Europa* als eine Zuspitzung einer „postcolonial racial formation" (De Genova 2014: 294) zu verstehen, das einen „Pseudohumanismus" (Césaire 2010 [1968]: 12) praktiziert, Zugehörigkeiten ethnisiert, kulturalisiert und nationalisiert sowie rassistische Bilder kulturell und religiös umdeutet, um den Ausschluss und die Unterdrückung der *Anderen* zu naturalisieren, zu normalisieren und somit (wieder) diskurs- und politikfähig zu machen.

Europa als umkämpftes gesellschaftspolitisches Konfliktfeld

Der FN und die AfD weisen signifikante Gemeinsamkeiten in ihren Narrativen zur nationalen Zugehörigkeit, zu nationalen Werten und zum Europäischen auf. Sie sind mit hegemonialen Diskursen über Europas Selbstverständnis verwoben und bedienen sich an orientalistischen und rassistischen Bildern, die auf die Zeit des Kolonialismus, Imperialismus sowie der christlichen Zivilisierungsmission zurückgehen und in denen der Islam als „fremd" und „bedrohlich" erklärt wird. Neben den diskursiven Gemeinsamkeiten unterscheiden sich die Parteien dennoch in ihren Artikulationsweisen. Während die AfD das Feindbild *Islam* ins Zentrum ihrer Rhetorik stellt, spricht der FN primär vom „Volk" und „den Franzosen", wobei sie stets das gleiche Feindbild mitdenken. In weiteren Analysen erscheint es relevant, die lokalspezifischen Geschichts- und Erfahrungskontexte in Bezug auf Migration, Kolonialismus, Nationalsozialismus und Genozide zu untersuchen, die sich auf die Themenschwerpunkte und insbesondere auch auf das Vokabular sowie die Diskurs-, Politik- und Bündnisfähigkeit rechter Parteien in Europa auswirken (Goldberg 2006: 350f.).

Insgesamt konnte aufgezeigt werden, dass der FN und die AfD auf die ‚Sinnkrise' Europas mit nationalistisch-eurozentrischen Ideologien und Strategien antworten, durch die sie gemeinsam Ausgrenzungsdiskurse und -politiken gegenüber Muslim*innen und/oder Immigrant*innen zu legitimieren und zu normalisieren versuchen. Dabei wird Europas Krise in Anlehnung an koloniale Diskurse nicht etwa auf der wirtschaftlichen oder sozialen Ebene verhandelt, sondern primär über die Frage der Zugehörigkeit, Identität und Kultur Europas, die in Aimé Césaires Worten auch als „Rassenkrise" (Césaire 2010 [1968]: 154) gedeutet werden kann. Denn jenseits der lokalen Spezifika berufen sich beide Parteien auf die Idee einer „unveränderlichen Substanz" Europas, die sie als weiß und christlich/säkular imaginieren. Weiter werden jegliche gesellschaftliche Probleme auf die *(inneren und äußeren) rassifizierten Anderen* projiziert, während *der europäische Bürger* als aufgeklärt, human und tolerant dargestellt wird, der in Bezug auf Religion und Geschlechterverhältnisse prinzipiell für Gleichheit und Freiheit stehe. Im klassisch eurozentrischen Sinne wird *Europa* mit seiner „christlich-humanitären Kultur" als alleiniger Produzent von „zivilisatorischen Errungenschaften" erachtet, die es als „abendländische Besonderheiten" zu verteidigen gelte. Migrantische Mitgestaltung, religiöse Verflechtungsgeschichten sowie Europas Verbrechen und Gewalttaten werden dabei unsichtbar gemacht oder relativiert. Die „europäischen Meistererzählungen" vom Fortschritt und Humanismus sowie der Essentialismus, die Homogenisierung und Dichotomisierung von Kultur, Religion und Nation stellen dabei keine rechten Randerzählungen dar, sondern knüpfen am kollektiven Gedächtnis und an hegemonialen Wissensbeständen an. Rechtspopulistische Parteien wie die AfD und der FN nutzen diese, scheinbar wirkungsvoll, als Legitimationsgrundlage für ihre nationalistischen und rassistischen politischen Ideologien.

Insgesamt zeigen die geteilten Perspektiven und gegenseitige Unterstützung, dass die „rechten Bewegungen, auch wenn sie eine nationalistische Gesinnung haben, [...] auf transnationalen Netzwerken [basieren] und [...] ihre Politik über den nationalen Kontext hinaus nach Europa hinein [artikulieren]" (Bojadžijev 2013: 151). Dennoch sollte betont werden, dass rechte Stimmen nur einen Teil des gesellschaftspolitischen Konfliktfelds Europa repräsentieren. Andere sprechen sich explizit für ein soziales und solidarisches *Europa* aus. Das European Forum of Progressive Forces kam etwa im November 2017 zusammen, um ein breites Bündnis für ein „anderes Europa" aufzubauen (Gysi 2017: 21). Jedoch fehlt es immer wieder an der Bereitschaft, sich kritisch mit Macht, Gewalt und Ungleichheit auseinanderzusetzen, rassistischen Terror wie den NSU zu verurteilen und Europas Menschenrechtsverletzungen im Zuge der restriktiven Grenzpolitiken anzuprangern. Vor diesem Hintergrund ist es relevant, sich (auch) in der politischen Bildungsarbeit kritisch mit hegemonialen Diskursen über Europa auseinanderzusetzen und sich den multiplen Konstruktionen Europas zu widmen. Einerseits muss dabei das Interesse den globalen Verflechtungen, Konstrukteur*innen von Feindbildern und Marginalisierungen sowie den innereuropäischen Widersprüchen gelten. Andererseits muss Europa aus der Perspektive der Migration, der nicht-erzählten Geschichten und gesellschaftlichen Transformationen betrachtet werden: „Europe's historical narrative of itself has to be questioned [...] [T]he historical narratives produced by the so-called ‚minorities' need to be respected" (Asad 2003: 177). Auf diese Weise könnte sich dem fragmentierten, umkämpften und widersprüchlichen Feld *Europa* konstruktiv genähert und es als komplexes räumlich-zeitliches Gebilde verstanden werden, was zugleich die Möglichkeit bietet, dem Wahrheitsanspruch der nationalistisch-eurozentrischen Narrative rechtspopulistischer Parteien entschieden entgegenzutreten.

Literaturverzeichnis

Adam, Jens/Römhild, Regina/ Bojadžijev, Manuela/Knecht, Michi/ Lewicki, Pawel/ Polat, Nurhak/ Spiekermann, Rika (Hg.) (2018): Europa dezentrieren. Globale Verflechtungen neu denken. Frankfurt/M.: Campus.

AfD [Alternative für Deutschland] (2017): Wahlprogramm für die Bundestagswahl 2017. www.afd.de/wp-content/uploads/sites/111/2017/06/2017-06-01_AfD-Bundestagswahlprogramm_Onlinefassung.pdf vom 1.6.2017.

Anidjar, Gil (2003): The Jew, the Arab. A History of the Enemy. Stanford: University Press.

Anidjar, Gil (2008): Semites: Race, Religion, Literature. Stanford: University Press.

Asad, Talal (2003): Formations of the Secular. Christianity, Islam, Modernity. Stanford: University Press.

Attia, Iman (2009): Die „westliche Kultur" und ihr Anderes. Zur Dekonstruktion von Orientalismus und antimuslimischem Rassismus. Bielefeld: transcript.

Attia, Iman (2017): „Was ist besonders am antimuslimischen Rassismus rechter Argumentationen?". In: Aktionsbündnis gegen Gewalt, Rechtsextremismus und Fremdenfeindlichkeit Rosa-Luxemburg-Stiftung Brandenburg (Hg.), Die neue Bewegung von rechts. Dokumentation der Tagung am 29. April 2017, Potsdam: Brandenburgische Universitätsdruckerei und Verlagsgesellschaft Potsdam mbH. S. 10-15.

Bader, Pauline/Becker, Florian /Demirović, Alex /Dück, Julia (2011): Die multiple Krise – Krisendynamiken im neoliberalen Kapitalismus. In: Demirović, Alex /Dück, Julia/Becker, Florian/Bader, Pauline (Hg.), VielfachKrise: Im finanzdominierten Kapitalismus. Hamburg: VSA Verlag. S. 11–28.

Benz, Wolfgang (2016): „Die ‚Alternative für Deutschland' und der Antisemitismus". In: Deutschland Archiv vom 26.7.2016. www.bpb.de/231398.

Bojadžijev, Manuela (2013): „Wer vom Rassismus nicht reden will. Einige Reflexionen zur aktuellen Bedeutung von Rassismus und seiner Analyse". In: Schmincke, Imke/Siri, Jasmin (Hg.), NSU Terror. Ermittlungen am rechten Abgrund. Ereignis, Kontexte, Diskurse. Bielefeld: transcript. S. 145-154.

Bubenhofer, Noah/Müller, Nicole/Scharloth, Joachim (2013): „Narrative Muster und Diskursanalyse: Ein datengeleiteter Ansatz". In: Zeitschrift für Semiotik, Band 35, Heft 3-4. S.419-444.

Césaire, Aimé (2010 [1968]): Über den Kolonialismus. Berlin: Karin Kramer.

Conrad, Sebastian/Randeria, Shalini (2013): „Geteilte Geschichten – Europa in einer postkolonialen Welt". In: Conrad, Sebastian/Randeria, Shalini/Römhild, Regina (Hg.): Jenseits des Eurozentrismus. Postkoloniale Perspektiven in den Geschichts- und Kulturwissenschaften, 2. erweiterte Auflage. Frankfurt a.M.: Campus. S. 9-48.

Chakrabarty, Dipesh (2013): „Europa provinzialisieren: Postkolonialität und die Kritik der Geschichte". In: Conrad, Sebastian/Randeria, Shalini/Römhild, Regina (Hg.): Jenseits des Eurozentrismus. Postkoloniale Perspektiven in den Geschichts- und Kulturwissenschaften, 2. erweiterte Auflage. Frankfurt a.M.: Campus. S. 134-161.

Coronil, Fernando (2013): „Jenseits des Okzidentalismus: Unterwegs zu nichtimperialen geohistorischen Kategorien". In: Conrad, Sebastian/Randeria, Shalini/Römhild, Regina (Hg.): Jenseits des Eurozentrismus. Postkoloniale Perspektiven in den Geschichts- und Kulturwissenschaften, 2. erweiterte Auflage. Frankfurt a.M.: Campus. S. 466-504.

Decker, Oliver/Kiess, Johannes/Brähler, Elmar (Hg.) (2016): Die enthemmte Mitte. Autoritäre und rechtsextreme Einstellung in Deutschland. Die Leipziger Mitte-Studie. Gießen: Psychosozial.

De Genova, Nicholas (2014): „Ethnography in Europe, or an anthropology of Europe?", In: Social Anthropology – Anthropologie sociale, Band. 22/3. S. 293-295.

Die Welt vom 6.4.2017, „'AfD ist einer der wenigen Garanten jüdischen Lebens'" von Matthias Kamann, www.welt.de/politik/deutschland/article163446354/AfD-ist-einer-der-wenigen-Garanten-juedischen-Lebens.html.

Fanon, Frantz (1969): Die Verdammten dieser Erde. Reinbek: Rowohlt.

Foucault, Michel (1993): Ordnung des Diskurses. Frankfurt a.M.: Fischer.

FN [Front National] (2017): Engagements Présidentiels de Marie Le Pen. www.marine2017.fr/wp-content/uploads/2017/02/projet-presidentiel-marine-le-pen.pdf vom 23.4.2017.

Glasze, Georg/Mattisek, Annika (2009): „Die Hegemonie- und Diskurstheorie von Laclau und Mouffe". In: Dies. (Hg.): Handbuch Diskurs und Raum. Theorien und Methoden für die Humangeographie sowie die sozial- und kulturwissenschaftliche Raumforschung. Bielefeld: transcript. S. 153-179.

Genette, Gérard (2010): Die Erzählung, 3. Auflage. Stuttgart: Wilhelm Fink.

Goldberg, David T. (2006): „Racial Europeanization". In: Ethnic and Racial Studies, Vol. 29(2). S. 331-364.

Göle, Nilüfer (2008): Anverwandlungen: Der Islam in Europa zwischen Kopftuchverbot und Extremismus. Berlin: Wagenbach.

Gysi, Gregor (2017): In Vielfalt geeint. In: DISPUT, 12/2017. S. 20-21.

Hall, Stuart (1996): The West and the Rest: Discourse and Power. In: Ders. et al. (Hg.): Modernity: An Introduction to Modern Societies. Cambridge. S. 184-227.

Häusler, Alexander (2016): Die Alternative für Deutschland. Programmatik, Entwicklung und politische Verortung. Wiesbaden: Springer.

Häusler, Alexander/Roeser, Rainer (2015): Die rechten „Mut"-Bürger. Entstehung, Entwicklung, Personal und Positionen der Alternative für Deutschland. Hamburg: VSA.

Häusler, Alexander/Roeser, Rainer (2014): Rechtspopulismus in Europa und die rechtspopulistische Lücke in Deutschland. Erfurt: Mobit e.V.

Kamann, Matthias (2016): „So will die AfD jetzt Europa verändern", in: Die Welt vom 28.6.2016. www.welt.de/politik/deutschland/article156620853/So-will-die-AfD-jetzt-Europa-veraendern.html.

Kempin, Ronja (2017): Der Front National. Erfolg und Perspektiven der „stärksten Partei Frankreichs". Berlin: SWP.

Kohrs, Camilla (2017): „Rechtspopulismus. Das junge, rechte Europa". In: Zeit Campus vom 31.3.2017. www.zeit.de/campus/2017-03/rechtspopulismus-europa-wahlen-frankreich-interessen-jung-rechts/komplettansicht.

Mignolo, Walter D. (2011): The Darker Side of Western Modernity. Global Futures, Decolonial Options. London: Duke University Press.

Rajaram, Prem Kumar (2016): „Whose Migration Crisis?" In: Intersections. East European Journal of Society and Politics, Vol. 2 (4). S. 5-10.

Randeria, Shalini (1999): „Geteilte Geschichte und verwobene Moderne". In: Rüsen, Jörn (Hg.): Zukunftsentwürfe. Ideen für eine Kultur der Veränderung. Frankfurt a. M.: Campus. S. 87-96.

Rommelspacher, Birgit (2009): „Was ist eigentlich Rassismus?". In: Melter, Claus/Mecheril, Paul (Hg): Rassismuskritik, Rassismustheorie und -forschung. Schwalbach: Wochenschau. S. 25-38.

Said, Edward W. (2009 [1978]): Orientalism, Frankfurt a.M: Fischer.

Stoler, Ann L. (2013): „‚The Rot Remains': From Ruins to Ruination". In: Dies. (Hg.): Imperial Debris. On Ruins and Ruination. London: Duke University Press. S. 1-35.

Vehrkamp, Robert/Wratil, Christopher (2017): „Die Stunde der Populisten? Populistische Einstellungen bei Wählern und Nichtwählern vor der Bundestagswahl 2017". Eine Studie im Auftrag der Bertelsmann-Stiftung. Bielefeld: Matthiesen Druck.

Welter, Ursula (2017): „Für Frankreich, gegen die Europäische Union". In: Deutschlandfunk vom 11.4.2017, www.deutschlandfunk.de/marine-le-pen-fuer-frankreich-gegen-die-europaeische-union.724.de.html?dram:article_id=383649.

Zeit online vom 21.1.2017, „ENF-Tagung in Koblenz. Front International" von Lenz Jacobsen, www.zeit.de/politik/ausland/2017-01/enf-koblenz-marine-le-pen-frauke-petry-rechtspopulismus.

Zeit online vom 1.9.2016, „Importierter Hass" von Reinhard Schulze, www.zeit.de/zeit-geschichte/2016/02/antisemitismus-juden-europa-islam-christentum-vertreibung.

„Die neue deutsche Soziale Frage" – Armut und Sozialstaatsversagen als Grund für rechtspopulistischen Erfolg?

Ina Schildbach

Seit den Aufmärschen von „Patriotische Europäer gegen die Islamisierung des Abendlandes" (Pegida) und den Wahlerfolgen der Alternative für Deutschland (AfD) beschäftigt das Phänomen des Rechtspopulismus und -extremismus Öffentlichkeit und Politik. Tatsächlich ist dieses jedoch älter als die Aufgeregtheit der Diskussion glauben macht. In diesem Sinne bemerkt beispielsweise der renommierte Konfliktforscher Wilhelm Heitmeyer, der mit seiner Forscher_innengruppe seit langem auf die Verbreitung von rechten Einstellungen in Deutschland hinweist, dass ihn der Erfolg der AfD keineswegs wundere (vgl. Interview in der Berliner Zeitung vom 22.10.16). Weswegen verfängt die rechtspopulistische Agitation bei so vielen Menschen? Die anfängliche Ratlosigkeit bei der Ursachensuche wurde schnell durch einige Antworten abgelöst, die seitdem reflexartig immer wieder von Neuem bemüht werden. Die Rede ist von der „Abstiegsangst", der „Verunsicherung" angesichts der „Globalisierung", der „Flüchtlingskrise" und den Sozialstaatsreformen des letzten Jahrzehnts, von der „Prekarisierung", der fehlenden „Anerkennung", die sich bei Ostdeutschen beispielsweise in den niedrigeren Renten ausdrückt. Es wird also auf soziale Notlagen und das Gefühl der Vernachlässigung verwiesen, die für die rechtspopulistischen Tendenzen verantwortlich seien.

Der vorliegende Aufsatz beschäftigt sich mit dem postulierten Zusammenhang zwischen materieller Deprivation und einer Anfälligkeit für rechtes Gedankengut und entwickelt eine Gegenthese: Nicht verschärfte Armut durch Sozialstaatsabbau ist der Grund für den „Rechtsruck", sondern die Politisierung dieser als „soziale Frage", die im demokratischen Alltag fest verankert ist – eine scheinbar selbstverständliche, tatsächlich jedoch folgenreiche Verschiebung, die kaum Beachtung findet. Es wird erläutert, was es mit dieser Verwandlung auf sich hat, welche Konsequenzen sie zeitigt und inwiefern allein auf dieser Basis die rechte Agitation verfängt, die die soziale Frage explizit als *deutsche* verstanden wissen will.

© Springer Fachmedien Wiesbaden GmbH, ein Teil von Springer Nature 2019
L. Boehnke et al. (Hrsg.), *Rechtspopulismus im Fokus*,
https://doi.org/10.1007/978-3-658-24299-2_5

Meine Argumentation gliedert sich in drei Schritte: Zunächst wird anhand einiger Vertreter/innen aus Politik, Öffentlichkeit und Wissenschaft dargelegt, welche unmittelbaren Widersprüche, theoretische Mängel und argumentative Lücken sich aus dem postulierten Zusammenhang ergeben. Dabei soll auch deutlich werden, unter welcher Perspektive Armut im demokratischen Diskurs zum Sorgegegenstand wird. In einem zweiten Schritt wird nachvollzogen, wie AfD und Co Armut und soziale Unzufriedenheit thematisieren. Aus deren Agitation werden Schlüsse darauf gezogen, was bei den so angesprochenen Adressat_innen verfängt: Woran liegt es, dass sie die rechten Parolen plausibel finden und dort ihre Alltagsnöte aufgehoben glauben? Im letzten Teil wird aufgezeigt, was der analysierte Grund des rechtspopulistischen Erfolgs bei den sozial Unzufriedenen für die politische Bildung und Wissenschaft bedeutet.

Armut = Rechtspopulismus? – Einige unmittelbare Widersprüche und theoretische Mängel dieser Argumentation

Armut und Sozialstaatsabbau als Grund für rechtspopulistisches Gedankengut wird in den Medien, der Politik und auch in der Öffentlichkeit immer wieder bemüht. Der Vorsitzende der Partei Die Linke, Bernd Riexinger, bringt den Zusammenhang wie folgt zum Ausdruck:

> „Es ist falsch, die Wahlerfolge der AfD allein durch Rassismus und Rechtspopulismus zu erklären. Ihr Aufstieg ist nicht denkbar ohne die soziale Polarisierung, die sich (aufgrund der neoliberalen Politik in Deutschland, aber auch weltweit) dramatisch verschärft hat. Der Mangel an bezahlbaren Wohnungen und guten Jobs, die Reduktion der Demokratie auf die Verwaltung von Sachzwängen ist der Nährboden, auf dem der rechte Kulturkampf gedeihen kann." (Bernd Riexinger auf dem marx21-Kongress „Wohin steuert Deutschland?" vom 06.05.2016)

Auf die Verschlechterung der sozialen Lage für zahlreiche Menschen in Deutschland geht Riexinger in der Form der Klage um die Konsequenzen ein: Armut ist ein Sorgegegenstand, weil sie (vermeintlich) zu rechtem Gedankengut führt. Riexinger stellt damit fest, was die Wahlforschung – unter anderem die Ergebnisse der Bertelsmann-Stiftung (vgl. Vehrkamp 2017) – zu bestätigen scheint: Eine Analyse nach der Bundestagswahl hat ergeben, dass es zwar den „Prototypen des AfD-Wählers" (sz vom 26.09.2017) nicht gibt, jedoch überdurchschnittlich viele Arbeiter_innen (21 Prozent) und Arbeitslose (22 Prozent) ihr Kreuz bei dieser Partei gemacht haben. Damit, so kann geschlussfolgert werden, zieht sie tatsächlich „Menschen mit wirtschaftlichen Schwierigkeiten" (ebd.) an. Insofern ist es also zutreffend, die schlechte materielle Lage als *unterstützenden Faktor* für den Wahlerfolg auszumachen.

Trotz dieser empirischen Befunde ist die Ursache des AfD-Wahlerfolgs mit der Metapher vom „Nährboden" nicht hinreichend erläutert: Weswegen verfängt das politische Angebot der AfD anstatt beispielsweise dasjenige der Partei „Die Linke", die für einen Ausbau des Sozialstaates steht? Diese *Leerstelle* der Erklärung zeigt, dass die materielle Deprivation zwar eine Bedingung darstellt, aber keineswegs den *hinreichenden Grund* für die rechte Politisierung benennt.

Der Linken-Vorsitzende unterstellt einen Automatismus von Armut hin zu rechtem Wählen – dies der zweite Mangel seiner Erklärung –, als könnten soziale und politische Verhältnisse eine Wahlentscheidung erzeugen. Liegt zwischen den Lebensumständen und dem politischen Verhalten im Wahlakt nicht vielmehr eine *Deutung* der Menschen, die auch begründet, weswegen sie beispielsweise rechts und nicht links wählen? Die zahlreichen politischen Meinungsumfragen vor und nach der Wahl zeigen, dass es sich hierbei keineswegs um einen Mechanismus handelt, sondern Wahlentscheidungen in einem Urteil über die Politik begründet liegen. So hat eine Analyse der Bundestagswahlen beispielsweise ergeben, dass AfD-Anhänger_innen überdurchschnittlich unzufrieden mit und enttäuscht von den bestehenden Verhältnissen sind (vgl. sz vom 24.09.2017). Ohne die Ansicht, die aktuelle Regierung oder gar „die etablierte Politik" verschulde die Missstände, lässt sich die Wahlentscheidung jedoch kaum erklären; fehlt diese politische Interpretation, ist die soziale Lage kein „günstiger Nährboden", sondern lediglich ein (beklagenswerter) Umstand, den es zu erklären gilt.

Dass Riexinger sich dieser Aufgabe nicht stellt, sondern materielle Not vor allem als gute Bedingung für rechtes Wähler_innenpotential interessiert, kann ihm kaum vorgeworfen werden: Der aus Sorge um ein Entgleiten einiger Bevölkerungsschichten getragene Standpunkt verdankt sich der Sicht eines *Politikers*, der in den von Armut Betroffenen potentielle Wähler_innen sieht, die ihnen die AfD abspenstig gemacht hat. Anders verhält es sich jedoch, wenn auch *Öffentlichkeit* und *Wissenschaft* diesen Sorgegegenstand teilen. So führt selbst der profilierte Armutsforscher Christoph Butterwegge angesichts des Erscheinens des 5. Armuts- und Reichtumsberichts der Bundesregierung 2017 aus:

„Vielerorts gehören Menschen, die in Müllcontainern nach Pfandflaschen suchen, heute zum Stadtbild. In manchen Ballungsgebieten der Bundesrepublik gefährden drastisch steigende Mieten und Energiepreise sogar den Lebensstandard von Normalverdienern. Sie verstärken die Angst vieler Mittelschichtangehöriger vor dem sozialen Abstieg. Die zerrissene Republik bietet rechten Populisten einen günstigen Nährboden. Sie haben es leicht, nationale Nestwärme als Ersatz für soziale Kälte und kleinbürgerliche Existenzsorgen anzubieten."
(Christoph Butterwegge in einem Gastbeitrag in der ZEIT am 12.04.2017, vgl. auch Butterwegge 2008: 210).

Auch hier wird die Metapher vom Nährboden bemüht[11], die – ähnlich wie bei Riexinger eine „soziale Polarisierung" – eine „zerrissene Republik" erzeugt oder diesen Zustand zumindest begünstigt. Damit wird auch bei dem Wissenschaftler Armut unter der Perspektive zum Sorgegenstand, dass sie den sozialen Zusammenhalt in Deutschland gefährden könnte. Butterwegge legt also denselben Maßstab wie der Vorsitzende der Partei „die Linke" an. Armut heißt für die davon Betroffenen allemal eine Lebenslage, in der ihre Verwirklichungschancen eingeschränkt sind. Statt jedoch in den Blick zu nehmen, was diese Situation für die Menschen bedeutet und wodurch sie in diese Lage gebracht werden, verwandelt sich die Perspektive in eine *staatsfunktionale*: Welche Konsequenzen hat Armut für unser Gemeinwesen? Führt sie dazu, dass die davon Betroffenen nicht länger in die etablierten politischen Kräfte vertrauen und „abweichend" wählen? Selbst wenn Butterwegge nicht beabsichtigt, die Armen unter diese instrumentelle Perspektive zu subsumieren, nimmt er diese *Verwandlung* vor.

Diese elementare und folgenreiche Verschiebung von der Analyse der Armut zur Sorge um die sozialen und politischen Konsequenzen stellt meines Erachtens den Kern dessen dar, was es bedeutet, Armut *als* „soziale Frage" zu besprechen. Abstrahiert wird davon, ob die von materieller Deprivation Betroffenen nicht allen Grund dazu haben, sich nicht länger bei den etablierten politischen Kräften aufgehoben zu fühlen.[12] Dass sie in mangelhaften Verhältnissen leben, wird nur zum Ausgangspunkt genommen, um zum eigentlich interessierenden Gegenstand, den *Konsequenzen für Politik und Gesellschaft*, überzugehen. So wird ihre Armut von einem Problem, das die Menschen mit ihrer Lebenslage haben, zu einem des Gemeinwesens, die angesichts des „Abgleitens" der Armen nach rechts „polarisiert" wird oder gar zu „zerreißen" droht – es ist diese Sorge, die auch die Bundesregierung in ihrem Vorwort zum 5. Armuts- und Reichtumsbericht unter dem Stichwort „sozialer Zusammenhalt" zum Ausdruck bringt (vgl. BMAS 2017: u. a. II, III, XI) und, von der sich die Wissenschaft durch einen unvoreingenommenen Blick besser distanzieren sollte.

---

11   Nebenbei sei noch bemerkt, dass sich auch hier eine theoretische Lücke ergibt: Weswegen wird die „nationale Nestwärme" ausgerechnet bei den Rechtspopulisten gefunden? Das Bedürfnis nach einer Aufhebung der „sozialen Kälte" könnte in dieser unspezifischen Form auch durch Parteien oder Vereine befriedigt werden.

12   Damit soll natürlich nicht gesagt werden, dass es eine vernünftige Entscheidung darstellt, rechts zu wählen. Vielmehr soll die Perspektive auch der Wissenschaft charakterisiert und kritisiert werden: Gelingt es der etablierten Politik noch, diese Menschen zu erreichen oder drohen sie zu entgleiten?

Diese Perspektive ist inzwischen ubiquitär, wie zwei weitere Beispiele aus Wissenschaft und Öffentlichkeit zeigen. So führt Sighard Neckel, Professor für Gesellschaftsanalyse und sozialen Wandel, in einem Interview zum Erfolg des Rechtspopulismus Folgendes aus, als er danach gefragt wird, ob die Hartz-Reform der Sozialdemokratischen Partei Deutschlands (SPD) schuld am Aufstieg der AfD sei:

> „Das wäre zu einfach, Hartz IV ist ja nur ein Beispiel dafür. Soziologisch betrachtet, haben Parteien so etwas wie eine historische Aufgabe, an der sie sich bewähren müssen. Die CDU sollte den Kulturkampf zwischen den Konfessionen in Deutschland beenden und die unterschiedlichen christlichen Milieus politisch vereinen. Das ist ihr ganz gut gelungen. Die historische Aufgabe der Sozialdemokratie ist die Integration unterer Schichten in die soziale Marktwirtschaft und in die Institutionen der Demokratie. Hierbei hat sie zuletzt nicht nur in Deutschland versagt. Das könnte dazu führen, dass sie in den kommenden Jahren unter 20 Prozent fallen wird." (Sighard Neckel in einem Interview mit der tageszeitung vom 29.12.2016).

Auch hier offenbart sich erneut der staatsfunktionale Blick auf die von Armut Betroffenen: Dass es die „unteren Schichten" in unserer Gesellschaft gibt, deren Lage durch die Sozialstaatsreformen der SPD-Regierung im vergangenen Jahrzehnt unmittelbar oder durch Angst vor dem Abstieg mittelbar betroffen sind, wird nicht zum Gegenstand des wissenschaftlichen Interesses, sondern als selbstverständlich hingenommen. Die daran interessierende Frage ist, ob es der Sozialdemokratie gelungen ist, die Menschen in unsere Gesellschaft zu integrieren – und dies gerade *trotz* deren Lage, die aufgrund ihrer Mängel die Aufgabe so schwierig macht. Der Vorwurf an die SPD besteht also keineswegs darin, die materiellen Verhältnisse der unteren Schichten verschlechtert, sondern es dabei versäumt zu haben, sie dennoch weiterhin für die ökonomischen und politischen Institutionen geistig einzunehmen.

Von den zahlreichen Beispielen, die sich für die Verwandlung von Armut als Problem für die Betroffenen hin zur sozialen Frage als potenzielle Gefährdung des Gemeinwesens noch anführen ließen, soll abschließen ein Kommentar aus der Süddeutschen Zeitung (SZ) zitiert werden, in der der Zynismus dieser Perspektive in zwei Sätzen auf den Punkt gebracht wird. In einem Meinungsbeitrag über die wachsende Kinderarmut in Deutschland, der mit der Überschrift „Unerträglich" überschrieben ist, heißt es:

> „Kampf gegen Kinderarmut ist kein wohltätiger Schnickschnack. Er dient dem Selbstschutz einer Gesellschaft, die demokratisch bleiben will." (Constanze von Bullion in der sz vom 16.09.2017)

Inwiefern ist Kinderarmut unerträglich? Der Autorin zufolge soll sie von der Politik nicht etwa deswegen als gesellschaftliches Problem verstanden werden, weil die Betroffenen von Beginn an ein defizitäres, von geringen Verwirklichungschancen gezeichnetes Leben führen. Vielmehr muss ihr der Kampf angesagt werden, weil diese Kinder im Erwachsenenalter anfällig sein werden „für Hetze, Fremdenhass oder Islamismus" (ebd.). Die materielle Deprivation der Kinder stellt also eine Bedrohung für unsere Demokratie dar, weil die Ausgegrenzten potentiell Rechtspopulist_innen oder gar Islamist_innen werden. Auch hier findet eine Umkehrung statt: Von der materiellen Deprivation nehmen also nicht primär die hiervon Betroffenen Schaden, sondern diese bedrohen vielmehr (potentiell) uns, weil sich arme Kinder vielleicht nicht gut in der Gesellschaft aufgehoben wissen und sich „deswegen" in irgendeiner Form – der Übergang wird in dem Artikel nur postuliert, jedoch nicht näher erläutert – gegen diese Gesellschaft richten. Dass sowohl die Möglichkeit einer fremdenfeindlichen als auch einer islamistischen Gegnerschaft in Betracht gezogen wird, zeugt davon, wie unspezifisch und letztlich auch argumentativ vernachlässigenswert der genaue Zusammenhang verstanden wird – allein die Befürchtung eines Abweichens und einer damit erfolgenden Bedrohung unseres Gemeinwesens interessiert.

Aus diesem kurzen Blick auf die Besprechung des Zusammenhangs von Armut und Rechtspopulismus lässt sich zweierlei festhalten: Alle Erklärungen fassen die Lebenslage als eine Art *Automatismus* für eine rechte Wahlentscheidung und abstrahieren dabei von der *politischen Deutung*,[13] die diese allemal unterstellt.[14] Außerdem treten theoretische *Leerstellen* auf, insofern sie die Präferenz der rechten gegenüber einer linken Parteibeziehungsweise das Finden von „Nestwärme" bei den Rechtspopulist_innen statt bei einer anderen Gemeinschaft nicht erläutern. Über diese Mängel hinaus sollte gezeigt werden, inwiefern allen besprochenen Positionen eine *staatsfunktionale Perspektive* auf die von Armut Be-

---

13   In diesem Sinne fragt Jens Bisky in der sz: „Ist der Gedanke so abwegig, dass AfD-Wähler sich für diese Partei entschieden haben, weil sie die politischen Forderungen der gärigen Gauland-Weidel-Truppe für richtig halten?" (sz vom 27.09.2017).

14   Natürlich gibt es auch Ansätze, die die Bedeutung der subjektiven Beurteilung hervorheben, wie beispielsweise im Rahmen der Forschung zu den „Deutschen Zuständen". Hier heißt es in einem der Aufsätze, es gelte nicht nur, „objektive Bedingungen und Erfahrungen [zu] berücksichtig[en], sondern diese mit subjektiven Bewertungen und antizipierten Risiken" (Mansel/Christ/Heitmeyer 2012: 105) zu verbinden. Im Folgenden ist jedoch die Rede von den „aus der Prekarisierung resultierenden mentalen Prozesse" (ebd.: 112), sodass die politischen Urteile doch in einen unbewusst ablaufenden Mechanismus zurückgenommen werden. Genannt werden anschließend unter anderem die Angst vor Arbeitslosigkeit und weiteren ökonomischen Einschätzungen der individuellen Lage (vgl. ebd., S.113), die also auch die Leerstelle aufweisen, wie man hiervon zur Ablehnung von Migrantinnen und Migranten gelangt.

troffenen eigen ist. Ausgehend hiervon wird nun untersucht, wie die rechtspopulistischen Kräfte die soziale Unzufriedenheit ansprechen, um die aufgezeigte Leerstelle füllen zu können.

Die rechte Agitation mit der Armut: Offensiv nationale Antwort auf die soziale Frage

Sowohl im Parteiprogramm der AfD (2017: u. a. 52 sowie 55ff.) als auch in den Reden ihrer Vertreter_innen spielen soziale Themen eine wichtige Rolle. In all ihren Ausführungen anerkennen die Rechtspopulist_innen, dass es materiell schwierige Lebenslagen in Deutschland gibt, die soziale Frage also keineswegs durch die Regierenden befriedigend beantwortet wird.[15] Damit beziehen sie sich natürlich nicht auf die Armut an sich, um ihren Ursachen auf den Grund zu gehen und adäquate Abhilfe zu versprechen, die an den Notlagen der Menschen Maß nimmt. Stattdessen kommt sie unter einer bestimmten Perspektive in den Blick, die im Kapitel „Sozialpolitik" im AfD-Wahlprogramm gleich zu Beginn mit der Überschrift „Sozialpolitik und Zuwanderung" (AfD 2017: 56) auf den Punkt gebracht wird: Alle aus Sicht der Partei offenen sozialen Fragen werden in ihrer Agitation mit dem Thema der Migration beziehungsweise der vermeintlichen „Flüchtlingskrise" verknüpft. Diesen elementaren Zusammenhang zwischen materiellen Sorgen und einer *nationalistischen* Antwort, die also immer auch in Abgrenzung zu allem vermeintlich „Volksfremdem" gegeben wird, erzeugt und pflegt die Partei und spricht damit die nationalistische Gesinnung ihrer Anhänger_innen an.

Dabei ist der Konnex ein von der AfD konstruierter, der bereits einer ersten Überprüfung nicht standhält: Suggeriert wird, dass sich die Sozialpolitik nicht ergibt durch Gesichtspunkte, die die Politik an dieses Politikfeld anlegt und es dementsprechend rechtlich und finanziell gestaltet; vielmehr würde sie im Zusammenhang zur Migrationspolitik stehen. Tatsächlich sind dies jedoch zwei Politikfelder, deren gesetzliche und damit auch monetäre Ausgestaltung nichts miteinander zu tun haben. Würde mehr Geld für Kindergärten, Schulen und Rentner

---

15   Dies hervorzuheben scheint deswegen wichtig, da dies sicherlich ein Moment des Erfolgs beziehungsweise ihrer (vermeintlichen) Glaubwürdigkeit ausmacht. Sie unterscheidet sich durch die Anerkennung der materiellen Nöte beispielsweise von den Ausführungen des 5. Armuts-und Reichtumsberichts, in dem auf eine sinkende Armutsrisikoquote bei gleichzeitigem Gefühl einer Zunahme der Not hingewiesen und dies nicht etwa als ein Problem der statistischen Erfassung, sondern der Wahrnehmung erklärt wird (vgl. BMAS 2017: If.).

ausgegeben werden, wenn keine Asylbewerber_innen und Flüchtlinge 2015 deutschen Boden betreten hätte? Jedenfalls nicht, *weil* es keine zusätzlichen Migrant_innen gibt – die Entscheidung über Sozialstaatsausgaben hat schlicht nichts mit den Ausgaben für Einwanderung zu tun, sondern verdankt sich allein der *Agenda* und der *Prioritätensetzung der Politik*. Bekanntermaßen haben beispielsweise die Schröderschen Sozialstaatsreformen längst vor der sogenannten „Flüchtlingskrise" stattgefunden;[16] die Verschlechterungen waren der damaligen Regierung zufolge „sachnotwendig" zur Stärkung der deutschen „Wettbewerbsfähigkeit" beziehungsweise zur Meisterung der „Herausforderungen der Globalisierung".[17] Das Argument trägt auch nicht mit dem Verweis auf die begrenzten Mittel, mit dem die Politik bei der Ausgestaltung der unterschiedlichen Politikfelder umgehen müsse, da diesem eine falsche Vorstellung über den Staatshaushalt zugrunde liegt: Wie das Agieren der Bundesregierung in der Finanzkrise eindrucksvoll demonstriert hat, handelt es sich nicht um eine Kasse entsprechend dem privaten Portemonnaie, insofern Ein- und Ausgaben keine fixen Größen darstellen, sondern durch Schuldenaufnahme vergrößert werden können. Es gibt also keinen Sachzwang zur Kürzung von Sozialausgaben aufgrund von gesteigerten Ausgaben für die Zuwanderung.

Diesen Zusammenhang postuliert die AfD jedoch. Unter besagter Überschrift „Sozialpolitik und Zuwanderung" führt sie aus:

> „Unser Sozialstaat kann nur erhalten bleiben, wenn die geforderte finanzielle Solidarität innerhalb einer klar definierten und begrenzten Gemeinschaft erbracht wird. Eine Auflösung des Nationalstaats führt unweigerlich zur Gefährdung unserer gewohnten sozialstaatlichen Errungenschaften" (AfD 2017: 56).

Dass es die „unweigerliche Gefährdung" im Sinne eines Automatismus des Sozialstaatsabbaus durch mehr Menschen in unserem Land nicht gibt, wurde bereits deutlich. Wie die AfD diese „Begründung" verstanden haben will, ist jedoch auch kein Rätsel: Sie würde sich von den hier dargelegten Ausführungen kaum beeindrucken lassen, da sich ihre Auffassung über die Gefährdung des Sozialstaates der Sorge um das Wohlergehen des *deutschen* Volkes verdankt. Ausführungen dazu, dass Ausgaben für Migrant_innen keineswegs Kürzungen für deutsche Rentner_innen et cetera bedeuten, gehen insofern an der Intention der AfD vorbei, als sie finanzielle Unterstützung für Nicht-Deutsche auch dann falsch finden würde, wenn sie die zur Verfügung stehenden Mittel für das deutsche Volk er-

---

16   Siehe hierzu: Schnath in PROKLA (160), S.411-416.

17   Zu dieser Argumentation vgl. Stapf-Finé (2013: 192f.).

wiesenermaßen nicht tangieren. Die Argumentation mit den begrenzten Fähigkeiten des deutschen Staates steht also für die prinzipielle Ablehnung von vermeintlich volksfremden Elementen, die als solche auch kein Recht auf Unterstützung durch „unsere" Gemeinschaft haben.

Noch deutlicher bringt Björn Höcke, AfD-Fraktionsvorsitzender in Thüringen, gegen den gerade ein Parteiausschlussverfahren angestrengt wird, diesen nationalistischen, fremdenfeindlichen Standpunkt zum Ausdruck:

> „Die Soziale Frage der Gegenwart ist nicht primär die Verteilung des Volksvermögens von oben nach unten, unten nach oben, jung nach alt oder alt nach jung. Die neue deutsche Soziale Frage des 21. Jahrhunderts ist die Frage nach der Verteilung des Volksvermögens von innen nach außen"
> (Björn Höcke, zitiert nach Vogel 2016).

Widmet man sich dieser Aussage unvoreingenommen, legt sie den von Armut Betroffenen in unserer Gesellschaft etwas anderes nahe als gegen die „Verteilung des Volksvermögens nach außen" zu hetzen. Immerhin weist Höcke selbst auf die offenbar erheblichen Unterschiede innerhalb des Volkes hin: Es gibt ein „oben" und „unten" in dieser Gesellschaft, sodass sich die Frage stellt, weswegen der Reichtum derart verteilt ist und inwiefern angesichts dessen eigentlich von einem gemeinsamen „Volksvermögen" gesprochen werden kann. Und weswegen soll der Gegensatz zwischen Arm und Reich heute irrelevant sein, wo die „soziale Frage" früher dadurch bestimmt war? Alle Unterschiede und Gegensätze *innerhalb* des Kollektivs der Deutschen, die die Frage aufwerfen, worin dann eigentlich die Gemeinsamkeit des Volkes besteht, sind für Höcke belanglos angesichts der Differenz zwischen volkszugehörig und volksfremd. Das Problem der Armen besteht also nicht etwa in ihrem Ausschluss vom Reichtum, den es in ihrer Nation gibt, sondern in der Verteilung eines Volksvermögens – an dem sie merkwürdigerweise als „Untere" nicht (gleichermaßen) partizipieren – an nicht zur Gemeinschaft Gehörige. Diese Agitation verfängt offenbar, wenn sich soziale Unzufriedenheit in Zuspruch für rechte Politik verwandelt. Der_Die (potentielle) rechte Wähler_in hat dabei den spiegelbildlichen Standpunkt: Er_Sie lässt sich als Nationalist_in ansprechen, der_die um sein_ihr eingebildetes Recht auf ein materielles Auskommen von einer vermeintlich volksvergessenen Regierung betrogen wurde.

Wie Butterwegge zutreffend formuliert, „hat die *soziale* Frage im rechtsextremen Politikmodell keinen Eigenwert, ist vielmehr der *nationalen* Frage, verstanden als Auftrag zur Bildung einer ‚Volksgemeinschaft' untergeordnet" (Butterwegge 2008: 211, Herv. i. O.). Die Suggestion, dass sich die Ablehnung der Zugezogenen in den Ausgaben für sie begründet, wird spätestens beim Thema der deutschen Familienförderung aufgegeben.[18] „Willkommenskultur für Kinder", so heißt das Kapitel, das sich mit der demografischen Entwicklung und der Familienförderung beschäftigt. Dass der Rückgang der Bevölkerung für die AfD ein Problem darstellt, dem nicht etwa durch die Migration begegnet werden kann, zeugt von der grundsätzlich nationalistischen Stellung mit ihrer Abwertung aller „Volksfremden". Gemeint sind natürlich *deutsche* Kinder, die eine Willkommenskultur verdienen. „Deutschland nicht abschaffen" (AfD 2017: 37), lautet dementsprechend die Parole in Anspielung auf Thilo Sarrazins Klage über die vermeintliche Abschaffung des deutschen „Volkskörpers" durch eine Vermischung mit „Fremden".[19]

Die *nationalistische* Auffassung eines Vorrechts der Deutschen gepaart mit der prinzipiellen Abwertung aller Nicht-Deutschen spricht die AfD bei den Wähler_innen an – und trifft damit offenbar ihrerseits auf einen nationalistischen Standpunkt, der sich dadurch ansprechen lässt.[20] Auch die Menschen, die diese Partei wählen, betrachten die politischen Ereignisse aus Sicht eines_r Deutschen, der_die in den Asylbewerber_innen und Flüchtlingen prinzipiell nicht zu Deutschland Gehörige sieht. Umgekehrt stellt Angela Merkels Flüchtlingspolitik für sie einen Verrat an dem Amtseid, dem deutschen Volke zu dienen, dar.[21] Politik müsse stattdessen alles dafür tun, um die Identität der Volksgemeinschaft zu bewahren. Die nationalistische Deutung füllt also die im ersten Abschnitt herausgearbeitete theoretische Leerstelle: Alle Erklärungen, die einen Automatismus

---

18   Zum strategischen Umgang der Rechten mit der sozialen Frage, der sich unter anderem darin ausdrückt, dass sich Parteien wie die NPD während der 90er Jahre den neoliberalen Argumentationsmustern anschlossen und im Zuge des Protests gegen Hartz IV eine programmatische Wende vornahmen. (vgl. Hentges/Wiegel: 144ff.)

19   Fraglich ist natürlich, ob das offene Bekenntnis der AfD zu einer „nationalen Bevölkerungspolitik" (AfD 2017: 37) eine Differenz zu der tatsächlich betriebenen durch die demokratische Politik darstellt; schließlich ist die Klage über den Geburtenrückgang bei den Deutschen kein Spezifikum der AfD.

20   Was wie eine Tautologie klingt, erscheint insofern betonenswert, als rechtspopulistische Wähler_innen häufig als willen- und urteilslose Subjekte fingiert werden, die blind den „Rattenfängern" folgen.

21   Dementsprechend heißt es im Wahlprogramm der AfD (2017: 8). unter der Überschrift „Das Volk muss wieder zum Souverän werden": „Die stetigen Verletzungen der Prinzipien der deutschen Staatlichkeit gipfeln in der Flüchtlingspolitik der Bundesregierung von CDU/CSU und SPD. Die Volksvertreter_innen haben sich den grundgesetzlich garantierten Parlamentsvorbehalt für alle wichtigen Entscheidungen im Staat nehmen lassen und die über ihre Köpfe hinweg getroffenen rechts- und verfassungswidrigen Entscheidungen zur Zuwanderung klaglos hingenommen. Nur das Staatsvolk der Bundesrepublik Deutschland kann durch das Mittel der unmittelbaren Demokratie diesen illegalen Zustand beenden."

zwischen Lebensumständen und Wahlverhalten konstruieren, übersehen, dass die Menschen von den Rechtspopulist_innen als *Deutsche* angesprochen werden, deren Vorrecht durch die etablierte Politik untergraben wird. Der Nationalismus, den die AfD pflegt, bedient und abruft, wäre insofern auch die grundlegende Politisierung, bei dem politische Bildung ansetzen müsste.

Was die politische Bildung im Kampf gegen rechts zu leisten hätte: eine Kritik der staatsfunktionalen und nationalistischen Perspektive auf Armut

Wie deutlich wurde, spricht die AfD keineswegs einfach die Armut der Menschen an und verspricht ihnen Abhilfe. Vielmehr setzt sie diese in Relation zur Zuwanderung und fingiert dadurch einen sachlichen Zusammenhang, den es in der praktizierten Politik nicht gibt. Die Agitation der Rechtspopulist_innen mit der sozialen Frage besteht also in einer offensiv nationalistischen Antwort, die das Vorrecht der Deutschen vor allem vermeintlich Fremden hervorhebt. Menschen, die AfD wählen, lassen sich in dieser Rolle des Deutschen ansprechen und möchten eine dem eigenen Volk dienende politische Kraft an die Regierung bringen. Unzufriedenheit mit der eigenen sozialen Lage stellt für diese Agitation sicherlich eine gute Bedingung dar, insofern die Ansicht, bislang „volksfremd" regiert worden zu sein, selbstverständlich eines Anknüpfungspunktes in einer irgendwie gearteten Unzufriedenheit bedarf.[22] Dennoch ist Armut an sich kein „Nährboden", solange sie nicht, wie dargelegt, aus nationaler Perspektive heraus gedeutet wird. Die Aufgabe einer Auseinandersetzung mit rechts besteht folglich darin, diese Interpretation anzugreifen, indem die Verwandlung der Armut in ein Problem für Staat und Gesellschaft kritisiert und die nationalistische Antwort als verfehlt begründet zurückgewiesen wird.

Wie im ersten Abschnitt deutlich wurde, wird Armut in Politik, Öffentlichkeit und Wissenschaft häufig unter einer staatsfunktionalen Perspektive besprochen: Werden die materiell Deprivierten zu einem Problem für Politik und Gesellschaft, weil sie sich nicht länger hier aufgehoben wissen und deswegen rechts wählen? Dies stellt insofern eine Umdrehung der Perspektive dar, als Armut nicht länger

---

22   Wie bereits erwähnt, gibt es den „Prototyp" des_der AfD-Wählers_in nicht, insofern zwar im Verhältnis zum Bevölkerungsanteil überdurchschnittlich viele Arbeitslose und Arbeiter_innen die AfD gewählt haben, sie jedoch Stimmen aus allen Schichten der Bevölkerung bekommen hat (vgl. auch die Studie noch vor der Bundestagswahl von Lengfeld 2017). Auch Menschen, die nicht zu den „Modernisierungsverlierern" gehören, können selbstredend empfänglich sein für die nationalistische Agitation der Rechtspopulist_innen; dass den Deutschen das „Volksvermögen" zusteht und nicht den Flüchtlingen und Asylbewerber_innen kann auch ein_e Nationalist_in einleuchtend finden, dem_der es selbst materiell gut geht.

als negative Lebenslage der davon Betroffenen verstanden wird, sondern umgekehrt diese „uns" zu bedrohen scheinen. Schließt sich die Wissenschaft und die politische Bildung dieses Blickwinkels an, verfehlt sie insofern ihre Aufgabe, als sie nicht nach den *Ursachen* für Armut und damit auch nicht danach fragt, ob diese Menschen nicht allen Grund haben, sich gegen die herrschenden Verhältnisse zu richten. Armut wird nicht als Forschungsgegenstand begriffen, den es zu analysieren gilt, sondern sie erscheint als soziale Frage und damit aus dem *Blickwinkel der Nation* (vgl. Salz 1991: 31). Als solche stellt sie eine potentielle Gefährdung unseres Gemeinwesens dar, um die sich die Politik *deswegen* zu kümmern hat. Die davon Betroffenen sollen sich spiegelbildlich als Verwaltungsgegenstand der Politik begreifen: Wie viel steht uns zu? Damit ist das weite Feld des Rechtens über eine adäquate Berücksichtigung der Armen unter Einbezug aller anderen staatlichen Gesichtspunkte eröffnet.

Stattdessen sollte politische Aufklärung die Fragen stellen, die Björn Höcke für irrelevant erklärt: Was hat es mit der Teilung des Volkes in Arm und Reich auf sich? Ist diese nicht Zeugnis davon, dass von einem tatsächlichen Kollektiv mit gemeinsamen Vermögen nicht die Rede sein kann? Bietet die Angst vor einer verschärften Konkurrenz auf dem Wohnungs- und Arbeitsmarkt nicht eher einen Hinweis auf die gleiche Lage, in die deutsche Arbeitnehmer_innen und Geflüchtete offenbar gestellt sind?

Dem nachzugehen und dadurch die rechten Argumente zu widerlegen[23], hieße jedoch für Wissenschaft und politische Bildung auch, dass sie selbst den staatsfunktionalen Blickwinkel auf die Armen aufgibt, sich also deren Belangen selbst zuwendet und dabei ihre eigene sowie die rechtspopulistische nationale Perspektive hinterfragt. Diese liefert nämlich seit jeher „nicht nur die Begründung für die Überlegenheit und den Machtanspruch der eigenen Nation, sondern er [der Nationalismus, I. S.] bedeutete auch die Unterordnung aller gesellschaftlichen Beziehungen im Innern unter die Notwendigkeiten dieses internationalen Konkurrenzkampfes" (Kühnl 1986: 72). Auch wenn es hier nicht um die Behauptung der Nation gegenüber den anderen Staaten geht, ist diese Analyse, wie Höcke demonstriert, nach wie vor zutreffend: Vom Kollektiv der Deutschen her interpretiert, scheinen alle Unterschiede und Gegensätze *innerhalb* des Volkes belanglos, die soziale Frage wird als eine zwischen „innen" und „außen" konstruiert. Diese Behauptung kann die politische Bildung widerlegen, indem sie beispielsweise die politischen und ökonomischen Interessen darlegt, die von den arbeitsmarkt- und sozialstaatspolitischen Veränderungen in den letzten Jahrzehnten profitieren und

---

23   Als aktuelle Publikationen, die diese argumentative Auseinandersetzung leisten, sind vor allem Gloël/Gützlaff/Weber (2017) sowie Leo/Steinbeis/Zorn (2017) zu nennen.

damit auch die Ursachen für eine zunehmende Prekarisierung des Lebens für breite Teile der Bevölkerung aufdeckt.

Nicht nur das Postulat einer *Volksgemeinschaft* könnte dadurch brüchig werden, sondern auch die Zuschreibung an Zugezogene, „*fremd*" zu sein.[24] Wie Butterwegge mit Blick auf Debatten um die Globalisierung ausführt, gilt auch in Bezug auf rechte Parolen, dass so getan wird, „als ob nur Deutsche einen Arbeitsplatz, ein Dach über dem Kopf und genug zu essen brauchten" (Butterwegge 1996: 146). So reicht bereits der Verweis darauf, dass Geld für Flüchtlinge und Asylbewerber_innen ausgegeben wird als „Argument" dafür, dass die Bundesregierung ihre Aufgabe verfehlt.[25] Dem liegt die Abwertung von Ausländer_innen zugrunde, deren Bedürfnisse offenbar grundsätzlich gegenüber denjenigen der Deutschen nicht zählen. Politische Bildung, die diese falsche und praktisch verheerende Auffassung angreifen möchte, begibt sich insofern auf heikles Terrain, weil dadurch die vom Staat vorgenommene Scheidung der Menschen in Deutsche und Migrant_innen mit je unterschiedlichem rechtlichen Status thematisiert werden muss. Schließlich erzeugt ein Staat erst die prinzipielle *Differenzierung der Menschen nach Nationalität* und legt so die Grundlage für die pejorative Bewertung aller vermeintlich Fremden (vgl. Sackmann 1996:162f.).

Neben der Dekonstruktion der falschen Argumente, indem man sie der Unhaltbarkeit überführt, wäre also eine Auseinandersetzung mit der grundsätzlichen nationalistischen Politisierung erforderlich, dem sich diese Auffassungen verdanken. Dies die beste Weise, dem nachzukommen, was heute überall gefordert wird: die „Sorgen und Ängste der Menschen ernst nehmen", indem man ihnen nicht Parolen und alternative Standpunkte, sondern sachliche Aufklärung entgegenhält.

---

24   Diese zweifache Aufgabe wird auch deutlich an der hilflosen Reaktion von einzelnen Vertreterinnen und Vertreter der Partei „die Linke" nach der Bundestagswahl: Davon ausgehend, dass der „flüchtlingsfreundliche" Kurs Stimmen an die AfD gekostet hat, beklagt unter anderem Lafontaine nach der Wahl, dass die „Lasten der Zuwanderung" nicht „über verschärfte Konkurrenz im Niedriglohnsektor, steigenden Mieten in Stadtteilen mit preiswertem Wohnraum [...]" sozial Benachteiligten auferlegt werden dürfen (zitiert nach sz vom 28.09.17). Statt sich den Positionen der AfD anzunähern, wäre stattdessen die Interessenidentität zwischen deutschen und ausländischen Arbeitnehmern/-innen und Wohnungssuchenden aufzuzeigen.

25   „Wir geben viel Geld anderen und haben kein Geld für unsere eigenen Renten, für unsere eigenen Kinder, für genügend Kindergartenplätze, das alles kann nicht bezahlt werden, (…) aber Flüchtlinge dürfen es sein so viel wie möglich." (AfD-Vizevorsitzende Gauland bei einer Rede in Elsterwerda 05.06.16, zitiert nach Frankfurter Allgemeine Zeitung vom 05.06.2016)

Literaturverzeichnis

Alternative für Deutschland (2017): Programm für Deutschland. Wahlprogramm der Alternative für Deutschland für die Wahl zum Deutschen Bundestag am 24.September 2017, Köln 2017.

Am Orde, Sabine (2016): Interview mit Sighard Neckel: „Die Scham wird in Wut verwandelt", in: die tageszeitung vom 29.12.2016 (abrufbar unter: http://www.taz.de/!5361249/. [Abfrage am 22.10.2017]

Bielicki, Jan (2017): Ostdeutsch, männlich, unzufrieden, in: sz vom 24.09.2017 (abrufbar unter: http://www.sueddeutsche.de/politik/wahlanalyse-sammelbecken-fuer-protest-und-sorgen-1.3681549. [Abfrage am 19.10.2017]

Bisky, Jens (2017): Schweigen und Gebrüll sind Geschwister, in: sz vom 27.09.2017.

Bundesministerium für Arbeit und Soziales (Hrsg.) (2017): Lebenslagen in Deutschland. Der fünfte Armuts- und Reichtumsbericht der Bundesregierung, Berlin 2017.

Butterwegge, Christoph (008) Butterwegge, Christoph, Lösch, Bettina, Ralf Ptak (2008): Neoliberalismus. Analysen und Alternativen. Wiesbaden: Springer VS.

Butterwegge, Christoph/Hentges, Gudrun (2008): Rechtspopulismus, Arbeitswelt und Armut. Opladen und Farmington Hills: Barbara Budrich.

Butterwegge, Christoph (2008): Marktradikalismus und Rechtsextremismus, in: Ders. et al. (Hrsg.): Neoliberalismus. Analysen und Alternativen. Wiesbaden: Springer VS : 203-223.

Butterwegge, Christoph (1996): Rechtsextremismus, Rassismus und Gewalt. Erklärungsmodelle in der Diskussion,.Darmstadt: Primus Verlag.

Butterwegge, Christoph (2017): Gastbeitrag in der ZEIT vom 12.04.2017 abrufbar unter: http://www.zeit.de/amp/politik/deutschland/2017-04/armutsbericht-grosse-koalition-schoenung-kritik. [Abfrage am 12.10.2017]

Eckert, Daniel (2016): Was Europas Populisten den Nährboden bereitet, Welt online vom 14.11.2016. https://www.welt.de/wirtschaft/article159485590/Was-Europas-Populisten-den-Naehrboden-bereitet.html. [Abfrage am 19.10.2017]

Frankfurter Allgemeine Zeitung (2017): Gaulands Rede im Wortlaut abrufbar unter: http://www.faz.net/aktuell/politik/inland/zum-nachlesen-gaulands-rede-im-wortlaut-14269861-p2.html. [Abfrage am 18.10.2017]

Gloël, Rolf/Gützlaff, Kathrin/Weber, Jack (2017): Gegen Rechts argumentieren lernen. Hamburg: VSA Verlag.

Hahn, Thomas (2017): 100 Prozent unzufrieden. Die Haltung der AfD-Wähler, in: sz vom 26.09.2017.

Heiland, H. et al. (Hrsg.): Soziologische Dimensionen des Rechtsextremismus., Opladen; Westdeutscher Verlag.

Hentges, Gudrun/Wiegel, Gerd (2008): Arbeitswelt, soziale Frage und Rechtspopulismus in Deutschland, in: Butterwegge, Christoph/Hentges, Gudrun (2008): Rechtspopulismus, Arbeitswelt und Armut, Opladen und Farmington Hills: Barbara Budrich. 143-185.

Kühnl, Reinhard (1986): Nation – Nationalismus – Nationale Frage. Was ist das und was soll das? Köln: Pahl-Rugenstein.

Lengfeld, Holger (2017): Die „Alternative für Deutschland": eine Partei für Modernisierungsverlierer?. Wiesbaden: Springer VS.

Leo, Per/Steinbeis, Maximilian/Zorn, Daniel-Pascal (2017): Mit Rechten reden. Ein Leitfaden. Stuttgart: Klett-Kotta.

Mansel, Jürgen/Christ, Oliver/Heitmeyer, Wilhelm (2012): Der Effekt von Prekarisierung auf fremdenfeindliche Einstellungen. Ergebnisse aus einem Drei-Wellen-Panel und zehnjährigen Surveys, in: Heitmeyer Wilhelm (2012): Deutsche Zustände, Berlin: Suhrkamp105-128.

Riexinger, Bernd (2016): Auf dem „marx21-Kongress: „Wohin steuert Deutschland?" vom 06.05.2016 (abrufbar unter: https://www.marx21.de/marx-is-muss-kongress-hunderte-aktivistinnen-und-aktivisten-diskutieren-in-berlin/. [Abfrage am 18.10.2017]

Sackmann, Reinhold (1996): Nationalstaat und Gewalt. Eine Betrachtung aus makrosoziologischer Sicht, in: Heiland, H. et al. (Hrsg.) (1969): Soziologische Dimensionen des Rechtsextremismus. Opladen; Westdeutscher Verlag. 161-183.

Salz, Günther (1991): Armut durch Reichtum. Soziale Brennpunkte als Erbe der sozialen Frage: praktische Erfahrungen und theoretische Einsichten, Freiburg im Breisgau: Lambertus.

Schnath, Matthias (2010): Hartz IV oder: Armut anerkannt, gefördert und gefordert, in: PROKLA. Zeitschrift für kritische Sozialwissenschaft, Heft 160, 40. Jg., 2010, Nr. 3, 411-416.

Stapf-Finé, Heinz (2013): Kritik der Sozialstaatskritik, in: Hünersdorf, Bettina/Hartmann, Jutta (2013): Was ist und wozu betreiben wir Kritik in der Sozialen Arbeit? Wiesbaden: Springer VS: 191-205.

Vehrkamp, Robert/Wegschaider, Klaudia (2017): Bundestagswahl 2017: Wahlergebnis zeigt neue Konfliktlinie der Demokratie, https://www.bertelsmann-stiftung.de/de/themen/aktuelle-meldungen/2017/oktober/bundestagswahl-2017-wahlergebnis-zeigt-neue-konfliktlinie-der-demokratie/. [Abfrage am 19.10.2017]

Vogel, Hannes (2016): Wirtschaftsfreundlich statt sozial. Die AfD täuscht die kleinen Leute, in: n-tv vom 04.05.2016 (abrufbar unter: http://www.n-tv.de/wirtschaft/Die-AfD-taeuscht-die-kleinen-Leute-article17613376.html. [Abfrage am 07.10.2017]

von Bullion, Constanze (2017): Lafontaine greift Linken-Spitze an, in: sz vom 28.09.2017 (abrufbar unter: http://www.sueddeutsche.de/politik/die-linke-lafontaine-greift-linken-spitze-an-1.3686191. [Abfrage am 24.10.2017]

von Bullion, Constanze (2017): Unerträglich. Der Kampf gegen Kinderarmut ist Selbstschutz der Gesellschaft, in: sz vom 15.09.2017 (abrufbar unter: http://www.sueddeutsche.de/politik/kinderarmut-unertraeglich-1.3668074.   [Abfrage am 24.10.2017]

Widmann, Arno (2016): Interview mit Wilhelm Heitmeyer: ,Der Erfolg der AfD wundert mich nicht', in: Berliner Zeitung vom 22.10.2016 (abrufbar unter: http://www.berliner-zeitung.de/politik/interview-mit-wilhelm-heitmeyer--der-erfolg-der-afd-wundert-mich-nicht--24954352. [Abfrage am 06.10.2017]

Rechter Kulturkampf heute: Identitätskonstruktion und Framing-Strategien der Identitären Bewegung

Lukas Boehnke

Als Identitäre Bewegung oder Identitäre Generation bezeichnen sich mehrere europäische Gruppen völkisch und kulturrassistisch orientierter politischer Aktivist*innen, die gegen Liberalisierung und gegen Migration mobilisieren. Identitäre politische Inhalte folgen überwiegend dem Prinzip des *Ethnopluralismus*, demgemäß Menschen dort leben sollen, wo sie *ethnokulturell* vermeintlich hingehören. Konkret gehen Identitäre von einer supranationalen Kulturgemeinschaft europäischer Völker aus, die eigentlich friedlich miteinander leben sollten, dies aber unter der Herrschaft und Propaganda 'falscher' Eliten nicht könnten. Diese Eliten werden beschuldigt, wider die kulturelle Identität ihrer Völker zu handeln, indem Liberalisierungen auf dem Feld der kultur-, bevölkerungs- oder bildungspolitischen und auch ökonomischen Programmatiken (bspw. Minderheitenschutz, Einwanderungspolitik, Globalisierung, Antidiskriminierung, und Pluralismus) fahrlässig, krankhaft und/oder böswillig zum Schaden der Völker umgesetzt würden.

Politisches Handlungsfeld der Identitären ist der öffentliche Diskurs, den die Aktivist*innen mit Performances, Bildern und Texten prägend verändern wollen, um eine 'kulturelle Hegemonie' rechter Einstellungen zu schaffen, auf Basis derer radikal völkisch-nationalistische Politik mit Zustimmung der Bevölkerung gemacht werden kann. Der identitäre Kampf dreht sich in diesem Sinne um die Veränderung des Bewusstseins der Bevölkerung als Bedingung der Möglichkeit der Verwirklichung politischer Ziele. Identitäre pflegen ein besonders instrumentelles Verhältnis zu Kulturgütern und zur Ästhetik: Sie treten auf als bunte Medientruppe, deren Erscheinungsbild in Ästhetik und Symbolik (z.B. das Lambda) zu nicht geringen Teilen einer amerikanischen Comicverfilmung (Zack Snyders „300") entliehen ist. Darin wird die Legende einer heldenhaft verlorenen Verteidigung des Abendlandes gegen muslimische Horden popkulturell vermittelt und jugendlich in Szene gesetzt. Identitäre setzen sich zwar für „Heimat - Freiheit - Tradition" ein, haben aber mit der Pflege authentisch-herkömmlicher Traditionen als politische Gruppe nicht viel zu tun, sondern werben mit modernsten Mitteln und Methoden für Traditionalismus. Dazu gehört es, die eigene Kommunikation und Ästhetik möglichst effektiv zum Zwecke der politischen Mobilisierung zu gestalten. Einerseits ist die Gestaltung der identitären Corporate Identity durch

© Springer Fachmedien Wiesbaden GmbH, ein Teil von Springer Nature 2019
L. Boehnke et al. (Hrsg.), *Rechtspopulismus im Fokus*,
https://doi.org/10.1007/978-3-658-24299-2_6

die auffällige Farbkombination gelb-schwarz geprägt, andererseits arrangiert und kombiniert man Inhalte, Bilder und Texte und das Erscheinungsbild der Aktivist*innen so, dass die Kommunikation der eigenen Botschaft auf verschiedenen Ebenen und in verschiedenen Formen möglichst anschlussfähig und/oder provokativ stattfindet. Ein zentrales Merkmal dieser Strategie ist eine *methodische Umdeutung in subversivem Gestus, ein Reframing* verschiedener, im kollektiven Gedächtnis eher liberal, womöglich links, zivilgesellschaftlich-bürgerschaftlich verorteter Elemente politischer Aktions- und Protestformen, Worte, Werte und Ästhetiken - wie sie zum Beispiel auch die subkulturelle Mode prägen. Identitäre inszenieren sich im Alltag so, dass sie bspw. im studentischen oder kreativen, großstädtischen Milieu erst auf den zweiten Blick auffallen oder überhaupt nur für geübte Beobachter und Zuhörer erkennbar sind. Man kleidet sich modisch und sportlich, man vermeidet martialisches Auftreten im Alltag und setzt zugleich auf die subkulturell inspirierte Ästhetisierung der eigenen politischen Botschaft - zur Abgrenzung gegen den äußeren Rest der politischen Welt und zur sichtbaren identitären Gemeinschaftsbildung nach innen (siehe dazu Jan Batzers Beitrag über die identitäre Rezeption der Hipster-Kultur in diesem Band).

Im Fokus dieser Analyse stehen zuerst die identitäre Identitätskonstruktion, im Rahmen derer die Ausgangspunkte und Maßstäbe der identitären Kritik entwickelt und kommuniziert werden. Im Resultat entsteht das Bild einer globalen Bedrohungslage, in der sich 'ethnokulturelle Identität' heute befinde und gegen inneres und äußeres Nicht-Identisches verteidigt werden müsse. Zweitens soll näher auf das identitäre Framing eingegangen werden, um an Beispielen die Eigenlogik des identitären Reframings nationaler Identität herauszuarbeiten. Für die Politische Bildung liegt der Mehrwert einer solchen ideologie- und kommunikationstheoretischen Auseinandersetzung bestenfalls in einem Gewinn von praktisch anwendbarer Analysekompetenz (vgl. dazu den Beitrag von Malte Thran und mir in diesem Band). Obwohl sicher auch nicht frei von Wertungen zielt dieser Text also nicht vordergründig auf die normative Entlarvung, Konfrontation und Blamage von Identitären bzw. ihren heimlichen und/oder offenen Sympathisant*innen, sondern will die kommunizierte und vorgelebte politische Welt- und Selbstdeutung dieser Aktivist*innen ernst nehmen und über deren innere Logik mit ihren ideologischen Zwecksetzungen und Widersprüchen aufklären.

Identitäre Theorie: Universalisierung des völkischen Nationalismus

Zentrales Merkmal identitärer Ideologie ist eine allgemeine wie fundamentale Krisendiagnose, die der modernen Welt und besonders ihren Staaten und Völkern gestellt wird. In der identitären Konstruktion einer misslichen *ethnokulturellen Lage* stehen den Völkern und der Kultur Europas neben den abwertend „Multi-

Kultis", „68er" oder „linksgrüne Eliten" genannten inneren Feinden mit Zerset-
zungsambitionen im kulturellen und politischen ‚Establishment' auch äußere
Feinde mit Unterwerfungsambitionen gegenüber - allen voran aktuell der politische Islam und dessen wirkliche oder potenzielle Anhänger. Identitäre definieren
'Fremde' besonders dann als Bedrohung, wenn diese in größerer, Zahl nicht in
ihrem 'angestammten Kulturraum' und damit Gemeinwesen bleiben, sondern in
Europa leben wollen oder müssen[26]; die Vermischung von Kulturen führt in der
identitären Vorstellung notwendig zu existenziellen wie blutigen Konflikten.
Identitäre werden in der Regel nicht gewalttätig gegen einzelne als nicht-identisch
markierte Personen politisch aktiv, um die Ordnung in der Heimat wiederherzustellen, anders als etwa der NSU. Zwar gibt es durchaus Aktionen von Identitären
bspw. gegen Moscheen (vgl. Zeit Online, 29.08.2016) und verschiedene Mitglieder mit einschlägigen Biographien, aber in der Frage der Restauration ethnokultureller Identität vertrauen Identitäre im Prinzip auf den Staat oder einen Staaten-
bund in einer 'Festung Europa'. Deren Zwecksetzung und die staatlichen Mittel
lokalisieren sie allerdings in den missbräuchlichen Händen der genannten inneren
Feinde, die mitunter auch verschwörungstheoretisch beschuldigt werden, 'schädliche' Fremde zu benutzen, um dem Volk durch Migrationspolitik absichtlich zu
schaden. Die aus identitärer Sicht also vor allem von Innen durch Dekadenz und
in Form einer 'von oben' gegen den eigentlichen Willen des Volkes und der Völker durchgesetzte Bewusstseinsveränderung bedrohte nationale und supranationale Identität soll durch Aktivismus in einen kollektiven Verteidigungsmodus gegen 'verkehrte' Eliten und 'verkehrte' Fremde überführt werden. Identitäre
wollen außerhalb von Parlamenten in der Bevölkerung eine oppositionelle Kultur
der Zustimmung für solche politischen Inhalte und Programmatiken schaffen, die
einerseits durchgesetzten bspw. kultur- und bevölkerungspolitischen Liberalisierungen entgegenwirken und andererseits als 'nicht-identisch' markierte 'Fremde'
ausschließen.

Andreas Reckwitz (2017) schlägt vor, das Prinzip identitären Denkens als „es-
senzialistischen Kulturalismus" zu begreifen, mit dem das Wort „Identität" nach
'ethnokulturellen' Kriterien gedeutet und verwendet wird. In diesem neuartigen
Kulturkampf ist die identitäre Position vor allem gerichtet gegen einen anderen
„Markt- und Selbstverwirklichungskulturalismus" (ebd.), der die spätmoderne

---

26   Umgekehrt haben Identitäre wenig Berührungsängste, die europäische Identität auf dem ame-
      rikanischen Kontinent zu verteidigen, es geht in der identitären Konstruktion letztlich um das
      eigene kulturelle Wesen, welches an sich zwar transportabel und transplantierbar konstruiert
      ist, dessen Herkunft aber gleichzeitig offenbar maßgeblich bleibt. Dafür steht eine auch von
      europäischen Aktivisten (konkret z. B. Martin Sellner) unterstützte amerikanische identitäre
      Gruppe und ihre Selbstdefinition mit kulturrassistischen Anklängen: „Identity Evropa is a
      fraternal organization for people of European heritage". (Identity Evropa 2018)

Öffnung und Pluralisierung von Lebensstilen in der Gegenwartsgesellschaft begleitet. Im essentialistischen Verständnis wird Kultur also „nicht als ein unendliches Spiel der Differenzen auf einem offenen Bewertungsmarkt organisiert, sondern modelliert die Welt in Form eines jeweiligen Antagonismus, eines Antagonismus zwischen Innen und Außen, zwischen ingroup und outgroup, der zugleich ein Dualismus zwischen dem Wertvollen und dem Wertlosen ist." (ebd). Die Identitären sind insofern politische Kämpfer weniger für die Restauration und Verteidigung konkreter Kulturgüter und mehr für die allgemeine Durchsetzung einer allgemeinen Art und Weise, über Kultur nachzudenken, Kultur zu besprechen, mit Kultur politisch umzugehen. In identitärer Theorie übersetzt sich dieser Kulturalismus in einen nach oben und unten offenen völkischen Nationalismus, der auch als supranationalistischer Kulturrassismus mit Bezug auf Europa oder als Regionalismus in Deutschland zum Beispiel mit Bezug auf Bayern oder Württemberg entfaltet werden kann.[27]

Die Identitären sind national als Vereine organisiert, so auch in Deutschland und Österreich. Das identitäre Projekt ist elitär und die Vereine sind personell und strukturell hierarchisch organisiert und zugleich transnational vernetzt. Darüber hinaus gibt es ein Sympathisant*innen- und Multiplikator*innennetzwerk, in dem Mitglieder und Assoziierte verkehren. Identitäre kommunizieren ihre Inhalte und formulieren ihre Ziele und Positionen vor allem online über die offiziellen Webseiten und über Seiten und Mitglieder in Sozialen Netzwerken. Identitärer Aktivismus auf den Straßen, an Häuserfassaden und Denkmälern wird dafür eigens dokumentiert und produziert. Auf der offiziellen Website werden neben einer Beschreibung der Tätigkeiten sechs identitäre politische Forderungen formuliert, die im Verlaufe dieses Artikels noch näher beleuchtet werden.[28] Vorab zu bemerken ist, dass die identitären Forderungen insgesamt nichts bahnbrechend Neues sind,

---

27 Das identitäre Prinzip ist dem rechten Binnenpluralismus gegenüber offen formuliert und scheint grundsätzlich geeignet, verschiedene rechte Strömungen zu einem breiten Bündnis zu verschweißen. Identitäre beziehen sich dabei nicht einfach auf 'von oben' vorgegebene Identitäten und demonstrieren bspw. in der Organisation ihrer lokalen Gruppen eine Distanz zur bundesrepublikanischen Zusammenfassung von 'badischen' und 'würtembergischen' Menschen in einem Land, ebenfalls gab es zumindest eine Zeit lang eine ‚ostfälische' Regionalsektion. Dies ist ein Beispiel für die identitäre Tendenz, die vorgestellte Identität von Staat und Volk zum Volke hin aufzulösen bzw. die vom Staat beanspruchte Identität des Volkes im Namen des Volkes zu kritisieren - man tritt mit einem doppelten Anspruch auf als völkisches Korrektiv für das nationale Kollektiv aus Politik und Volk. Damit ist identitäre Ideologie auch offen für sezessionistische Forderungen.

28 Die Identitären listen auf ihrer Website in der Rubrik „politische Forderungen" den „Erhalt der ethnokulturellen Identität", die „Verteidigung des Eigenen", eine „offene Debatte über Identität", „Remigration", „Hilfe vor Ort" und „Sichere Grenzen" (Identitäre Bewegung Deutschland 2018)

sondern es handelt sich eher um euphemistische Neuformulierungen, Verallge-
meinerungen und Ergänzungen gängiger rechter Standpunkte. Identitär ausgewählte (d.h. 'kulturfremde') Menschen mit Migrationsgeschichte oder deren
Nachkommen sollen zum Beispiel unter dem Titel „Remigration" im großen Stil
in die Weltgegenden verbracht werden, wo sie oder ihre angeblichen oder tatsächlichen Vorfahren einst lebten - eine Forderung, die in jedem Falle ein klassisches
„Ausländer raus" beinhaltet, dessen „zurück" bei den Identitären durch humanistische Anklänge ergänzt wird. Die geforderte „Hilfe vor Ort" dient dabei der
Schaffung von „Bleibeoptionen", durch welche die identitäre Umkehr von
'schädlichen' Migrationsbewegungen nachhaltig sichergestellt werden soll. Identitäre treten kritisch gegen liberalen Kapitalismus und (Kultur-)Imperialismus auf
weil sie daran die Wahrung 'ethnokultureller Identität' als politischen Zweck und
Höchstwert vermissen und im Gegenteil den abstrakt freien Transfer von Menschen und Kulturgütern von einem Kollektiv ins Andere gewissermaßen gleichzeitig als *Verbrechen gegen die Menschlichkeit*, als *Verbrechen gegen das Politische*, und als *Verbrechen des Staates gegen sich selbst* inszenieren. Diese drei
Dimensionen der identitären Moralisierung ergeben sich direkt aus dem identitären Weltbild: Identitäre glauben, dass Menschen ihrer zweiten ('sozialen') Natur
nach ungleich volkszugehörig sind und fordern die Orientierung des Individuums
am Volk, also die Unter- und Einordnung der Einzelnen am Maßstab kollektiv
ererbter und nicht durch künstliche (staatliche) Eingriffe hinzugefügter wesentlicher kollektiver Eigentümlichkeiten. Identitäre treten in diesem Sinne universali-
stisch ein für eine Weltordnung nach völkischen und kulturalistischen Gesichtspunkten, in der Menschen dort in ihrer jeweiligen Rolle ein- und untergeordnet
leben sollen, wo sie mit dem hiesigen Volk und/oder dessen ursprünglicher Kultur
angeblich oder wirklich kulturell identisch und insofern zugehörig sind. Menschen erscheinen als qua Herkunft und Abstammung 'natürliche' Trägersubjekte
des Wesens einer ('ihrer eigenen') regionalen und nationalen Volkszugehörigkeit.
Regionalität kann dabei kleiner oder größer als die Nation als Prinzip der Zugehörigkeit vorgestellt und jedenfalls auch mit einer Rassenkonstruktion ideologisch verknüpft werden. Seiner identitär beschworenen „Heimat - Freiheit - Tradition" gemäß entfaltet sich ein beliebiges Individuum der Gattung Mensch also
natürlicherweise genau dann und nur dann, wenn es sich gemäß dieser Zugehörigkeiten auf der Welt ein- und unterordnet, mit Seinesgleichen zusammenlebt
und die Identität des eigenen Kollektivs gegen dessen innere und äußere Relativierung verteidigt. Wie das Zusammenleben untereinander sein soll, also nach
welchen Prinzipien beispielsweise die Ökonomie organisiert sein soll, ist kein
identitäres Thema im eigentlichen Sinne, sondern nur insofern dies die ethnokulturelle Identität betrifft.

Die Menschen sind aus identitärer Perspektive also nicht bloß ungleich, sondern ungleich unterwürfig und ihren je 'eigenen' Gemeinwesen existenziell verpflichtet, um friedlich leben zu können. Die wirklich praktizierten und/oder zugeschriebenen Eigentümlichkeiten dieser Gemeinwesen bebildern das identitäre Ideal der willens- und interessenunabhängigen Einheit, Balance und Stabilität einer kollektiven Existenz in einer exklusiven Gemeinschaft, die in modernen, politisch abgegrenzten und bewehrten Gebieten (z.b. in Staaten oder in einer intern völkisch-föderalistisch organisierten 'Festung Europa') eigentlich ihren passenden Ausdruck gegen den Rest der Welt finden sollte.

Identitäre glauben, dass kulturelle Unterschiede mit Notwendigkeit zu sozialen Konflikten führen - das ist die andere Seite der Medaille des völkischen Einheitsideals, das in der Forderung nach der gewaltsamen Abgrenzung 'ethnokultureller Kollektive' universalisiert wird. Die heutige (westliche) Welt mit ihren verstärkt seit 1945 nach innen und außen globalisierten Nationalstaaten sowie die zivilgesellschaftliche Wertschätzung von Vielfalt und Pluralismus sind nach identitärer Maßgabe eine existenzielle Bedrohung; sie werden nicht bloß als mangelhaft, sondern als grundlegend verkehrt und unmenschlich beurteilt. Mehr noch, die Einwanderungspolitik in Europa und der Welt wird als von bösem Geist gewollter und langer Hand geplanter „großer Austausch"[29] der 'originalen' *Völker* von Nationalstaaten durch zugewanderte *Bevölkerungen* gedeutet. In dieses Narrativ ergießt sich eine völkische Reflexion auf real existierende Diskursverschiebungen, also z. B. Bemühungen im politischen Diskurs, Deutschland als „Einwanderungsland" zu redefinieren. Die identitäre Deutung ist hier stark verschwörungstheoretisch aufgeladen - es werden ökonomisches Kalkül, kosmopolitische Werte und linke bis antinationale Kritik zu einer unheiligen Allianz verknüpft, die sich gegen die Völker Europas formiert habe.

Ich schlage vor, identitäre politische Ideologie als eine essentialistische Variante des Wertenationalismus (vgl. Thran & Boehnke 2015: 202) zu begreifen. Werte sind demnach die vorgestellte höhere Ordnung abstrakter Prinzipien hinter den moderne Gesellschaften ausmachenden Gesetzen und Praktiken. Ungeachtet der „realen Ausbeutung und Ungleichheit" (Anderson 1991) die in kapitalistischen Gesellschaften existiert, werden alle Bürger als eine Gemeinschaft gleicher Personen begriffen und in Abgrenzung zum Rest der Welt verstanden. Die Gesellschaft erscheint klassenlos und als „kameradschaftlicher Verbund von Gleichen" (ebd.). Die identitäre Konstruktion beansprucht darüber hinaus mit einem völkischen Universalismus, für die Menschennatur das Gesetz erkannt zu haben,

---

29   Der Französische Autor Renaud Camus prägte diesen Begriff in seinem gleichnamigen Buch und gilt als ein Vordenker der gegenwärtigen Ausrichtung des Front National.

dass es wahre Gültigkeit von Werten nur in ‚konkreter' (das heißt hier: 'verwur-zelter') Form geben könne. Aus dieser kulturessentialistischen Perspektive wird also auf der Metaebene zwischen guter und schlechter Politik unterschieden, die aus identitärer Sicht immer auch eine Unterscheidung zwischen gutem und schlechtem (Supra-)Nationalismus ist.[30] Der Erfolg von liberalen oder liberalisierten und zunehmend pluralistischen Nationenkonzepten nach 1945 ist für Identitäre ein Nationalismus gegen das eigentliche Volk. Insofern positionieren Identitäre mit ihrer Ideologie sich im Feld der zeitgenössischen, rivalisierenden Nationalismen, die zentrale Fragen der Zugehörigkeit und Herrschaftslegitimation mit je unterschiedlichen Frames beantworten.

Populistisch sind Identitäre in manchen rhetorischen und ästhetischen Stilfragen und in verschiedenen ideologischen Elementen. Die für den Rechtspopulismus wesentliche Entgegensetzung von Volk und korrupten Eliten sowie fremder Elemente nutzen auch die Identitären, allerdings ist das Volk aus identitärer Sicht in seiner gegenwärtigen Verfassung nicht zu einem einheitlichen Willen fähig und in seinem Zustand auch nicht der positive Gegensatz zur korrupten Elite, wie es in populistischer Rhetorik häufig der Fall ist. Die identitäre Krisendiagnose konstruiert das Volk als von liberalen Eliten misshandeltes, weil signifikanten Teilen seiner ethnokulturellen Identität beraubtes und dadurch also falsch, d.h. multikulturell politisiertes und in der Weltgeschichte wehrlos positioniertes Wesen. Identitäre konstruieren das Volk in ihrem Ideal von Herrschenden und Beherrschten im Gestus *enttäuschter Populisten* deutlich faschistischer, als pure Eigentlichkeit, deren Realität erst durch Erweckung und in Zukunft durch identitären Aktivismus entsteht.[31] In einer tour de raison zum Verhalten der deutschen Bevölkerung während der sogenannten Flüchtlingskrise und zur identitären Mission bringt der identitäre „Ko-Leiter national" aus Österreich, Martin Sellner (2015: 2), dies in der neurechten Zeitschrift Sezession auf den Punkt – mit Bezug auf Götz Kubitschek, einen gegenwärtiger Vordenker der sogen. Neuen Rechten in Deutschland sowie Förderer und Fürsprecher besonders Identitärer Gruppen und deren Vorläufer in Deutschland. Dem deutschen Kollektiv wird ein metapolitischer Missstand attestiert:

---

30   Der identitären Selbstdarstellung, nicht nationalistisch zu sein, wird somit auf begrifflicher Ebene widersprochen, weil als Nationalismus nur dessen nach außen aggressive und abwertende Form erkannt wird, nicht aber das eigene Projekt der Herstellung einer Identität von Volk und Staat durch eine praktische Staatskritik, die vom Völkischen ausgeht.

31   Die identitäre Prognose ist damit eine Ansage an die Bevölkerung, die in einem weiteren Hauptslogan der Aktivist*innen ausgedrückt wird: „Leute, Leute hört gut her, die Zukunft wird identitär!"

Uns muß klar sein: Die „geistige Überfremdung" (Götz Kubitschek) machte erst die „materielle Überfremdung" [gemeint sind hier Menschen und Kulturgüter, sic.] möglich. Wo kein Volksbewußtsein, da kein Lebenswille als Volk, da auch kein Verteidigungswille; kein Festungsgeist, wenn eine Bedrohung erscheint. Dem Konsumkollektiv der Biodeutschen erscheint der Große Austausch notwendigerweise nur als belangloser „Kollateralschaden. (...) Die Lage ist da, aber das Bewußtsein des Volkes entspricht ihr nicht, die „geistige Verschärfung" findet nicht statt. (...) Es bedarf eines Weckrufs. Dieser ist immer die Aufgabe derjenigen, die bereits wach sind. Sie müssen sich in einer „Sezession" vom Bewußtsein des biodeutschen Kollektivs lösen. (...) Zum Erfahren des Volk-Seins und zum Erleben des Schmerzes müssen wir eine neue Sprache finden. Begriffe zum Begreifen des Geschehens, die den tödlichen Rahmen des „PC-Sprechs" [gemeint ist hier die political correctness, sic.] sprengen, ohne sich dabei ins extremistische „Off" zu katapultieren.

In diesem Zitat wird nochmals deutlich, dass die Identitäre Feindschaft sich nicht in erster Linie gegen das Fremde richtet, sondern gegen eine durch Liberalismus verursachte Dekadenz: Gegen diese Dekadenz stellen sich Identitäre mit einem europäischen Netzwerk auf und sind damit etwas wirklich neues: Die Idee einer rechten europäischen Jugendbewegung, die eine vergleichsweise einheitliche theoretische Linie und Ästhetik in eine umfassenden Medienstrategie umsetzt, sich in einem supranationalen Rahmen inhaltlich wechselseitig befruchtet und an gemeinsamen Projekten arbeitet, gab es so noch nicht. Zum einen modernisieren Identitäre mit der konsequenten Verwendung ethnopluralistischer Konzepten den rechten Diskurs: Unter dem Diktum der „ethnokulturellen Identität" kann im Prinzip die ganze Spannbreite rechter Argumente gemacht werden, birgt doch die Verknüpfung kulturalistischer und völkisch-rassistischer Kriterien auch immer die wahlweise Relativierung und Erweiterung des einen durch das andere. Gerade wegen der hohen Abstraktionsebene „ethnokulturelle Identität" enthält identitäre Ideologie einerseits theoretische und rhetorische Kompetenz, um im Rahmen einer Sammelbewegung Sympathisant*innen verschiedener rechter Einstellungen zu einen und zugleich klassische rechte Argumente attraktiv für enttäuschte Konservative zu machen. Gegen Außen hat diese offene und relativistische Formulierung von Identität außerdem die Funktion einer vermeintlichen Immunisierung der Identitären gegen Rassismusvorwürfe. Zugleich und andererseits haben Identitäre aber auch ein Glaubwürdigkeitsproblem im rechten/konservativen Spektrum, das fast zwangsläufig entsteht, wenn man in einer spätmodernen Gesellschaft mit ihren abermals beschleunigten Dynamiken der Globalisierung, Individualisierung und Flexibilisierung, der jüngeren Generation Traditionalismus nahebringen will. Die Identitären stellen sich dem Problem pragmatisch und wählen die umdeutende Kombination aus Anpassung und Provokation: Ein identitärer Aktivist oder eine Aktivistin personifiziert und verkörpert entsprechend der umwertenden Logik des Reframings auch und gerade, dass ‚irgendwie hip und cool', womöglich diffus-subkulturell aussehen nicht gleich links, fortschrittlich und weltoffen sein bedeutet. Identitäre kommunizieren dabei zugleich, dass es nicht so sehr wichtig ist, aus welchem Milieu heraus mögliche Anhänger*innen ihre Zugehörigkeit zum hiesigen Volk identitär entdecken. Der radikal instrumentalistische Zugriff auf Kulturgüter und die selbstbewusst-metapolitische Aneignung von Pop und Mode ist allerdings kein Widerspruch im identitären Denken, weil darin die liberale Moderne ohnehin als Verfallsprozess gedeutet wird, den zu stoppen jedes noch so moderne Mittel recht und billig ist. Allerdings: „die Neue Rechte als einseitigen Modernisierungsprozess zu verstehen, der bloß ins konservative wirken will, würde das konservative Spektrum zu passiven Objekten rechtsextremer Avancen machen. Es ist aber wichtig, den Charakter der Grauzone ‚Neue Rechte' zu erfassen." (Bruns, Glösel & Strobl 2016: 29).

Identitäre Praxis: Metapolitik und Framing

Politisches Haupthandlungsfeld der Identitären ist der Bildungsbereich, das Pressewesen und der allgemeine Kulturbetrieb. Das kulturpolitische Aktionsfeld ergibt sich aus dem innerhalb der Neuen Rechten besonders verbreiteten philosophisch-strategischen Konzept der *Metapolitik*. (vgl. Kellersohn 2017) Das politische Ziel der Identitären ist, eine breite Zustimmung des Volkes für rechte politische Projekte zu mobilisieren. Nach 1945 sah sich die europäische Rechte in der Defensive und bedient sich insbesondere in Reaktion auf zivilgesellschaftliches Engagement durch die sogenannten „neuen sozialen Bewegungen" ausgewählter Kommunikations- und Mobilisierungsstrategien des politischen Gegners, die nach eigener Einschätzung Ursache dessen Erfolgs waren und daher auch an eigene Ziele und Zwecke angepasst werden können. Ideengeschichtlich gehören Identitäre in eine historische Reihe ideologischer Strömungen der sogenannten Neuen Rechten, die den klassischen rechten Theoriekanon nach der militärischen und moralischen Niederlage 1945 modernisierten und sich besonders seit den 1970er Jahren zunehmend auf die symbolpolitische Bedeutung des Jahres 1968 als Feindbild beziehen. Einer der Vordenker der Szene, Alain de Benoist, bringt dieses in der Ausrichtung konstruktive Projekt eines rechten Neuanfangs 1985 in seinem Buch für eine „Kulturrevolution von rechts" auf den Punkt: „Die alte Rechte ist tot. Sie hat es wohl verdient. Sie ist daran zugrunde gegangen, dass sie von ihrem Erbe gelebt hat, von ihren Privilegien, von ihren Erinnerungen. Sie ist daran zugrunde gegangen, dass sie weder Wille noch Ziel hatte." Es seien demnach vor allem ideologische Unzulänglichkeiten und Unglaubwürdigkeiten der 'alten' Rechten, die diese darin lähmten, wie die '68er Bewegung' in der Lage zu sein, dynamisch auf politische Veränderungen zu reagieren. (vgl. Speit 2016: 149ff) Der Mythos um „die 68er" ist eine sehr häufig identitär zitierte Bebilderung des angeblichen Kollektivsubjektes, zu dem sich die inneren Feinde des Volkes und des Westens zusammengeschlossen hätten. Dieses sei mit seinem (kultur-)politischen Einfluss hauptverantwortlich für die 'pathologische' Zustimmung des Volkes zu einschlägigen gesellschafts- und migrationspolitischen Liberalisierungen - von der Ergänzung des staatsbürgerschaftsrechtlichen Prinzips des Abstammungs- oder Blutrechtes (*ius sanguinis*) durch das Territorialprinzip (*ius soli*) über staatliche antifaschistische Erziehung hin zu zivilgesellschaftlichem antirassistischem Engagement, Gender Mainstreaming, der Öffnung der Ehe für homosexuelle Paare, usw. Hinter diesen Entwicklungen werden 'die 68er' als entscheidende schädliche Kraft verortet, um die Identitäre Bewegung wiederum als Verwirklichung eines internationalen '68 von rechts' und als korrektiver und kreativer Gegenpol zur sogenannten Neuen Linken zu inszenieren. Deren Vertreter werden als heimlich oder offen volksfeindliche und damit ungerechte Inhaber der kulturellen Hegemonie im Westen identifiziert, deren Legitimität und Position durch identitäre Umdeutung buchstäblich vernichtet werden sollen. Die identitäre Mission ist die Rekrutierung, Formierung und Etablierung einer neuen Elite von Menschen, die im Diskurs offen oder verdeckt einflussreich sind oder sein wollen, indem sie verbreitete Vorstellungen im sogenannten „Mainstream" völkisch-kulturalistisch entwickeln. Im internen Strategiepapier der Bewegung (IB-Strategiepapier 2016) wird weiter erläutert, wie eine solche neu und straff organisierte Elite nicht bloß „den Mainstream erreichen", sondern auch verändern könne: Unter der Überschrift „Mach sie identitär" wird das Projekt erläutert:

> Wir wollen uns [...] nicht ausschließlich an den Mainstream wenden und dessen Ideen wiedergeben. Wir wollen dessen Meinungen durchsetzen, verschärfen, und polarisieren. Unsere politische Kommunikation muss also knapp an der Grenze bleiben und das 'Overton-Fenster' erweitern, also den Rahmen des im Mainstream Sagbaren. Um das Phänomen zu versinnbildlichen, müssen wir Leute an die Hand nehmen, dorthin 'runtergehen' wo sie gerade stehen, und sie die Treppe 'aufwärts' begleiten zum identitären Verständnis. Wir müssen die Meinungen der schweigenden Mehrheit über den Islam, die Masseneinwanderung, multikulturelle Krawalle usw. analysieren und ausloten. Unsere Parolen müssen sich an diese Meinungen wenden, um sie direkt mit dem identitären Standpunkt zu verknüpfen.

Aus diesen nicht-öffentlichen Ausführungen zur Identitären Zielsetzung ist zum einen klar ersichtlich, dass es gerade nicht um eine „Offene Debatte über Identität" geht, wie sie auf der Website der Identitären als Forderung geschrieben steht. Sondern identitäres Ziel ist es, eine kulturelle Hegemonie zu erringen. Der sogenannte „vorpolitische Raum" ist aus identitärer Sicht kein rein strategischer Ort, sondern die Heimat des Volkswesens, welches einerseits als quasi-natürliche und damit vorpolitische Größe verstanden wird und, andererseits, um den Widerspruch klar herauszustellen, durch identitären Aktivismus politisch mobilisiert werden soll. Identitäre gehen davon aus, dass Menschen natürlicherweise zu Kollektiven gehören, die sich qua Herkunft und Abstammung durch eine ideelle kulturelle Gleichheit und damit verbundene einige politische Weltdeutung und Denkweise ('Mentalität') auszeichnen. Nach identitärer Setzung ist dieser Mentalität im Kern auch die ablehnende Deutung liberaler Politik und Migration in schweigender und insofern vor-identitärer Rohform enthalten. Aber, so die wichtigste identitäre Krisendiagnose: dieses eigentliche Bewusstsein des Volkes ist *identitäres Potenzial mit Verfallserscheinungen*, das durch Zirkulation linker, liberaler und 'fremder' Werte und deren Träger im Gemeinwesen zum Schweigen gebracht und also in seinem Wesen existenziell bedroht sei.

Es gibt im Identitären Weltbild also zwei Arten von Mainstream, die sich gegenüberstehen: Man bezieht sich positiv auf einen ideellen und unsichtbaren (bzw. 'schweigenden') Mainstream und zugleich negativ auf einen wirklichen, sichtbaren Mainstream, den man in der öffentlichen Meinung als Konsens repräsentiert wahrnimmt. Gegen letzteren sind Framing-Strategien ein erklärtes Mittel der identitären Wahl, um zweckmäßig das eigentliche am Mainstream anzusprechen, um diesen identitär ‚in Form' zu bringen. Ein Frame kann als Interpretationsschema begriffen werden, das es Individuen ermöglicht, Vorkommnisse in ihrer Umgebung zu lokalisieren, wahrzunehmen, zu identifizieren und zu benennen. (vgl. Goffmann 1988: 342) Beim Framing geht es um die strategische Herstellung oder Abrufung von ganzen Bedeutungszusammenhängen, die ein ideologisches Schema zur Einordnung von Informationen und Sinnstiftung bereitstellen. Die Metapher des Rahmens verdeutlicht den Anspruch des Framings: es geht um die Schaffung eines Deutungsraums, der so beschaffen ist, dass die Perspektive auf Dinge jenseits davon eingeschränkt wird und innerhalb dessen bestimmte Dinge moralisch gewertet ins Blickfeld und Zentrum der Aufmerksamkeit gerückt werden. Eine Framing-Strategie bedeutet eine möglichst effiziente weil konsistente Konstruktion und Kommunikation von Bedeutungen auf verschiedenen Ebenen, wie im Folgenden nach einem kurzen Exkurs zum Thema Framing-Analyse als wissenschaftliche Methode an verschiedenen Beispielen identitärer Kommunikation gezeigt wird.

Als wissenschaftliche Methode wurde die Framing-Analyse während des sogenannten 'cognitive turns' den 1970er Jahren entwickelt um besser zu erklären, warum bestimmte Themen, Klagen über Missstände und politische Forderungen im Fokus der Öffentlichkeit stehen und andere nicht. Framing Theorie ist als Analysetool nützlich, um diskursive Praktiken von bestimmten Akteuren in einem Kampf (*struggle*) um die Produktion (gegen-)mobilisierender Ideen und Bedeutungen zu untersuchen. (vgl. Benford & Snow 2000: 613) Die Forschung um das Thema Framing macht kognitive Mechanismen bzw. Denkweisen zum Gegenstand, durch die Prozesse um die Auseinandersetzung mit Weltdeutungen so oder anders weitergehen. Besonders auffallend waren und sind Framingstrategien in den sogenannten „neuen sozialen Bewegungen" die sich um geteilte Ziele (z.B. Frieden, Atomausstieg, Feminismus, Umwelt) zu Gemeinschaften formierten und deren Mitwirkende dabei zunehmend als ‚signifying agents' begriffen werden können. Es geht also bei der Analyse von Framing eigentlich darum, zu begreifen wie eine breite Masse von Akteur*innen nicht passiv an einer Bewegung teilhat, sondern selbst an der Interpretation von Missständen mitwirkt und diese kommuniziert. Die Analyse von Framing legt den analytischen Fokus darauf, wie Ideen, Kultur und Ideologie benutzt, interpretiert und zu Zusammenhängen geformt werden um bestimmte politische Ziele zu verwirklichen. Mit dieser bewussten 'signifying work' der Akteure in sozialen Bewegungen wird politische Identität geschaffen und zur Handlung motiviert, indem Ereignisse, Erfahrungen und Ideologiestränge zu einer in der Zeit kollektiv und prozesshaft konstruierten Bedeutungseinheit – dem Frame – verknüpft werden. (vgl. Lindekilde 2014: 195f) Framing ist Massenkommunikation, es geht um die Mobilisierung von vielen Menschen für oder gegen eine bestimmte Sache, etwas soll gemacht, ein Problem gelöst werden. Zu Analysezwecken lässt sich ein solcher kommunikativer Mobilisierungsprozess in drei Kernelemente aufteilen: Ein jedes „collective action Framing" erfüllt nach Benford/Snow (1988) drei Kernaufgaben (Tasks), die erstens ein Problem identifizieren (diagnostic framing), zweitens eine Lösung im Sinne einer Prognose (prognostic framing) beinhalten und drittens das Problem moralisierend präsentieren um die Grundlage für kollektive Aktionen zu schaffen (motivational framing).

Die Identitären Aktivisten betreiben und bewerben Framing ganz offen und bewusst als überlegene Veränderungs- und Mobilisierungsstrategie; sie inszenieren sich insofern als rechte Intellektuelle mit besonderer Einsicht in die Mechanismen der Massenkommunikation. In einem 'identitären Leitfaden' mit dem Titel „Mit Linken Leben" diagnostizieren Martin Lichtmesz und Caroline Sommerfeld (2017: 65ff) in diesem Sinne „Linkssein als Normalfall" und weiter als kulturelle Hegemonie „durchdringende[r] Herrschaft von Ideen, die ihren Trägern kaum mehr bewusst ist" (ebd. 67). In einer sich defensiv gebenden Rhetorik werden Framing-Strategien als wirkungsvolle und umstürzlerische Antwort gegen hegemonial eingesetzte „Nazikeulen" und „Rassismusvorwürfe" empfohlen:

> „Hier ist Reframing, nicht Rechtfertigung, die Gegenstrategie: umdeuten, neu definieren, Voraussetzungen kappen. X hat den negativen Frame: 'Du willst dich abschotten und andere Menschen ausgrenzen!' Y wendet dies ins positive und sagt: „Ich möchte meine Kultur bewahren und in meinem Land in Sicherheit leben. Ich 'schotte' mich auch nicht ab, wenn ich mein Haus abschließe und nicht jeden hineinlasse.'" (ebd. 213)

In diesem Beispiel wird die identitäre Praxis auf den Punkt gebracht: Es geht um die Verschiebung von Bedeutungen im Diskurs mittels einer alternativen Moralisierung hin zur Betonung völkischer Maßstäbe als eigentliche Selbstverständlichkeiten, die in das vorteilhafte Licht verbreiteter Überzeugungen des 'gesunden Menschenverstandes' gerückt werden, beispielsweise dass man ein Haus abschließen müsse. Warum das notwendig sein soll oder zumindest in weiten Teilen unserer Gesellschaft verbreitet und ein Gemeinplatz ist, wird nicht erklärt.

Solche ideologisch leistungsstarken aber theoretisch fragwürdigen politischen Vergleiche eines Hauses mit einem Land und eines Individuums mit einem Kollektiv werden dabei nicht von Identitären erfunden, sondern im Diskurs vorgefunden. Die Herstellung einer Verbindung zwischen Identitärem Denken und 'Mainstream' soll über geteilte Analogien und insbesondere konzeptuelle Metaphern funktionieren. Es werden also gerade nicht, wie im Zitat behauptet, Voraussetzungen einfach gekappt, es wird ja an die zitierten Allgemeinplätze angeknüpft. Sondern vom identitären Standpunkt werden in einer Moralisierung mit Vorzeichenwechsel unpassende Voraussetzungskonstruktionen ganz schlicht durch passende ersetzt.

Das besprochene identitäre Buch ist bereits in Titel und Cover ein Beispiel für identitäres Reframing insofern es einerseits eine Reaktion auf Per Leos, Maximilian Steinbeis' und Pascal Zorns (2017) „Mit Rechten Reden" ist und dem Projekt „Dialog" eine klare und prinzipielle Absage erteilt. Die identitären Philosophen Lichtmesz und Sommerfeld (2017: 12) raten gerade nicht zu einer inhaltlichen Auseinandersetzung mit dem politischen Gegner, sondern zur effektiveren rhetorischen Durchsetzung der eigenen Position: „Wer sich in den Deutungsrahmen und die Begrifflichkeiten des Gegners hineinziehen lässt, schwächt seine Position, akzeptiert falsche Voraussetzungen" - ein Verständnis der anderen Positionen und eine womöglich inhaltliche Kritik des Gegners ist gar nicht vorgesehen, hier geht es um die Bekämpfung des inneren Feindes. Das Coverbild ist ein Beispiel für identitäres Reframing auf verschiedenen Ebenen; durch die Positionierung und Inszenierung der Autoren vor einer mit Graffiti überzogenen Hauswand wird eine linke Ästhetik und Parole („No Border") als rechte Klarstellung über Linkssein („No Order") neu gerahmt.

Das identitäre Spiel mit der subkulturellen und 'links' anmutenden Ästhetik und Mode soll den politischen Gegner ärgern und geläufige und gepflegte Dimensionen politischer Selbstvergewisserung durcheinanderbringen. Identitäre Ambition ist in diesem Sinne eine rechte Subversion der ästhetischen und stilistischen Repräsentationen einer vorgestellten oder wirklichen Gemeinschaft von kreativen Menschen, die sich 'irgendwo' politisch links, fortschrittlich, und/oder liberal verorten und solche Werte z.B. mit Kleidung, Ansteckern oder bedruckten Taschen bewusst oder unbewusst kommunizieren.

Die identitäre Hoffnung auf das politische Framing als Erfolgsweg wird gefestigt durch die im wissenschaftlichen Feld verbreitete Argumentation, Frames würden Menschen zu Entscheidungen nicht bloß anregen, sondern regelrecht treiben, unabhängig davon ob diese den Inhalt teilten oder wollten. Elisabeth Wehling (2017: 22) erklärt in diesem Sinne: Es ist „egal, ob man an diese Geschichten glaubt oder nicht, sagt die Framing-Theorie. Entscheidend ist nur, wie oft wir davon hören." Dieser schwache Determinismus der Framing-Theorie macht den Reiz solcher Methoden unter politischen Strategen verschiedenster Couleur aus, trifft im identitären Fall aber auf besonders ideologische Begeisterung. Identitäre gehen erstens stark essentialistisch davon aus, dass Individuen als determinierte Teile 'ethnokultureller' Kollektive ganz natürlich ihre Identität als Deutungsrahmen durch die Weltgeschichte tragen, der durch identitäre Botschaften lediglich aktiviert, aber gar nicht inhaltlich neu geschaffen werden muss. Das Internet ist zweitens für die von der Framing-Theorie gestützte Maxime 'viel hilft viel' weiterhin der dankbarste, weil rein digitale ‚Ort' der Massenkommunikation, an dem es - insbesondere für junge Menschen - selbstverständlich ist, kulturelle Inhalte wie Memes, Bilder, Videos mit niedrigschwellig zugänglichen Produktionsmitteln massenhaft zu schaffen, zu verändern, zu reproduzieren und zu teilen und damit auch Politik zu machen. In der identitären Vorstellung ist das Ziel erreicht, wenn eigene Frames viral gehen, sich also 'wie von selbst' von Nutzer zu Nutzer verbreiten.

Zwar gibt man sich von identitärer Seite ideologisch siegesgewiss, ob und warum Viralität von Framings gelingt, liegt aber nur bedingt in identitärer Hand. Auch Framing ist kein Kommunikationsmittel mit Erfolgsgarantie, Frames werden von einem aktiven Publikum rezipiert und können ggfs. auch anders als gedacht interpretiert werden und kontraproduktiv wirken.[32] Es ergeben sich weiterhin erkenntnistheoretische Probleme, wenn man Ausführungen etwa über den „Mythos des rationalen Menschen" (Wehling 2016: 47) so interpretiert als wären Wille und Bewusstsein einzelner überhaupt nicht mehr entscheidend, sondern nur Frames. Zwar entscheiden Menschen durchaus nicht immer alles oder nur ganz wenig rational, aber wenn wir annehmen, dass Entscheidungen ganz allgemein durch die Frames fällig werden, die wir vorher mehr oder weniger zufällig wahrnehmen, dann könnten auch in dieser oder anderen wissenschaftlichen Arbeiten zum Thema bloß zufällige Frames über Frames verbreitet werden, weil kein Zugang zum Objekt mehr bestünde.

Snow/Bedford (2000: 619) differenzieren die Erfolgsbedingungen von Framing als funktionalen Zusammenhang dreier Faktoren, nämlich der Konsistenz des Framings (1), der empirischen Glaubwürdigkeit des Materials (2), sowie der

---

32 Die lokalen Identitären von der „Kontrakultur Halle" versuchten beispielsweise in sozialen Netzwerken einen 'Shitstorm' gegen ein Lokal zu initiieren, das vom Hausrecht gegen Identitäre Gebrauch gemacht hatte - das Identitäre Framing der Kneipe mittels schlechter Bewertungen und Kommentare in sozialen Netzwerken schlug fehl und wurde mit positiven Reaktionen, solidarischen Kommentaren und positiven Bewertungen aus der Öffentlichkeit überstimmt - die identitäre Aktion gerat zu guter Publicity für die Gegenseite. (vgl. Gürtler / Fötsch 2018)

Glaubwürdigkeit derer, die Frames artikulieren und Ansprüche stellen (3). Identitäre bemühen sich, auf all diesen Ebenen organisiert und methodisch erfolgreich zu sein: Die Konsistenz und Einheitlichkeit des Framings soll in erster Linie durch hierarchische Struktur und Kontrolle der politischen Inhalte gewährleistet werden. Identitärer Aktivismus folgt insofern bisher eher der organisationalen Logik einer Nichtregierungsorganisation, die darum bemüht ist, wesentlichen Merkmalen einer sozialen Bewegung zu entsprechen. Die Identitären bezeichnen sich auch als „patriotisches Greenpeace". So wird im Strategiepapier angemahnt, Aktivisten sollten vor allem „die Standard-Flugblätter benutzen" und bei Eigenkreationen „den Zuständigen der national Leitung erstmals rüberschauen lassen". Zu den Bemühungen der hierarchischen Herstellung von Konsistenz kommen Angebote und Anreize für einen kulturpolitischen Lebensstil, dessen Praxis bspw. durch die Bewerbung und den Vertrieb identitärer Fassungen von Mode, Schmuck und Bier vorangetrieben werden, aber auch mit der Schaffung eines eigenen, für Smartphones und Tablets konzipierten sozialen Netzwerks ('Patriot Peer'), um zugleich moderne technische Voraussetzungen für eine breite Beteiligung zu schaffen und den Anschein einer solchen, eines großen Identitären Netzwerkes zu erwecken. Identitäre bemühen sich um empirische Glaubwürdigkeit und versuchen, vergleichsweise viel mit weithin anerkannten Fakten zu argumentieren. In einer Kritik der „Naivität" des eigenen politischen Lagers fordert der Identitäre Sprecher Martin Sellner (2016) zu einer differenzierteren Prüfung von Fakten insbesondere in digitalen Umwelten (Filterblasen) auf. 'Patrioten' sollten entsprechend nicht alle Nachrichten aus dem patriotischen Lager glauben, sowie gleichzeitig nicht nichts glauben, was die „Mainstream-Medien" verbreiteten. Identitäre Argumente konstruieren oder implizieren zugleich Dinge, die keine empirisch-objektiv bestimmbaren Gegenstände sind - das zentrale identitäre Konstrukt der 'ethnokulturelle Identität' ist so ein Diktum. Die mangelnde Glaubwürdigkeit der Aktivist*innen ist weniger ein Problem für die politische Bildung. Die Identitäre Selbstinszenierung als an Dialog und Auseinandersetzung interessierte, Gewalt ablehnende Gruppe von metapolitischen Geisteskrieger*innen ist erstens widersprüchlich und zweitens nicht authentisch. Identitäre bereiten sich auf die physisch-gewaltsame Auseinandersetzung mit dem politischen Gegner vor und traten in der Hinsicht besonders einschlägig in einem bewaffneten Angriff gegen eine Zivilstreife der Polizei in Erscheinung, die von Aktivisten in Halle für politische Gegner gehalten und in der Nähe des identitären Hausprojekts zum Ziel identitärer Gewalt wurde. (vgl. Schuhmann / Müller-Lorey 2017)

Identitäres Framing - Ansätze und Entwicklungen

Der ästhetisierende Auftritt der Identitären entspricht einer expliziter politischen Umdeutung eines Kernbegriffs über das Soziale. Der Name „Identitäre Bewegung" ist in diesem Sinne nicht bloß ein Verwirrspiel, in dem die wenigen Aktivisten zur Bewegung stilisiert werden, sondern ein strategisches Reframing der geläufigen politischen Bedeutung des Wortes „Identität". Die Kategorie „identitär" funktioniert insofern als Kampfbegriff. Die in Ästhetik und Proteststrategie an den mittlerweile klassisch gewordenen 'neuen sozialen Bewegungen' orientierten Identitären bieten eine Alternative zur gewohnten, auf rechtlich und/oder materiell benachteiligte Gruppen gerichtete egalitäre Identitätspolitik und melden stattdessen Ansprüche im Namen ganzer Gemeinwesen bzw. deren konstruierter 'ethnokultureller Identität' an. Der wesentliche Unterschied von egalitärer Identitätspolitik und identitärer Politik ist allerdings einfach zu benennen: Die völkisch und kulturalistisch definierte Identität wird gerade nicht als Mittel zum Zweck der Durchsetzung bestimmter materieller Interessen (z. B. von höheren Löhnen und besseren Arbeitsbedingungen für Frauen, oder die rechtlich-politische Anerkennung von Minderheiten) benutzt, sondern tritt als im Staat unmittelbar zu verwirklichendes Allgemeininteresse, Selbstzweck und existenzieller Höchstwert des Politischen in Erscheinung, dem alle anderen sozialen Identitäten, Interessen und Rollen (z.B. 'Frau', 'Mann', 'Arbeitnehmer*in', 'Homosexuelle*r', 'Politiker*in', Soldat*in', usw.) in der Totalität der Abstraktion radikal untergeordnet werden.

In ihrer Analyse von Identitärem Framing kamen Gudrun Hentges, Gürcan Kökgiran und Kristina Nottbohm 2014 zu dem Schluss, dass die von französischen Identitären in den Diskurs gespeiste „Kriegserklärung an die 68er"[33] als feindliches inneres Kollektivsubjektals „master frame" (16) verstanden werden kann, als „Ausdruck einer gemeinsamen Interpretation des Problems, verursacht durch die links-liberalen Politiker der 68er-Generation und den Multikulturalismus" (16). Dieses Ergebnis kann im Grundsatz, also in der Diagnose des Problems und der Moralisierung der 'Schuldigen' als Feinde bestätigt werden. Die

---

33   Multikulti - Eine Kriegserklärung von der französischen Jugend. Youtube Video. veröffentlicht von Nutzer "Identitas" am 11.12.2012. Via https://www.youtube.com/watch ?v=hBM3Hk7wGP4 [Abfrage am 03.09.2018]

deutschsprachige Adaption des Werbevideos34 übernimmt die zentrale Feind-
schaft- und Identitätsbestimmung („Multi-Kulti-Elite" vs. „Jugend ohne Migrationshintergrund"), entscheidende Akzente im Deutungsrahmen werden aber anders gesetzt. Der Begriff „Kriegserklärung" als Beschreibung des eigenen
Projektes ist heute nicht (mehr) Teil der deutschsprachig-identitären Wortwahl
und Programmatik. Zwar wurde das französische Framing von Markus Villiger
(2013) ins Deutsche übersetzt und veröffentlicht und sein identitäres Buch trägt
die „Kriegserklärung" auch bereits im Titel. Der Text wird allerdings heute von
den einschlägigen Kanälen und Läden der deutschsprachigen Identitären weder
beworben noch vertrieben und der Begriff ist auch nicht Teil des identitären For-
derungskatalogs im deutschsprachigen Raum. Hier nutzt man die „Konservative
Revolution als Vorbild" (Bruns u. A. 2016: 40) und bezieht sich positiv auf die
paradoxe Argumentationsfigur und philosophisch-politische Strömung der Weimarer Rechten. Diese warben für eine Revolution nicht um etwas Neues zu ermöglichen, sondern um etwas vermeintlich Altes gegen Bedrohungen der modernen Welt zu verewigen und bestellten damit mindestens den ideologischen Boden
des Faschismus, wenn nicht Vertreter dieser Denke – wie ganz prominent Carl
Schmitt – in den Kreis der Führungsfiguren im dritten Reich aufstiegen.

Die Entmenschlichung von Fremdgruppen, zum Beispiel von Geflüchteten,
war im öffentlichen Diskurs auch vor dem allgemeinen Erstarken des Rechtspopulismus kein Tabu. Die metaphorische Identifikation von Flüchtlingen als „Wel-
len", „Flut", „Strom", usw. beinhaltet Bedrohungsszenarien des 'eigenen Unter-
gangs', die in der zugehörigen Bedeutungskonstruktion im Rahmen des
Denkbaren sind, vermeintlich auf der Hand liegen. Identitäre übernehmen und
spitzen solche Frames weiter zu, auffällig aber ist insbesondere das entmenschli-
chende Framing der Eigengruppe: Elisabeth Wehling (2017: 21) hebt das Narrativ
vom „großen Austausch" in diesem Kontext besonders hervor: „In dem wir also
sagen: ‚Die Deutschen sollen ausgerottet werden', assoziieren wir ganz automatisch einen Frame, der die Deutschen als niedere Kreaturen, ... als Tiere begreif-
bar macht, also entmenschlicht." Der sich so öffnende Deutungsraum der Entmenschlichung ist auf den ersten Blick ambivalent; es kommt schließlich darauf
an wie man zum Deutschen steht, ob man emphatisch entlang der Kategorie
"Schutzbedürftige" oder angewidert entlang der Kategorie „Ungeziefer" denkt.
An diese Bilderwelt knüpfen Identitäre an und positionieren das Volk mit der
Kategorie „Ausrottung" jedenfalls als willenlos ausgeliefertes und nicht sprech-

---

34   Zukunft für Europa - Identitäre Bewegung. YouTube Video. veröffentlicht vom Nutzer
      "Identitäre Bewegung Deutschland" am 21.01.2016. [Abfrage am 03.09.2018]

fähiges Objekt im existenziellen Antagonismus zur eigenen Regierung. Sie verlassen sich zudem auf den hierzulande 1945 durch die Alliierten initiierten gesellschaftlichen Konsens, dass die Ausrottung bestimmter Menschengruppen durch deutsche und andere Regierungen nicht mit den Menschenrechten vereinbar ist und nie wieder geschehen möge. An diesen Konsens wird positiv angeknüpft, allerdings mit umgekehrten Vorzeichen - der deutschen Regierung wird von identitärer Seite „Ethnomasochismus" vorgeworfen, also die Ausrottung des eigenen Volkes durch gezielte 'Überfremdung' und 'Propaganda'.

Diese Konstruktion der Eigengruppe als schwach und schutzbedürftig zieht sich durch die identitäre Programmatik, Performance und Inszenierung. Identitäre definieren beispielsweise ihre Zielgruppe und sich selbst im internen Strategiepapier in einer Anweisung an die Mitglieder, politische Inhalte mit einer angemessenen Ausstrahlung zu verkörpern: „Da du ein 'lebendiges Flugblatt' bist, müssen dein Aussehen, dein Lächeln und deine Höflichkeit die Menschen verführen. Unser natürliches Publikum - junge europäische Männer - sucht eine Gemeinschaft, die ihnen Schutz bietet. Sag 'Servus', 'Tschüss' usw., wie man das höflich tut." In dieser Konstruktion wird Höflichkeit nicht rein als Mittel zum identitären Zweck gesehen, sondern mit geschlechtlichen und ethno-regionalen Repräsentationen gearbeitet, um eine 'natürliche' Verbindung der Identitären untereinander und zur gemeinsamen politischen Überzeugung zu suggerieren. Man inszeniert sich selbstbewusst als schutzbedürftige und alleingelassene Gemeinschaftssucher, die an einem allgemeinen Mangel an etablierten, aber nicht begründbaren 'wie man das tut'-gelebten Werten leiden. So wird auch ein verbreitetes Argument gegen Rechte positiv angeeignet, dass nämlich deren Anhänger vor allem auf der Suche nach „Anschluss", d.h. Gruppenzugehörigkeit und Gemeinschaftsgefühl seien. Identitäre liefern selbstbewusst eine Begründung für die Schwierigkeiten, die Menschen dabei häufig haben. Die gelebte identitäre Gemeinschaft soll also nicht bloß Kompensation dieses Mangels leisten, sondern junge europäische Männer sollen am Maßstab der identitären Idealisierung als eigentlich wehrhafte Patrioten aktiviert und zu lebenden Verwirklichungen ihrer Volkskonstruktion werden.[35] Die Identitären konzipieren sich so selbst als abwehrbereites, männliches, handlungsfähiges, wirksames und heroisches Vorbild. Die neurechte Mission der indirekten Einflussnahme auf politische Entscheidungen in Form einer Veränderung von gesellschaftlichen Diskursen auf allen Ebenen bringt so den elitären Idealtyp eines identitären Aktivisten oder einer Aktivistin hervor: Jung,

---

35   Eva Grigori und Jerome Trebing analysieren in diesem Band den affirmativen Zugriff von Rechts auf Strategien von Offener Jugendarbeit und Sozialer Arbeit am Beispiel der Gruppen „Identitäre Bewegung" und „Kontrakultur".

theoretisch-politisch gebildet, rhetorisch gewandt und kreativ, höflich und kompetent im Umgang mit Menschen und Medien, 'gut' europäisch aussehend oder zumindest entsprechend modisch gekleidet.

Die identitäre Kritik am Staat als völkisches Reframing nationaler Identität

Zum Schluss soll das identitäre Reframing von nationaler Identität am Beispiel zweier Grundsatzthemen in modernen Nationalstaaten näher analysiert werden, nämlich der Differenz zwischen Innen und Außen, sowie der Herrschaftsform Demokratie. Der bereits oberflächlich zitierte offizielle Forderungskatalog von der Webseite der deutschen Identitären beginnt mit einer Forderung zur völkischen Revision und Anpassung eines Kernelements moderner Nationalstaaten, der Verfassung:

> Wir wollen den Erhalt der ethnokulturellen Identität im Grundgesetz verankern. Dies sehen wir als eine der Voraussetzungen für die in unserer Verfassung festgeschriebenen staatlichen Prinzipien; denn Demokratie, Rechts- und Sozialstaat sind im Rahmen des Nationalstaates entstanden und können nur durch diesen garantiert werden. Unsere Forderung muss also nicht von außen hinzugefügt werden, sondern erklärt lediglich genauer, was eigentlich im Grundgesetz steht.

Der erste Satz dieses Zitats ist eine politische Willenserklärung, die näher als ethnokulturell definierte Identität als Prinzip in eine Rechtsform und damit als Maßstab staatlichen Handelns festzuschreiben. Diese Identität wird weiterhin als Voraussetzung der Geltung staatlicher Prinzipien überhaupt besprochen und als Maßstab an das Politische herangetragen. Das Prinzip der ‚ethnokulturellen Identität' als Ausgangspunkt der identitären Kritik an der staatlichen Verfassung setzt sich in die implizite Diagnose einer existenziellen Staatskrise fort. Die Krisendiagnose im identitären Frame besagt, dass der Staat sich nämlich gerade nicht um die Bedingung der Geltung seiner Prinzipien kümmert, nämlich um den Erhalt der „ethnokulturellen Identität" seines „Staatsvolkes", wie es im Folgenden heißt. Dort wird weiter erklärt, dass Volkes Bestimmung als „Kultur-, Abstammungs- und Solidargemeinschaft" zu „der Zeit als unser Grundgesetz beschlossen wurde" „vollkommen selbstverständlich" gewesen sei. Ungeachtet der Frage, ob in der Zeit nach dem katastrophalen Scheitern der nationalen Sache im erfolglosen Faschismus, dem Einmarsch der Alliierten und der Aufteilung Deutschland die Zugehörigkeit zum 'deutschen Volk' wirklich selbstverständlich war, ist diese Behauptung der Ausdruck einer besonderen nationalistischen Vorstellung, in der das Volk einerseits als vorstaatliche, vorpolitische (hier: „ethnokulturelle") und in einer gemeinsamen Moral vereinte Größe vorkommt, die die Prinzipien moderner Staatlichkeit bereits substanziell in sich trägt. Diese Konstruktion ist vom harten Widerspruch der identitären Konstruktion gezeichnet: Diese vorstaatlich vorliegende Entität verwirklicht paradoxerweise einerseits ausgehend von einer abstrakten überhistorischen und dabei vom individuellen Willen unabhängigen Gleichheit in „ethnokultureller Identität" und „Kontinuität" sich selbst im Staat, während sie andererseits durch den Staat erst hergestellt werden muss und sogar ausdrücklich soll, wofür die zitierte identitäre Willenserklärung samt politischen Forderungen selbst ein schlagendes Beispiel ist. Kernelement der identitären Botschaft ist hier die Aneignung und paradoxe Umdeutung eines Kernbegriffs liberal-demokratischer Volkskonstruktionen: das „Staatsvolk" ist im identitären Verständnis nicht *vom* Staat, sondern *zum* Staat bestimmt.

Der zentrale Widerspruch einer ‚sozialen Volksnatur', die zugleich im Wesen unveränderlich behauptet wird, aber dabei offenbar nicht – wie die echte Natur – von sich aus existenzfähig ist, sondern einen Staat braucht, setzt sich durch die gesamte identitäre Konstruktion fort. Der Idealismus der Identitären reflektiert insofern erstens auf Herrschafts- und Machtverhältnisse, die beispielsweise in der Vergabe von Staatsangehörigkeiten an Menschen Gegenstand sind und wird zweitens ausgedrückt in der Vermisstenanzeige echter Legitimation von Herrschaft im Form einer „Verankerung" und also grundsätzlichen Durchsetzung ‚ethnokultureller' Prinzipien im Nationalstaat als singuläre Quelle politischer Legitimität. Gegenstand identitärer Sorge ist die Kluft zwischen eigenem ethnokulturellem Legitimitätsideal und der Realität der politisch eingerichteten Einwanderungsgesellschaft, aus deren Verfassung nach 1945 explizit völkische Kriterien teilweise oder ganz entfernt wurden. Die identitäre Kernforderung wird insofern als Reaktion vorgetragen, die sich zum einen positiv auf die Verfassung, nicht aber auf das bestehende Volk bezieht. Im Rahmen dieser nationalistischen Deutung wird so auch geschlossen, dass etwas im Grundgesetz eigentlich, wenn auch nicht dem Buchstaben nach, enthalten sei.

An einem zweiten Zitat zum Thema Demokratie kann die identitäre Strategie des ideologischen Reframings weiter verdeutlicht werden, sowie auch die zugrundeliegende Modernisierung rechter Argumente. Hier antwortet der Identitäre Martin Sellner in einem Youtube-Video auf Aydan Özoğuz (ehemals SPD-Beauftragte für Flüchtlinge und Integration), die für ein pluralistisches Nationenkonzept eintritt und Integration von Menschen mit anderer Abstammung als der deutschen für möglich und machbar hält:

> Demokratie funktioniert nur im Rahmen einer Gemeinschaft, die ein so starkes wir-Gefühl hat, dass sie auch innere Meinungsverschiedenheiten aushält und dieses Wir braucht ein Gefühl von Gleichheit und Zusammengehörigkeit, wie in einer Familie. Dafür braucht es aber, und das ist der Denkfehler (...), eine substanzielle Gleichheit. Reine Formeln, reine abstrakte Werte reichen nicht aus, um dieses Wir-Gefühl aufzubauen, in dem diese abstrakten Formeln einzig und allein funktionieren können. Es braucht ein gemeinsames Wesen, es braucht eine Gleichheit in Bezug auf eine bestimmte Kultur, Sprache, eine gemeinsame Erzählung, kurz eine gemeinsame Kultur. (3:25)

Hier handelt es sich um ein Reframing des Demokratiebegriffs, das derselben Logik folgt wie das vorherige Beispiel - ohne 'ethnokulturelle Gleichheit ist nach identitärer Vorstellung nichts Demokratisches möglich. Hier wird das Gefühl einer „wie in einer Familie" ererbten ethnokulturellen Gleichheit der Menschen angesprochen als notwendiger Bedingung für etwas, das allgemein für gut befunden wird - Demokratie. Auf diese Allgemeinheit bezieht Sellner sich positiv, um sie im nächsten Schritt sofort wieder zu relativieren, es folgt ein Angriff auf den Universalismus demokratischer Prinzipien: „reine Formeln, reine abstrakte Werte" sollen dazu gerade nicht „reichen", sondern in ihrer Konkretion auf etwas anderes, nämlich auf ein verwurzeltes Wesen angewiesen sein, im Rahmen dessen sie angeblich nur gelten könnten. Hier wird nochmals der essentialistische Kulturalismus offenbar: im identitären Szenario würden Konflikte nämlich auch dann entstehen, wenn alle Menschen sich wirklich an die gleichen Prinzipien hielten - nicht weil sie durch diese Prinzipien gegensätzlich, zum Beispiel als Konkurrent*innen aufeinander bezogen werden, sondern weil sie als Einzelne gemäß ihrer vorgestellten zweiten Natur als tendenziell loyal gegenüber ihren Gemeinwesen und tendenziell illoyal Fremden gegenüber bestimmt werden. Ausgangspunkt der identitären Argumentation sind an dieser Stelle moderne Gesellschaften mit ihren vielfältigen und demokratisch vermittelten Gegensätzen. Von diesem Gesichtspunkt erscheinen nicht-ethnokulturell identische Menschen als basale Störung dieser vorgestellten Harmonie der Gegensätze. Der normative Gehalt von ‚verwurzelten Werten' ist aus identitärer Sicht also weniger relevant als deren konstruierte ‚Verwurzelung' für die Möglichkeit gesellschaftlichen Funktionierens.

Mit diesem Argument verabschiedet sich der identitäre Sprecher aber auch von einer alten völkischen Harmonievorstellung und relativiert das rechte Heilsversprechen, nach der die inneren Widersprüche des Volkes (ökonomische Klassen, politische Oppositionen, usw.) mit Herstellung der kulturellen Homogenität ohne schädliche Folgen blieben. Identitäre geben sich an dieser Stelle realistisch: Von strukturellen Gegensätzen wird gerade nicht total abstrahiert, sondern diese werden als sachliche Gegebenheiten vorausgesetzt, die demokratisch verwaltbar nur unter den Bedingungen ‚ethnokultureller Gleichheit' sein sollen. Die autoritäre Herstellung völkischer Homogenität gegen innere kulturell begründete Widerstände und Ungleichheiten wird so als demokratisches Vorgehen gedeutet.

Fazit

Mit den Identitären hat eine politische Gruppe die politische Bildfläche betreten, deren Analyse für die Politische Bildung relevant ist - nicht um den Dialog mit Identitären zu suchen, sondern um Aufklärungsarbeit über die Inhalte dieser rechten Kulturkämpfer und ihre Strategien zu leisten. Ob und wie lange die Aktivist*innen als politische Gruppe Erfolg haben und relevant bleiben, ist dabei nicht so entscheidend. Wichtig ist es, das Phänomen als einen Versuch der historischen Umsetzung neuer rechter metapolitischer Prinzipien und Strategien zu verstehen, nicht als völlig neuartigen Einzelfall.[36] Der identitäre Fokus liegt auf der Konstruktion einer Wirklichkeit durch die Umdeutung und Zuspitzung von weithin akzeptierten, aber dadurch nicht weniger ideologischen 'Fakten', die zum Beispiel als banaler Alltagsnationalismus (vgl. Billig 1995) institutionell (re-)produziert werden oder als „Gruppenbezogene Menschenfeindlichkeit" in der Gesellschaft wirklich vorliegen und als Erfolgsbedingung und Anknüpfungspunkt für identitäre Bedeutungskonstruktionen fungieren. Neben der Auseinandersetzung mit diesen Bedingungen kann die Thematisierung und Besprechung von identitären Mobilisierungsstrategien sinnvoll sein. Die große Aufmerksamkeit, welche die Identitären im öffentlichen Diskurs genießen, kann von der Politischen Bildung auch als Chance wahrgenommen werden, ein größeres Publikum über die aktuellen Entwicklungen im rechten Lager kritisch zu bilden und verschiedene Spielarten des Nationalismus zu diskutieren. Für den Umgang mit identitärer Ideologie vonseiten der Politischen Bildung ist es wichtig darauf zu achten, dass identitäre Frames nicht reproduziert oder bloß konfrontiert, sondern analysiert werden. Die Möglichkeit der Framing-Analyse besteht dabei immer: Der Erfolg eines Frames kann nicht allein durch Konsistenz und Kontinuität ('viel hilft viel') gewährleistet werden, der Frame muss überzeugend sein. Politisches Framing ist kein 'Wundermittel', das den Willen des Empfängers übergehen kann, sondern ist im Resultat von dessen Urteilen über den Inhalt der Botschaft und die Absichten des Senders abhängig.

Für die Politische Bildung empfiehlt es sich also zwecks Förderung von Analysekompetenz der Bürger*innen einerseits, auf die kritische Darstellung der identitären Logik unter Herausstellung ihrer inneren Widersprüche zu zielen, statt eigene moralische Reframings anzustreben. In der Praxis des exemplarischen Lernens über die Identitären zeigt sich außerdem besonders deutlich: Weniger ist

---

36 Es gibt zahlreiche historische und gegenwärtige rechte Projekte, die mit ähnlichen Inhalten und Methoden arbeiten. Zu nennen sind zum Beispiel die italienische Casa Pound, verschiedene amerikanische Alt-Right-Projekte oder in Deutschland die historische Konservativ-Subversive Aktion

mehr! Die zentralen ideologischen Prinzipien und Kommunikationsstrategien, sowie Anknüpfungspunkte und Widersprüche der Identitären können an wenigen
aussagekräftigen Beispielen diskutiert werden; auf die Skandalisierung beleidi-
gender oder stark provozierender Inhalte von identitärer Seite kann weitgehend
verzichtet werden – das übernehmen die Aktivist*innen selbst! – zugunsten einer
Diskussion der identitären Ideologie an vermeintlich unscheinbarem, ,unverdäch-
tigem' Material. Fast jede „identitäre Aktion", jedes Meme und jeder veröffentlichte Text ist ein Deutungsangebot, das die wesentlichen Elemente identitärer
Ideologie enthält.

Die Dekonstruktion und Kritik von medial inszenierten völkisch-rassistischen
Bilderwelten kann gelingen, wenn die Phänomene und ihre Elemente in diesem
Sinne ideologietheoretisch besprochen und analysiert werden. Zwar ist kein Angebot der Politischen Bildung und sicher auch nicht dieser Beitrag frei von Normativität oder Framings, aber der normative Blick auf Identitäre als rassistische
oder völkische Abweichung von ,unserer' Gesellschaft im Stile einer Gegendarstellung verlässt nicht die Ebene der Konfrontation und verstellt den Blick auf die
Analyse der Gemeinsamkeiten und Unterschiede von identitärem und liberal-de-
mokratischem Denken, an deren erstere Identitäre anknüpfen wollen. Es gilt auch
im Umgang mit antidemokratischer, antipluralistischer, menschenfeindlicher Ideologie und Praxis für die Politische Bildung, Bürger*innen mit der theoretischen
und medienpraktischen Kompetenz auszustatten, eigene Schlüsse zu ziehen.
Wenn identitärer Aktivismus oder kuturessentialistisches Denken also thematisiert werden, sollte Politische Bildung Erklärungsansätze dafür haben was Identitäre meinen, wenn sie „Kultur", „Vielfalt", „Volk", „Identität", „Pluralismus",
„Werte" und „Demokratie" sagen, um zweitens in der Lage zu sein, nicht-identi-
täres Bewusstsein für die Unterscheidung von Identität und Interesse zu stärken,
und nicht selbst kulturalistisch dagegen argumentieren.

Literaturverzeichnis

Anderson, Benedict (1991): Imagined Communities. Reflexions on the origin and spread of nationalism. London: Verso.

Billig, Michael (1995): Banal Nationalism. London: Sage Publications.

Bruns, Julian / Strobl Natascha, Glösel, Katrin (2016): Die Identitären. Handbuch zur Jugendbewegung der Neuen Rechten in Europa. Münster: Unrast Verlag.

Benford, Robert / Snow, David (1988). "Ideology, Frame Resonance, and Participant Mobilization". in Bert Klandermans, Hanspeter Kriesi, and Sidney Tarrow (eds.), From Structure to Action: Social Movement Participation Across Cultures. JAI Press: Greenwich.197-217.

Benford, Robert / Snow, David (2000): Framing Processes and Social Movements. An overview and Assessment. Annual Review. Sociol. 2000 26-611-39.

Della Porte, Donnatella (Ed.): Methodological practices in social Movement Research. Oxford: Oxford University Press.

Goffmann, Erwin (1986 [1974]): Frame Analysis. An Essay on the Organization of Experience. Boston: Northeastern University Press.

Hentges, Gudrun / Kökgiran, Gürcan / Nottbohm, Kristina (2014): die Identitäre Bewegung Deutschlands. Bewegung oder virtuelles Phänomen? Forschungsjournal soziale Bewegungen. Supplement zu Heft 3/2014, Abfrage via http://forschungsjournal.de/sites/default/files/fjsbplus/fjsb-plus_2014-3_hentges_koekgiran_nottbohm_x.pdf .

Identitäre Bewegung Deutschland (2018): Webseite https://www.identitaerebewegung.de/category/politische-forderungen/. [Abfrage am 03.07.2018]

Identity Evropa (2018): Webseite, Abfrage am 26.07.2018 via https://www.identityevropa.com/faq.

Kellersohn, Helmut (2017): Die Neue Rechte. Duisburger Institut für Sprach- und Sozialwissenschaft. https://www.diss-duisburg.de/2017/07/helmut-kellershohn-die-neue-rechte/. [Abfrage am 03.07.2018]

Klandermans, Bert / Kriesi, Hanspeter / Tarrow Sidney (eds.), From Structure to Action: Social Movement Participation Across Cultures. Greenwich: JAI Press.

Leo, Per / Steinbeis Maximilian/Zorn Daniel-Pascal (2017): Mit Rechten reden. Ein Leitfaden. Stuttgart: Klett-Cotta.

Lindekilde, Lasse (2016): Discourse & Frame Analysis. In-depth analysis of qualitative data in social movement research. In: Donatella Della Porte (Ed.): Methodological practices in social Movement Research. Oxford: Oxford University Press.

Lichtmesz, Martin / Sommerfeld, Caroline (2017): Mit Linken Leben. Schnellroda: Verlag Antaios.

Martin, Greg (2015): Understanding social Movements. New York: Routledge.

Gürtler, Janine / Förtsch, Anja (2018): Mitteldeutsche Zeitung, 08.01.2018 Identitäre rausgeworfen. Hunderte Hallenser kontern rechten Shitstorm gegen Irish Pub. https://www.mz-web.de/halle-saale/identitaere-rausgeworfen-hunderte-hallenser-kontern-rechten-shitstorm-gegen-irish-pub-29447188 [Abfrage am 09.03.2018]

Reckwitz, Andreas (2017): Zwischen Hyperkultur und Kulturessenzialismus. Die Spätmoderne im Widerstreit zweier Kulturalisierungsregimes. http://www.bpb.de/politik/extremismus/rechtspopulismus/240826/zwischen-hyperkultur-und-kulturessenzialismus [Abfrage am 22.07.2018]

Schuhmann / Müller-Lorey (2017): Eskalation der Gewalt. Identitäre greifen Polizisten an – die ziehen ihre Waffen. Mitteldeutsche Zeitung, 21.11.2017. unter: https://www.mz-web.de/halle-saale/eskalation-der-gewalt-identitaere-greifen-polizisten-an---die-ziehen-ihre-waffen-28932000.

Speit, Andreas (2016): Bürgerliche Scharfmacher. Deutschlands Neue Rechte Mitte - von AFD bis PEGIDA. Orell Füssli Verlag: Zürich-

Villinger, Markus (2013): Generation Identity. Eine Kriegserklärung an die 68er. London: Arktos.

Wehling, Elisabeth (2016): Politisches Framing. Wie eine Nation sich ihr Denken einredet - und daraus Politik macht. edition medienpraxis. Köln: Halem Verlag.

Wehling, Elisabeth (2017a): DLF Dossier. Rechts, extrem, alternativ - Die Identitäre Bewegung will völkisches Denken salonfähig machen. Autor: Nail Al Saidi Redaktion: Wolfgang Schiller Produktion: DLF 2017 Erstsendung: Freitag, 03.02.2017, 19.15 Uhr http://www.deutschlandfunk.de/dossier-identitare-bewegung-rechts-extrem-alternativ-pdf.media.64e126c3c80943ea135abad03c4ad959.pdf [Abfrage am 08.04.2018]

Strategiepapier der Identitären Bewegung. https://linksunten.indymedia.org/de/system/files/data/2017/02/6892889105.pdf
Anmerkung des Verfassers: Das Strategiepapier steht auf dieser Seite nicht mehr zum Download, es liegt dem Verfasser vor. [Abfrage 23.04.2017]

Sellner, Martin (2015): Geistige Verschärfung gegen Defaitismus. Sezession, 07.09.2015. via https://sezession.de/51293/geistige-verschaerfung-gegen-defaitismus/3 [Abfrage am 12.07.2018]

Sellner, Martin (2016): 5 Dinge, die mich an Patrioten nerven. Youtube, veröffentlicht am 09.07.2016. https://www.youtube.com/watch?v=mcgHkpCvq4k&t =381s [Abfrage am 12.07.2018]

Sellner, Martin (2017): An Özguz - Es gibt eine Deutsche Kultur & ihr zerstört sie! Youtube. Veröffentlicht am 18.05.2017. https://www.youtube.com/watch?v=Gg [Abfrage am 06.07.2018]

Zeit Online (29.08.2016): Parchim. Fremdenfeinde mauern Moschee zu. https://www.zeit.de/gesellschaft/zeitgeschehen/2016-08/parchim-mecklenburg-vorpommern-moschee-mauer-parolen-fremdenfeindlichkeit [Abfrage am 26.07.2018]

Zur Ästhetik der Identitären Bewegung

Jan Batzer

Zweifelsohne hat die selbstbetitelte Identitäre Bewegung (IB) in den letzten Jahren an medialer und gesellschaftlicher Aufmerksamkeit gewonnen. Allein auf der Website der Aktion „Defend Europe", der letzten größeren politischen Aktion der Identitären, findet sich ein Resümee, welches aus der gescheiterten Aktion im Mittelmeer das Fazit eines medialen Erfolgs zieht (s. Defend Europe 2017). Auch wenn politisch wenig erreicht wurde, konnte man sich trotzdem der Aufmerksamkeit großer Teile der europäischen Öffentlichkeit sicher sein. Nun könnte dieses Resümee als der verzweifelte Versuch einer Umdeutung des eigenen Versagens angesehen werden, was wohl zum Teil auch der Wahrheit entspricht. Allerdings würde damit auch ein wesentlicher Teil des Wirkens der Identitären Bewegung ausgeklammert werden: die gezielte, selbstbewusste Darstellung der Gruppen und ihrer Akteure als intellektuelle Elite. Jede vermeintlich politische Aktion dient zugleich auch als Präsentationsfläche. Aber auch abseits des Aktionismus wird auf Außenwirkung gesetzt: unzählige Accounts in den sozialen Medien und eine professionell durchdachte Öffentlichkeitsarbeit, welche sich bis in die privaten Lebensbereiche der Identitären ziehen, zeugen davon. Im Sinne des italienischen Marxisten Antonio Gramsci, dessen Theorie kultureller Hegemonie des Öfteren von der Identitären Bewegung herangezogen wird, inszenieren sie sich als organische Intellektuelle. Diese erlangen sowohl durch theoretisches als auch praktisches Wirken in allen gesellschaftlichen Bereichen die vermeintliche kulturelle Hegemonie und führen die Gesellschaft in die von ihnen gewünschte Richtung.

Die neue Ästhetik sorgt einerseits für Irritation der bürgerlichen Mitte, welche die neuen Rechten nicht mehr optisch erfassen kann, und andererseits für Spott aus subkulturellen Kreisen, welche die Identitären gern als *Nazi-Hipster* betiteln. Dabei erscheint die Wortkombination *Nazi-Hipster* an dieser Stelle umso widersprüchlicher, vereint sie doch zwei scheinbar unvereinbare Typen: auf der einen Seite den rechtsextremen Nazi, Vertreter des historischen Nationalsozialismus mit seinen Elementen des Nationalismus, Faschismus, Antisemitismus sowie einem national determinierten Kulturverständnis und den modernen, kosmopolitischen und urbanen Hipster, welcher als stilbewusster, junger Mensch aus dem subkulturellen und linksalternativen Milieu gilt.

© Springer Fachmedien Wiesbaden GmbH, ein Teil von Springer Nature 2019
L. Boehnke et al. (Hrsg.), *Rechtspopulismus im Fokus*,
https://doi.org/10.1007/978-3-658-24299-2_7

Dennoch sagt die Begriffswahl viel über die öffentliche Wahrnehmung der IB aus. Bei einer politischen Gruppierung, die vor allem durch Aktionen in Erscheinung tritt, die sich gegen Einwanderung im Allgemeinen und die europäische Flüchtlingspolitik im Besonderen richten, und die politische Gegner in der etablierten politischen Mitte und allem links davon ausmacht, fällt dem Beobachter die moralische Verurteilung durch das Prädikat *Nazi* nicht schwer. Der Begriff muss allerdings weniger in seinem historischen Kontext betrachtet werden, als vielmehr als Kampfbegriff, welcher von politischen Gegnern verwendet wird um die IB als Feinde der freiheitlich demokratischen Grundordnung zu betiteln. Somit trägt der erste Teil der Bezeichnung schon ein Indiz für die inhaltliche Unschärfe dieser Betrachtung in sich. Die Komplexität steigert sich im Versuch, den Typus des radikal individualistischen Trendsetters, welcher sich im Hipster darstellt, mit der Verkörperung einer faschistischen Massenbewegung in Einklang zu bringen. Hier setzt sich die inhaltliche Ratlosigkeit fort: Das Fehlen eindeutig rechter Symbolik, moderne Frisuren und Kleidung, Tätowierungen ohne klaren Bezug zum Nationalsozialismus und seiner Bildsprache, modernes Auftreten in sozialen Medien, Aktionsformen, welche man eher aus dem linken Situationismus kennt und ein allgemein intellektueller Gestus sorgen dafür, dass man glaubt, die Identitären als *Nazi-Hipster* irgendwie begrifflich umrahmen zu können. Für eine tiefgreifende Auseinandersetzung ist dies aber nicht zielführend. Darum erscheint eine Analyse der Ästhetik der Identitären, die eine neue symbolische Qualität im rechten Spektrum darstellt, durchaus sinnvoll. Sind die Identitären wirklich Nazis, die die ästhetischen Codes der Hipster nutzen um ihr rechtsradikales Gedankengut in verschleierter Form zu verbreiten oder finden sich vielleicht sogar inhaltliche Anknüpfungspunkte zwischen beiden? Welche Form erfüllt welche Funktion innerhalb der Bewegung?

Um diesen Fragen nachzugehen, soll im Folgenden das Selbstverständnis beziehungsweise die Selbstdarstellung der Identitären Bewegung innerhalb ihrer ästhetischen Kommunikation untersucht werden, um anschließend genauer auf die Alleinstellungsmerkmale der Identitären unter den neuen Rechten einzugehen. Hierbei liegt der Fokus der Untersuchung auf den Inszenierungsmerkmalen von Aktivismus, Jugendlichkeit, Mimikry und Marketing unter Bezugnahme auf die Theorien George Herbert Meads (Mead 1973) sowie Waldemar Vogelsangs und Nadine Tourniers zur Identitätsbildung in digitalen Medien (siehe Vogelsang 2014). Abschließend wird versucht, aus dieser Analyse Ansätze für eine Strategie im Umgang mit identitärer Kommunikation zu entwickeln.

Aktivisten als Flugblatt

Um ein Verständnis davon zu gewinnen, wie sich die Identitäre Bewegung als (vor-) politische Organisation selbst wahrnimmt und daraus ihre Darstellung nach außen entwickelt, hilft es, einen Blick auf die inneren Strukturen und Strategien der IB zu werfen. Dies gelingt am besten mithilfe des Strategiepapiers der Identitären Bewegung Allgäu, das am 17. Februar 2017 antifaschistischen Aktivisten bei der Beobachtung eines nicht-öffentlichen Treffens der regionalen Gruppe im schwäbischen Memmingen in die Hände fiel (vgl. Lipp 2017). Diese internen Leitlinien, welche augenscheinlich für alle lokalen IB-Gruppen in Deutschland Gültigkeit besitzen, wurden auf der Internetseite *linksunten.indymedia* veröffentlicht.

Das Selbstverständnis, das aus dem internen Dokument hervorgeht, zeigt die Mitglieder der IB als Teil einer straff hierarchisch organisierten Gruppe mit revolutionärem Anspruch. Dieser Anspruch äußert sich zuerst in der Erkenntnis der Identitären, dass sie außerhalb des politischen Systems der BRD stehen und sich deshalb gegen Repressalien vonseiten des Staates verteidigen müssen (vgl. Strategiepapier: 20 ff.). Es wird später noch im Detail beleuchtet, welche besonderen Inszenierungstechniken aus diesem Selbstverständnis entstehen. Zunächst wird an dieser Stelle die Gestaltung der Gruppe, ihrer Mitglieder und ihre Darstellungsform untersucht.

Auf der einen Seite sieht sich das identitäre Individuum als Träger der Idee und Aktivitäten und kann diese verschiedenartig kreativ umsetzen (Banner, Flyer etc.). Andererseits ist der einzelne Aktivist sich auch stets seiner Eingebundenheit in die nationalen Organisationsstrukturen bewusst und richtet seine Tätigkeit an den Weisungen und Ratschlägen der jeweiligen Gruppenleitung aus. Der Einzelne wird dazu angehalten, sich als Akteur im öffentlichen Raum zu verstehen, der mit seiner Erscheinung, seinem Auftreten und der Inszenierung seiner Person stets die IB repräsentiert. In dem Strategiepapier wird dafür die Formulierung des „lebendige[n] Flugblatt[s]" (Strategiepapier: 28) verwendet. Als solch ein lebendiges Symbol der Bewegung soll der Aktivist auch in Konfliktsituationen Ruhe bewahren und dem Image der IB verpflichtet handeln. Dazu gehört auch die Vermeidung physischer Auseinandersetzungen mit Gegnern, da Gewaltakte den angestrebten Ruf der Rechtschaffenheit der IB beschädigen könnten, welcher ihnen Anschlussmöglichkeiten im bürgerlichen Milieu bieten soll. Des Weiteren wird erwartet, dass jeder Identitäre einen größtmöglichen Anspruch an sich und seine gestalterische Arbeit stellt. Der Anspruch an sich selbst, welcher von der Leitung der Organisation an die Mitglieder weitergegeben wird, bezieht sich hier vor allem auf die Konstitution einer Person, die mit den Inhalten der Ideologie vertraut ist, sowie optisch ansprechend und seriös in Erscheinung tritt. Der Anspruch an die gestalterische Arbeit bezieht sich auf eine interne Professionalisierung. In dem Strategiepapier finden sich bis ins kleinste Detail ausgearbeitete Anleitungen zum Erstellen von „Propagandamaterial" - immer mit dem Zusatz versehen, dass das Material nur verwendet werden darf, wenn es beim Betrachter den Eindruck von gestalterischem Können erweckt. Schließlich ist die Organisation auf eine positive Wirkung nach außen bedacht. In dieser soll aber nicht die autoritäre Organisationsform politischer Kader widergespiegelt werden, sondern das Bild einer Elite spontaner Aktivisten. Die Darstellung eines von jedem Akteur verinnerlichten identitären Bewusstseins lässt sich trotzdem nur schwer mit einer Weisungsgebundenheit innerhalb einer Organisation vereinbaren. Wenn sich die Aktivisten ihrer Identität bewusst und dementsprechend mit der Gruppe identisch sind, braucht es prinzipiell auch keine Anleitung. Der Ausdruck müsste dem entspringen, was in jedem Einzelnen, und damit in gleicher Weise bei allen Mitgliedern der Gruppe, sowieso schon angelegt ist. Wird eine differenzierte Sicht auf die Entwickulung einer Identität als die rein naturalistisch-nationalistische der Identitären zu Rate gezogen, treten die Widersprüchlichkeiten zwischen Form, Ausdruck und Inhalt der Identitären zu Tage. Wo Mead die Identität als etwas ausmacht, dass sich in einem kooperativen gesellschaftlichen Prozess entwickelt (vgl. Mead 1973: 208), lässt sich nur schwer eine quasi per Geburtsrecht erlangte Identität ausmachen.

Aktionistische Inszenierung

Nach der Theorie der postmodernen Ästhetik des Widerstands von Lyotard, agieren die Identitären mit ihrem Ausdruck nicht gegen die gesellschaftlichen Zustände, was von ihnen gern behauptet wird. Vielmehr beschwören sie den gesellschaftlichen Trend zur „Uniformierung des Differenten" gegen den sich eine Ästhetik des Widerstands richten sollte (vgl. Welsch 1990: 164 ff.). Betrachtet man daraufhin wieder den Ausgangsbegriff des *Nazi-Hipsters*, lässt sich ein eklatanter Unterschied zwischen Identitären und Hipstern ausmachen: Wo die Zusammensetzung einer Gruppe bei den Identitären komplett durchgeplant ist, verweigert sich der Hipster jeder Gruppenzuschreibung, welche auf seinen Eigenschaften als Hipster basiert. Geschweige denn, dass er versuchen würde eine Organisationsform für eine solche Gruppe zu etablieren. Er nutzt die ihm zur Verfügung stehenden ästhetischen Mittel vielmehr um sich von jeder Gruppenzuschreibung zu entfernen. Ein primäres Ziel seines Ausdrucks ist die Distinktion. Dafür begibt er sich auf die Suche nach dem Obskuren und Ungewohnten oder erschafft neue Kombinationen althergebrachter Stile (vgl. Ikrath 2015: 111 ff.). Da werden Hüte aus den 50er Jahren mit modernen Sneakern kombiniert, Brillengestelle aus den 30er Jahren sitzen über einem Schnurrbart, welcher direkt einer Fernsehserie der

80er entstammen könnte und Träger von Tattoos, die rein optisch von einem Gefängnisaufenthalt zeugen könnten, sitzen mit einem Bio-Fairtrade-Cappuccino vor teuren Laptops. Der Hipster pflegt die Ästhetik der Außenseiter und versucht damit, sich vor einer Mehrheitszugehörigkeit zu bewahren. Dass er – seinen Bemühungen zum Trotz – doch einem Typus zugeordnet werden kann, begründet sich vielmehr auf der konstanten Verfügbarkeit aller möglichen Ästhetiken, die jedem mit ausreichenden ökonomischen Mitteln zugänglich sind, als auf einer bewussten Intention sich diesem Typus anzunähern. Wo bei der IB eine bewusste Annäherung an die Gruppe vollzogen wird, geschieht dies beim Hipster eher unbewusst bis ungewollt.

Aufgrund des Internets muss man sich nicht mehr in einer bestimmten Szene und dem zugehörigen räumlichen Umfeld bewegen, um sich deren Wissen und Symbolik anzueignen. Vogelsang beschreibt diese Praxis folgendermaßen:

> „Ging man früher davon aus, dass sich Identität primär in sozialen Interaktionen entwickelt, muss man heute mediale Interaktionen hinzunehmen." (Vogelsang 2014: 142)

So konnten verschiedene rechte Strömungen in den letzten Jahren die Codes umdeuten, die vorher explizit dem linken Spektrum zuzuordnen waren, ohne jemals Teil dessen gewesen zu sein. Aus diesem Repertoire schöpft auch die IB, um sich als aktionistische Gruppe zu profilieren. Die Grundlage des Aktionismus der IB besteht darin, dass versucht wird, die ethnopluralistische Ideologie effektiv zu verbreiten. Dafür werden politische Themen auf ihren breitenwirksamen, emotionalen Gehalt untersucht und ausgewählt. Das Thema Einwanderung beispielsweise bietet den Identitären großes Potenzial, da es derzeit in der Öffentlichkeit kontrovers diskutiert wird und somit ein Feld darstellt, auf dem der Aktionismus der Gruppe Fuß fassen kann. Ganz im Sinne der Schaffung kultureller Hegemonie kann hier der breite Diskurs mit bestimmten Deutungen versehen werden. Die Aktivisten finden also in der Öffentlichkeit emotional verhandelte Meinungen vor, die nun mit bestimmten Ausdrucksformen in identitäre Überzeugungen überführt werden können. Hierfür sind zwei Formen besonders kennzeichnend: Die erste Form findet sich in polarisierenden Darstellungen der vorgefundenen Themen, womit die IB ihre Inhalte transportiert. Möglichst einfache Parolen und Bilder sollen den Menschen, die (noch) kein Teil der Bewegung sind, einen Bezug zu den Identitären bieten. So wurde zum Beispiel das vom Bundestag am 30. Juni 2017 beschlossene Netzwerkdurchsuchungsgesetz, welches von vielen Seiten datenschutzrechtliche Bedenken hervorrief, von der IB in direkten Zusammenhang mit den Methoden der Staatssicherheit in der DDR gebracht. Hier konnte sie sich einerseits einer emotionalen Verbundenheit vieler Menschen sicher sein, da (besonders in Ostdeutschland) die Stasi repräsentativ für die erlebte oder gefühlte staatliche Repression in der DDR steht. Andererseits bot sich den Identitären auch gleichzeitig die Möglichkeit, sich als Opfer einer vermeintlichen „Meinungsdiktatur" zu präsentieren, die durch das geplante Gesetz das „linke Denunziantentum" gegenüber den aufrechten Patrioten stärken will (siehe Identitäre Bewegung Deutschland 2017). Hinzu kommt auch, dass ein großer Teil des Aktionismus' der IB über soziale Netzwerke stattfindet, in denen die Identitären zum Teil menschenverachtende Kommentare hinterlassen. Die Aktivisten zeigen sich hier auch direkt betroffen, was sie aber mit ideologischen Phrasen verdecken. Bei der Aktion findet sich auch gleichzeitig die zweite Form, welche die IB für ihre Darstellung als aktivistische Gruppe nutzt. Um gegen das Gesetz zu protestieren, bildeten die Identitären eine Menschenkette vor dem Bundesjustizministerium und entrollten Banner auf denen die Einrichtung, unter Verwendung des Symbols des Ministeriums für Staatssicherheit der DDR, mit dem Begriff „Zensurministerium" betitelt wurde. Dabei trugen mehrere Aktivisten Uniformen der NVA, um ihren Vergleich als „lebendiges Flugblatt" (siehe oben) zu unterstreichen. Die Form der Menschenkette zur Blockade des Gebäudes und als Akt des zivilen Ungehorsams reiht sich in das Vokabular der Gruppe als rebellische und systemkritische Gegenbewegung ein. Wie schon zuvor erwähnt, schaffen die Mitglieder ein Selbstverständnis davon, dass sie außerhalb des herrschenden Systems verortet sind und sich gegen die Zugriffe desselben verteidigen müssen. Das gilt nicht nur für die Aktionen selbst, sondern auch für das tägliche Leben der selbstbetitelten Aktivisten, wie der Leitfaden zum Umgang mit Polizei und Geheimdiensten in dem Strategiepapier belegt (siehe Strategiepapier: 20 ff.). Bei eingehender Betrachtung wird aber klar, dass die Identitären dabei nicht die herrschende Ordnung selbst kritisieren, sondern vielmehr ihre mangelnde Ausrichtung am Erhalt der vermeintlichen nationalen Identität. Statt die von ihnen ausgemachten Eliten zu dekonstruieren, wollen sie sich selbst als Elite installieren, die das bestehende politische System zu seiner vermeintlichen Bestimmung – nämlich dem Schutz der nationalen Identität – zurückführt. Schon Walter Benjamin urteilte über diese Inszenierungspraxis aus seinen Erfahrungen des Nationalsozialismus:

> „Die Massen haben ein Recht auf Veränderung der Eigentumsverhältnisse; der Faschismus sucht ihnen einen Ausdruck in deren Konservierung zu geben. Der Faschismus läuft folgerecht auf eine Ästhetisierung des politischen Lebens hinaus." (Benjamin 1974 S. 506)

Er konstatierte also, ähnlich wie ich dies am Fall der Identitären getan habe, dass die Nationalsozialisten ihren revolutionären Ausdruck, den sie sich als politische „Bewegung" gegeben haben, nicht aufgrund dessen Wirkungsmacht zur gesellschaftlichen Veränderung gegeben haben, sondern vielmehr aufgrund dessen ästhetischen Gehalts. Anders als die Nationalsozialisten bedienen sie sich aber vielmehr jugend- und subkultureller Praktiken und Codes indem sie „mediengebundenes Symbolkapital neben einer Überhöhung und Ästhetisierung des Alltäglichen" (Vogelsang 2014: 150) einsetzen. Hier kann das Video, welches die IB von der Aktion veröffentlichte zur Erörterung herangezogen werden.

Wie jede andere Aktion auch, wurde die am 19. Mai 2017 vor dem Bundesjustizministerium durchgeführte von den Identitären selbst medial aufbereitet und
als Video im Internet hochgeladen (siehe Identitäre Bewegung Deutschland
2017). In dem Video verdeutlicht sich das aktivistische Bild, das die IB von sich
zeigen möchte. Durch die Sequenz zu Beginn des Videos, die Menschen mit
Smartphones in den Händen zeigt, soll der Eindruck der spontan verabredeten
Aktion erweckt werden. Die „Bewegung" will aufzeigen, dass sie die modernen
Kommunikationsmittel nutzt, um ihre Mitglieder zu aktivieren. Neben der von
Benjamin beschriebenen Ästhetisierung des Politischen (die Protestaktion selbst),
findet auch eine Ästhetisierung des vermeintlichen Alltags der Aktivisten statt,
die stets auf Abruf sind, um für die Sache einzutreten. In dem öffentlichkeitswirk-
samen, medialen Vorgehen besteht der eigentliche Zweck der Aktionen. Da der
Aktivismus keine unmittelbaren Resultate schaffen kann, dient er der Produktion
von Erzählungen, derer sich die IB bedienen kann. Als metapolitische Aktion
strebt diese keine realpolitischen Ergebnisse an, sondern schafft Narrative über
eine gewünschte Politik für eine gewünschte Realität. Oder wie sie es selbst ausdrücken: „Gleichzeitig geben wir eine Erzählung vor, um die aktuellen Ereignisse
in ein neues Licht zu stellen und eine alternative Vision anzubieten." (Strategiepapier: 52). Diese alternative Vision schafft das Bild einer bedrohten nationalen
Identität. Diese Bedrohung müssen die Menschen - laut IB - erkennen, da sonst
der Verlust eben jener Identität und mit ihr die Auflösung der Volksgemeinschaft
folgen würde.

Rechte Verjüngung

Ein Punkt, an dem die Identitäre Bewegung eine unbestrittene Schnittmenge
zu den Hipstern besitzt, ist das Alter. Auch wenn mittlerweile beobachtet werden
kann, dass der Stil der Hipster es bis in die etablierten und damit, demographisch
gesehen, älteren Bereiche der Gesellschaft geschafft hat, muss man dafür andere
Erklärungsansätze zu Rate ziehen. Auf der einen Seite haben viele Hipster ihren
Stil in die etablierten Bereiche mitgenommen, was in einer zunehmend an den
sogenannten *creative industries* orientierten Arbeitswelt und in einer ästhetisier-
ten Gesellschaft kein Akzeptanzproblem mehr darstellt. Auf der anderen Seite
können sich nun auch Menschen, die altersbedingt eigentlich keine Berührungs-
punkte zu Hipstern haben, mit den ästhetischen Codes selbiger versorgen. Auf
diese Art sind, wie schon zuvor beschrieben, schließlich auch die Angehörigen
des rechten Spektrums dazu gekommen. Hiermit soll aber kein direkter Vergleich
zwischen beiden Gruppen herbeigeführt, sondern lediglich verdeutlicht werden,
dass auch die Stile der Hipster immer wieder anderweitig aufgegriffen und einer
Vermarktung zugeführt werden. Spätestens seitdem man die (früher) bei Hipstern
beliebten obskuren T-Shirt-Designs von Heavy-Metal-Bands aus den 80er Jahren

auch bei großen Bekleidungsgeschäftsketten findet, kann man dem Hipster einen gewissen Marktwert attestieren. An diesem Punkt hält die Kultur der Hipster allerdings eine Überlebensstrategie bereit: Sie verändert stetig ihre ästhetischen Codes und Praktiken. Ein Element des Hipsters ist die Verkörperung des kreativen Subjekts, was ihn dazu befähigt, permanent Neues zu finden und in ästhetische Praxis umzuwandeln (vgl. Reckwitz 2012). Das macht ihn als sozialen Typus dynamisch und schwer (an-)greifbar. Auch hier lässt sich der „Nazi" mit seinem Streben nach Gemeinschaft und Uniformität nicht mit dem individualistischen Hipster in begriffliche Harmonie bringen. Jedoch streben beiden Typen nach Identität. Der Hipster schafft sich allerdings seine Identität innerhalb eines individuellen dynamischen Prozesses, welchen er bewusst vollzieht, während der Identitäre die nationale Identität als naturgegeben ansieht. Mit Mead könnte man hier argumentieren, dass eben diese Gemeinsamkeiten innerhalb einer Gemeinschaft das Resultat einer Institutionalisierung von Identität (vgl. Mead 1973: 210) und somit gesellschaftlich geschaffen sind.

Betrachtet man jedoch das identitäre Verhältnis von Altem und Neuem beziehungsweise von Konstantem und Veränderbarem, finden sich plötzlich Anknüpfungspunkte zwischen Identitären und Hipstern. Es existiert ein Verständnis der Identitären von einer sich verändernden Gesellschaft. In ihrem Strategiepapier stellen die Identitären eindeutig heraus, dass zwar der alte ideologische Kern der Rechten vorhanden ist („unerschütterlich, ewig"), dieser jedoch mit neuen Mitteln kommuniziert werden muss („dynamisch, modern, wechselhaft") (Strategiepapier: 50). Wie die Hipster haben auch die Identitären Kenntnis von neuen Trends und aktuellen Stilen, welche im Kreis der kreativen Avantgarde aufgegriffen werden. Hierbei bildet der Hipster den gesellschaftsfähigen Ausdruck der Avantgarde, indem er das Ideal des kreativen Genies mit dem „coolen" Insiderwissen in ästhetische Praxis umsetzt. Eben diese Umsetzung lässt sich auch bei Identitären finden, die sich als patriotische Form der Avantgarde und intellektuelle Elite in Szene setzen wollen. Betrachtet man zum Beispiel den (inzwischen gelöschten) Instagram-Account der bekannten identitären Aktivistin Melanie Schmitz aus Halle a. d. Saale (siehe Schmitz 2017), findet man Anknüpfungen an nahezu jedes Phänomen, welches in den letzten Jahren auch bei den Hipstern zu beobachten war. So posierte sie in Trainingsjacken mit stilistischen Anleihen an die 80er Jahre, zeigte ihre Vorliebe für Rennräder, aber auch für den biederen Stil der 20er Jahre und fürs Backen. Die Wiederbelebung des Modestils vor dem 2. Weltkrieg und die Hinwendung hipper Frauen zu Hobbys, welche sich als traditionelle Frauentätigkeit deuten lassen, sind für Identitäre natürlich ein willkommener Ausdruck konservativer Vorstellungen und Bilder. Hier finden aktuelles Modebewusstsein und die Assoziation einer Zeit zueinander, welche von Identitären zu gern nostalgisch verklärt wird. Der Retrowahn steht nicht in Widerspruch zu den inhaltlichen Deutungen des Hipsters. Dieser sieht in den Ästhetiken vergangener

Zeiten einen Ausdruck von Authentizität, mit der er sich gegen den Mainstream abgrenzen kann. Dieses Deutungsmuster findet sich auch im Nationalismus, welcher anhand des Ursprünglichen und Früheren seine Gemeinschaft abgrenzen möchte. Wo der Hipster sich jedoch allein auf die Ästhetik bezieht, denken Identitäre auch die gesellschaftlichen Umstände einer vermeintlich ursprünglichen und authentischen Zeit mit – so - auch in ihrem Geschlechterrollenbild, welches sie über die sozialen Netzwerke kommunizieren.

Gerade der geringe Anteil an Frauen der IB präsentiert sich umso häufiger in sozialen Netzwerken. Zu diesem Zweck existiert auch eine eigene Facebook-Seite mit dem Namen „Identitäre Mädels und Frauen", auf der die weiblichen Vertreterinnen der IB Fotos von sich hochladen und Themen wie traditionelle Frisuren, das identitäre Merchandising und die Verteidigung gegen potenzielle sexuelle Übergriffe durch Migranten besprechen können. Paradox erscheint dabei die Tatsache, dass die Seite folgendermaßen beschrieben wird: „Eine Seite von identitären Mädels und Frauen aus dem deutschsprachigen Raum. Ästhetik, Selbstverständnis und Lebensstil." Im Impressum wird allerdings ein Mann namens Nils Altmieks aus Nordrhein-Westfalen als Verantwortlicher genannt (s. Identitäre Mädels und Frauen 2017). Auch die Kommentare unter den Fotos werden überwiegend von Männern verfasst und spielen oftmals auf das gute Aussehen der dargestellten Aktivistinnen und ihre Repräsentanz für die Bewegung an. Darin zeigt sich die Verknüpfung von Jugendlichkeit und Schönheit mit dem weiblichen Geschlecht, um die Bewegung ästhetisch zu präsentieren. Die Existenz als politisches Subjekt wird den Frauen in diesem Kontext abgesprochen. Im Strategiepapier der IB finden sich so auch Hinweise für den Empfang bei Treffen („Mädchen sind besser", Strategiepapier: 54) oder der Erzeugung von Zuneigung beim Betrachter ihrer bildlichen Darstellungen („...Bilder von kulturellen Veranstaltungen mit jungen Menschen (Frauen)[sic!]", ebd.: 31). Wenn dann die potenzielle Zielgruppe von Aktionen der IB in „jungen europäischen Männern" (ebd.: 28) ausgemacht wird, erscheint der instrumentelle Zweck der weiblichen Darstellung umso klarer. Wo die Männer für die inhaltliche Grundlage zuständig sind, also das konstante ideologische Gebilde, gelten die Frauen als Mittel der dynamischen Kommunikation, als Sinnbild für Schönheit und Jugend.

Jugendlichkeit ist nach dem Aktivismus das zweite angestrebte Alleinstellungsmerkmal der Identitären im rechten Spektrum (vgl. Bruns et al. 2017: 68). Dafür versucht sich die Identitäre Bewegung mit ihrer visuellen Kommunikation von den bisherigen rechten Strömungen abzugrenzen. Die Abgrenzung bezieht sich aber nur auf die Form, mit der die Inhalte auf dynamische Weise vermittelt werden. Da die Ideologie als Konstante im Wirken der Rechten betrachtet wird, bleiben ihre Kernelemente sie im Vergleich zwischen neuen und alten Rechten unangetastet. Die IB analysiert vielmehr die Fehler, die die alte Rechte in ihrem öffentlichen Wirken gemacht hat, und versucht diese in ihrer Arbeit zu vermeiden (vgl. Strategiepapier: 50). So ist sie sich bewusst, dass Bezüge zum Nationalsozialismus und dessen Ästhetik zwingend vermieden werden müssen. In dem Strategiepapier werden die bisherigen rechten Strömungen für ihre „Fetischisierung" (ebd.) der nationalsozialistischen Ästhetik kritisiert. Dass die Identitären bei ihrer romantisierten Verknüpfung von Heimat und Jugendlichkeit auch einem völkischen Ideal der Nazis folgen, stört da nur wenig. Anders als die alten, wissen die neuen Rechten ihre Inhalte von der Form zu trennen und die Gemeinsamkeiten mit bisherigen Konservativen und Rechtsradikalen mithilfe neuer Symbolik bewusst zu verschleiern. Dafür bietet ihnen auch die Popkultur ein nahezu unendliches Repertoire an Referenzen für die rechtsradikale Mimikry.

Umdeutung und Massenbezug

Der indische Identitätsforscher und postkoloniale Theoretiker Homi K. Bhabha beschreibt den Begriff *Mimikry* folgendermaßen:

> „Mimikry entsteht als die Repräsentation einer Differenz, die ihrerseits ein Prozess der Verleugnung ist. Mimikry ist also das Zeichen einer doppelten Artikulation, eine komplexe Strategie der Reform, Regulierung und Disziplin, die sich den Anderen aneignet (appropriates), indem sie die Macht visualisiert." (Bhabha 2000: 126 f.)

Die Neuen Rechten – und insbesondere die Identitären – verleugnen sich also einerseits, indem sie sich den breiten gesellschaftlichen Diskurs aneignen, den sie als politischen Mainstream ablehnen. Dennoch schaffen sie es, durch diese Aneignung eine Dominanz herzustellen, durch welche sich ihre Ideologie, die die Identität nicht selbstbestimmt, sondern natürlich determiniert sieht, kommunizieren und verbreiten lässt. Die Teilnehmer des Diskurses sollen sich dieser Bestimmung von naturgegebener Identität bewusst werden und sie annehmen. Da im Ethnopluralismus jeder eine nationale Identität besitzt, kann diese auch nicht negativ bestimmt werden und somit auch keinen menschenfeindlichen Gehalt haben. Hier dient Mimikry der Verschleierung der gesellschaftlichen Konsequenz einer solchen Bestimmung, welche jedes Wesensmerkmal einer Person auf die Abstammung zurückführen möchte. Auf der zweiten Stufe dient die Kommunikation dem Schutz der eigenen Darstellung vor Kritik und dem Verdacht einer Agitation, welche sich nicht mit der von ihnen angepeilten bürgerlichen Mitte vereinbaren lässt. So entsteht ein diskursiver Kreislauf aus Provokation und Relativierung, welchen man auch bei rechtspopulistischen Parteien wie der AfD beobachten kann.

Da sich die IB als eine Bewegung aus jungen Menschen versteht, die in ihrer Vorreiterrolle andere (europäische beziehungsweise weiße) junge Menschen vom identitären Bewusstsein überzeugen will, sucht sie nach Bereichen, in denen sie einen niedrigschwelligen Zugang zu ihrer Zielgruppe finden kann. Diesen konnten sie in der Populärkultur ausmachen, die über vielfältige Möglichkeiten der Codierung politischer Botschaften verfügt und in der viele Mitglieder der IB aufgrund ihres Alters und ihrer Herkunft aus der bürgerlichen Mittelschicht bereits verortet sind. Diese Herkunft teilen sich viele Identitäre mit dem Typus des Hipsters. Der Umgang mit den Erzeugnissen der Populärkultur weist an dieser Stelle wieder Gemeinsamkeiten der Herangehensweise zwischen beiden Gruppen auf. Der Hipster bedient sich der vielfältigen Möglichkeiten der Popkultur, um sie in eklektizistischer Weise zusammen zu tragen. Der ursprüngliche Kontext, aus dem die Symbole stammen, wird dabei aber meist vernachlässigt. So finden sich schon zu Beginn der 2000er Jahre, mit dem Aufkommen des Hipsters, wie er heute definiert wird, stilistische Anklänge an die weiße Unterschicht der USA (Trucker-Mützen, weiße Unterhemden, Tattoos, Dosenbier). Obwohl die Hipster einer eher besser situierten Schicht zuzuschreiben waren (und sind), fanden sie Gefallen an diesem ästhetischen Ausdruck (vgl. Ikrath 2015: 58). Sie übernahmen ihn jedoch ohne die negativen inhaltlichen Konnotationen, welche oft mit dieser Bevölkerungsschicht verbunden sind (Armut, Rassismus, Perspektivlosigkeit). Damit wurde der Stil des *white trash* von den Hipstern in eine Art reine Ästhetik überführt, welche ohne inhaltliche Verknüpfungen gelesen werden kann. Die verwendeten Zeichen dienen so nicht mehr einer Identifikation mit ihrem kulturellen Ursprung, sondern der Distinktion gegenüber der eigenen gesellschaftlichen Schicht. Hier schafft sich der Hipster eine Art „Patchwork-Identität", mit welcher er aber keine Gruppenzugehörigkeit ausdrücken möchte, wie es in verschiedenen Jugendkulturen der Fall ist, sondern seinen Wissensvorsprung und die Abgrenzung zum Mainstream markiert.

So erscheint es sehr widersprüchlich, dass sich die Identitären derselben Mittel wie die Hipster bedienen, ist doch ihr Ziel die abschließende Identifikation mit der eigenen nationalen Gemeinschaft und den damit verbundenen Zuschreibungen. Hier muss allerdings festgestellt werden, dass sie sich lediglich in der Form den Hipstern angleichen. Inhaltlich sind sie trotzdem grundlegend verschieden. Wo sich beide Typen zwar im Streben nach einer Identität gleichen, bedient sich der Hipster sich der Zeichen, um sich als singuläres Individuum darzustellen. Die IB hingegen verfolgt ein klares Sendungsbewusstsein, um die Identifikation mit der vorgestellten Gemeinschaft der Nation (vgl. Anderson 1996) zu erleichtern. Sie versehen die, von den ursprünglichen Inhalten befreite, Ästhetik mit ihren eigenen Zuschreibungen und versuchen den Bezug zur identitären Ideologie herzustellen. So werden die Ausdrücke neu codiert. Deutlich wird dies schon bei der

Betrachtung des Lambda-Symbols, welches das am häufigsten verwendete Zeichen der IB darstellt. Der Ursprung des Symbols liegt bei dem griechischen Buchstaben *lambda* und dessen Verwendung als Erkennungssymbol auf den Schilden spartanischer Krieger im antiken Griechenland. Die Verwendung begründet die IB aber weniger auf historischen Quellen, die nur spärlich vorhanden sind, sondern auf popkulturellen Referenzen. Hier ziehen sie den Hollywoodfilm *300* des amerikanischen Regisseurs Zack Snyder aus dem Jahr 2007 heran, in dem von dem Verteidigungskampf einer kleinen Gruppe spartanischer Soldaten gegen ein übermächtiges persisches Heer erzählt wird (vgl. Bruns et al. 2017: 269). Da es sich um die Verfilmung einer *graphic novel* handelt, geschieht dies in einem extrem überzeichneten Stil, der martialische Elemente mit übertrieben inszenierter Brutalität kombiniert. Die Verbindung von effektvoller Darstellung eines kriegerischen Männerbundes mit dem historischen Mythos von der ersten Verteidigung Europas gegen eine Invasion aus dem Orient, bietet den idealen Referenzrahmen für Identitäre. Für eine Bewegung, die ihre männliche Zielgruppe (Frauen spielen in dem Film nur marginal eine Rolle) fest im Blick hat, bietet sich so der beste Weg in die Massenkultur. So ist der spartanische Krieger ein immer wiederkehrendes Idealbild der IB in Europa. Ein Beispiel hierfür ist der Name des größten identitären Online- Versandhandels, bei dem sich sämtliche identitären Merchandise-Artikel bestellen lassen: *Phalanx Europa* (s. Phalanx Europa 2017).

Wie die Hipster blenden auch die Identitären bewusst den Entstehungskontext der von ihnen verwendeten kulturellen Produkte aus. So stört es das europäische identitäre Bewusstsein nur wenig, dass sie sich auf eine amerikanische Comic-Verfilmung beziehen, deren historische Grundlage nachweislich zugunsten einer reißerischen Ästhetik vernachlässigt wurde. Dazu sagt der Regisseur selbst: „Ich habe in der Tat viel recherchiert, allerdings wenig davon verwendet. [...] Es ist vielmehr eine Sage, die sich eine unmoralische Gruppe Männer am Lagerfeuer erzählt. Man hat nur diese Perspektive und das macht den Spaß dieses Films aus. Der Film ist nicht politisch, weil er sich dessen bewusst ist." (Snyder 2017). Trotz der bewussten Vermeidung einer inhaltlich historischen Einordnung kann die IB an den Film anknüpfend politische Botschaften vermitteln, da alle ihre popkulturellen Referenzen lediglich aufgrund ihres emotionalen Gehalts verwendet werden.

Auch für den Hipster steht das emotionale Potenzial seiner Zitate im Vordergrund. Als Insider, welcher sich von der Massenkultur distanzieren möchte, sucht er nach dem, was er als authentischen Ausdruck einer idealisierten Kultur versteht. So werden die kulturellen Produkte verschiedener gesellschaftlicher Unterschichten als genauso authentisch empfunden wie überteuerte Loftwohnungen in alten Industriegebäuden, da sie sich scheinbar der Mainstream- Ästhetik entziehen. Dass dies in keiner Weise der ökonomischen und gesellschaftlichen Realität

entspricht, wird wiederum ausgeblendet. So, wie der Hipster einen verklärten
Blick auf den kulturellen Ausdruck vergangener Zeiten und anderer gesellschaftlicher Gruppen wirft, so wirft der Identitäre einen verklärten Blick auf die eigene
Herkunft und Geschichte. Was für den Hipster Nostalgie und Retro-Charme sind,
sind für den Identitären nationaler Mythos und Natur. So können sich Identitäre
freigiebig verschiedener regionaler oder nationaler Erzählungen und Symbole bedienen, ohne deren historischen und gesellschaftlichen Hintergrund konkretisieren zu müssen. Vielmehr können sie diese sogar mit Ästhetiken der globalen Popkultur kombinieren, so dass beispielsweise ein Motiv entstehen kann, bei dem der
erzkonservative preußische Kanzler Otto von Bismarck mit Pop in Verbindung
gebracht wird (Bruns et al. 2017: 276). Anders als bei der Mimikry werden die
kontextuellen Bezüge hier aber nicht zum Schutz gegen Außenstehende ausgeblendet, sondern, um das eigene ästhetische Wirken frei von Widersprüchen zu
halten. In dieser Herangehensweise lässt sich nahezu jeder ästhetische Ausdruck
in einen identitären Ausdruck umwandeln.

Identitäres Marketing

Alle zuvor beschriebenen Kommunikationsstrategien der IB stehen in wech-
selseitiger Beziehung zu dem, was die Identitären als ihre *corporate identity* bezeichnen. Der Begriff der *identity* ist hier nicht nur im ideologischen Sinne wörtlich zu nehmen. Die Identifikation mit begrifflichen Konstellationen wie *Heimat*
und *Tradition* und die angestrebte Homogenität der Gruppe sollen sich auch in
der Außenwirkung widerspiegeln. Durch die zu Beginn angesprochenen straffen
Organisationsstrukturen der IB lässt sich eine einheitliche Gestaltungsart über alle
regionalen Gruppen hinweg realisieren, die einen großen Wiedererkennungswert
schafft. So müssen sämtliche Designs, welche an die Öffentlichkeit getragen werden, immer mit der jeweiligen Führungsriege abgesprochen und von dieser ge-
nehmigt werden. „Bevor du anfängst die Graphik und das Banner für eine neue
Aktion herzustellen, frag den Leiter deiner Gruppe, ob es zur Corporate Identity
der Bewegung passt." (Strategiepapier: 30). Hier bietet die IB als Bezugsgruppe
bereits vorgegebene Identifikationsmuster, die dem identitätssuchenden Individuum Orientierung bieten. Wo der Hipster als Individualist in der Masse an Zeichen und Identifikationsangeboten auf sich allein gestellt ist, findet der Identitäre
die Sicherheit der *peer-group* vor.

Die Verwendung einer *corporate identity* entspricht nicht nur der Öffentlichkeitsarbeit politischer Kader, sondern trägt zuweilen Züge des professionellen
Marketings, wie man es von produzierenden Unternehmen kennt. Die gestalterische Professionalisierung der Mitglieder wurde hier bereits angesprochen. Dabei

beinhaltet der Anspruch der IB keine rein ästhetische Zielsetzung wie beim Hipster, sondern bleibt stets an den metapolitischen Zweck gebunden. Der gestalterische Maßstab der Identitären setzt immer auch an ihrem Sendungsbewusstsein an: „Es geht nicht um „gute" oder „schlechte" graphische Umsetzung; es geht schlichtweg um funktionierende graphische Kommunikation." (ebd. S. 33). Eine funktionierende graphische Kommunikation im Sinne der IB bedeutet, dass die Zeichen und Botschaften der Identitären von einem breiten Publikum gelesen und auf eine für sie eindeutige Weise interpretiert werden können. Dabei ist die Einflussnahme auf, und die begriffliche Verschiebung vom gesellschaftlichen Diskurs das übergeordnete Ziel.

Zusätzlich dazu hat sich die IB auch mit den Funktionsweisen der PR (*public relations*) auseinandergesetzt. Hierin wird klar, dass die Identitären eine deutlich differenziertere Sichtweise auf Medien pflegen, als dies bei anderen rechten und rechtspopulistischen Gruppen der Fall ist. Der von den Nationalsozialisten geprägte Begriff der *Lügenpresse* taucht in ihrer Strategie nicht auf. Ebenso wenig versuchen die Identitären von der Presse unbemerkt zu agieren und anonym zu bleiben. Stattdessen werden Medien als Instrument der Meinungsbildung anerkannt und Empfehlungen für den Umgang mit ihnen erarbeitet. Diese bestehen darin, dass man versucht größtmöglichen Einfluss auf Journalisten und die Berichterstattung über die IB zu nehmen. Angefangen bei dem Versenden von Pressemitteilungen und Einladungen an Journalisten, geht es weiter mit der Verantwortlichkeit eines Pressesprechers, der „sanften Druck" auf die Journalisten ausüben soll, und endet mit der abschließenden Kontrolle, ob im Sinne der IB berichtet wurde. Dazu gehört auch, dass bei einer Darstellung, die nicht der *corporate identity* oder dem gewünschten Image entspricht, sofort Vorlagen für eine öffentliche Gegendarstellung seitens der IB zur Verfügung stehen (ebd. S. 25 f.).

Gestaltung, Vermarktung und Einflussnahme sind die wirkungsvollsten Marketingstrategien der Identitären Bewegung. Wo Marketing sich aber sonst auf den Absatz von Produkten oder Dienstleistungen bezieht, soll hier das identitäre ideologische Gebilde als attraktiver Politikentwurf vermarktet werden. Ein Absatz von Produkten findet in ähnlicher Weise statt. So kann man bei dem bereits erwähnten Versandhandel Polo-Shirts mit dem Markenzeichen der IB kaufen, deren Design stark an die, auch bei Hipstern beliebten, Shirts der englischen Marke *Fred Perry* angelehnt ist. Hier wurde lediglich das Original-Markenzeichen durch das Lambda ersetzt (s. Phalanx Europa 2017). So wird mit, bis ins Absurde reichenden, Marketinginstrumenten die Erwirtschaftung von Kapital vorangetrieben, mit dem die IB ihre Arbeit finanzieren kann. So beschreibt die Staatsanwaltschaft Graz in ihrer Anklageschrift vom 14. Mai 2018, unter anderem gegen Martin Sellner und Patrick Lenart, die als Betreiber der Seite fungieren:

„Mit den erzielten Erlösen der Gesellschaft erwirtschaften sich zwei der Angeklagten nicht nur ein regelmäßiges Einkommen, sondern sie finanzieren damit auch (zum Teil) die Aktionen der IBÖ, um dadurch den Umsatz ihres Unternehmens weiter anzukurbeln." (Rafael 2018)

Dennoch besteht *Phalanx Europa* nicht nur aus ökonomischen Gründen. Der Erwerb kulturellen Kapitals lässt sich mit den verkauften Artikeln sowohl für die Betreiber der Seite vollziehen, als auch für ihre Kunden, welche damit ihre Nähe zur Bewegung ausdrücken. Insbesondere kann man hier vom Prestigegewinn sprechen, den die Gruppe anstrebt. Ähnlich wie kommerzielle Produktmarken, suchen sie den Einfluss auf potenzielle Käufer beziehungsweise potenzielle Anhänger. Dafür bieten die sozialen Netzwerke multimediale Verbreitungskanäle, die für jeden zugänglich sind und über eine geringe inhaltliche Kontrolle verfügen. So können nicht nur kommerzielle Produkte von Prominenten, sogenannten *influencern*, über Kanäle wie Instagram oder Youtube mehr oder weniger subtil angepriesen werden, sondern auch die Attraktivität identitärer Ideologie. In einzelnen Fällen war diese Strategie auch erfolgreich, wie das Beispiel des Obmanns der IB Österreich Martin Sellner zeigt, dessen YouTube-Kanal bereits mehr als 4 Millionen Mal aufgerufen wurde (s. Sellner 2017). Mittlerweile kann man Sellner wohl als den bekanntesten identitären Aktivisten in Europa bezeichnen, der vor allem mit seinen diversen YouTube-Videos eine enorme Reichweite für das identitäre Marketing generiert.

Doch die Verbindung von Marketing und Identität hat, neben seinem instrumentellen Charakter, auch inhaltliche Bezüge. Thomas Steinfeld hat diese folgendermaßen herausgestellt:

„Es gibt Fachleute für die Herstellung von Identitäten. […] Ihre Aufgabe besteht darin, ein beliebiges Produkt der industriellen Produktion zu einem „Alleinstellungsmerkmal" zu verhelfen und also unverwechselbaren Ding zu machen, wobei sie sich vor allem des Bilds bedienen. […] In der Bedeutung, die das Suchen und angebliche Finden von Identität für viele Menschen angenommen hat, spiegelt sich der Totalitarismus der Warenform und des Marktes. Doch nur austauschbare Produkte brauchen ein Warenzeichen, was im Übrigen auch für das „Branding" von Nationen gilt. Die Identität ist der Schein, es sei anders. Aber sie ist nur der Schein." (Steinfeld 2018)

Rehabilitation des Hipsters

Nach vorhergehender Betrachtung der ästhetischen Kommunikation der IB bleibt die Frage: Wie kann solch eine Betrachtung dabei helfen, gegen die menschenverachtende Ideologie der Identitären vorzugehen und die Wirkung ihrer Strategien beeinträchtigen? Die gesellschaftliche Tendenz der letzten Jahre hat gezeigt, dass eine von Rechtspopulisten und Rechtsradikalen angestrebte Diskursverschiebung mit breiter Resonanz stattfindet. In dieser Etablierung fremden-feindlicher Ansätze bedienen die Identitären besonders die jugendlichen und aka-demischen Milieus, welche sonst weniger für rechtsradikale und rechtskonservative Ideen empfänglich waren. Mit den dargestellten Kommunikationsstrategien schaffen sie eine neue Akzeptanz der unveränderten Ideologie von der Verknüpfung von geographischer Herkunft, Ethnie und einer daraus abgeleiteten kulturellen Bestimmung des Volkes. Auch wenn viele Menschen aus dem bürgerlichen Milieu die Ansichten der IB kritisieren, erschöpft sich die Kritik doch zumeist in einer einfachen moralischen Verurteilung basierend auf dem Ideal der freiheitlich demokratischen Grundordnung. Dass viele Forderungen der Identitären lediglich ein verschärfter autoritärer Ausdruck der bestehenden Ordnung sind, wird zumeist nicht thematisiert. Auch linke Subkulturen, welche diese Ordnung anhand bestehender sozialer und ökonomischer Ungleichheit infrage stellen, finden meist kein wirkungsvolles Vorgehen gegen die identitäre Agitation. Zu oft bleibt es bei der spöttischen Bescheinigung des *Nazi-Hipsters*. Wie aus den vorliegenden Analysen hervorgegangen ist, dient der Begriff mitnichten zur klaren Beschreibung der Identitären. Aber er kann Ausgangspunkt für weitere Überlegungen sein.

Wenn es den Identitären so leichtfällt mithilfe kultureller Codes Anschluss in der bürgerlichen Mitte zu finden und gleichzeitig Stil und Ausdrucksformen des linken Spektrums zu adaptieren, muss dies ein Aufruf zur Selbstreflexion eben jener Gruppen sein. Denn erst durch die partielle Loslösung der linken Ausdrucksformen von ihrem eigentlichen Inhalt – also der Thematisierung von Ungleichheit und Unterdrückung – zugunsten starrer Identitätskämpfe, konnte die IB jene aktionistischen, progressiven und ästhetischen Formen für sich vereinnahmen. Die Hinwendung zur Identitätspolitik ist kein ausschließlich rechtes Phänomen, auch linke Bewegungen haben die Fetischisierung von Identitätszuschreibungen vor- und mitgemacht. So können Identitäre die soziale Frage mit einfachen Mitteln in eine nationale Frage verkehren, ohne mit den bisher in der Öffentlichkeit wahrgenommenen rechten Gruppen assoziiert zu werden. Um vorzubeugen, dass die, sicherlich sehr ausgereifte, Ästhetik der Identitären eine solche Umkehr immer attraktiver erscheinen lässt, müssen komplexere Gegenstrategien zum Tragen kommen. Eine inhaltliche Auseinandersetzung bildet die Grundlage solcher Strategien. Dabei sollten vor allem die eigenen Inhalte jederzeit kritisch hinterfragt und auf ihre Stichhaltigkeit überprüft werden. Aber besonders im Bewusstsein des zuvor analysierten identitären Ausdrucks wird deutlich, dass der Vorwurf inhaltlicher Mängel bei der IB nur bedingt wirksam ist. Schließlich sucht sie keine argumentative Auseinandersetzung. Die immer häufiger auftretende Forderung, man solle mit Rechtspopulisten und Rechtsradikalen in Dialog treten, vernachlässigt die Tatsache, dass diese nicht die Teilnahme an einem Dialog zwischen gleichberechtigten Gesprächspartnern forcieren. Vielmehr wollen sie den Diskurs dominieren und bestimmen. Anders ausgedrückt: Es geht ihnen ums Reden, aber nicht ums Miteinanderreden, nicht um kulturelle Teilhabe, sondern um kulturelle Hegemonie. Dies tun Identitäre im steten Bewusstsein der Verteidigung einer bedrohten Identität. Kennt man ihre ästhetischen Formen, erkennt man auch diese Zielsetzung. Hier gilt es, einen ästhetischen Gegenentwurf zu entwickeln. Dieser ließe sich zum Beispiel in eben jenem Typus finden, der widersprüchlich mit den Identitären in Verbindung gebracht wird. Der Hipster kann mehr als den (post-)modernen Ausdruck des Bildungsbürgertums bilden.

Das identitäre Denken fordert die absolute Identifikation mit einer Kultur. Diese Kultur ist als geschlossenes System räumlich determiniert – also an die Nation gebunden – und die Zugehörigkeit zu ihr ist durch Geburt bestimmt. Der Mensch ist demnach auf natürliche Weise zu einer Identität gezwungen und durch diese geprägt. Nach dieser Ideologie müsste also auch jeder ästhetische Ausdruck des Menschen ein Ausdruck dieser Identität und damit dem Ausdruck anderer Angehöriger der Kultur ähnlich sein. Wenn der Hipster aber in seinem Distinktionsstreben den Ausdruck verschiedener Kulturen für sich verwendet, so dekonstruiert er auf kreative Weise eben jenen Identitätszwang. Er möchte sich nicht identifizieren, sondern unterscheiden und findet darin die Möglichkeit zur Konstruktion einer einzigartigen Identität. Die Loslösung der Formen von ihrer ursprünglichen Zugehörigkeit zeigt die Veränderbarkeit und Durchlässigkeit der scheinbar in sich geschlossenen Kulturen. Plötzlich erscheint Identität nicht mehr als äußerer Zwang, sondern als soziale Praxis. Eine Identität ist nicht von vornherein vorhanden, sondern wird – auch durch ästhetischen Ausdruck – aufgebaut. In gleicher Weise, wie sie aufgebaut wurde, kann sie dann aber auch verändert oder wieder dekonstruiert werden. Beim Hipster zeigt sich dies in der dynamischen Veränderung seiner Stile und Formen. Auch das zuvor erwähnte Zusammentragen verschiedener Stilistiken ist ein Indiz dafür, dass eine Pluralität der Identitäten, vergleichbar mit verschiedenen gesellschaftlichen Rollenbildern, innerhalb eines Individuums existieren kann. Neben allen Vorwürfen der Inhaltslosigkeit und reiner Trendorientierung, welche den Hipster immer wieder treffen, wird das kulturelle und politische Potenzial, das in solch einem Vorgehen stecken kann, vernachlässigt. Widersprüchlichkeiten und Gruppenzugehörigkeiten begegnet der Hipster mit Ironie. Damit erkennt er die vorhandenen Widersprüche an, ohne sie in der absoluten Identifikation auflösen zu wollen, wie das identitäre Denken es anstrebt. Somit bietet er Raum für alle Formen der Abweichung, was sich auch in seiner Vorliebe für das Besondere und Obskure widerspiegelt. Im Kontrast zur angleichenden Identifikation der IB scheint dies ein attraktiver Gegenentwurf für eine pluralistische Gesellschaft zu sein, in der sich das Besondere nicht identisch machen und unterordnen muss. Um aber nicht in die Singularität einer Gesellschaft von Individualisten zu verfallen, muss dennoch ein solidarisches Miteinander möglich sein. Hier zeigt sich eine Herausforderung, welche auch vom Hipster mehr Selbstreflexion fordert. Schließlich ist auch er Repräsentant gesellschaftlicher Konkurrenz, welche immer wieder Ungleichheit reproduziert. In dem Bestreben, seinen Wissensvorsprung um die zukünftig anerkannten Ästhetiken nach außen zu tragen, stellt er sich in den direkten Wettbewerb um kulturelles Kapital und Anerkennung. Die Aufgabe, individuellen Ausdruck und Lebensgestaltung mit sozialer Gleichheit zu vereinbaren, könnte eine Forderung innerhalb einer Gegenstrategie in Bezug auf aktuelle gesellschaftliche Entwicklungen sein. So gesehen würde ich behaupten, dass sich der Hipster politisieren und seiner Eingebundenheit in gesellschaftliche Prozesse bewusster werden müsste. Er kann dies aber nur in einer den Identitären entgegengesetzten Weise tun. Diese adaptieren den kreativen Ausdruck um ihre Ideologie zu transportieren. Der Hipster aber kann seinen vorhandenen Ausdruck inhaltlich vertiefen, um neue Formen gesellschaftlichen Handelns zu entwickeln. Das Spiel mit Identitäten beziehungsweise deren Auflösung schafft eine Möglichkeit, neue Narrative zu erschaffen. Wo die IB Narrative von der Unveränderlichkeit erzeugen will, kann der Hipster kreativer Vorreiter für einen Gegenentwurf sein und zeigen, dass die Auflösung von Identität nicht die Vernichtung des Selbst nach sich ziehen muss, was die IB immer wieder diagnostiziert. In der Distinktion der Hipster zeigt sich eine von vielen Gestaltungsmöglichkeiten selbst gewählter und selbst geschaffener Identitäten.

Literaturverzeichnis

Anderson, Benedict (1996): Die Erfindung der Nation. Zur Karriere eines folgenreichen Konzepts. Frankfurt/Main: Campus Verlag.

Benjamin, Walter 1974: Das Kunstwerk im Zeitalter seiner technischen Reproduzierbarkeit. (Dritte Fassung) In: Benjamin, Walter (1974): Gesammelte Schriften. Band I-2. Frankfurt/Main: Suhrkamp Verlag.

Benjamin, Walter (1974): Gesammelte Schriften. Band I-2. Frankfurt/Main: Suhrkamp Verlag.

Bhabha, Homi (Hrsg.) (2000): Die Verortung der Kultur, Tübingen: Stauffenburg Verlag.

Bhabha, Homi 2000: Von Mimikry und Menschen. Die Ambivalenz des kolonialen Diskurses, In: Bhabha, Homi (Hrsg.) (2000): Die Verortung der Kultur, Tübingen: Stauffenburg Verlag.

Bruns, Glösel, Strobel (2017): Die Identitären. Handbuch zur Jugendbewegung der Neuen Rechten in Europa., Wien: Unrast Verlag, 3. aktualisierte Auflage.

Hugger, Kai-Uwe (Hrsg.) (2017): Digitale Jugendkulturen. Wiesbaden: Springer VS, 2. Auflage.

Ikrath, Philipp (2015): Die Hipster. Trendsetter und Neo-Spießer. Wien: Promedia Verlag.

Mead, George Herbert (1973): Geist, Identität und Gesellschaft. Frankfurt/Main: Suhrkamp.

Reckwitz, Andreas (2012): Die Erfindung der Kreativität. Zum Prozess gesellschaftlicher Ästhetisierung. Berlin: Suhrkamp Verlag.

Steinfeld, Thomas (2018): Ich weiß nicht, wer ich bin. Was ist das eigentlich: „Identität"? Ein Versuch zur Klärung eines missverstandenen Begriffs. Süddeutsche Zeitung vom 26. April 2018, Seite 9.

Vogelsang, Waldemar 2014: Digitale Medien – Jugendkulturen – Identität. In: Hugger, Kai-Uwe (Hrsg.) (2017): Digitale Jugendkulturen. Wiesbaden: Springer VS, 2. Auflage.

Welsch, Wolfgang (1990): Ästhetisches Denken. Stuttgart: Reclam Verlag, 5. Auflage 1998.

Defend Europe (2017): http://defendeurope.net/the-mission_fr/, [Abfrage am 14.09.2017]

Identitäre Bewegung Deutschland (2017): https://www.identitaere-bewegung.de/blog/identitaere-protestieren-vor-bundesjustizministerium/.[Abfrage am 26.10.2017]

Identitäre Mädels und Frauen (2017): https://www.facebook.com/pg/ib-frauen/about/?ref=page_internal. [Abfrage am 29.10.2017]

Lipp, Sebastian (2017): Interne Strategiepapiere der Identitären Bewegung geleaked. In: Zeit Online Störungsmelder vom 25.02.2017 http://blog.zeit.de/stoerungsmelder/2017/02/28/identitaere-bewegung-leak-straff-organisiert23168_23168. [Abfrage am 24.10.2017]

Schmitz, Melanie (2017): https://www.instagram.com/rebellanie/. [Abfrage am 29.10.2017]

Sellner, Martin (2017): https://www.youtube.com/channel/UCZ8uFo1RKS-gEg-od3Yu10Pw/featured [Abfrage am 01.11.2017]

Snyder, Zack (2017): zitiert nach: http://www.diekinokritiker.de/interview 10004.html, [Abfrage am 30.10.2017]

Strategiepapier der Identitären Bewegung Allgäu (2017): In: https://linksunten.indymedia.org/de/system/files/data/2017/02/6892889105.pdf [Abfrage am 01.03.2017, Link nicht mehr verfügbar]

Jugend an die Macht – Zugriffe neurechter Bewegungen auf die Jugendarbeit am Beispiel der Gruppen „Identitäre Bewegung" und „KontraKultur"

Eva Grigori und Jerome Trebing

Dortmund im Dezember 2017: Während in der Innenstadt Dortmunds rund 50 Aktivistinnen und Aktivisten aus dem neonazistischen Spektrum an die symbolische „Besetzung" des Turms der Reinoldikirche im Jahr 2016 erinnern, entern andere Kameraden und Kameradinnen im Stadtteil Dorstfeld ein seit Jahren leerstehendes Haus. Die scheinbare Hausbesetzung wird noch in der Nacht von der Polizei beendet und da diese schon bei der Räumung auf keine Anwesenden mehr trifft, wird die Aktion von regionalen Medien zurecht mit Spott überzogen (vgl. Giustolisi 2017). Einzig die über wenige tausend „Gefällt mir"-Angaben verfügende und den örtlichen neonazistischen Strukturen nahestehende Facebook-Seite „Patriotisches Dortmund" berichtet in allen Einzelheiten über die Aktion.[37] Und so findet sich dort auch eines der wenigen, indirekt wiedergegebenen Statements der ‚Besetzenden'. „Sie wollen in dem Haus offenbar ein ‚Zentrum für Deutsche' eröffnen, als Gegenstück zu überfremdeten Jugendzentren", heißt es in einem Post auf der Webseite.

So wenig Wirkung diese Aktion der Neonazis in der Öffentlichkeit entfaltete, allein in diesem Statement scheint sich zu manifestieren, dass nun auch wieder in Deutschland ein Modus des rechtsextremen Aktionismus angekommen zu sein scheint, der sich primär über die übertriebene Ideologisierung von und Förderung der ‚Jugend' zu bilden scheint. Ein Modus des Aktivismus, den Kameraden im Geiste in Italien und in den letzten Jahren auch verstärkt in Österreich erfolgreich in die Realität umsetzen.[38]

---

[37] Vgl. Patriotisches Dortmund (2017). Rechtsextreme Quellen sind im Literaturverzeichnis ohne weitere Kennzeichnung zu finden, werden aber als Kurzverweise nicht im Fließtext, sondern in Fußnoten geführt.

[38] Ein Überblick zu darüber hinausreichenden Aktivitäten in Deutschland vor allem der Wiking-Jugend, NPD und JN bietet Rieker (2009).

© Springer Fachmedien Wiesbaden GmbH, ein Teil von Springer Nature 2019
L. Boehnke et al. (Hrsg.), *Rechtspopulismus im Fokus*,
https://doi.org/10.1007/978-3-658-24299-2_8

Die Internationale der Nationalen

Wenn es um Fragen des Rechtspopulismus in Deutschland geht, lohnt der Blick nach Österreich. Nicht nur ist hier mit der „Freiheitlichen Partei Österreich" (FPÖ) eine rechte Partei seit Jahrzehnten etabliert und schon lange vor der aktuellen Regierungsverantwortung Teil des parlamentarisch-demokratischen Meinungsspektrums, auch die außerparlamentarische Rechte hat dadurch einen Sonderweg im Verhältnis zum bundesdeutschen Neonazismus genommen. In den letzten Jahren konnte gerade in Österreich die ursprünglich in Frankreich entstandene Strömung der „Identitären" (IB) fast im gesamten Gebiet der Republik Fuß fassen und eine eigenständige ideologische sowie organisatorische Gestalt ausbilden, die mittlerweile weit über die Grenzen der jeweiligen Landesgruppen große Anziehungskraft für Reaktionäre international besitzt.[39]

Gerade die Gruppen im österreichischen Wien und Graz sowie die deutsche Gruppe „Kontrakultur" in Halle bilden seit Jahren Epizentren innerhalb der europäischen organisierten Rechten. Der rege publizistische wie persönliche Austausch und die diversen gemeinsamen Aktionen der IB-Gruppierungen im europäischen Raum der letzten Jahre – wie etwa der Versuch im Sommer 2017, die Arbeit von im Mittelmeer befindlichen NGOs zu stören –, zeugen von einer „Internationale der Nationalen"[40].

Hinzukommt eine intensive Vernetzung mit führenden Akteuren und Akteurinnen und Organisationen innerhalb der außerparlamentarischen und parlamentarischen Rechten in den jeweiligen Ländern. In Deutschland stehen hierbei auf Seite der außerparlamentarischen Organisationen etwa das von Götz Kubitschek und Karl-Heinz Weißmann gegründete „Institut für Staatspolitik" (IfS) und das daran angeschlossene Magazin „Sezession"; ebenso die von Jürgen Elsässer und

---

39   Vgl. die kritische Rezeption der Aktion „C-Star" der Identitären, etwa Murdoch (2017), sowie die Rezeption durch Aktivistinnen der amerikanischen Alt-Right, exemplarisch hierzu: Tomlinson (2017).

40   Im Übrigen ein Wording, das heute gerne kritisch zur Charakterisierung transnationaler rechter Vernetzungen verwendet wird (siehe Volker Weiß, Andreas Peham u.a.), das vor allem aber eine Schrift Fritz Stübers zitiert. Der deutschnationale Burschenschafter aus Wien war bereits 1932 NSDAP-Mitglied (ein sogenannter „Illegaler") und gründete nach 1945 die FPÖ-Vorgängerpartei VdU, Verband der Unabhängigen.

Kubitschek ins Leben gerufene Organisation „EinProzent", die finanziell verschiedenste Projekte der neueren Rechten ermöglicht und absichert.[41]

Obwohl formell auf Seite der „Alternative für Deutschland" (AfD) ein Unvereinbarkeitsbeschluss von Mitgliedschaft in der Partei und Organisationen wie der IB besteht,[42] muss festgehalten werden, dass dieser offenbar von einigen Menschen in der Partei als nicht-bindend angesehen wird. So unterstützt zum Beispiel der Landtagsabgeordnete Hans-Thomas Tillschneider aus Sachsen-Anhalt direkt ein Projekt der Gruppe in Halle, indem er in deren Infrastruktur ein Wahlkreisbüro unterhält (vgl. Schade 2017). Auch von Seiten der FPÖ wird offiziell versucht Distanz zwischen die eigene Partei und Strukturen der außerparlamentarischen Rechten zu bringen. Im Angesicht von parlamentarischen Mitarbeitern aus den Reihen ebendieser (vgl. Reibenwein/Temel 2017), Auftreten von Parteikadern bei Veranstaltungen (vgl. Schattleitner 2017) sowie diversen anderen Überschneidungen, zum Beispiel in Form von Wahlkampfhelfern aus den Reihen der IB (vgl. Hager 2016), muss diese Abgrenzung durchaus kritisch gesehen werden.[43]

Aus dem Schatten des Nationalsozialismus?

Diese aktuelleren Formationen der Reaktionären versuchen sich über ihre Verwendung von Theorien bzw. ideologischen Grundlagen, die gemeinhin als die „neu rechts", rechter Gramcsismus oder „Konservative Revolution" klassifiziert werden, vom historischen Nationalsozialismus sowie dem modernen Neonazismus zu distanzieren und dergestalt eine Modernisierung der eigenen politischen Form voranzutreiben. Es zeigt sich jedoch, gerade in Anbetracht der personellen sowie organisatorischen Aufstellung, dass eine solche Trennung, wie sie Volker Weiß in seinem Werk „Die Autoritäre Revolte" am differenziertesten vollzieht (vgl. Weiß 2017), ideengeschichtlich zwar gewinnbringend ist, jedoch im Angesicht der praktischen Arbeit der einzelnen Akteure und Akteurinnen durchaus eingeschränkt werden muss. Grade im Hinblick auf die Rezeption verschiedener Ausprägungen des historischen Faschismus, allen voran in Italien und Rumänien,

---

41   Vgl. hier die jüngsten Berichte um das gemeinsame Hausprojekt von Schade (2017) sowie Schmidt/Sulzbacher (2016) zur Finanzierung der „Identitären".

42   Vgl. AfD (2017).

43   Eine Übersicht zu einigen der Verbindungen zwischen „Identitären" und der „FPÖ" liefert Schattleitner (2017).

gibt es auch von Seiten der „neuen" Rechten durchweg keinerlei Berührungsängste.[44] Dies ist nicht nur aus ideologischer Perspektive bei der Einordnung der
Akteure und Akteurinnen von Bedeutung, sondern auch, da sich gerade bei den
beiden genannten Ausprägungen des Faschismus aktiv auf deren Konzeption von
Jugendarbeit bezogen wird, wie im Folgenden noch ausführlicher dargelegt wird.

Gerade Kampagnen wie die Arbeitsgemeinschaft „Netzwerk Landraum"[45],
die von Ein Prozent[46] wiederum aufgebaut, finanziert und koordiniert werden,
zeigen, dass gerade die Versuche in ländlichen Regionen Strukturen und Angebote zu setzen nicht von einzelnen Trägern durchgeführt werden, sondern dass
hier eher davon ausgegangen werden muss, das alte und neue Strukturen Syner-
gieeffekte auszubilden vermögen. So heißt es in der Bewerbung der Kampagne
bei EinProzent: „Fünf Zielgebiete" habe sich die Arbeitsgemeinschaft bereits geschaffen, in denen erste Familien aus den „überfremdeten Großstädten" sesshaft
geworden sind. Den Eigendarstellungen folgend wird es bei der neuen Kampagne
in vielfältigen Dimensionen darum gehen Einflussbereiche in ländlichen Regionen geltend zu machen. So ist das oberste Ziel, mit dem auch aktiv geworben
wird, dass über Spenden versucht werden soll, preiswerte Bauernhöfe, Rittergüter
oder leerstehende Fabriken zu erwerben.[47] Neben der Schaffung von Kulturzen-
tren soll es auch um die Unterstützung bestehender Projekte gehen, vor allem solche der Jugendförderung und -bildung.

Was Heiko Koch in seinem Werk über die „Casa Pound"- Bewegung schon
im Jahr 2013 festhielt, nämlich, dass „[d]iese nationalrevolutionären Strömungen
[...] in näherer Zukunft nicht aus dem Spektrum der radikalen Rechten wegzuden-
ken sein [werden] und während der eskalierenden Krise einen Aufschwung erleben" werden (Koch 2013: 12), muss als hellsichtige Analyse in Bezug auf den
derzeitigen Status Quo der Entwicklung der parlamentarischen sowie außerparlamentarischen Rechten in Europa angesehen werden. Mit der Ergänzung, dass solche Gruppen wie die „Identitären" den von Koch ausformulierten Konjunktiv in
eine wirkmächtige Präsenz überführt haben.

---

44   Vgl. u.a. hierzu das Verlagsprogramm des Jungeuropa-Verlags (o.J.)

45   Vgl. EinProzent (2017).

46   Zur Einordung der Plattform vgl. Brinker et al. (2016).

47   Vgl. EinProzent (2017).

Hervorzuheben erscheint hierbei im Besonderen, dass diese Entwicklung des Zugriffs neuerer reaktionärer Akteure und Akteurinnen auf das Soziale sich nicht nur organisatorisch vollzieht, sondern vielmehr im ideologischen Gleichschritt, der mehr denn je diese Prozesse durch eine semantische Verschiebung im sprachlichen Zugriff auf eben diese Phänomene einzuleiten weiß.

Semantisches Verwirrspiel

Viktor Klemperer hielt in „Lingua Tertia Imperii", der Sprache des Dritten Reiches, verschiedene Strategien des Nationalsozialismus fest, Worte als Kampfmittel zu gebrauchen (Klemperer 2015). Die hier festgehaltenen Begriffe waren auf nationalsozialistische semantische und rhetorische Strategien bezogen, der Einsatz von Sprachfiguren als propagandistischem Mittel ist vielen Rechten Akteur*innen geblieben, auch wenn die genutzten Begriffe neue sind. Zum einen attestierte er einen gewissen Wiederholungsdrang, dass bestimmte Begriffe und Motive immer wieder in den Diskurs eingebracht werden. Zum anderen aber „Schleierwörter", Euphemismen oder eher Verharmlosungen, zum Beispiel „evakuieren" für deportieren, oder „Sonderbehandlung" für Mord. Und zuletzt Neologismen, also Wortneuschöpfungen, etwa „Entjuden", „Arisieren", „Untermenschen".

Ähnliche Strategien beobachten wir bis heute in der Sprache der extremen Rechten, hier am Beispiel der „Identitären" und ihren deutschen Vordenkern, allen voran Armin Mohler (vgl. Weiß 2016) und dessen Schüler im Geiste Götz Kubitschek.[48] Entlang zentraler Begriffe soll dies folgend nicht allein veranschaulicht werden, sondern einige ideologische Versatzstücke skizziert werden, um die Denken und Handeln der IB kreisen. So wird durch Verschleierung, Verschiebung und Wortneuschöpfungen und deren stete Repetition versucht jene sprachlichen Gebilde des Nationalsozialismus, die zum Beispiel Klemperer analysierte, zu nivellieren. Inwieweit eben dieser Modus sprachlicher Gestaltung als Teil der historisch tradierten Ideologie und nicht eines fraglichen Prozesses der Modernisierung ist, zeigt Florian Ruttner in seinem Artikel „Die Wiederholung des fast Immergleichen. Zur Genealogie der ‚Identitären'" auf (Ruttner 2017). Bei den Identitären vollzieht sich die sprachliche Verschiebung im Besonderen in Bezug auf vier große Schlagworte:

---

48   Vgl. Kubitschek (2003).

„Der große Austausch", nach Renaud Camus' „Le grand remplacement"[49] – letztlich die apokalyptische Vorstellung des sukzessiven Ersetzens und damit der Vernichtung der europäischen Bevölkerung durch (muslimische) Einwanderung.

„Ethnopluralismus" – globale Apartheid, die Vorstellung, jede „Ethnie", jedes „Volk" habe einen eigenen, natürlich angestammten Raum im Weltgefüge. Jeder Mensch habe eine Existenzberechtigung und jener Rassismus, welcher die Ungleichheit der Völker konstatierte und die Verknechtung der einen durch andere prolongiere, sei überwunden. Das Zusammenleben an einem Ort und die Durchmischung seien nur mehr problematisch.

„Remigration" – die Forderung nach Massenabschiebungen, um den Zustand des Ethnopluralismus zu erreichen und den Großen Austausch zu stoppen. Das alles zusammengefasst in: „identitär" statt „rassistisch" ("0% rassistisch, 100% identitär"): Es geht nicht um Rassismus, sondern um Identität. Im Zusammenhang mit den erstgenannten Schlagworten beißt hier wohl die Katze sich in den Schwanz, der gepflegte Kulturalismus bleibt Rassismus.

„Jugend ohne Migrationshintergrund – vergessen, aber nicht wehrlos" – die Inszenierung als vergessene, nicht unterstützte, nicht gleich an Rechten und Möglichkeiten seiende Generation und zugleich als wehrhafte, zieht sich durch deutsche wie österreichische Selbstdarstellungen der IB. Diese Wehrhaftigkeit ist ernst zu nehmen. Die IB wirbt regelmäßig mit Selbstverteidigungsworkshops und -camps und auch dafür, dass Patrioten sich bewaffnen müssten (vgl. ARG 2017). Auch gewalttätige Übergriffe oder zumindest körperlich nahetretende Einschüchterungsversuche sind gerade aus Österreich zahlreiche bekannt.[50]

Der von Klemperer attestierte Wiederholungsdrang findet sich bei der IB vor allem im Jugendbegriff. Man sei eine Jugendbewegung, die Jugend ohne Migrationshintergrund, aber eben auch in Slogans wie „Europa, Jugend, Reconquista" bzw. „Jugend an die Macht" – letzterer wurde von der italienischen faschistischen Casa Pound in Italien übernommen, ein Umstand, welcher in der kritischen Rezeption der Identitären nachhaltig ignoriert wurde: „Giovinezza al potere".

---

49 Ein Wording, dass es übrigen in den deutschen SPIEGEL geschafft hat (vgl. Fleischhauer 2017). Kubitscheks „Antaios"-Verlag hat die deutsche Übersetzung Renauds publiziert, angefertigt vom „Identitären" Martin „Lichtmesz" Semlitsch.

50 Eine unvollständige Auflistung von Akten der Gewalt, die von Anhängern der IB innerhalb der letzten Jahre ausging findet sich u.a. in Bruns et al. (2017).

Exportschlager Hass: Von Italien nach Wien – Casa Pound und die Identitären

Die „Casa Pound Italia" (CPI) und die IB sind keineswegs nebeneinanderstehende Phänomene. Sowohl persönlicher Austausch, im Besonderen fokussiert durch Kader des identitären Ablegers „KontraKultur" in Deutschland,[51] sowie zitierende Bezugnahmen und die Distribution von Musikprojekten, die von führenden CPI-Aktivisten[52] angeführt werden, lassen sich erkennen und nachweisen.[53] Als Casa Pound bezeichnet sich eine im Italien der 2000er Jahre geformte Bewegung, die zuerst in der Nähe des römischen Hauptbahnhofs ein Haus besetzte, in den Folgejahren allerdings über das ganze Land expandierte und flächendeckend Infrastruktur schuf. Ab dem Jahr 2012 trat die CPI letztlich sogar immer wieder zu diversen parlamentarischen Wahlen an und bildete damit nochmals eine Kraft rechts von etablierten Parteien Italiens.

CPI expandierte in den Jahren seit ihrer Gründung nicht nur infrastrukturell, indem sie über ganz Italien zum Teil Häuser besetzte, aufkaufte oder mietete, sondern auch organisatorisch. Als erfolgreichste Gruppe der CPI kann deren Schüler-, Schülerinnen- und Studierenden-Organisation, der „Blocco Studentesco" angesehen werden. Für die hier dargelegten Betrachtungen aber gehört wohl im Besonderen die „Gruppo di Medicina Sociale" (Gri.Me.S) in den Fokus gerückt. Bei Heiko Koch heißt es zu dieser Sektion der CPI nur kurz, dass sie „im Namen Casa Pounds Tage der kostenlosen kardiologischen Untersuchung, Blutspendeaktionen oder psychologischen Beratung an[bietet]." (Koch 2013: 68). Weiter führt Koch aus, dass „Gri.Me.S' ein ‚Sorgentelefon' mit dem Titel ‚Dillo CasaPound' (Sag es CasaPound) eingerichtet" hat (ebd.). Bei dieser Hotline war es lange Zeit möglich rund um die Uhr telefonisch Sozialberatungen zu erhalten.

---

51   Fotos zeigen Kader aus Halle in Begleitung des EinProzent Koordinators und ehemaligen Pressesprechers der Deutschen Burschenschaft Phillip Stein bei einem Kongress des Blocco Studentesco in Rom (vgl. Sachsen-Anhalt Rechtsaußen 2017).

52   Nach dem erwähnten Besuch in Rom durch deutsche Aktivisten führte der wiederum von Phillip Stein geführte „Jungeuropaverlag" Tonträger der Band „ZetoZeraAlpha", in der einige der wichtigsten Aktiven der CPI vertreten sind, u.a. deren Gründer.

53   Der Twitteraccount @jungeuropa_2016, der mutmaßlich ident mit dem von Philipp Stein geführten Jungeuropa-Verlag ist, postete ein Bild, auf dem rechts unten das Album „Morimondo" der CPI-Band „ZetoZeroAlfa" zu erkennen ist (vgl. Jungeuropa 2017). Ferner wird CPI des Öfteren im Podcast „Von Rechts gelesen" (o.J.) von Stein positiv beachtet.

Die aktuelle Facebookpräsenz der Gruppe zeigt, dass sich das Angebot innerhalb der letzten Jahre konsequent verbreitet hat. So wurden zuletzt zum Beispiel Spendenläufe mit Jugendlichen organisiert, eine Konferenz zu den Folgen von Erwerbsarbeitslosigkeit organisiert oder Geburtsvorbereitungskurse für junge werdende Eltern abgehalten.[54] Die CPI und im Besonderen die Gruppe Gri.Me.S steht dabei für einen niedrigschwelligen Zugriff auf das Feld des Sozialen, der sich im Besonderen durch die Anwendung einer Art „Community-Organising"-Praxis von Rechts ausformuliert und in seinem Erfolg als Leuchtturm für die extreme Rechte weltweit dient.

Hierbei verknüpfen die Bestrebungen der CPI und ihr angehöriger Organisationen die „Erlebniswelt Rechtsextremismus" mit Formen sozialarbeiterischer Tätigkeit für Menschen, die ihrer Ideologie genehm sind. So kommt es zu einer Amalgamierung von eher subkulturellen Zugriffen auf Jugend, zum Beispiel in Form von Konzerten, der Bereitstellung von Proberäumen, das Ermöglichen sich am eigenen Radiosender zu beteiligen, und eher bürgerlichen Formen der Arbeit, wie sie zuvor in Bezug auf Gri.Me.S dargelegt wurden. Das Ergebnis ist letztlich ein umfassender und bis in das Privateste hinreichender Zugriff auf die Menschen und die darauffolgenden Möglichkeiten ideologischer Verankerung. Einem Dossier der Bundeszentrale für Politische Bildung folgend verfügt CPI zudem über die staatliche Anerkennung als gemeinnützige Organisation, die ihnen nicht nur das offizielle Sammeln von Spenden ermöglicht, sondern sie auch rechtlich auf eine Stufe mit anderen gemeinnützigen Organisationen, wie zum Beispiel dem Internationalen Roten Kreuz, stellt (Kitzler 2014).

Von Rom nach Graz

Anders als die Aktiven der CPI, deren Gebaren sich stets auch in einem antibürgerlichen Gestus vollzog,[55] und die, anders als viele ihrer europäischen Kameraden im Geiste nie einen Hehl daraus machten, sich offen als Faschisten zu bezeichnen, ist die „Identitäre Bewegung" eher ein gesundes Kind des Bürgertums und besetzt keine Häuser, sondern gründet gleich Vereine. Obwohl hier organisatorisch ein anderer Weg eingeschlagen wird, bleibt es bei einer Affirmation der von CPI und Gri.Me.S erprobten Strategien im Zugriff auf das Feld des Sozialen

---

54 Vgl. die aktuelle Facebookpräsenz der Gruppierung, Grimes CasaPound (o.J.).

55 Vgl. hierzu die Bezüge vieler Aktiven der CPI in musikalischen Subkulturen und die von vielen favorisierten Stilrichtung des „Hatecore". Ebenso die Fokussierung auf Aktionsformen wie Hausbesetzungen und gewalttätige Auseinandersetzung auf der Straße mit vermeintlichen politischen Gegnern.

und vor allem die Jugend. Am interessantesten und bedeutendsten ist innerhalb Österreichs wohl jener Versuch und mit ihm der daraus entstandene Verein, der das selbsternannte „Bildungszentrum" in Graz trägt: Der „Verein für nachhaltige Völkerverständigung und Jugendarbeit". Die internationale Völkerverständigung ist ein frühes Schlagwort der Internationalen Jugendarbeit, das damals wie heute ein demokratiebildendes und antirassistisches Verständnis impliziert (vgl. Wächter 2016) – auch hier zeigt sich die Strategie der sprachlichen Bedeutungsverschiebung. Dass der Vermieter dieses „Bildungszentrums" Heinrich Sickl ist, ein deutschnationaler Burschenschafter, der sich bereits in den 1990er Jahren im militanten Neonazismus bewegte und nun als Neo-Obmann des Freiheitlichen Akademikerverbands (FAV) Steiermark Veranstaltungen mit „Identitären" und neurechten Thinktanks wie dem IfS organisiert, muss als pikantes Detail hinzugefügt werden. Dieses Naheverhältnis zur FPÖ ist nur eines unter zahlreichen Beispielen, wie es sich um den Begriff „außerparlamentarische Rechte" verhält.

Beim Verein für Jugendarbeit bleibt es nicht, hinzu kommt ein Martin Sellner, dem Co-Leiter der österreichischen IB zugeschriebenes, Selbstverständnis als „patriotischer Streetworker" (Reuter 2016) – auch hier ist davon auszugehen, dass weder Wohnungslosenhilfe noch Unterstützung suchtmittelabhängiger Personen und erst recht nicht mobile Jugendarbeit gemeint sein kann. Anders als beim Vereinstitel wird hier jedoch die Programmatik nicht verschleiert.

Gänzlich unbeachtet von einer breiten Öffentlichkeit bauen die „Identitären" seit Jahren an eigenen Strukturen innerhalb Deutschlands und Österreichs mit dem Ziel, jugendlichen Adressatinnen und Adressaten ein mögliches breites Angebot an soziokulturellen Aktivitäten anbieten zu können. Der Fokus kann dabei freilich regional differieren. Am Beispiel der Steiermark soll im Folgenden näher auf Zugriffe der IB auf Formen von Jugendarbeit eingegangen werden. Die steirische IB gilt als eine der aktivsten Landesgruppen. Recht selbstbewusst werden wöchentlich in der Fachstelle für Jugendinformation in Graz Flugblätter zwischen alle anderen Informationsmaterialien gelegt. Im Zusammenhang mit einem Verständnis als „Jugendarbeiter" muss man diese Handlung als Selbstverständlichkeit erachten. Wer Jugendarbeit anbietet, ist hier vertreten.

Die IB Steiermark zeichnet sich stärker als andere Landesgruppen durch einen gezielten Regionalismus aus. Mit steirischen Sagen werden regelmäßige Postings in den Sozialen Medien gerahmt. Hashtags wie #kernig verweisen auf regionale Produkte und Wendungen. Die teilweise massive Präsenz der IB auf sozialen Medien wie Facebook, Twitter, Instagram, YouTube und Blogs wird immer wieder gerne damit verharmlost, diese seien also „nur" ein Internetphänomen und „real" weitaus weniger stark. Auch wenn sich dies etwa mit Blick auf einzelne Ortsgruppen sagen lässt, muss hier der Bezug auch zur Jugendarbeit erneut hervorgehoben werden: Unter dem Stichwort e-youthwork lassen sich alle professionellen internet-und medienbezogenen Interventionen beschreiben – so auch „digitales Streetwork" im Sinne eine virtuell aufsuchenden, lebensweltorientierten Ansatzes.[56] Die Geringschätzung virtueller Lebenswelten und -realitäten durch Öffentlichkeit, Forschung und Fachpersonal lässt die Wirkmächtigkeit solcher Agenden nicht abflauen, sondern zeugt vielmehr von einer handfesten Ignoranz, jugendliche Lebenswelten anzuerkennen.

Drei Momente regionaler identitärer Jugendarbeit sind besonders hervorzuheben:

Erstens, 2014 wurde im Auftrag der steirischen Landesregierung eine Studie durchgeführt, die sich mit Status quo, Bedarfen und Innovationspotentialen der Jugendinformation befasste. Im Bericht nur randständig erwähnt, Anfang 2017 vom Mitarbeiter Martin Auferbauer etwas differenzierter dargestellt im Rahmen eines Workshops des steirischen Dachverbands der Offenen Jugendarbeit: Die Nichtnutzung von professioneller Jugendarbeit, vor allem von Jugendzentren. Es gibt „das Bild, dass für Jugendliche in bestimmten Lebenssituationen Jugendzentren ein Angebot sein können: Migrant*innen und Jugendliche mit geringen finanziellen Mitteln" (x-sample 2014: 98) – das ist die publizierbare Formulierung für ein erschreckendes Ausmaß an Rassismus und Klassismus, das den Forschenden in Fragebögen, Einzelinterviews und Fokusgruppen entgegen geschlagen ist (Auferbauer 2017). Das eingangs erwähnte Facebook-Posting über „deutsche" Jugendräume „als Gegenstück zu überfremdeten Jugendzentren" deutet darauf hin, dass es sich bei den genannten Gründen für Nichtnutzung professioneller Angebote nicht bloß um ein regionales Phänomen handeln könnte. Viele ländliche Jugendzentren sind maßgebliche Akteure für die Integration geflüchteter junger Menschen und das teilweise mit beachtlichem Erfolg. Die „Jugend ohne Migrationshintergrund" hat also zwei Optionen: Diese interkulturellen Angebote anzunehmen oder eben nicht, weil man sie nicht als „für sich passend" erlebt. Zugleich berichten steirische Jugendarbeiterinnen und Jugendarbeiter, dass in vereinzelten Ortschaften Jugendarbeit auch von Seite der Politik als etwas schädliches, feindseliges erlebt und dargestellt wird, da sie sich eben mit migrierten Jugendlichen, Jugendlichen, die Suchtmittel konsumieren, in prekären Familienverhältnissen aufwachsen usw. auseinandersetzt. Auf der anderen Seite würden öffentliche Orte, an denen Jugendliche sich aufhalten könnten ohne Repression zu begegnen, sukzessive weniger. Da kommt ‚patriotisches Streetwork' gerade recht.

---

56 Beispielhaft hierzu der Verein „turn", der mit der Kampagne „Jamal Al-Khatib – Mein Weg" (o.J.) versuchte jugendarbeitsdistanzierte und IS-affine Jugendliche zu erreichen.

Zweitens, die steirische IB veranstaltet regelmäßig Stammtische in einzelnen Ortschaften. Irritierend daran erscheint auf den ersten Blick, dass diese teilweise innerhalb einer halben Stunde an zwei Orten stattfinden. Dies scheint weniger Zeugnis besonders großer, mobilisierungsstarker Ortsgruppen zu sein, denn eines der Mobilität. Das lebensweltorientierte Credo der Offenen Jugendarbeit, „die Jugendlichen da abholen, wo sie stehen", scheint hier wörtlich genommen zu werden, so dass die Stammtischzeiten als Fahrplan verstanden werden müssen. Die Steiermark gilt in einzelnen Bezirken als infrastrukturell geschwächt und Mobilitätsarmut ist ein Thema, gerade auch jüngerer Menschen (vgl. Schweighofer 2017). Die Möglichkeit, kostenfrei die Ortschaft zu verlassen, darf für Jugendliche am Land nicht geringgeschätzt werden. Die Aktionen, die sich daran anknüpfen sind Grill- oder Kegelabende, aber auch Wanderungen oder politische Aktionen, etwa Transparente aufhängen, Flugblätter verteilen etc. In die Begriffe professioneller Jugendarbeit umgelegt: Hier findet eine Art „abholende", freizeitorientierte Jugendarbeit statt, mit Bildungsaspekten, gemeinschaftsstiftenden Momenten sowie jugendkulturellen Dimensionen.

Drittens, die IB Steiermark nutzt hier nicht nur eine lokale infrastrukturelle Lücke und einige Begriffe aus dem Bereich der Jugend(sozial)arbeit. Zugleich wendet sie sich aggressiv gegen zivilgesellschaftlich-kirchliche, behördliche und schulische Akteure und Akteurinnen, die als Agenten und Agentinnen des „Großen Austauschs" gelten und somit aktiv bekämpft werden müssen. Die Bereiche Bildung und Soziales werden so zu Gegnerinnen, man nicht nur diskreditieren, sondern denen man ein Angebot entgegenhalten muss, das für „Patrioten" geeignet ist und diese im Gegensatz zu Professionellen, so das Selbstverständnis, „nicht diskriminiert". Die vergessene Jugend ist eben nicht wehrlos.

Aber das ist doch keine Jugendarbeit!

An dieser Stelle sei die Bemerkung gestattet, dass es nun zwar schön und gut wäre, hier eine längere Explikation einzufügen, warum das alles *ganz sicher* kein Streetwork und keine Jugendarbeit aus Sicht der Sozialarbeit und dementsprechend nicht ernst zu nehmen sei. Fakt ist: Das ist ein fachinterner Spezialdiskurs, dem es gelingen müsste, eine klare Haltung nach außen zu transportieren, die wir derzeit so nicht wahrnehmen, im Gegenteil, die stillschweigende Selbstvergewisserung, man mache selbst alles richtig, ermöglicht letztlich die dargestellten Agenden der extremen Rechten. Zu erleben ist eine massive fachliche Verunsicherung bis hin zu Ignoranz. Zwischenergebnisse eines studentischen Forschungsprojekts zum Umgang Sozialer Arbeit mit kollektiv abwertenden Handlungen an der Fachhochschule St. Pölten[57] weisen nach, dass eine klare Haltung gegen menschenfeindliche Aussagen und Handlungen im beruflichen Alltag nicht als fachliche, sondern als persönliche Positionierung gerahmt wird. Wer also im Einzel- oder Gruppensetting, gegenüber Klientinnen, Kollegen, Kooperationspartnerinnen, Geldgebern usw. Position gegen rechtsextreme Äußerungen bezieht, fühlt sich darin nicht fachlich unterstützt, sondern schildert dies als persönlich motivierte Intervention. Weiters zeigt sich, dass solche Strategien vor allem der Unterbindung oder Sanktionierung menschenfeindlicher Aussagen dienen, nicht aber eines strategischen Umgangs gerade in Settings, in denen etwa längere Unterstützungsprozesse stattfinden. Eines der Zentralthemen der Prävention, nämlich der Schutz und die Unterstützung möglicher oder tatsächlicher Betroffener, spielt eine untergeordnete Rolle. Besonders hervorzuheben ist, dass es in Österreich, anders als in Deutschland, so gut wie keine Organisationen gibt, die in Kooperation mit Sozialer Arbeit oder durch Soziale Arbeit sich mit den Ausformungen des gegenwärtigen Rechtsextremismus befassen.[58]

Hinzu kommt, dass der Begriff Jugendarbeit an sich weder in Deutschland noch in Österreich geschützt ist. Im Gegenteil, Jugendarbeit ist zunächst jede Form von Angebot, dass sich an Jugendliche richtet. Christian Brenzen stellt für Deutschland fest: „Offene Kinder- und Jugendarbeit als gesellschaftliche Aktivität braucht eigentlich keine rechtliche Grundlage – sie kann stattfinden, jeder und jede kann als Teil der eigenen verfassungsrechtlich geschützten Handlungsfreiheit an ihren Angeboten teilnehmen oder selbst Angebote der Offenen Kinder- und Jugendarbeit machen." (Bernzen 2013: 617). Ähnliches gilt für Österreich, geltendes Recht wird wirksam im Moment der staatlichen Förderung, seit 2001 geregelt im Bundes-Jugendförderungsgesetz (BJFG) und teilweise daran angebundenen landesspezifischen Bestimmungen. Gefördert werden dabei verbandliche und Offene Jugendarbeit sowie andere Arten von Jugendgruppen, unabhängig davon, ob sie als Verein konstituiert sind oder nicht. In beiden Staaten werden

---

57   Ergebnisse sind im Mai 2018 zu erwarten. Projektleitung: Eva Grigori und Peter Pantuček-Eisenbacher.

58   Zu nennen sind die Projekte „turnaround" und „Netzwerk Deradikalisierung, Prävention und Demokratiekultur" regionaler Ombudsstellen der Kinder- und Jugendanwaltschaft, Street-Work Wien mit Fokus auf Fußballfans sowie die „Beratungsstelle Extremismus". Dass die steirische Sektenbeobachtungsstelle, die zuletzt auch etwa die Identitären in ihren Monitoringbericht aufnahm, mit Ende 2017 geschlossen wurde, ist umso bedauerlicher. Quer dazu liegen singuläre Projekte und Fortbildungsangebote der Sozialen Arbeit sowie zivilgesellschaftliche AkteurInnen, die themenspezifisch beraten und schulen.

auch Initiativen der Jugend genannt. Also „Gruppierungen, Aktionsgemeinschaften von jungen Menschen, die sich nach den Regeln der Selbstorganisation zusammenfinden, ihre Arbeit gemeinsam gestalten und verantworten, deren Arbeit aber – im Gegensatz zu Jugendverbänden und Jugendgruppen – nicht auf Dauer angelegt ist." (ebd.: 619). Beide Rechtsvorschriften stellen „keine strenge Verknüpfung zwischen Anbietern und Angeboten her, Angebote der Offenen Kinder- und Jugendarbeit können also von allen Anbietern von Jugendarbeit gemacht werden" (ebd. 221).[59]

Auch wenn eine strenge Auslegung der Rechtstexte sowie damit verbundener Einreichungsrichtlinien es für Gruppierungen der IB schwer machen dürften, Finanzierungen zu erhalten, so sind doch auch Wege organisatorischer Mimikry nicht zu unterschätzen, wie dies aktuell in Kooperation mit den „Bürgerinitiative" Ein Prozent in Halle geschieht, deren vorgeschobene Nutzung des dortigen Hausprojekts den Unvereinbarkeitsbeschluss von AfD mit der IB umgeht.

Indem die politischen Karten in der Parlamenten Österreichs und Deutschland Ende 2017 neu gemischt wurden, scheint eine verfrühte Sicherheit, hier bestünden wenige Anschlussmöglichkeiten, unangebracht. Gerade in Österreich wird in etwa auch der „Ring Freiheitlicher Jugend", eine FPÖ Vorfeldorganisation, dank BJFG finanziert. Wer aktuell darüber hinaus derweil gefördert wird, ist nicht einsichtig und müsste parlamentarisch angefragt werden. Jenseits dessen wurde im Sommer 2017 vom damaligen Bundesministerium für Inneres eine „Offensive" zur Vereinsförderung angekündigt. Unter dem Stichwort „Zivilgesellschaft" sollte es um „gelebte Traditionen", den „Erhalt der österreichischen Volkskultur", „Sicherheit", „Jugendförderung" und „soziale Sicherheit" gehen (vgl. BMI 2017). Darin kündigt der damalige Bundesminister für Land- und Forstwirtschaft, Umwelt und Wasserwirtschaft ebenfalls Fördermöglichkeiten an. Das trifft sich gut, ist identitäre Jugendarbeit doch auch an ökologischen Themen und Heimatschutz interessiert. Zugleich zeigt sich in Formulierungen dieser Art, wie schlecht es schon lange vor Schwarz-Blau um die Förderung emanzipatorischer, transkultureller und kosmopolitischer Projekte im österreichischen Staatswesen bestellt ist

---

59   In Deutschland lauten die Prinzipien: Selbstorganisation, Ganzheitlichkeit und Partizipation, konkretisiert wird dies als Anknüpfung an Interessen junger Menschen sowie Anregung zu gesellschaftlicher Mitverantwortung und sozialem Engagement. Orientiert sein müssen die geförderten Initiativen in Österreich an folgenden Grundsätzen: Interessenswahrnehmung, Partizipation, Demokratieförderung, Innovation, Identitätsbildung, Toleranz und Förderung des friedlichen Zusammenlebens, Bildung (Gemeinschaftsstiftung, Menschenrechte, Ethik, Religion, Staatsbürgerlichkeit, Gesundheit, Beruf etc.), soziales und ökologisches Engagement, Gleichberechtigung der Geschlechter und Integration behinderter Menschen (vgl. Bernzen 2013: 618f. sowie BJFG 2. §3).

– was die nächsten Jahre unter einer rechtskonservativen bis extrem rechten Regierung bringen werden, bleibt derzeit abzuwarten.

Jugendarbeit kann also zunächst einmal jede und jeder machen und hat in diesem Sinne auch die Möglichkeit, sich staatlich fördern zu lassen. Die Unterscheidung verbandlich, offen oder ohne Attribut ist tatsächlich nur Fachleuten geläufig. Historisch betrachtet haben somit sowohl die Roten Falken wie die Katholische Kirche wie die Nationalsozialisten Jugendarbeit angeboten. Gemein ist wohl allen Formen, dass es um die Schaffung von jugendadäquaten Räumen, Freizeitangeboten und Unterstützungsprogrammen ging – wenn auch mit unterschiedlichen ideologischen Zielen. Mit der Professionalisierung fand auch eine begriffliche Verengung sowie Entpolitisierung statt. Heute kennt man in beiden Ländern die verbandliche Jugendarbeit sowie die Offene Kinder- und Jugendarbeit. Letztere ist vor allem in Österreich ein fachlich unterbestimmtes Feld zwischen Sozialpädagogik, Sozialarbeit, Eigenständigkeit und Ehrenamt, das auf Länderebene unterschiedlichen gesetzlichen Bestimmungen sowie Förderbedingungen unterliegt (vgl. Liebentritt 2013: 842). In Deutschland ist die Offene Kinder- und Jugendarbeit, entstanden aus der öffentlichen wie verbandlichen „Jugendpflege" (Böhnisch 2013: 4f.), klar der Kinder- und Jugendhilfe zugeordnet (Hafeneger 2013: 37). Die Entstehungsgeschichte in Österreich ist hier deutlich different, eine Zuordnung zur Kinder- und Jugendhilfe ist nur punktuell auf Länderebene vorgesehen.

Grundsätzlich lässt sich mit Blick auf die IB ein traditionelles Bild von Jugendarbeit festhalten, das sich um drei Kernerwartungen dreht: Junge Menschen in Einrichtungen holen (in diesem Fall zum Beispiel Stammtische, Bildungszentren, andere Treffpunkte), sie zu organisieren und gemeinsame Aktivitäten der Freizeitgestaltung zu ermöglichen (vgl. Krafeld 2004: 35).

Was die österreichische Jugendarbeit betrifft, finden sich in einigen ihrer Grundprinzipien offene Flanken. Die Begriffe von Akzeptanz, Parteilichkeit und Neutralität spielen eine zentrale Rolle in der Verunsicherung von Praktikerinnen. Im Qualitätshandbuch des bundesweiten Netzwerks Offene Jugendarbeit heißt es etwa: „Basierend auf der Definition von Akzeptanz nach Lucke (1997: 104) begegnet die Offene Jugendarbeit den jungen Menschen stets annehmend und anerkennend in Hinsicht auf ihre Meinungen, Vorschläge und Entscheidungen." Und weiter: „Akzeptanz ist die Chance, für bestimmte Meinungen, Maßnahmen, Vorschläge und Entscheidungen bei einer identifizierbaren Personengruppe ausdrückliche oder stillschweigende Zustimmung zu finden und unter angebbaren Bedingungen aussichtsreich auf deren Einverständnis rechnen zu können." (BOJA 2016: 44).

Vorweg: Lucke ist Soziologin, keine Sozialarbeiterin, und bezieht sich in ihrer Publikation auch nicht auf Soziale Arbeit. Wohin ein falsch verstandener oder zu wenig konkreter Akzeptanzbegriff führt, hat die deutsche Jugendarbeit in den 1990er Jahren nachdrücklich erlebt, indem Jugendzentren teilweise zu rechtsextremen Kaderschmieden umfunktioniert wurden (vgl. Preuss 2015: 36ff.). Unter dem Begriff „akzeptierende Jugendarbeit" führte Franz Josef Krafeld eine Methode des Streetwork ein, welche den Kontakt zu rechten Jugendcliquen zu gestalten versucht. Auch wenn dabei von Beginn an zentral war, „daß Mitarbeiter*innen der akzeptierenden Jugendarbeit von Anfang an völlig deutlich machen: ‚Ich habe eine ganz andere Position als Ihr. Ich finde Eure Position teilweise erschreckend.'" (AIB 1998), sollte es im ersten Schritt um Beziehungsaufbau und -gestaltung gehen, darum, Jugendliche als Personen kennenzulernen. Aus der Kritik und auch der entleerten Verwendung des Begriffs hat Krafeld Lehren gezogen und spricht heute von einer „gerechtigkeitsorientierten Pädagogik" – im österreichischen Diskurs wird dies kaum rezipiert.

Weiters zeigt sich in der Offenen Jugendarbeit immer wieder ein sehr österreichisches Missverständnis, nämlich dass die klare Positionierung gegen Rechtsextremismus dem überparteilichen bzw. parteineutralen Gebot entgegenstehe, welches ein Standbein der Offenen Jugendarbeit ist. Hier zeigt sich auch die Schwäche einer nicht-parteiförmig organisierten Zivilgesellschaft.

Auf der anderen Seite bietet Offene Jugendarbeit grundsätzlich genügend Andockpunkte einer Arbeit sowohl der Demokratieförderung, der Diversität als auch des Umgangs mit solchen Jugendlichen, die als rechtsextrem bzw. rechtsorientiert gelten. Der Fachdiskurs hierzulande ist in dieser Hinsicht tatsächlich als kläglich zu bezeichnen und wird fast ausschließlich durch studentische Abschlussarbeiten genährt. Dies ist wohl auch ein zentraler Unterscheidungsmoment der Jugendarbeit Österreichs zu der in Deutschland, welche praktisch wie auch publizistisch deutlich stärker Position bezieht.

Die Selbstversicherung der Branche, man sei „eh gut aufgestellt" und „es passiere schon nichts", lässt sich nicht mit der zugleich erfahrenen fachlichen Verunsicherung zusammenbringen. Dass es in Österreich kaum Projekte der Sozialen Arbeit gibt, die sich systematisch mit Rechtsextremismus befassen, kann nicht anders als erschreckend bezeichnet werden. Angebote wie Mobile Beratung, systematische Ausstiegshilfe, Opferberatung etc. gibt und gab es nie. Die Ende 2017 bestätigte schwarz-blaue Regierungskoalition wird Projekte, die sich kritisch mit Rechtsextremismus befassen, verunmöglichen. Schon 2000, zu Zeiten der ersten schwarz-blauen Regierung, hielt Michael Bonvalot folgende Aussage einer Sozialarbeiterin fest, die erläutert, warum ihre Einrichtung nur sehr verklausuliert die

Zielgruppe rechtsorientierter Jugendlicher zum Ausdruck bringen kann: „[I]n unserem letzten Subventionsansuchen stand ursprünglich ‚rechtsorientierte Österreicher‘, das wurde dann im Gemeinderat abgelehnt, nachdem die FPÖ meinte, daß sie auch rechtsorientiert seien, und keine Sozialarbeiter bräuchten [...].“ (Bonvalot 2000: 81).

Auch wenn Rechtsextremismus „im Kern ein gesellschaftliches Problem, nicht ein pädagogisches“ (Krafeld 2010) ist, so muss man mit Blick auf rechte Zugriffe auf den Bereich der Jugendarbeit festhalten, dass diese Feststellung eben nicht bedeuten darf, menschenfeindliches Denken und Handeln aus dem Pädagogischen oder Sozialen hinauszudenken und auf „die Gesellschaft“ zu verlagern. Über die Jugendarbeit hinaus zeigen sich extrem Rechte Affirmationen Sozialer Arbeit immer wieder. Im Winter 2017 etwa durch systematische Kleiderspenden mit einschlägigen Aufdrucken an die Berliner Obdachlosenhilfe oder Gründung eines eigenen Vereins zur Unterstützung Obdachloser in Dresden. Über die Anzahl rechtsextremer Studierender der Sozialen Arbeit gibt es in Österreich keine, in Deutschland schwankende Zahlen.[60]

Zurzeit profitieren gerade die radikalen Organisationen der außerparlamentarischen Rechten von einer gesellschaftlichen Betrachtung, die sie allzu oft als randständige Teile eines Extrems definieren und dabei die große Attraktivität dieser Organisationen und von ihnen gesetzter Angebote ignoriert. Gerade die von uns dargelegten ideologischen und infrastrukturellen Versuche des organisierten Zugriffs erlauben den Reaktionären bis tief in die imaginäre Mitte vorzustoßen und dort erfolgreich und langfristig Ideologien der Ungleichheit zu propagieren.

Überall dort, wo staatliche und zivilgesellschaftliche Hilfsleistungen nicht greifen oder nicht stattfinden, finden extrem rechte Unterstützungsangebote dankbare Klienten und Klientinnen – Schützlinge und Hörige. Der affirmative Zugriff auf Strategien von Offener Jugendarbeit und Sozialer Arbeit bilden einen der Kernmomente dieses Prozesses und bestimmen mittlerweile das Handeln der allzu oft gar nicht mehr ganz so neuen Rechten grundlegend. Es wird höchste Zeit dies anzuerkennen und von Seite der Professionen aktiv Gegenstrategien zu entwickeln. Auch, wenn Karl Kraus‘ Satz, dass „Wenn die Sonne der Kultur niedrig steht, werfen selbst Zwerge einen langen Schatten“ durchaus zuzustimmen ist, so muss doch festgehalten werden, dass die Schatten der extremen Rechten derzeit manifeste Bedrohungen darstellen.

---

60   Eine Übersicht findet sich bei Milbradt/Wagner (2016: 286f.).

Literaturverzeichnis

AfD – Alternative für Deutschland (2017): „Zusammenfassung der aktuellen Beschlusslage zu PEGIDA, -GIDA, IB und FPA". in: AfD kompakt vom 15.05.2017. https://afdkompakt.de/2017/05/15/zusammenfassung-der-beschluss-lage/ [Abfrage am 18.03.2018]

AIB - Antifaschistisches Infoblatt (1998): Interview mit Franz Josef Krafeld. https://www.antifainfoblatt.de/artikel/interview-mit-franz-josef-krafeld [Abfrage am 18.03.2018]

ARG – Antifaschistische Recherche Graz (2017): „Zurüstung zum Bürger-krieg"? – Die Militarisierung der ‚Identitären', in: dies. vom 01.04.2017, https://recherchegraz.noblogs.org/post/2017/04/01/gewaltbereitschaft-der-iden-titaeren/ [Abfrage am 18.03.2018]

Auferbauer, Martin (2017): Hat Offene Jugendarbeit Grenzen? (Wie) kann Begegnung und Inklusion von Menschen mit Fluchterfahrung in diesem Setting gelingen? Input, Workshop "Hat Offene Jugendarbeit Grenzen?", 21.3.2017, Graz.

Bernzen, Christian (2013): Rechtliche Grundlagen der Offenen Kinder- und Jugendarbeit im Bundes- und Landesrecht. In: Deinet, Ulrich / Sturzenhecker, Benedikt (Hg.) (2013): Handbuch Offene Kinder- und Jugendarbeit. 4., überar-beitete und aktualisierte Auflage, Wiesbaden: VS, 617-628.

BMI – Bundesministerium für Inneres (2017): „Vereinsoffensive zur Stär-kung der Zivilgesellschaft". in: APA-OTS vom 01.06.2017, https://www.ots.at/presseaussendung/OTS_20170601_OTS0229/vereinsoffensive-zur-staerkung-der-zivilgesellschaft [Abfrage am 18.03.2018]

Böhnisch, Lothar (2013): Die sozialintegrative Funktion der Offenen Kinder-und Jugendarbeit. In: Deinet, Ulrich / Sturzenhecker, Benedikt (Hg.) (2013): Handbuch Offene Kinder- und Jugendarbeit. 4., überarbeitete und aktualisierte Auflage, Wiesbaden: VS, 3-9.

BOJA (2016): Qualitätshandbuch Offene Kinder und Jugendarbeit. 4. Auf-lage. http://www.boja.at/fileadmin/download/bOJA/1_Handbuch_Qualitaet_OJA_Onlineversion.pdf [Abfrage am 18.03.2018]

Bonvalot, Michael (2000): Rechtsextreme Jugendliche. Diplomarbeit, Sozial-akademie Wien. Unveröffentlicht.

Brinker, Trude / Recherche Miro Dittrich / no-nazi.net (2016): „Ein Prozent für unser Land' – NGO der Neuen Rechten". in: Belltower News vom 31.05.2016, http://www.belltower.news/artikel/ein-prozent-f%C3%BCr-unser-land-%E2%8 0 %93-ngo-der-neuen-rechten-11046 [Abfrage am 18.03.2018]

Bruns, Julian; Glösel, Kathrin; Strobl, Natascha (2017): Die Identitären. Handbuch zur Jugendbewegung der Neuen Rechten in Europa, 3. Aufl., Münster: Unrast.

Deinet, Ulrich / Sturzenhecker, Benedikt (Hg.) (2013): Handbuch Offene Kinder- und Jugendarbeit. 4., überarbeitete und aktualisierte Auflage, Wiesbaden: VS.

EinProzent (2017): Kulturraum Land: Investoren und Pioniere gesucht. vom 29.11.2017. https://einprozent.de/blog/aktiv/kulturraum-land-investoren-und-pioniere-gesucht/2193 [Abfrage am 18.03.2018]

Fleischhauer, Jan (2017): „Die Angst vor dem großen Austausch", in: Spiegel Online vom 20.03.2017. http://www.spiegel.de/politik/deutschland/bevoelker ungsentwicklung-der-grosse-austausch-kolumne-a-1139526.html. [Abfrage am 18.03.2018]

Giustolisi, Daniele (2017): „Blamage für Dortmunder Rechte: Polizei spricht von 'angeblicher Hausbesetzung'", in: Dortmund24 vom 15.12.2017. http://www.dortmund24.de/dortmund/blamage-fuer-dortmunder-rechte-polizei-spricht-von-angeblicher-hausbesetzung/ [Abfrage am 18.03.2018]

Goetz, Judith / Sedlacek, Joseph Maria / Winkler, Alexander (Hg.) (2017): Untergangster des Abendlandes. Ideologie und Rezeption der rechtsextremen ,Identitären'.

Grimes CasaPound (o.J.): Facebook-Seite, https://www.facebook.com/grimes.casapound/ [Abfrage am 18.03.2018]

Hafeneger, Benno (2013): Geschichte der Offenen Kinder- und Jugendarbeit seit 1945. In: Deinet, Ulrich / Sturzenhecker, Benedikt (Hg.): Handbuch Offene Kinder- und Jugendarbeit. 4., überarbeitete und aktualisierte Auflage, Wiesbaden: VS, 37-47.

Hager, Johanna (2016): „Identitärer wirbt bei Fest für Hofer um Unterschriften", in: kurier.at vom 087.09.2016, https://kurier.at/politik/inland/identitaerer-

wirbt-bei-fest-fuer-hofer-um-unterschriften/220.000.254 [Abfrage am 18.03.
2018]

Jamal al-Khatib (o.J.): Facebook-Seite, https://www.facebook.com/jamala-lkhatibmeinweg/   [Abfrage am 18.03.2018]

Jungeuropa Verlag (2017): „Immer unterwegs!" [Tweet], vom 05.11.2017, https://twitter.com/Jungeuropa_2016/status/927127524034957313 [18.03.2018]

Jungeuropa Verlag (o.J.): Gesamtverzeichnis. http://jungeuropa.de/gesamt-verzeichnis/ [Abfrage am 18.03.2018]

Kitzler, Jan-Christoph (2014): Italien: Casa Pound – Faschismus für das 3. Jahrtausend?, in Bundeszentrale für Politische Bildung, Dossier Rechtsextremismus.:   http://www.bpb.de/politik/extremismus/rechtsextremismus/184193/italien-casa-pound-faschismus-fuer-das-3-jahrtausend [Abfrage am 18.03.2018]

Kubitschek, Götz (2003): „Fünf Lehren – Nachruf auf Armin Mohler", in: Sezession vom 01.07.2003, https://sezession.de/8033/fuenf-lehren-nachruf-auf-armin-mohler [Abfrage am 18.03.2018]

Klemperer, Viktor (2015): LTI. Notizbuch eines Philologen. Herausgegeben von Elke Fröhlich, Stuttgart: Reclam.

Koch, Heiko (2013): Casa Pound Italia. Mussolinis Erben, Münster: Unrast.

Krafeld, Franz Josef (2004): Grundlagen und Methoden aufsuchender Jugendarbeit. Eine Einführung. Wiesbaden: VS.

Krafeld, Franz Josef (2010): Akzeptierende Jugendarbeit - Grundlagen. http://www.franz-josef-krafeld.de/7.%20Akzeptierende%20Jugendarbeit/Akzeptierende%20Jugendarbeit%20-%20Grundlagen%20(2010).pdf   [Abfrage am 18.03.2018]

Langebach, Martin / Raabe, Jan (2016): Die ›Neue Rechte‹ in der Bundesrepublik Deutschland, in: Virchow, Fabian, Langebach, Martin, Häusler, Alexander (Hrsg.): Handbuch Rechtsextremismus, Wiesbaden: Springer VS, 561-593.

Liebentritt, Sabine (2013: Offene Kinder- und Jugendarbeit in Österreich. 841-851.

MDR – Mitteldeutscher Rundfunk (2017): „Zurüstung zum Bürgerkrieg"? – Die Militarisierung der ‚Identitären', in: ders. vom 22.11.2017, https://www.mdr.de/sachsen-anhalt/halle/angriff-auf-polizisten-halle-durch-iden titaere-bewegung-100.html [Abfrage am 18.03.2018]

Milbradt, Björn / Wagner, Leonie (2016): Pegida – Rechtspopulistische Bewegungen und die Folgen für die Soziale Arbeit, in: Soziale Passagen, (2016) 8:275–291.

Murdoch, Simon (2017): "Dangerous Defend Europe Limps Across The Star Line.", in: Hope Not Hate vom 31.07.2017, http://www.hopenothate.org.uk/2017/07/31/dangerous-defend-europe-limp-across-start-line/ [Abfrage am 18.03.2018]

Preuss, Oliver (2015): Grenzenlos Akzeptieren? Akzeptierende Jugendsozialarbeit anhand aktueller Entwicklungen von gruppenbezogener Menschenfeindlichkeit und rechtsextremen Einstellungsmustern. Bachelorarbeit, Staatliche Studienakademie Thüringen/Berufsakademie Gera.

Patriotisches Dortmund (2017): Langsam gibt es erste Infos aus dem Umfeld der Besetzer [Facebook-Post vom 15.12.2017], https://www.facebook.com/patriotischesdortmund/posts/249456138922113 [Abfrage am 18.03.2018]

Reibenwein, Michaela / Temel, Peter (2017): „Identitären-Schiff wieder auf Fahrt: Mit Ex-Mitarbeiter der FPÖ", in: kurier.at vom 28.07.2017, https://kurier.at/chronik/weltchronik/identitaeren-schiff-kapitaen-arbeitete-fuer-fpoe-im-parlament/277.378.443 [Abfrage am 18.03.2018]

Reuter, Benjamin (2016): Identitäre Bewegung: Das lächelnde Gesicht der Neuen Rechten. In: Huffington Post, 16.05.2016, http://www.huffingtonpost.de/2016/05/16/identitaere-bewegung-martin-sellner-_n_9984260.html [Abfrage am 18.03.2018]

Rieker, Peter (2009): Rechtsextremismus und Soziale Arbeit. Kinder und Jugendliche im Fokus der rechtsextremen Szene. In: Wagner, Leonie (Hg.): Soziale Arbeit und Soziale Bewegungen, Wiesbaden: VS, 231-252.

Ruttner, Florian 2017: Die Wiederholung des fast Immergleichen. Zur Genealogie der „Identitären", in: Goetz, Judith / Sedlacek, Joseph Maria / Winkler, Alexander (Hg.) (2017): Untergangster des Abendlandes. Ideologie und Rezeption der rechtsextremen ‚Identitären'. Marta Press UG: Hamburg. 187-201.

Sachsen-Anhalt Rechtsaußen (2017): „AfD und EinProzent zu Gast bei Faschisten-Konferenz, in: dies. vom 03.05.2017, https://lsa-rechtsaussen.net/zu-gast-bei-faschisten-konferenz/ [Abfrage am 18.03.2018]

Schade, Thomas (2017): „„Identitäre' in Halle – Gewalt, Einschüchterung und Verharmlosung", in: Die Zeit, Störungsmelder, vom 27.11.2017, http://blog.zeit.de/stoerungsmelder/2017/11/27/identitaere-in-halle-gewalt-einschuechterung-und-verharmlosung_25120 [Abfrage am 18.03.2018]

Schattleitner, Christoph (2017): „Die Verbindungen zwischen FPÖ und ‚Identitären'", in: VICE Switzerland, https://www.vice.com/de_ch/article/8qm5w5/die-verbindungen-zwischen-fpo-und-identitaren [Abfrage am 18.03.2018]

Schmid, Fabian / Sulzbacher, Markus (2016): „Identitäre Grüße aus Moskau: Rechtsextreme Allianz mit dem Osten", in: DerStandard vom 10.06.2016, derstandard.at/2000038542175/Identitaere-Gruesse-aus-Moskau-Rechtsextreme-Allianz-in-den-Osten [Abfrage am 18.03.2018]

Schmidt, Holger (2013): Das Wissen zur Offenen Kinder und Jugendarbeit. In: Deinet, Ulrich / Sturzenhecker, Benedikt (Hg.): Handbuch Offene Kinder- und Jugendarbeit. 4., überarbeitete und aktualisierte Auflage, Wiesbaden: VS,11-22.

Schweighofer, Barbara (2017): Jugendliche. In: Bennesdorfer, Barbara / Diensthber, Annabelle / Höllerer, Adelheid / Schweighofer, Barbara / Strassegger, Boris: Inklusive Mobilität. Mobilitätsarmut von Adressat_innengruppen der Sozialen Arbeit: Probleme und Lösungsstrategien. Masterthese, FH St. Pölten.

Tomlinson, Chris (2017): „Soros-funded Tunisioan NGO Commands Fischermen to Block 'Defend Europe' Ship from Port", in: Breitbart vom 08.08.2017, http://www.breitbart.com/london/2017/08/08/soros-funded-tunisian-ngo-fishermen-block-defend-europe-ship-port/ [Abfrage am 18.03.2018]

Virchow, Fabian, Langebach, Martin, Häusler, Alexander (Hrsg.) (2016): Handbuch Rechtsextremismus, Wiesbaden: Springer VS.

Wächter, Natalja (2016): Die Rolle der Jugendarbeit in der Begegnung mit sozialer Ungleichheit: aktuelle Diskussionen in der Jugendarbeit aus dem internationalen Raum. Vortrag, Tagung der ÖFEB-Sektion Sozialpädagogik „Soziale Arbeit und soziale Frage(n)", 22. – 23.09.2016, Alpen-Adria-Universität-Klagenfurt.

Weiß, Volker 2016: Bedeutung und Wandel von ›Kultur‹ für die extreme Rechte. In: Virchow, Fabian, Langebach, Martin, Häusler, Alexander (Hrsg.): Handbuch Rechtsextremismus, Wiesbaden: Springer VS, 441-471.

Weiß, Volker (201 7): Die autoritäre Revolte: Die Neue Rechte und der Untergang des Abendlandes. Stuttgart: Klett-Cotta.

x-sample (2014). Jugendinformation in der Steiermark: Status quo, Bedarf und Innovationspotenziale. Im Auftrag des Amts der Steiermärkischen Landesregierung, Fachabteilung Gesellschaft und Diversität, Referat Jugend. Graz. http://www.x-sample.at/pdf/Bericht_Jugendinformation%20in%20der%20Steiermark_Druckfassung.pdf [Abfrage am 18.03.2018]

Linkspopulismus als Antwort auf rechten Populismus?
Eine kritische Betrachtung

Josef Kraft und Sofia Sboui

Um dem gegenwärtigen rechten Populismus zu begegnen, bedarf es einer fundierten Kritik der liberalen Demokratie. Die postmarxistische Politikwissenschaftlerin Chantal Mouffe betont dies schon seit Jahren und mit ihrer Schrift „Über das Politische" von 2007 hat sie hierzu auch ein normatives Demokratiemodell in den öffentlichen Diskurs gebracht. Eine ihrer zentralen, auf die ganz reale Politik bezogenen Forderungen ist, dass es – auch als Antwort auf den rechten – einen linken Populismus geben muss. (vgl. Briegleb 2016)

Der Soziologe Olaf Jann schreibt in seinem Aufsatz „Heartland - Oder: Die Kritik der infamen Bürger" (2017: 279) über populistische Äußerungen: „Die demokratische Kommentarfunktion wird geöffnet." Populismus sei der Politikstil dieser Epoche. Obwohl laut Jann in ihrer Form nicht nur die Äußerungen derjenigen Gruppen, die als rechtspopulistisch bezeichnet werden, sondern auch die hegemoniale Politik populistisch sind, ist die Fremdzuschreibung dieses Attributes ein Akt der Abwertung und Denunziation von gegenhegemonialen Artikulationen und Organisationsformen durch die Sprechberechtigten.

> „Je nach politischer Konstellation kann Populismus insofern als gegenhegemoniale Intervention oder als herrschaftlich-hegemoniales Sprechen auftreten. Populismus ist deshalb grundsätzlich auch keine Pathologie der Demokratie oder gar ihr Gegensatz, sondern inhärenter Bestandteil politischer Praxis, so dass sich jede Politik klientenspezifischer populistischer Muster bedienen kann." (Jann 2017: 283)

Dass diese, als populistisch verunglimpfte Artikulationsformen, inhaltlich den rechts-konservativen Ideologien näherstehen, liege in den momentanen Machtverhältnissen und Globalisierungsdynamiken begründet. Gefühle der Entfremdung und der Nicht-Repräsentiertheit würden zu dem Bedürfnis der Komplexitätsreduktion und Begrenzung führen. Hier wird der Gegensatz von grün-links-liberalen Kosmopolit*innen versus konservativen Kommunitarist*innen aufgemacht, welche sich derzeit in einem Kulturkrieg befinden (vgl. ebd.: 282). „Populismus ist vor allem ein Kampfbegriff. Ketzerisch formuliert könnte dies daran liegen, dass populistisch geäußerte Anliegen der Bürger eine Verschiebung der Souveränität hin zu den Bürgern und eine Teilentmachtung der Parlamentarier

© Springer Fachmedien Wiesbaden GmbH, ein Teil von Springer Nature 2019
L. Boehnke et al. (Hrsg.), *Rechtspopulismus im Fokus*,
https://doi.org/10.1007/978-3-658-24299-2_9

andeuten."(ebd.: 279) Jann sieht also in populistischen Bewegungen demokratisierende Momente der Selbstermächtigung der Bürger*innen.

Ohne Janns Kritik in allen Punkten folgen zu müssen, kann die Möglichkeit eines denunziatorischen Elementes des Populismusbegriffs zur Abschwächung unliebsamer Diskurse durch liberale Kritiker*innen nicht von der Hand gewiesen werden. Jedoch will der folgende Aufsatz auf weitere Lücken in der Auseinandersetzung mit (Rechts-)Populismus hinweisen. Liberale Kritiken, so die These, können in Ermangelung der Analyse des Bodens für gesellschaftliche Ungleichheit die Basis für rechte und reaktionäre Tendenzen stärken, anstatt sie zu beseitigen. Das Problem der liberalen Kritik am (Rechts-)Populismus soll mit einer genaueren Betrachtung des Liberalismus[61] behandelt werden. Dieser wird sowohl von politisch rechter als auch von linker Seite kritisiert. Die linke Kritik des Liberalismus von Mouffe bedient sich der konservativen Überlegungen zum historischen Liberalismus des Staatsrechtlers und politischen Philosophen Carl Schmitt, welcher wiederum Stichwortgeber der neuen Rechten ist und auch seinerzeit Vordenker des Nationalsozialismus war. Hier steigt der Aufsatz ein und möchte eine andere Form der Kritik am Liberalismus mit Herbert Marcuse und einigen Stichworten von Reinhard Kühnl stark machen. Dies ist aus der Sicht der Autor*innen notwendig, um nicht Gefahr zu laufen, sich mit den Rechten gemein zu machen. Eine progressive Kritik des Liberalismus und damit einhergehend der liberalen Demokratie soll als eine theoretische Anregung einer Diskurserweiterung im Hinblick auf die rechten Tendenzen in Europa geliefert werden. Im nächsten Schritt wird das Verhältnis von rechten Populist*innen und der neuen Rechten zu Schmitt skizziert, um daraufhin mit Wolfgang Abendroths Theorie der sozialen Demokratie, einen praktischen, politischen Appell zur Demokratisierung aller Lebensbereiche, als ein Gegengift für den rechten Populismus und die neue Rechte, zu formulieren. Diesem Aufsatz liegt ein Verständnis von *Links* und *Rechts* zugrunde, welches vom Politikwissenschaftler Reinhard Opitz (1980:28) übernommen ist:

> „Linksgerichtete Bewegungen oder Kräfte waren demnach solche, die zu ihrer Zeit auf den historisch objektiv möglichen nächsthöheren Verwirklichungsgrad von Demokratie hindrängen oder ihm punktuell vorarbeiten, rechtsgerichtete Bewegungen oder Kräfte solche, die hinter den zu ihrer Zeit jeweils schon erreichten relativen historischen Realisationsgrad von Demokratie oder auch nur Artikulationsspielraum der demokratischen (linken) Kräfte zurückdrängen."

---

61   Liberalismus wird hier verstanden als „[...] staatliche, gesellschaftliche und wirtschaftliche Ordnung [...], die auf Vertrags- und Gewerbefreiheit, Freizügigkeit und der Garantie des Privateigentums aufbaut[...]." (Kühnl 1999:31)

Chantal Mouffe und der linke Populismus

Während Jann Rechtspopulismus als Spielart der Demokratie markiert, versteht die Politologin Mouffe diesen als Krisenindikator der gegenwärtigen liberalen Demokratie. (vgl. Hildebrand/Séville 2015: 33) Auch Mouffe ist der Auffassung, dass es "[d]ie Strategie hinter dieser Bezeichnung ist [...], populistische Bewegungen vom Diskurs der ›echten Demokraten‹ auszuschließen." (Briegleb 2016) Jedoch sieht sie den virulenten rechten Populismus als Chance der Restrukturierung demokratischer Öffentlichkeit. Sie ist eine der prominentesten Stimmen, die einen linken Populismus fordern. (vgl. ebd.) In ihrer Schrift „Über das Politische" von 2007 kritisiert Mouffe das gegenwärtige Verständnis vom *Politischen* in dem Sinne, dass es zwar nicht gesellschaftlich verschwunden ist, jedoch: „im *moralischen Register* ausgetragen wird. Mit anderen Worten, es besteht immer noch eine Wir-Sie-Unterscheidung, die aber statt in politischen jetzt in moralischen Kategorien definiert wird. Statt mit dem Kampf zwischen ›rechts‹ und ›links‹ haben wir es mit einem Kampf zwischen ›richtig‹ und ›falsch‹ zu tun." (ebd.: 11-12) Aus dieser Kritik entwickelt sie den konfliktorientierten Demokratiebegriff *radikale Demokratie*. Mit diesem normativen Demokratiemodell formuliert Mouffe eine eigene Antwort auf die von ihr und dem postmarxistischen Diskursanalytiker Ernesto Laclau freigelegte Kritik der liberalen Demokratie, wonach diese die Konfliktualität des Sozialen negiert (vgl. Hildebrand/Séville 2015: 38). Gesellschaftliche Konflikte seien nicht konsensual auflösbar, weshalb die politische Forderung Mouffes die Etablierung des *Agonismus* ist. Der allgegenwärtigen Bedrohung eines zerstörerischen *Antagonismus*, so Mouffe, muss mit der Schaffung politischer Strukturen begegnet werden, in denen diese zerstörerische Kraft durch die radikale Anerkennung der Gegensätze neutralisiert wird. Die Anerkennung des Kampfes um Hegemonialität verschiedener politischer Konzepte innerhalb demokratischer Strukturen, wie unter anderem des Parlaments, soll der allgegenwärtigen Politikverdrossenheit entgegenwirken. Wichtig hierbei ist der Begriff der *Identitäten* und des *konstitutiven Außerhalb*, was den Wir-Sie-Gegensatz unterstreichen soll. Dieser Wir-Sie-Gegensatz, das Konstitutivum von Gesellschaftlichkeit und Identität, ist dem Freund-Feind-Schema des konservativen Staatsrechtlers Carl Schmitt entlehnt. (Gruppen-)Identitäten können, in Anlehnung an den Psychoanalytiker Sigmund Freud, nur durch Abgrenzung von einem Anderen entstehen. Dieses Außerhalb ist der Gegenpart, den die Identität braucht, um überhaupt sein zu können.

Das Politische wird als ein „Ort von Macht, Konflikt und Antagonismus" (Mouffe 2007: 16) definiert. Dort herrsche ein „permanenter Konflikt um die Einrichtung der Gesellschaft in der Politik". (Hetzel 2009: 179) Im Gegensatz zur Auffassung der von ihr und auch Jann als hegemonial identifizierter, liberaler Demokratie „liegt die Besonderheit demokratischer Politik nicht in der Überwindung des Wir-Sie-Gegensatzes, sondern in der spezifischen Art und Weise seiner

Etablierung. Demokratie erfordert eine Form der Wir-Sie-Unterscheidung, die mit der Anerkennung des für die moderne Demokratie konstitutiven Pluralismus vereinbar ist." (Mouffe 2007: 22)

Die konservativen Theoretiker*innen seien die stärksten Kritiker*innen des Liberalismus, so Mouffe. Carl Schmitt formuliere mit seiner Kritik am Liberalismus und der Definition des Politischen als ein Kampf zwischen Freund und Feind eine fundierte Kritik des Liberalismus. Deshalb nutzt sie dessen berühmte Unterscheidung von Freund und Feind als Kristallisationsmoment des Politischen für ihre Kritik der liberalen Demokratie. Das Politische bei Schmitt ist nicht der Kampf zwischen Freund und Feind, sondern das sich aus dessen stets bestehender Möglichkeit entstehende menschliche Verhalten. (vgl. Elbe 2014: 40) Mouffe transformiert diesen Gegensatz von Freund und Feind in einen Wir-Sie-Gegensatz, der, anders als bei Schmitt, innerstaatlich sein kann und nicht durch den Souverän vorgegeben ist. (vgl. Mouffe 2007: 22) Aus diesem Wir-Sie-Gegensatz können sich Konflikte ergeben, welche zerstörerische, antagonistische Kräfte entwickeln können. Die Hauptaufgabe von Demokratie soll die Umwandlung vom zerstörerischen Antagonismus in fairen agonistischen Kampf sein. (vgl. Mouffe 2007: 30)

Konservative und emanzipatorische Kritik am Liberalismus

Schmitts Liberalismuskritik, welche unter anderem die ihm inhärenten aufklärerischen Ideen wie Rationalismus und Materialismus in Hinblick auf das Politische problematisiert, scheint bei näherer Betrachtung eine schwierige Basis für eine emanzipatorische Kritik am Liberalismus oder am Neoliberalismus zu sein. In seinem Aufsatz „Der Kampf gegen den Liberalismus in der totalitären Staatsauffassung" von 1934 bemerkt der Mitbegründer der Kritischen Theorie, Herbert Marcuse, zunächst, dass die damaligen konservativen Kritiker*innen von sich selbst sagen, gegen die Ideen der Französischen Revolution zu kämpfen: gegen „weichlichen Humanismus und Pazifismus, westlichen Intellektualismus, selbstsüchtigen Individualismus, Auslieferung der Nation und des Staates an die Interessenkämpfe bestimmter gesellschaftlicher Gruppen, abstrakter Gleichmacherei, Parteiensystem, Hypertrophie der Wirtschaft, zersetzenden Technizismus und Materialismus." (ebd.: 11) Diese Ideen seien jedoch nur teilweise die Ideen des historischen Liberalismus und würden sogar von dieser ideologischen Strömung selbst bekämpft werden. (vgl. ebd.: 13)

An diesem Punkt setzt unsere Kritik an der Reaktivierung konservativer Gedanken zum Liberalismus in Form von Schmitts Theorie an. Der Liberalismus und seine aufklärerischen Ideen müssen nämlich mit einer weiteren Komponente zusammen gedacht werden: dem naturrechtlich begründeten Schutz des Privateigentums[62]. Marcuse arbeitet hier den inneren Widerspruch des Liberalismus heraus, welcher in seiner Konsequenz zur Schmitt'schen totalitären Staatsauffassung führen müsse. Die aufklärerischen Ideale werden durch das zu ihnen im Widerspruch stehende Recht auf Privateigentum blockiert. Universelle Freiheit, Gleichheit und Brüderlichkeit kann nicht mit der Basis des Liberalismus, dem Recht auf Privateigentum garantiert werden. Zur Herrschaftsanalyse wird hier mit Marx'schen Kategorien gearbeitet: Der Blick auf die Produktionsverhältnisse der Gesellschaft, welche immer auch Eigentumsverhältnisse sind, definiert die Klassenverhältnisse. Diese sind als solche im Marx'schen Gedankengebäude gewaltförmige Herrschaftszustände, in denen die eine Klasse über die andere herrscht. Die bürgerlichen Eigentumsrechte, die die sozialen Klassen voneinander unterscheiden, müssten von den Besitzenden gegen Angriffe mit Macht und Recht verteidigt werden. (vgl. Streeck 2016) Privateigentum führt zu jener Klassengesellschaft, welche somit zwangsläufig zu sozialen Ungleichheiten führt. Diese sozialen Ungleichheiten bedeuten auch eine ungleiche Verteilung immaterieller Güter wie die der Ideen der Aufklärung. Die ungleiche Verteilung der immateriellen Güter wie Freiheit und Gleichheit hat also eine materielle, ökonomische Basis. Dieser Basis dient auch das bürgerliche Recht. Die bürgerlichen, liberalen Rechte unterliegen alle der ökonomischen Basis, also der kapitalistischen Wirtschaftsordnung und müssen im Ernstfall dem Schutz des Privateigentums weichen, so Marcuse 1934 (22):

> „Im Hinblick auf diese Einheit der ökonomischen Basis läßt sich sagen: es ist der Liberalismus selbst, der den total-autoritären Staat aus sich ›erzeugt‹: als seine eigene Vollendung auf einer fortgeschrittenen Stufe der Entwicklung. Der total-autoritäre Staat bringt dem monopolistischen Stadium des Kapitalismus entsprechende Organisation und Theorie der Gesellschaft."

In seiner Schrift „Liberalismus als Form bürgerlicher Herrschaft. Von der Befreiung des Menschen zur Freiheit des Marktes" (1999) fasst der Vertreter der Abendroth-Schule der Politikwissenschaft, Reinhard Kühnl, schon mit dem Titel des Buches zusammen, welche Tendenz der Liberalismus im Laufe der Geschichte entwickelt hat und weist darauf hin, dass die Werte „der Befreiung des Menschen" der „Freiheit des Marktes" weichen mussten. Vor allem der Rationalismus des Liberalismus ist ein zentraler Kritikpunkt bei Mouffe und Schmitt. Der historische Liberalismus hat jedoch auch eine „irrationalistische Grundtendenz" (Marcuse 1934: 17), was weiteren Aufschluss über die Unzulänglichkeit liberaler

---

62   „Privateigentum, als Gegensatz zum gesellschaftlichen, kollektiven Eigentum, besteht nur
       da, wo die Arbeitsmittel und die äußeren Bedingungen der Arbeit Privatleuten gehören."
       Marx, Karl (2005). Das Kapital. Kritik der Politischen Ökonomie (MEW Bd. 23). 21. Aufl.,
       unveränderter Nachdruck der 1. Aufl. 1962. S. 789. Berlin. Dietz.

Rechtspopulismus-Kritik gibt. Diese Tendenz ist ein Gegensatz zur rationalistischen Gesellschaftstheorie, welche idealtypisch „eine Theorie der Gesellschaft, die die von ihr geforderte Praxis unter die Idee der autonomen Ratio stellt, d.h. des menschlichen Vermögens, durch begriffliches Denken das Wahre, Gute und Richtige zu erfassen." (ebd.: 17-18) ist. Dieses rationale Erfassen steht dem konservativen, essentialistischen Denken Schmitts gegenüber. In Schmitts Gedankengebäude müssen Letztgründe, wie zum Beispiel *das Volk* und *das Politische*, die nicht weiter materialistisch begründet beziehungsweise auf ihre Anerkennung als Vernunftgemäßes geprüft werden, als gegeben akzeptiert werden. Ein solcher Irrationalismus zeichnet sich dadurch aus, „daß hier vor die Autonomie der Vernunft als ihre *prinzipielle* (nicht bloß faktische) Schranke irrationale Gegebenheiten gelagert werden (›Natur‹, ›Blut und Boden‹, ›Volkstum‹, ›existenzielle Sachverhalte‹, ›Ganzheit‹ usw.), von denen die Vernunft kausal, funktional oder organisch abhängig ist und bleibt." (ebd.: 19) Letztendlich wird durch jene Letztbegründungen die Ratio ihres Fundamentes beraubt. Um Beschriebenes noch einmal aus einer anderen Perspektive deutlich zu machen, wird das Fehlen der Kapitalismuskritik in der Theorie Mouffes in Bezug zum Rechtspopulismus und der extremen Rechten deutlich gemacht. Auch neurechte Denker*innen aus dem Institut für Staatspolitik stützen sich auf Schmitt und dies kommt nicht von ungefähr. Seine Kritik am Liberalismus bedient die neurechten Tendenzen nämlich mit der romantischen Vorstellung einer sich jenseits der Klassenunterschiede verortenden, weil völkischen Gesellschaft, ohne die materialistische Basis der Eigentumsverhältnisse und damit die Ursachen für soziale Ungleichheit anzugreifen:

> „Die klassenlose Gesellschaft ist also das Ziel, aber die klassenlose Gesellschaft auf der Basis und im Rahmen – der bestehenden Klassengesellschaft. Denn in der totalitären Staatstheorie werden die Fundamente dieser Gesellschaft: die auf dem Privateigentum an den Produktionsmitteln aufgebaute Wirtschaftsordnung, nicht angegriffen, sondern nur soweit modifiziert, als es das monopolistische Stadium dieser Wirtschaftsordnung selbst verlangt." (ebd.: 24)

Zurück zu Mouffe: Sie schlägt vor, Schmitts Kritik des liberalen Individualismus und Rationalismus anzuwenden und entgegen dessen Ausführung damit ein neues Verständnis liberaldemokratischer Politik zu diskutieren, anstatt sie zu verwerfen (Mouffe 2007: 22). Und genau an diesem Punkt kann noch einmal aus der für diesen Aufsatz eingenommenen Perspektive eingegriffen, beziehungsweise der Kritikpunkt deutlich gemacht werden: Die liberale Demokratie soll bewahrt werden und mit ihr auch die Basis für gesellschaftliche Ungleichheit, die kapitalistische Wirtschaftsordnung. Hier kristallisiert sich das Problem der Forderung nach einem linken Populismus im Sinne Mouffes. Wird der Liberalismus und mit ihm die liberale Demokratie als eine Ursache für den steigenden Rechtspopulismus und andere rechte Strömungen gesehen, wird dieser bei Mouffe nicht konsequent infrage gestellt. Eine fehlende rationale, materialistische Kritik der liberalen Demokratie wird die Ursachen des Zulaufs zu rechtspopulistischen und neurechten Gruppierungen nicht verhindern, da ihre ökonomische Dimension nicht ins Auge gefasst wird. „Die Realisation des erstrebten einigenden Ganzen wäre in Wahrheit primär eine *ökonomische* Aufgabe: Beseitigung der Wirtschaftsordnung, die der Grund der Klassen und Klassenkämpfe ist. Eben diese Aufgabe kann und will der Universalismus nicht lösen, ja, er darf sie nicht einmal als eine *ökonomische* anerkennen". (Marcuse 1934: 25)

Schmitt und die Neue Rechte

Schmitt ist, wie weiter oben bereits angedeutet, auch heute noch ein wichtiger Stichwortgeber der Neuen Rechten. Auch eines der einflussreichsten Medien der (Neuen) Rechten, die Wochenzeitung Junge Freiheit (JF), bezieht sich stark auf Schmitt und die *Konservative Revolution* (vgl. Gessenharter 2007: 78-79 und 81). Die Junge Freiheit spiegelt den Versuch wieder, der politischen Rechten ein intellektuelles Medium als Sprachrohr zur Verfügung zu stellen. Die Ausstrahlungskraft der JF ist im rechten und rechtskonservativen Bereich am Größten; kein anderes Medium vermag es, derart viele Personen dieser Spektren zusammenzubringen (vgl. ebd. 78). Das vereinende Element bildet der Schmittismus. Einen guten Einblick in die Ausrichtung der Schmitt-Anhänger*innen bietet ein Zitat aus der Jungen Freiheit (zitiert nach Braun/Geisler/Gerster 2007: 26):

> „Wer mit dem Grundgesetz unter dem Kopfkissen schläft, braucht Carl Schmitt nicht. Wer jedoch erkannt hat, daß die Verfassung das Gefängnis ist, in die die res publica der Deutschen – gerade nach der kleinen Wiedervereinigung [sic!][63] – gefangen gehalten wird, greift gerade jetzt zu seinen Werken."

Hieraus geht deutlich hervor, wofür Schmitt und seine Anhänger*innen nicht stehen: Für die im Grundgesetz verankerten Grundsätze.

Seit Ende der neunziger Jahre des letzten Jahrhunderts gelingt es der JF immer wieder, renommierte Gesprächspartner*innen aus allen gesellschaftlichen Bereichen, wie zum Beispiel Politik, Wirtschaft und Wissenschaft, zuzugewinnen (vgl.

---

63   Diese Formulierung ist in mehrerlei Hinsicht kritisch zu sehen. Unabhängig von ihrer konkreten territorialen Stoßrichtung greift sie in die Unabhängigkeit von anerkannten Ländern ein; sei es nun als Bezug auf die Grenzen Deutschlands vor 1937 (und damit eine Infragestellung der Oder-Neiße-Grenze), der Gebiete Preußen Mitte des 19. Jahrhunderts oder auch Österreichs.

Gessenharter 2007). Bevor die weiteren Beziehungen zwischen Schmitt, der Neuen Rechten und damit auch die Implikationen für die Werke Mouffes dargelegt werden, wird zunächst der Begriff der *Konservativen Revolution* vorgestellt.

Der Begriff der *Konservativen Revolution*[64] ist nicht unumstritten und wurde auch für die Zielvorstellungen des Juristen Edgar Julius Jung, einem der ideologischen Vorbilder der Neuen Rechten, genutzt (vgl. Becher/Begass/Kraft 2015: 66). Die Ideengeschichte beginnt am Ende des ersten Weltkrieges. Nicht nur in Russland, sondern auch in Deutschland wurden die bisherigen Regierungssysteme gestürzt und (kurzfristig) Gesellschaften gedacht, die über das vorherrschende kapitalistische Wirtschaftssystem hinausgingen. Unter den Eindrücken dieser Entwicklungen hat sich eine heterogene Gruppe von Staatsrechtler*innen, Ökonom*innen, Wirtschaftsbossen, aber auch Militärs und Politiker*innen herausgebildet, die die Nation gegenüber dem möglichen Sozialismus zu verteidigen suchte. Denn der Schutz vor einer sozialistischen Revolution konnte nicht von den damalig herrschenden Politiker*innen erwartet werden. Daher müsse sich eine *neue* Elite, die sich selbstverständlich aus den Eliten des untergegangenen Kaiserreichs reproduzierte, mit der notwendigen nationalen und staatlichen Restauration betraut werden. Ähnlichkeiten zu diesen Ideen weisen auch heute Pamphlete wie Sarrazins „Deutschland schafft sich ab" auf. Aber anders als in der Zeit der Weimarer Republik sind es nicht die liberalen Politiker*innen, die als Zielscheibe dienen, sondern zumeist die sogenannte Unterschicht, oder auch Migrant*innen, die angeblich von Staatsvertreter*innen begünstigt werden, die der Political Correctness erlegen seien (vgl. ebd.: 65-66)[65].

Begrifflich ist die *Konservative Revolution* eigentlich ein Gegensatzpaar. Dies wurde von Richard Herzinger (1997: 25), selbst ein Anhänger eines außenpolitischen Neokonservatismus, auf den Punkt gebracht, als dass es seiner Meinung nach "die innere Paradoxie eines Denkens ausdrückt, das sich auf angeblich unvergängliche Werte stützt, dessen Werten aber doch erst durch einen radikalen Umsturz, neue Geltung verschaffen, ja mehr noch, sie durch ein dezisionistischen Akt des souveränen Subjekts erst erschaffen zu müssen glaubt." In dieser Verbindung geht das Konzept über das des klassischen Konservatismus, der versucht, gesellschaftliche Verhältnisse zu naturalisieren, als quasi gott- oder naturgegeben

---

64   „Der Begriff stammt ursprünglich von Karl Marx, der damit die Glorious Revolution von 1688 in England bezeichnet: Konservativ in dem Sinne, dass damit die von der englischen Revolution bereits geschaffene Grundlagen einer bürgerlichen Entwicklung gegen eine drohende feudale Restauration bewahrt wurde" (Becher/Begass/Kraft 2015:66).

65   Für weitere Informationen zur Erscheinungsweise der konservativen Revolution in der Weimarer Republik sei „Die Identitären" (Bruns/Glösel/Strobl 2016) empfohlen.

dargestellt, weit hinaus. Es zielt auf die Mobilisierung und Aktivierung von als politisch zuverlässig ausgemachten Teilen der Bevölkerung ab, die gegen den Rest der ansonsten ebenfalls verachteten Bevölkerungsschichten, den man als bedrohlich oder doch zumindest nicht herrschaftskonform ansieht, ausgespielt wird. In der Regel erfolgt diese herbeigeführte Spaltung entlang von Bruchkanten, die eigentlich gegen die Interessen beider Gruppen gerichtet sind (vgl. Becher/Begass/Kraft 2015: 67). Wie zuvor angedeutet, markieren diese Bruchkanten oft auf die Spaltung zwischen Arm und Reich. Die Konservative Revolution ist nicht nur eine rein theoretische Denkrichtung der Weimarer Republik. Auch heute noch erfreut sie sich gewisser Beliebtheit und konnte in den letzten Jahren wieder Netzwerke finden, die sie weitertragen. Schon bevor es mit der AfD eine Partei gab, die sich ihr angedient hat, war sie bereits in der Neuen Rechten angekommen. Bekannte Vertreter*innen sind unter anderem die Identitäre Bewegung (IB) und das Institut für Staatspolitik (IfS).

Im Jahr 2000 gründeten die (damaligen) Autoren der Jungen Freiheit, Götz Kubitschek und Karlheinz Weißmann den neurechten Think-Tank Institut für Staatspolitik. Es folgte die zum Institut gehörende Monatszeitschrift Sezession im Jahre 2003. Ein Jahr später erschien die erste Ausgabe der Blauen Narzisse, die sich vor allem an Schüler und Studenten [sic!][66] richten sollte (vgl. Bruns/Glösel/Strobl 2016: 34-35). Inspiration für ihre neuen Aktionsformen fanden sie unteranderem in der Linken. Von dieser kopierten sie und versuchten, über die Konservativ-Subversive Aktion (KSA) ihre Ideen auch auf die Straße zu bringen. Die Idee des Aktivismus selbst stammte dabei aus Frankreich. Die dortige Génération Identitaire, die Jugendorganisation der rechten Partei Bloc Identitaire, hat 2012, nach Vorbild der neo-faschistischen italienischen Jugendbewegung Casa Pound, das Dach einer sich im Bau befindliche Moschee in Poitiers, Südfrankreich, besetzt. Mittlerweile gibt es die Identitäre Bewegung in ganz Europa; die stärksten Ableger findet man unter anderem in Österreich und Deutschland. In Deutschland kann man sie Seit an Seit mit Hooligans und Nazis sehen (Bruns/Strobl 2016). Aber auch an der Seite der AfD taucht sie immer wieder und verstärkt auf. So hat vor allem die Patriotische Plattform, der rechts-nationale Flügel der AfD, ein gutes Verhältnis zur IB. Einige Mitglieder der Patriotischen Plattform fuhren 2016 zu einer Demonstration der IB nach Wien. Auf ihrer Homepage wünscht sich die Patriotische Plattform in einem mit „Wir sind Identitär!" (Patriotische Plattform 2016) überschriebenen Artikel die engere Zusammenarbeit zwischen der IB und der AfD (vgl. ebd.).

---

66 Hiermit soll durch die Autor_innen darauf hingewiesen werden, dass es anders als von den Verfasser_innen der Blauen Narzisse geschrieben, auch nicht männliche Studierende und Schüler_innen gibt.

Jedoch tritt das Gedankenkonstrukt der Konservativen Revolution nicht mehr nur am sogenannten rechten äußeren Rand der politischen Skala auf, sondern hat auch seinen Weg in den Bundestag und die Regierung gefunden. So fordert auch der ehemalige Verkehrsminister Alexander Dobrindt „eine konservative Revolution der Bürger" (Dobrindt 2018). In seinem Essay ruft Dobrindt dazu auf die angebliche Vorherrschaft von linken Meinungsmachern in „Kunst, Kultur, Medien und Politik" (ebd.) zu beenden. Fünfzig Jahre seien seit 1968 vergangen, „[l]inke Ideologien, sozialdemokratische Etatismus und grüner Verbotismus" (ebd.) hätten ihre Zeit gehabt, es wäre nun die Zeit für eine „bürgerlich konservative Wende" (ebd.). Deutschland sei ein bürgerliches Land und es gebe keine linke Mehrheit. Wenn er ausführt, dass die CSU die Verteidigerin der christlich-abendländischen Leitkultur sei, „falsch verstandener Integrationsgehorsam, wie das abhängen von Kreuzen" (ebd.) abgelehnt werde, die Familie das wichtigste Kollektiv der Gesellschaft sei, „Heimat und Vaterland [...] die Wurzeln unserer Identität" (ebd.) seien und man sich zu Europa und Abendland bekenne, schafft er eine auch nach Rechtsaußen anschlussfähige Position. Wie Gruppen aus der Neuen Rechten, weiß auch Dobrindt das Lied der mystifizierten politischen Mitte zu spielen, wenn er schreibt „das 21. Jahrhundert muss zeigen, dass die linken und rechten Ideologien des 20. Jahrhunderts überwunden sind" (ebd.). Er und die CSU seien „die Vertreter des demokratischen Spektrums Mitte-Rechts" (ebd.). Im Endeffekt öffnet er seine Partei somit aber nur weiter nach rechts. Ob diese Öffnung hin zu Positionen von IB, PEGIDA und AfD genauso intendiert war, ist nicht klar. Allerdings kann durchaus gesagt werden, dass diese Öffnung keine Besserung der gesellschaftlichen Situation herbeiführen wird. Sein anbiedern an das Freund-Feind-Schema, wie von Carl Schmitt gedacht, hilft nur, inner-gesellschaftliche Zerwürfnisse zu verdecken. Nichts anderes versucht Dobrindt allerdings, wenn er schreibt „[d]azu gehört auch die Erkenntnis, dass auch Wertegemeinschaften Grenzen haben können. Unsere Wertegemeinschaft wird dort tangiert, wo ihr andere Weltanschauungen entgegenstehen. [...] Nur so bleibt Europa auch in Zukunft die Wiege der westlichen Wertegemeinschaft" (ebd.).

Wolfgang Abendroths Demokratieverständnis

Für Wolfgang Abendroth als Begründer der Marburger Schule der Politikwissenschaft bedeutet Demokratie „tendenziell [die] Identität von Regierenden und Regierten" (Abendroth 1975a: 26). Ähnlich formuliert auch Schmitt, wenn er sagt „Demokratie (als Staatsform sowie als Regierungs- oder Gesetzgebungsform) ist Identität von Herrschern und Beherrschten, Regierenden und Regierten, Befehlenden und Gehorchenden." (zitiert nach Römer 2012: 154)Doch damit hören auch die Überschneidungen zwischen Schmitt und Abendroth auf. Denn anders als Schmitt beschwört Abendroth keine*n Feind*in, die oder der für die Einheit

einer Gruppe vonnöten sei, denn die Einheit besteht für ihn in der „gleichberech-
tigte[n] Teilnahme aller an der gemeinsamen Regelung der gemeinsamen Aufgaben" (Abendroth 1975a: 26). Von Gleichberechtigung kann im Zusammenhang
mit Schmitts Demokratieverständnis keine Rede sein, denn seine Vorstellung von
Gleichheit bezieht sich auf ein homogenes Volk (vgl. Römer 2012: 154). Diese
Homogenität ist für Schmitt auch die Vorrausetzung der Demokratie. Wenn diese
nicht gegeben ist, dann muss sie hergestellt werden, notfalls auch durch Ausschal-
tung und Vernichtung des Heterogenen (vgl. ebd.: 155). Aus Homogenität wurde
bei Schmitt aufgrund seiner Anpassung an den Nationalsozialismus „Artgleich-
heit" (vgl. ebd.: 156). Dieses Konzept findet sich auch bei der Neuen Rechten,
und ganz besonders bei der Identitären Bewegung, die sich nun aber nicht mehr
auf Rassen, sondern auf Kulturräume bezieht, immer wieder. Auf Grundlage dieses Demokratieverständnisses bedeutet für Abendroth die bloße Existenz einer
parlamentarischen Demokratie nicht, dass eine Gesellschaft auch demokratisch
sei. Es sei sogar falsch, Parlamentarismus und Demokratie gleichzusetzen. Er verweist hierzu auf die Tatsache, dass die liberale und die demokratische Bewegung
schon vor 1848 stets Gegnerinnen waren. Denn nicht die Liberalen mit ihren Idealen der Freiheit und Gleichheit setzten sich dafür ein, dass allen Ständen der
damaligen Gesellschaft die politische Teilhabe im Parlament ermöglicht wurde.
Aus Angst, der „vierte Stand" könnte als „geduldiges Stimmvieh" (ebd.: 22) die
Gegner der Liberalen, die Kirche und die Beamten, im Sattel festigen, verwehrte
man ihnen grundlegende demokratische Rechte. Ironischerweise war es dann
Otto von Bismarck, der 1867 die ersten wirklich demokratischen Wahlrechtskon-
zessionen gewährte (vgl. ebd.: 22-23).

Solange es ausschließlich private Hände sind, die über die Produktionsmittel
bestimmten, sei es, so Abendroth, nicht möglich, die Demokratie völlig zu entwickeln und das allgemeine Interesse der Bürger*innen durchzusetzen (vgl. ebd.:
23). Die Demokratie „könne ihr Wesen nur entfalten, wenn sie aufhöre, innerhalb
der abstrakten Staatsform zu verbleiben und nur politische Verfassung zu sein;
sie müsse sich vielmehr zur Verfassung der gesamten Gesellschaft erweitern"
(ebd.:23-24), so Abendroth. Dies schließt eine Demokratisierung der Wirtschaft
mit ein, denn solange die Wirtschaft unangetastet bleibt, könne die Demokratie
realen Inhalt nicht gewinnen und ihre inneren Widersprüche überwinden. Bis sie
diesen Schritt gegangen ist, bleibt die Gefahr, dass die Legislative durch die Inhaber*innen von wirtschaftlichen und politischen Machtmonopolen vom Wähler*innenwillen entfremdet wird und zwischen der Regierung und dem Volk, das
sie theoretisch beauftragt, eine Kluft entstehe (vgl. ebd.: 24).

In diesem Zusammenhang ist für Abendroth das Problem der demokratischen
Integration der Menschen wichtig. Zunächst ist es hierfür entscheidend, dass es
Massenparteien gibt. Jedoch reichen diese für sich alleine nicht aus, denn wenn

diese Parteien an sich nicht demokratisch organisiert seien, würde der Parlamentarismus eine bloße Hülle bleiben (vgl. ebd.: 26-27).Abendroths Gedanken zur Ausgestaltung der Demokratie und des Parlamentarismus, führen uns eventuell auch zu den Gründen und damit auch zu möglichen Lösungsansätzen der heutigen Situation. Für ihn steht fest, dass das „Parlament nur in dem Maße demokratisches Integrationsmittel [ist], in dem es sich bewusst bleibt, lediglich die Koordinationsstelle und die Entscheidungseinheit der in sich demokratisch organisierten vielfältigen Kräfte der modernen Gesellschaft zu sein.« (ebd.: 29) Was hier beschrieben wurde, wirft auch Fragen über den Zustand des Parlaments heute auf. Die Statistiken über die Berufsgruppen der Bundestage der 12. bis zur 18. Wahlperiode, sprich zwischen 1990 und 2017, sind bezeichnend dafür, dass der Bundestag keine allgemeine Repräsentanz der Bevölkerung widerspiegelt. (vgl. Bundestag 2014 und 2015). Aber auch, was das Verhältnis von Männern und Frauen angeht, repräsentiert der Bundestag nicht die gesellschaftlichen Verhältnisse. (vgl. Bundestag 2017). Eine weitere Feststellung Abendroths, dass „die bloße Tatsache der Existenz einer demokratischen parlamentarischen Verfassung […] noch keine Garantie friedlicher Fortentwicklung zu einer demokratischen Gesellschaft" (Abendroth 1975a: 28) bietet, kann heute in der Realität beobachtet werden. Denn seine Befürchtung, dass Parteien, die keine demokratische Basis besitzen, Gefahrlaufen, zu „bloßen Patronage-Gruppen macht- und versorgungshungriger Berufspolitiker abzusinken, die gezwungen sind, sich an diejenigen Machtträger der Wirtschaft zu verkaufen, die ihren Wahlkampf jeweils bezahlen wollen" (ebd.), wurde von Colin Crouch in seinem Konzept der Postdemokratie für moderne, westliche Gesellschaften diagnostiziert (vgl. Crouch 2011). In diesen politischen Systemen, die keinen Integrationswert mehr besitzen und von den Bürger*innen nicht mehr akzeptiert werden, kommt es zu einem Erstarken des Populismus als neues Integrationsfeld (Jann 2017: 4). In konkreter Art und Weise äußert sich dies in Deutschland in der Zuwendung zur politischen Rechten. Diese bietet, wie von Schmitt theoretisiert, eine klare Unterscheidung zwischen *Freund*in* und *Feind*in*. Nicht, wie von Abendroth angestrebt, die Aufhebung der politischen Fremdbestimmung (vgl. Römer 2012: 154), sondern die Flucht in ein (nie dagewesenes) Bild eines *heilen* Deutschland, oder beliebig anderen Landes, ist die Grundlage dieses politischen Denkens. Anstatt sich der wahren Probleme, zum Beispiel der gesellschaftlichen Ungleichheit, dem Wachsen der Schere zwischen Arm und Reich, der Dekonstruktion des Sozialstaates, u.v.m., zu stellen und sie zu lösen, wird so getan, als seien alle diese Probleme gelöst, sobald es eine *reine Volksmasse* geben würde. Dass dies bloß ein Trugschluss ist, kann leicht gezeigt werden, denn die Parteien, diesen propagieren, sind gar nicht daran interessiert, grundlegende Missstände zu beheben.

Die AfD als Schmitt´sche Partei

Bei der Betrachtung der Programmatik der AfD, fällt schnell auf, dass sie alles andere als demokratisierend auftritt und auch kein Interesse daran hat, soziale Ungleichheiten abzubauen. Um den Umfang dieses Aufsatzes nicht zu strapazieren, sollen einige wenige Beispiele genügen. Oft wird beschworen, dass Deutschland keine Rohstoffe hätte und daher zur Bildungsnation werden müsse. Als patriotische Partei könnte vermutet werden, dass auch die AfD daher verstärkt auf Bildung setzen würde. Doch das Gegenteil ist der Fall. Anstatt ein Konzept zu entwerfen, was dazu beitragen soll, allen Schüler*innen möglichst gute Bildung zukommen zu lassen, verharrt die Partei darauf, das dreigliedrige Schulsystem zu bewahren. Dies sei bestens darauf ausgelegt, Kinder in ihrem Bildungswerdegang zu unterstützen, (vgl. AfD 2017: 41) dabei völlig außer Acht lassend, dass gerade das jetzige Schulsystem dazu beiträgt, die Zukunftschancen von Kindern schon beim Übergang in die Sekundarstufe zu verbauen. (vgl. Solga/Dombrowski 2009: 13-32) Angesichts dieser Feststellungen wirkt der Satz: „Schüler [sic!] haben ein Recht darauf, in einem nach oben und unten durchlässigen Schulsystem Erfolge und Niederlagen zu erfahren" (AfD 2016: 53) wie blanker Hohn. Denn für das deutsche Schulsystem gilt nur eine Durchlässigkeit: „von oben nach unten". (Solga 2008: 1) An anderen Stellen zeigt sich im Bildungsprogramm die marktradikale Haltung der Partei. So fordert die Partei auf der einen Seite den Stopp der „politisch-ideologischen Indoktrination" (AfD 2016: 53) und redet gleichzeitig dem steigenden Einfluss von Seiten der Wirtschaft an der Schule das Wort (vgl. Begass/Kraft 2016).

Aber auch im Bereich der Steuern zeigt sich, dass die AfD keines Falls die Interessen von „kleinen Leuten" vertritt. So fordert sie ganz unverhohlen eine „Obergrenze für Steuern und Abgaben" (AfD 2016: 74). Diese solle verhindern, dass Steuern und Abgaben nicht einfach erhöht werden können. Gleichzeitig fordert sie die Abschaffung der Vermögens- und Erbschaftssteuer (vgl. ebd.: 75). Diese Forderung wird wohl wenig dazu beitragen, dass dem Staat die nötigen Mittel zur Verfügung stehen, um wichtige Investitionen, wie für öffentliche Schulen, zu tätigen. Jedoch werden große Vermögen nicht belastet und der Unterschied zwischen den Menschen wächst weiter.

Ganz im Geiste Schmitts baut die AfD diese Punkte in ihrem Programm zur Bundestagswahl 2017 ein. Beim ersten Punkt der meisten Themenbereiche geht es darum, sich gegen etwas abzugrenzen. Beispiele hierfür sind der Themenbereich 3 Außen- und Sicherheitspolitik: Deutsche Interesse durchsetzen, mit dem Punkt 3.1 Außenpolitik muss sich an deutschen Interessen ausrichten (AfD 2017: 2), Themenbereich 4 Innere Sicherheit, mit dem Punkt 4.1 Wirksame Bekämpfung von Ausländerkriminalität, oder auch den für sich stehenden Themenbereich 6 Der Islam im Konflikt mit der freiheitlich-demokratischen Grundordnung. So wird zunächst immer der oder die *Feind*in* bestimmt, gegen den sich positioniert wird. Dies verdeckt, dass sich das Wahlprogramm in Teilen gegen das vermeintlich homogene *Wir* selbst richtet. Die Wahlerfolge zeigen, dass dieses Kalkül aufzugehen scheint.

Gewerkschaften als gesellschaftliche Spielerinnen

Neben den Massenparteien schreibt Wolfgang Abendroth auch der Gewerkschaftsbewegung einen entscheidenden Punkt bei der angestrebten Demokratisierung der Gesellschaft zu (vgl. Abendroth 1975a: 30-31; Abendroth 1975b). Aber wie auch die Parteien verlieren Gewerkschaften Mitglieder und dadurch auch Einfluss innerhalb der Gesellschaft. Doch hat sich, und auch dies könnte mit der Entdemokratisierung des Parlamentarismus einhergehen, die Struktur der Gewerkschaften und des gewerkschaftlichen Handelns seit Veröffentlichungen Abendroths, von der Nachkriegszeit bis in die siebziger Jahre, geändert. Aus den Organisationen der Arbeiter*innenbewegung, die neben den täglichen Auseinandersetzungen in den Betrieben, auch noch Teil der Alltagskultur waren, sind heutzutage Verbände geworden, die sich auf ihr Kerngeschäft konzentrieren. Als dieses Kerngeschäft wird der Kampf um die Löhne und den Erhalt von Arbeitsplätzen betrachtet. Anstatt den gesellschaftlichen Fortschritt mitzubestimmen, wird versucht, am aktuellen Zustand festzuhalten.

Gerade in einer Zeit, in der mit der viel beschworenen Industrie 4.0 die Möglichkeit bestehen könnte, durch die radikale Verkürzung der Arbeitszeit[67], eine wahre Umverteilung einzuleiten, ist es wichtig, dass die Gewerkschaften sich aus dieser passiven Stellung befreien, denn nur durch die Verschiebung der gesellschaftlichen Kräfteverhältnisse hin zu den abhängig Beschäftigten kann dieser Schritt erfolgen. Gewerkschaften sind, wie es Abendroth schon formulierte, die Kraft innerhalb der Gesellschaft, die wichtige Veränderungen anstoßen können. Die IG Metall geht einen ersten Schritt auf diesem Weg, indem sie in der Metall-Tarifrunde die Option für die 28 Stunden Woche fordert (vgl. IGM 2017). Einen Erfolg konnte bereits die Eisenbahn- und Verkehrsgewerkschaft (EVG) erzielen. Ab dem 01.01.2018 haben die Mitglieder einen Anspruch auf sechs Urlaubstage mehr im Jahr. Dies hat nicht nur zur Folge, dass die Angestellten nun mehr Freizeit genießen können, sondern auch, dass 3000 zusätzliche Arbeitsplätze „geschaffen" wurden (vgl. EVG 2017). Diese Erfolge und Forderungen sind jedoch

---

67   Instruktives zum Thema Arbeitszeitverkürzung findet sich bei: Hirsch, Michael (2016): Die Überwindung der Arbeitsgesellschaft. Eine politische Philosophie der Arbeit. Wiesbaden: Verlag für Sozialwissenschaften.

nur ein erster Schritt auf dem Weg zurück zu einer Macht, die auch an gesellschaftlichen Stellschrauben dreht. Wichtig wäre es hierbei, dass sich bald auch
wieder auf den Ausbau der Mitbestimmung konzentriert wird. Bisher sind die
Arbeiter*innen nur in der Montanindustrie gleichberechtigt im Aufsichtsrat vertreten. Auch die direkte Mitbestimmung im Betrieb muss in Zeiten, in denen es
spezialisierte Anwaltskanzleien gibt, die versuchen, Betriebsräte zu entlassen, beziehungsweise so sehr einzuschüchtern, dass sie ihre gesetzlich zugesicherten
Rechte und Aufgaben nicht mehr wahrnehmen können, stärker in den Fokus der
Öffentlichkeit gerückt werden (vgl. Rügemer/Wigand 2017).Dies muss zu einem
öffentlichen Politikum werden; natürlich nicht nur auf nationaler, sondern auch
auf internationaler Ebene. Wenn das Kapital international wird, darf die Vertre-
tung der Interessen der Arbeitnehmer*innen nicht an den Grenzen stoppen.

Was tun?

Die Analyse der Liberalismuskritik bei Mouffe hat gezeigt, dass die Herangehensweise aus dieser Richtung wenig an der gesellschaftlichen Basis für Ungleichheit ändert – ebenso wenig, wie es Rechtspopulist*innen tun. Sich also mit
dieser konservativen Kritik des Liberalismus ein Fundament für emanzipatorische Politik zu bauen, scheint ein zweifelhaftes Unterfangen zu sein. Wie der Sozialwissenschaftler Phillip Becher in seinem Artikel „Parlamentsfähige Massenbasis für administrativ-autoritäre Politik. Aktuelle Rechtstendenzen - betrachtet
mit Reinhard Opitz" (2017) herausarbeitet: „Für Opitz liefen Strategieempfehlun-
gen solcher Art auf Rechtsopportunismus und eine Anpassung an bürgerliche Ideologie hinaus." (Becher 2017: 28) Den Liberalismus lediglich als „philosophi-
schen Diskurs" (Mouffe 2007: 17) zu verstehen und dessen wirtschaftliche
Komponente außer Acht zu lassen, kann dem Problem der heutigen Gesellschaften nicht nah genug kommen. Zudem ist die von Mouffe vorgestellte Form der
radikalen Demokratie zu bemängeln: Wie der Sozialwissenschaftler Alex Demirovic in seiner Kritik an Mouffe in der Zeitschrift PROKLA (2013: 212) treffend zusammenfasst: „Demokratie bleibt immer noch an den Staat gebunden. Insofern bewegen sich diese Ansätze der radikalen Demokratie in der Tradition des
asymmetrischen Kompromisses, auch wenn sie dessen Konturen sehr aufge-
weicht haben."

Doch wie sieht es in der Realpolitik aus? In naher Zukunft wird man die Erfolge der AfD und anderer Rechter nicht stoppen können. Der Rechtspopulismus
ist keine vorübergehende Erscheinung, die wie eine Mode plötzlich auftaucht um
nach einiger Zeit wieder zu verschwinden. Die Politik der letzten Jahre hat zu
ihrem Erstarken beigetragen und daher muss sich die Politik (und hier ist nicht
nur die parlamentarische Form gemeint) ändern. Fragwürdig ist auch, ob eine
Hashtag-Kampagne wie „Wir sind die 87%", welche nach der Bundestagswahl

2017 ein Zugehörigkeitsgefühl der *echten Demokrat*innen*, also all derjenigen geschaffen hat, welche nicht die AfD wählten, sinnvoll ist. Zum einen werden diejenigen, welche die AfD wählten, ohne deren menschenverachtende Ideologie zuteilen, weiter ins gesellschaftliche, kulturelle Abseits gedrängt. Zum anderen wird verfehlt, dass in diesen 87% Stimmen für Parteien enthalten sind, welche den derzeitigen Status quo und somit das Erstarken der Rechten mit zu verantworten haben. Auch hier, und da kann mit Jann und Mouffe mitgegangen werden, wird das Politische kulturell, in dichotomen Kategorien von Gut und Böse ausgefochten, was die Fronten stärker verhärtet.

Durch das Aufzeigen der Widersprüche innerhalb der Parteien kann sich etwas ändern. Da diese Widersprüche jedoch auf gesellschaftlicher Basis stehen, ist es wichtig, auch innerhalb der Gesellschaft Änderungen herbeizuführen. Eine *neue* Klassenpolitik ist vonnöten. Hier sind, wie von Wolfgang Abendroth ausgeführt, unter anderem die Gewerkschaften gefragt. Um ihre Rolle in einer demokratischen Gesellschaft vollumfänglich erfüllen zu können, müssen sie aus einem Verteidigungskampf herauskommen und selbst Agenda-Setting betreiben. Mit dem Versuch, die Arbeitszeit erneut stärker in den Fokus zunehmen, ist bereits ein erster Schritt getan. Kernpunkte dieser Neuorientierung liegen bei den Mitbestimmungsrechten und der Bildung. Wird heute Wirtschaftspolitik in Schulen von Seiten des Kapitals erklärt und den Schüler*innen eingeprägt, dass nur ein lückenloser Lebenslauf zum Erfolg führen kann, so muss der Gedanke gestärkt werden, dass die Wirtschaft für die Menschen da ist und nicht andersherum. Die Ökonomisierung aller Lebensbereiche hat dazu geführt, dass die Menschen sich nicht als Menschen, sondern immer häufiger als bloße Konkurrent*innen begegnen. Eine solche Gesellschaft hat Spaltung und Ausgrenzung zur Folge und bietet die Möglichkeiten einer entdemokratisierenden Dynamik. Daher kann die Grundlage aller Bemühungen zum Einhalt des Aufstiegs der politischen Rechten nur darin zu suchen und zu finden sein, die Gesellschaft durchweg zu demokratisieren, so wie von Wolfgang Abendroth formuliert.

Dieser Schritt wäre aus Sicht der Autor*innen gewinnbringender als der Aufbau eines Linkspopulismus, denn dieser kann den rechten Populismus nur in seiner eigenen Sphäre angehen. Eine Demokratisierung, die es den Menschen ermöglicht, sich an allen Bereichen der Gesellschaft, ungeachtet ihrer sozialen Stellung, zu beteiligen, sollte Ziel sein. Diese Art der Demokratisierung öffnet nicht nur, wie von Jann über den Populismus festgestellt, die Kommentarfunktion, sondern hält sie auch geöffnet und beachtet sie sogar. Die Wirtschaft darf bei dieser Demokratisierung jedoch nicht außen vor gelassen werden. Eine Wirtschaftsordnung, in der die abhängig Beschäftigten über die Produktion mitentscheiden können, kann die Basis für eine gerechtere Gesellschaft bilden und bietet somit die Möglichkeit den Boden für Denken im Freund-Feind-Schema unfruchtbar zu machen. Nur eine wahrlich demokratische Gesellschaft kann es vermögen, den Aufstieg von rechten Parteien und Gedankengut zu stoppen.

Literaturverzeichnis

Abendroth, Wolfgang (1975): Demokratie als Institution und Aufgabe. In: Arbeiterklasse, Staat und Verfassung – Materialien zur Verfassungsgeschichte und Verfassungstheorie der Bundesrepublik. Hrsg.: Joachim Perels, Frankfurt am Main: Europäische Verlagsanstalt: 21-32.

Abendroth, Wolfgang (1975): Zur Funktion der Gewerkschaften in der westdeutschen Demokratie. In: Arbeiterklasse, Staat und Verfassung – Materialien zur Verfassungsgeschichte und Verfassungstheorie der Bundesrepublik. Hrsg.: Joachim Perels, Frankfurt am Main: Europäische Verlagsanstalt: 33-43.

Alternative für Deutschland (2016): Grundsatzprogramm Alternative für Deutschland, online unter: https://www.afd.de/wp-content/uploads/sites/111/2017/01/2016-06-27_afd-grundsatzprogramm_web-version.pdf [Abfrage am 14.01.2018]

Alternative für Deutschland (2017): Wahlprogramm Alternative für Deutschland, online unter: https://www.afd.de/wp-content/uploads/sites/111/2017/06/2017-06-01_AfD-Bundestagswahlprogramm_Onlinefassung.pdf [Abfrage am 14.01.2018].

Becher, Phillip (2017): Parlamentsfähige Massenbasis für administrativ-autoritäre Politik. Aktuelle Rechtstendenzen - betrachtet mit Hilfe von Reinhard Opitz. In: Marxistische Blätter (4): 27–40.

Becher, Phillip, Christian Begass und Josef Kraft (2015): Der Aufstand des Abendlandes. AfD, PEGIDA & Co.: Vom Salon auf die Straße. Köln: PapyRossa.

Begass, Christian und Josef Kraft (2016): AfD: Zurück ins 19. Jahrhundert – auch in der Bildungspolitik, 30.06.2016. Online unter: http://www.blickpunkt-wiso.de/post/1916 [Abfrage am 14.01.2018]

Braun, Stephan, Alexander Geisler und Martin Gerster (2007): Die „Junge Freiheit" der „Neuen Rechten". Bundes- und landespolitische Perspektiven zur „Jungen Freiheit" und den Medien der „Neuen Rechten", ", in: Stephan Braun/Ute Vogt, Hrsg., Die Wochenzeitung „Junge Freiheit" – Kritische Analysen zu Programmatik, Inhalten, Autoren und Kunden, 2007, Wiesbaden: Verlag für Sozialwissenschaften:15-42.

Bruns, Julian, Kathrin Glösel und Natascha Strobl (2016): Die Identitären. Münster: Unrast Verlag.

Bruns, Julia und Natascha Strobl (2016): Preparing for (intellectual) civil war – the new right in Austria and Germany. Online unter: https://www.sicherheits-politik-blog.de/2016/04/28/preparing-for-intellectual-civil-war-the-new-right-in-austria-and-germany/[Abfrage am 14.01.2018]

Briegleb, Till (2016): Neue Chancen. Interview mit Chantal Mouffe, 29.12.2016, In: Süddeutsche Zeitung. S. 11.

Bundestag Handbuch (2015): Handbuch. „3.9 Schul- und Hochschulbildung" 08.05.2015: https://www.bundestag.de/blob/272942/924eeff93db104 ce00075a72ee9529f7/kapitel_03_09_schul-_und_hochschulbildung-pdf-data.pdf [Abfrage am 14.01.2018]

Bundestag Handbuch (2014): Handbuch. „3.11 Berufsstruktur", 30.04.2014, online unter: https://www.bundestag.de/blob/273350/eaf72e426cc17a9e14916ad 235e36e9a/kapitel_03_11_berufsstruktur-pdf-data.pdf [Abfrage am 14.01.2018]

Bundestag (2017): „Abgeordnete in Zahlen", Oktober 2017, online unter: http://www.bundestag.de/abgeordnete/biografien/mdb_zahlen_19#url=L2FiZ2V vcmRuZXRlL2Jpb2dyYWZpZW4vbWRiX3phaGxlbl8xOS9mcmF1ZW5fbWF lbm5lci81ci81Mjk1MDg=&mod=mod529494 [Abfrage am 14.01.2018].

Crouch, Colin (2011): Das befremdliche Überleben des Neoliberalismus - Postdemokratie, Berlin: Suhrkamp.

Demirovic, Alex (2013): Multiple Krise, autoritäre Demokratie und radikal-demokratische Erneuerung. In: PROKLA 171: 193-215.

Dobrindt, Alexander (2018): Mehr Bürgerlichkeit wagen - Plädoyer für eine bürgerlich-konservative Wende. Online unter: https://www.csu-landesgruppe. de/themen/innen-und-recht-verbraucherschutz-und-kommunalpolitik/mehr-bu-ergerlichkeit-wagen-plaedoyer-fuer-eine-buergerlich-konservative-wende [Abrufdatum 14.01.2018]

EVG (2017): https://www.evg-online.org/meldungen/details/news/evg-wahl-modell-ein-erfolg-56-entscheiden-sich-fuer-mehr-urlaub-3000-neueinstellungen -erforderlich/ [Abfrage am 14.01.2018]

Gessenharter, Wolfgang (2007): „Der Schmittismus der „Jungen Freiheit" und seine Unvereinbarkeit mit dem Grundgesetz", in: Stephan Braun/Ute Vogt, Hrsg., Die Wochenzeitung „Junge Freiheit" – Kritische Analysen zu Programmatik, Inhalten, Autoren und Kunden, 2007: 77-94.

Hetzel, Andreas (2009): Der Staat im Diskurs der radikalen Demokratie, In: Hirsch, M. ; Voigt, R. (Hrsg.): Der Staat in der Postdemokratie. Stuttgart: Steiner Verlag (Staatsdiskurse 4).S. 171-189.

Hirsch, Michael (2016): Die Überwindung der Arbeitsgesellschaft. Eine politische Philosophie der Arbeit. Wiesbaden: Verlag für Sozialwissenschaften.

IG Metall (2017): Metall-Tarifrunde: IG Metall-Vorstand beschließt Forderungen, online unter: https://www.igmetall.de/metall-tarifrunde-ig-metall-vorstand-beschliesst-forderung-26090.htm [Abfrage am14.01.2018]

Jann, Olaf 2017: Heartland – oder: Die Kritik der infamen Bürger, in "Das Volk gegen die (liberale) Demokratie, hrsg. v. Jörke, Dirk; Nachtwey, Oliver, Leviathan Sonderband Nr. 32, Baden-Baden: Nomos Verlagsgesellschaft: 279-302.

Kühnl, Reinhard (1999): Liberalismus als Form bürgerlicher Herrschaft. Von der Befreiung des Menschen zur Freiheit des Marktes. Heilbronn: Diestel Verlag.

Marcuse, Herbert (1934): Der Kampf gegen den Liberalismus in der totalitären Staatsauffassung, in Herbert Marcuse: Schriften 3. Aufsätze aus der ›Zeitschrift für Sozialforschung‹. Frankfurt am Main: Suhrkamp 1979.

Marx, Karl (2005): Das Kapital. Kritik der Politischen Ökonomie (MEW Bd. 23). 21. Aufl., unveränderter Nachdruck der 1. Aufl. 1962. S. 789. Berlin: Dietz.

Mouffe, Chantal (2007): Über das Politische. Wider die kosmopolitische Illusion. Frankfurt am Main: Suhrkamp.

Opitz, Reinhard. (1980): Was ist rechts? Was sind Rechtstendenzen? In: Marxistische Blätter 2 (1980): 27–31.

Patriotische Plattform (2016): Wir sind Identitär!,14.06.2016, online unter: https://patriotische-plattform.de/blog/2016/06/14/wir-sind-identitaer/ [Abfrage am 14.01.2018]

Römer, Peter (2012): Abendroths Demokratieverständnis, in: Andreas Fischer - Lescano, Joachim Perels, Thilo Scholle, Hrsg., Der Staat der Klassengesellschaft, Rechts- und Sozialstaatlichkeit bei Wolfgang Abendroth, Baden-Baden: Nomos. 2012: 151-173.

Rügemer, Werner/Wigand, Elmar (2017): Die Fertigmacher. Arbeitsunrecht und professionelle Gewerkschaftsbekämpfung, Köln.

Solga, Heike und Rosine Dombrowski (2009): Soziale Ungleichheiten in schulischer und außerschulischer Bildung - Stand der Forschung und Forschungsbedarf. In Arbeitspapier 171 Hans-Böckler-Stiftung. Online unter: https://www.boeckler.de/pdf/p_arbp_171.pdf [Abfrage am 14.01.2018]

Solga, Heike (2008): Wie das deutsche Schulsystem Bildungsungleichheit verursacht. In WZBrief Bildung. Online unter: https://www.wzb.eu/sites/default /files/publikationen/wzbrief/wzbriefbildung200801solga.pdf[Abfrage am 14.01. 2018]

Streeck, Wolfgang (2016): Essay über die „sogenannte ursprüngliche Akkumulation", 20.11.2016. Online unter: http://www.deutschlandfunk.de/re-das-kapital-2-6-das-verhaeltnis-von-kapitalismus-und.1184.de.html?dram:article_id= 370365 [Abfrage am 14.01.2018]

Die Ängste der Leute ernst nehmen? Das rechtspopulistische *heartland* und dessen affektive Wirkmacht als Problem für die politische Bildung

Lasse von Bargen

Rechtspopulismus ist ein Phänomen, dass sich nicht nur seit dem jüngsten Wahlerfolg der AfD in Deutschland, sondern in Form unterschiedlicher sozialer Bewegungen und Parteien in ganz Europa und weiten Teilen der Welt mit großer Vehemenz bemerkbar macht. Dabei ist Populismus keinesfalls eine neue Erscheinung, sondern wurde spätestens ab Mitte des 20. Jahrhundert immer wieder – wenn auch recht unterschiedlich - sozialwissenschaftlich thematisiert (vgl. Knöbl 2016: 10; Priester 2016: 533). Bemerkenswert ist allerdings die Kontinuität und die Nachhaltigkeit, mit der sich explizit rechtspopulistische Positionen europaweit nicht nur programmatisch in Parteikontexten, sondern darüber hinaus auch in Einstellungsmustern (vgl. Decker et al. 2016), lokalen Initiativen und Bewegungen etabliert haben. In der Nutzung rechtspopulistischer Meinungsmuster verschwimmen nicht nur Landes-, sondern auch Partei- und Schichtgrenzen.

Rechtspopulismus ist zu einem übergreifenden Phänomen geworden, das sich kontextuell entsprechend zwar unterschiedlich äußert und doch durch ein zentrales Moment zu *einem* Phänomen wird: Die Sorge um die Einheit des populistischen *heartland* (vgl. Taggart 2004: 274), d. h. einer wie auch immer gearteten Gemeinschaft des Volkes, deren Bedrohung durch Zuwanderung und das dadurch begründete Misstrauen gegenüber einer wie auch immer bestimmten Elite. Der Affekt, durch den dies getragen wird ist Angst: „Angstrhetorik suggeriert eine Notwehrsituation: Weil die Gefahr so groß ist und die Regierenden versagen, so die Botschaft, müssen die Aufrechten die Sache selbst in die Hand nehmen" (Bröckling 2016: 5). Rechtspopulisten gerieren sich als jene Aufrechten, die im vermeintlichen Auftrag des Volkes die Dinge in die Hand nehmen. Rechtspopulisten begreifen sich konstitutiv als jene Instanz, die in der Lage ist, die Angst zu nehmen, indem sie die ausgemachten Gründe für diese Angst zu nehmen verspricht.

Diese Angst vor dem Verlust der Gemeinschaft, die sich im Rechtspopulismus als Furcht vor Zuwandernden zeigt, hat in der letzten Zeit auch die Aufmerksamkeit von Wissenschaft und Politik gefunden. So nahm Bundespräsident Frank-

© Springer Fachmedien Wiesbaden GmbH, ein Teil von Springer Nature 2019
L. Boehnke et al. (Hrsg.), *Rechtspopulismus im Fokus*,
https://doi.org/10.1007/978-3-658-24299-2_10

Walther Steinmeier die so begründete Sorge um die Einheit des Landes in seiner Rede zum Tag der Deutschen Einheit am 3.10.2017 durchaus ernst:

„Aber wenn einer sagt ‚Ich fühle mich fremd im eigenen Land‘, dann können wir nicht antworten: ‚Tja, die Zeiten haben sich halt geändert‘. Wenn einer sagt ‚Ich versteh‘ mein Land nicht mehr‘, dann gibt es etwas zu tun in Deutschland" (Steinmeier 2017).

Die Angst um das eigene Land und die Furcht vor Migration seien demnach durchaus berechtigt, doch dürfe man nicht die Konsequenzen von Rechtspopulisten ziehen (vgl. ebenda). Dennoch ist die Angst da und müsse ernst genommen werden.

Eine ähnliche Argumentation fand sich 2015 schon mit Blick auf die anwachsende Zahl von Teilnehmenden an PEGIDA-Demonstrationen. Der Politikwissenschaftler Werner Patzelt plädierte in einem Aufsatz leidenschaftlich darauf, den ‚Besorgten‘ von PEGIDA im parlamentarischen Prozess Gehör zu schenken. Die Gründe für deren Sorgen seien noch da und man könne nicht Demokratie und Meinungsfreiheit für sich beanspruchen und die Demonstranten mit ihren berechtigten Ängsten einfach aus dem politischen Geschehen ausgrenzen (vgl. Patzelt 2015: 21). Unabhängig davon, dass man bei Patzelt die Mär von der Political Correctness als diskriminierendem Mechanismus (vgl. dazu: Auer 2002) anklingen hört, findet sich dort ein zentrales politisches Problem wieder: Angst lässt sich offenbar nicht wegkommunizieren, sie kann nur ernst genommen werden und es muss Anschlusskommunikation erfolgen: Die von Rechtspopulisten angesprochenen Themen und die von ihnen aufgestellten Forderungen ließen sich auf der Basis von Angst kaum ignorieren oder als Realitätsfern abtun.

Nun hat sich gezeigt, dass die Präsenz von Rechtspopulisten in die öffentliche Debatte, sei es in Talk-Shows, sei es als Fraktion in Landesparlamenten nicht zur Entkräftung von Sorgen, sondern vielmehr zur Perpetuierung von Ängsten und einer damit einhergehenden Radikalisierung von Rechtspopulisten geführt hat. Die dort immer vehementer vertretene Konzeption des Volkes als Ethnos ist mithin kaum kompatibel mit einer universellen Gültigkeit von Grundrechten in der Gesellschaft (vgl. Wildt 2017: 116ff). In diesem Sinne beinhaltet die um das rechtspopulistische *heartland* strukturierte Argumentation immer auch den Schatten der Entdifferenzierung oder gar Entdemokratisierung, sofern denn Demokratie als differenzaffiner Prozess (vgl. Luhmann 2002: 101) verstanden wird.

Hier klingen schon zwei Pole eines Spannungsfeldes an, das sich eröffnet, wenn man die affektive Wirkmacht der rechtspopulistischen Konzeption eines *heartland* in den Zusammenhang mit politischer Bildungsarbeit bringt: Einerseits darf die Zielgruppe politischer Bildung gemäß des Beutelsbacher Konsens‘ mit ihrem Denken und ihren Empfindungen, d. h. z. B. ihrer Angst vor Zuwanderung nicht überwältigt werden (vgl. Schneider 1999: 173). Andererseits kann jene Angst den Ansatzpunkt für Schlussfolgerungen liefern, die antidemokratisch sind und daher nicht im Sinne politischer Bildung sein können. Es ist demnach riskant, rechtspopulistische Sorgen derart ernst zu nehmen, da antidemokratische Prämissen im Hintergrund, die diese Sorgen begründen in der Sachdiskussion verdeckt bleiben kann (vgl. Bröckling 2016: 6). Die Konsequenz kann dann sein, dass mit der Anerkennung des rechtspopulistischen Gegenübers in der Diskussion auch die Prämissen seiner Argumentation als demokratisch verhandelbare Meinung akzeptiert werden.

Im Folgenden soll zweierlei geschehen: Einerseits wird der enge Zusammenhang von Rechtspopulismus und Angst durch eine rechtspopulistischen Affektpolitik erklärt, die gerade durch die Mobilisierung von Angst das Thema Migration/Flucht in den Kontext politischer Kommunikation drängt, obwohl immer auch andere Themen durch das politische System aufgegriffen werden könnten (1). Andererseits wird dargelegt, dass diese rechtspopulistische Affektpolitik politische Bildung mit einer Paradoxie konfrontiert (2) und gefragt, ob sich politische Bildung mit der Entfaltung dieser Paradoxie befassen kann und muss (3).

Rechtspopulistische Affektpolitik

Der Zusammenhang von Angst und Rechtspopulismus wurde eingangs schon verdeutlicht. Bevor er aber als Problem für die politische Bildung dargestellt werden kann, muss dargelegt werden, wie er sich praktisch äußert. Es wird dabei um die Frage gehen, wie Rechtspopulismus als Kommunikation funktioniert, welche Stellung das rechtspopulistische *heartland* einnimmt und welche Rolle der Angstaffekt dabei spielt. Im Sinne der soziologischen Systemtheorie wird davon ausgegangen, dass es ertragreicher ist, das faktische Treffen von Unterscheidungen im Gegenstandbereich zu beobachten (vgl. Nassehi 1998: 204), als nach letzten Gründen zu suchen, die im nächsten Moment auch wieder anders bestimmt werden könnten. Außerdem wird davon ausgegangen, dass Angst nicht primär planmäßig von geschickten PR-Profis ins Spiel gebracht wird, um Wahlerfolge zu generieren, sondern vielmehr, dass Angst in rechtspopulistischer Kommunikation als sozialem Prozess eine besondere Funktion einnimmt. Die Mobilisierung und Inanspruchnahme von Angst machte es wahrscheinlicher, dass weiterhin rechtspopulistische Kommunikation stattfindet. Dabei befinden sich Strukturen in einem wechselseitigen Determinationsverhältnis mit Semantiken.

Das heißt, das Prinzip rechtspopulistischer Kommunikation lässt sich inhaltlich bestimmen, indem es sich im Sinne eines Deutungsmusters in unterschiedlichsten Situationen und Kontexten wiederholt und daher auch wiederbeschrieben werden kann. Zugleich wird aber davon ausgegangen, dass diese Kommunikationsweise in einem bestimmten strukturellen Kontext stattfindet, der sich in bestimmten Prozessen aktualisiert.

Nun soll hier nicht der Eindruck entstehen, dass Rechtspopulismus ein System wäre. Sicher gibt es rechtspopulistische Parteien und Bewegungen, doch rechtfertigt dies keinesfalls die Annahme, es gäbe einen gesellschaftlich spezialisierten Teilbereich für Rechtspopulismus. Rechtspopulismus ist kein System. Zugleich spielt Rechtspopulismus keine wesentliche Rolle außerhalb des politischen Systems der Gesellschaft. Immer richten sich Proteste und Appelle an die Regierung oder die mächtigen Eliten. Es geht in der Grundstruktur folglich darum, sich in besonderer Weise mit *politischen* Entscheidungen, d. h. mit dem *„Bereithalten der Kapazität zu kollektiv bindenden Entscheidungen"* (Luhmann 2002: 84, Herv.i.O) auseinanderzusetzen. Demnach findet Rechtspopulismus als politische Kommunikation statt. Er unterscheidet als spezifische Form oder als Stil politischer Kommunikation von einer einfachen Opposition, die als andere Seite der Regierung systeminterne Entscheidungsalternativen bereitstellt (vgl. dazu Luhmann 1989: 19). In der Rede vom ‚Altparteienkartell' scheint hervor, dass im Rechtspopulismus Regierung und Opposition auf der Seite der Regierung verortet werden und im rechtspopulistischen Diskurs die Stimme der wahrhaftigen Opposition anklingt. In seinem auf 'das Volk' bezogenen moralischen Alleinvertretungsanspruch (vgl. Müller 2015: 30) rekurriert er auf das Publikum, d. h. den aus dem binären Leitcode der Politik (Regierung/Opposition) ausgeschlossenen Dritten (vgl. Luhmann 1989: 21).

In der rechtspopulistischen Unterscheidung von Volk und Elite (vgl. Mudde 2004: 543) wird nun eine Konzeption des Volkes in Stellung gebracht, die nicht mehr universell-rechtlich als Demos konstituiert und in diesem Sinne allgegenwärtig ist, sondern nunmehr als relativ genau definierter Ethnos erscheint (vgl. Wildt 2017: 46). Dabei spielt die Mobilisierung von Moral, d. h. die Konditionierung von Kommunikation entlang der Differenz von Gut und Böse (vgl. Luhmann 2008: 276f) insofern eine Schlüsselrolle, als dass den bestehenden Alternativen zur Regierung im Sinne eines „claim to exclusive representation" (Müller 2016: 20) ein sehr viel begrenzteres Set an Entscheidungsoptionen entgegen gestellt wird. Es im Rechtspopulismus dabei nicht um Systemüberwindung, sondern letztlich unter Rekurs auf einen vermeintlich eindeutigen Volkswillen darum, dass die Politik Entscheidungsalternativen schlecht reflektiert und entsprechend auch schlechte Entscheidungen getroffen werden (ebenda: 29). Es wird nach Rechtspopulisten von der Elite gegen jenes spezifisch verfasste Volk entschieden, weil der authentische Volkswille sich nicht in ihren Entscheidungen manifestiert. Letztlich wird die Opposition als Rejektionswert der Regierung (vgl. Luhmann 1998: 751),

d. h. die systemimmanente „Kontingenzgewinnung" (Luhmann 1994: 18) der Politik unter dem Verweis auf die Einheitlichkeit des Volkswillens, d. h. auf ein Zuviel an Kontingenz grundlegend in Frage gestellt. Die Regierung dagegen kann nur dann als unproblematisch erscheinen, wenn sie aus Rechtspopulisten gebildet wird.

Bei dem Phänomen Rechtspopulismus geht es letztlich um einer Form der Beobachtung von Politik unter spezifischen Maßstäben. Rechtspopulismus besteht im Gebrauch einer politischen Semantik, d. h. „ein[es] Vorrat[s] an bereitgehaltenen Sinnverarbeitungsregeln" (Luhmann 1993: 19, Ergänzungen LvB), mittels derer die Politik immanente Prozesse nicht nur nachträglich reflektiert, sondern zugleich auch orientiert, indem sie dem System erst durch diese Reflexion zugeordnet werden (vgl. Stäheli 2000: 217). In diesem Sinne zeigt sich im Rechtspopulismus nicht nur die »Grundlosigkeit des Codes« der Politik (Stäheli 1996: 267), sondern es wird in Form einer Einheitssemantik eine Selbstbezüglichkeit des Systems erzeugt, die antagonistisch ist (vgl. Japp 2006: 27). Die Politik kann kommunikativen Widerspruch dann nicht mehr ohne weiteres in Form eines agonistischen Konkurrenzverhältnisses i. S. d. Codes abarbeiten (vgl. dazu: Mouffe 2007: 30). Rechtspopulismus als Form politischer Semantik reartikuliert die Möglichkeit des Ausfalls von Mechanismen der Absorption gesellschaftlicher Konflikte durch eine demokratisch verfasste Politik (vgl. dazu Luhmann 1999: 103)[68]. Rechtspopulistische Kommunikation ist und bleibt eine politische Form, sich mit diesem Ausfall zu befassen. Reartikulation heißt dann aber eben nicht nur, die Thematisierung von etwas auf der inhaltlichen Ebene, sondern zugleich die performative Erzeugung des Ausfalls der Konfliktabsorption im politischen System.

Es sollte klar geworden sein, dass Rechtspopulismus nicht als Resultat gebündelter Ambitionen zu betrachten ist, deren Grund in den psychischen Dispositionen seiner Befürworterinnen, sondern vielmehr im Zusammenhang sozialer Prozesse zu suchen ist. Wenn es in diesem Text um Angst als Affekt geht, dann ist diese nicht als rein individuelle Angst zu begreifen. Angst wird vielmehr als soziale Dynamik verstanden, die sich als Resultat der Interaktion von Körpern ereignet (vgl. Seyffert 2011: 76) und im Modus der Ansteckung operiert, d. h. als affektive Übertragung. Affektive Übertragung erfolgt im Anschluss an Gabriel Tarde nicht lediglich in Situationen physischer Kopräsenz, sondern vollzieht sich

---

68   In diesem Sinne ist J.W. Müllers Rede vom Populismus als Schatten der repräsentativen Demokratie (vgl. Müller 2016: 11) zuzustimmen, wenngleich hinzuzufügen wäre, dass er nicht der Einzige ist, sondern nur einen Schatten abbildet. In eine ähnliche Richtung verweist auch Cas Muddes Begriff der »pathological normalcy« (2010: 1178).

in den modernen Gesellschaften in unterschiedlicher Weise ebenfalls über Medien (vgl. Opitz 2015: 134ff). Dabei affizieren nicht nur die übermittelten Informationen an sich. Vielmehr stellt sich über Medien ein komplexes Zusammenspiel von medialer Apparatur, physischen Körpern und den transportierten Informationen im Zusammenhang mit Sinnprozessen ein (vgl. Massumi 2002: 81). Mit diesem Wechselspiel ist gemeint, dass sich Affekte und Kommunikation als operativ selbstbezogene Prozesse gegenseitig irritieren, d. h. einander in vorab unbestimmter Weise verstärken, abschwächen oder unterbrechen ohne einander aber vollständig zu determinieren (vgl. Deleuze/Guattari 2004: 97).

Mit Blick auf Angst heißt das, dass sie im Untergrund politischer Kommunikation mitläuft, d. h. in Kommunikation 'eingefaltet' (vgl. Opitz 2014: 276) ist und dabei den Verlauf von Kommunikation mitstrukturiert. Sie wird auch nicht alleine durch Kommunikation hervorgerufen und kann vor allem über Ansteckungsprozesse auch eine Eigendynamik gewinnen, die den Verlauf von Kommunikation beeinträchtigt oder sogar unterbricht. Angst als Affekt eröffnet dabei in den Körpern der Affizierten die Möglichkeit eines bevorstehenden, aber an sich unbestimmten Schadens von etwas, das erst durch die mögliche Zukunft seiner Zerstörung an Realität gewinnt (vgl. Ahmed 2004: 65). Die Autonomie des Angstaffektes (vgl. allgemein: Massumi 2002: 15) führt dazu, dass die bloße, virtuelle Möglichkeit des Schadens durch Etwas aufscheint und „die Gegenwart mit Nervositäten überschwemm[t]" (Opitz 2016: 161, Änderungen LvB), ohne dass vorab schon eine inhaltliche Bestimmung oder Begründung stattgefunden hat (vgl. Massumi 2010a: 113).

Dieses Etwas ist an sich unbestimmt. Es enthält aber in jedem Fall den affizierten Körper, wobei die Art des möglichen Schadens im Falle von politischer Kommunikation die konkrete Anwendung von physischer Gewalt darstellt: Macht als Medium der Politik kann gerade dadurch reproduziert werden, dass sich Anschlusskommunikation unter der gleichzeitigen Möglichkeit und Vermeidung physischer Gewalt ereignet (Luhmann 2002: 46). Diese Kopräsenz lässt sich als Angst betrachten, welche politische Kommunikation in unterschiedlicher Intensität begleitet (vgl. von Bargen 2016: 236f). Je näher physische Gewalt als Option z. B. in Form von Zwang rückt, desto stärker wird letztlich der Entscheidungsspielraum und damit die Anzahl potenzieller Situationen, in denen politische Entscheidungen pauschal akzeptiert werden können, eingegrenzt (vgl. Luhmann 1975: 23). Die Produktion von interner Komplexität in einem demokratisch verfassten politischen System geht daher mit einer Reduktion von Angst einher, wenngleich sie als konstitutives Hintergrundrauschen stets präsent bleibt. Mit Angst unterlegter Kommunikation ruft demnach automatisch die Politik zu deren nachträglichen Einhegung auf den Plan und ein Exzess von Angst stellt eine Gefahr für eine geordnete Politik dar, da Gewalteskalation eine Option ist, aus diesem Zustand zu entkommen (vgl. Collins 2008: 19).

Auf dieses Hintergrundrauschen der Angst bezieht sich Rechtspopulismus, wenn im Szenario einer diagnostizierten 'Islamisierung', 'Überfremdung', 'Umvolkung' oder im 'Großen Austauschs' eine gefährdete Gemeinschaft imaginiert wird. Die Möglichkeit des Scheiterns von Macht im Sinne einer pauschalen Nicht-Akzeptanz wird gegen den von Regierung und Opposition abgesteckten Entscheidungsspielraum in Stellung gebracht, indem sie als Elite in der Verantwortung für die drohende Zerstörung einer wie auch immer konzipierten politischen Gemeinschaft gesehen werden. Eine rechtspopulistische Affektpolitik kontrastiert die Möglichkeit des affektiven Exzesses (vgl. dazu: Anderson 2006: 738) mit an politischen Themen orientierten Furcht vor Migranten oder Homosexuellen, um eine rechtspopulistische Programmatik als einzig wählbare gegenüber der Elite zu positionieren. Die Gemeinschaft des Volkes, deren Sprachrohr man zu sein beansprucht, wird in ihrer bestimmten Form erst im Moment ihrer unterstellten Bedrohung durch *abjekte* Nicht-Zugehörige erzeugt (vgl. von Bargen 2016: 440). Das rechtspopulistische Heartland entfaltet seine Wirksamkeit im Sinne einer 'imagined community' (Anderson, Benedict 2006) im Wesentlichen dadurch, dass Angst vor ihrem Verlust erzeugt wird: „The felt reality of the threat is so superlatively real that it translates into a felt certainty about the world" (Massumi 2010b: 55).

Die Realität des rechtspopulistischen *heartland* als Pflege einer politischen Gemeinschaftssemantik sichert sich also durch Angst ab. Ob Geflüchtete, Homosexuelle, Muslime oder gar 'Kulturmarxisten' – in der Identifikation eines abjekten Anderen und der damit verbundenen Affizierung durch Angst wird die Imagination der Gemeinschaft des Volkes erst im Moment des Gewahrwerdens ihrer Schadhaftigkeit zu einer Gewissheit. Ob sich dann Gemeinschaftsnarrative bilden, ob diese Imagination mit einer Fortsetzung der Geschichte ab einem mythischen Ursprung und sich 'Gründungsnarrative' vor diese Gewissheit schieben (vgl. dazu: Koschorke 2012: 396), ist im Fall des Rechtspopulismus unterschiedlich zu beobachten. Für die Wirkmacht, d. h. die Pragmatik der rechtspopulistischen Perspektive ist dies nicht in jedem Fall von Bedeutung. Rechtspopulismus fungiert mithin nur als „thin-centred ideology" (Mudde 2004: 544) und hat sein Fundament letztlich in einem durch Angst getragenen Schema der Zugehörigkeit, welches aber unterschiedlichste Teilforderungen integrieren kann (vgl. Laclau 2004: 77) und in unterschiedlichsten Kontexten aufgegriffen wird[69].

---

69   Obwohl z.B. Parallelen zur Protestkommunikation sozialer Bewegungen bestehen, die ebenfalls oft in Form von moralisch unterfüttertem Widerspruch zu bestimmten Themen besteht

Angstpolitik als Problem für die politische Bildung

Angst als sozialer Affekt und deren Verbreitung durch Ansteckung über-schreitet personelle wie parteiliche Grenzen. Gerade weil Angst keine Kommu-nikation ist und der Angstaffekt aber derart eng in das Bild der gefährdeten Ge-meinschaft eingefaltet ist, lässt sich diese Angst nicht inhaltlich widerlegen. Für Menschen, die Angst empfinden, soll man unabhängig von den Gründen Ver-ständnis haben. Und wenn der durch Rechtspopulisten postulierte Grund die dro-hende Zerstörung der Gemeinschaft ist, wird automatisch eingefordert, auch diese ernst zu nehmen. Rechtspopulismus als Mobilmachung einer Semantik der Ge-meinschaft gegen eine unterstellte Einheit von Regierung und Opposition drängt sich gemäß des letzten Abschnitts zuerst durch eine Politik der Angst auf.

Eine solche Politik der Angst kann relativ banal beginnen, wie dies Anouk de Koning exemplarisch anhand einer Artikelreihe aus dem Jahr 2004 über das nie-derländische Paar 'Bert und Maja' dargelegt hat. Dieses Paar gab an, sich in ihrem Stadtviertel nicht mehr zu Hause zu fühlen. Ausgehend von alltäglichen Konflik-ten dieses Paares mit vermeintlich marokkanischen Jugendlichen in der Nachbar-schaft, wurde letztlich eine Erzählung von einer kulturell ent- und überfremdeten Lebensrealität in den Niederlanden aufgebaut (vgl. De Koning 2016: 114). Die dort angelegten Schemata wurden derart verallgemeinert, dass der Begriff der 'marokkanischen Jugendlichen' letztlich zu einem Synonym für jene rechtspopu-listische Vorstellung von der in Zerstörung begriffenen nationalen Gemeinschaft wurde und andere mögliche Interpretationen von bestimmten Ereignissen, wie z. B. soziale Ungleichheit oder alltäglicher und institutioneller Rassismus komplett ausfielen (vgl. Ebenda: 127). Die politischen Erfolge von Rechtspopulisten in den Niederlanden lassen sich genau in diesem Zusammenhang lesen.

Einzelne Schockmeldungen aus dem Zusammenhang der Massenmedien ver-breiten Angst, die sich wiederum verselbstständigt und letztlich einschlägige Po-sitionen in die politische Kommunikation drängt. Aus einer Politik der Angst wird eine Politik der Zugehörigkeit, d. h. die Reflexion darüber, wer aufgrund seiner, bzw. ihrer Herkunft für eine normalisierte Inklusion geeignet ist und wer nicht (vgl. Yuval-Davis 2006: 209)

(vgl. Luhmann 1998: 853ff) ist Rechtspopulismus nicht was nur als soziale Bewegung oder in Protestparteien, sondern zugleich auch in etablierten Oppositions- und Regierungspar-teien, sowie in Alltagssituationen aufscheint.

Die demokratische Inklusivität, nach welcher Kategorien wie Geschlecht, Herkunft, Religion oder Sexualität in den Hintergrund rücken, wird unter Verweis auf die essentiell Nicht- Zugehörigen partiell ausgeschaltet. Damit wird der Raum des Diskutablen massiv eingegrenzt, indem z.b. die Forderung von Migrantinnen nach weniger Diskriminierung in der Debatte überhaupt nicht berücksichtigt werden muss.

Diese im rechtspopulistischen Deutungsmuster implizierte Einengung des demokratischen Debattenraumes stellt sich als Problem für die politische Bildung dar. Wenngleich es unterschiedliche Grundannahmen und Entwicklungen im Diskurs der politischen Bildung gibt, kristallisiert sich ein zentrales Ziel heraus: Hilfestellung zur Entwicklung von Handlungskompetenz in einer demokratischen Gesellschaft. Ob nun von 'Kompetenz' oder von an Oskar Negt orientierten 'gesellschaftlichen Schlüsselkompetenzen' (vgl. Hufer 2010: 214) die Rede ist, im Fokus der politischen Bildung steht der politische Mensch als jemand, der die 'Demokratie als Lebensform' (vgl. Dewey 1993: 121) internalisiert. Ob das avisierte Resultat der politischen Bildung mit Blick auf das Individuum nun Bürgerbewusstsein (vgl. Lange 2008: 432) oder der zu Selbstbestimmtheit und Emanzipation befähigte Mensch ist (vgl. Lösch 2013: 13), die Urteilsbildung auf der Grundlage einer Affizierung durch Angst entspricht sicherlich nicht dem idealen Ziel politischer Bildung. Statt rigider Grenzziehungen anhand von Kriterien, die a priori definiert und unhinterfragbar sind, steht in jedem Fall ein auf Basis von Reflexion urteilendes und handelndes Subjekt im Vordergrund. Das affizierte, qua homologer Zugehörigkeit definierte und nur zu *einem* Urteil gemäß des Volkswillens fähige Subjekt des Rechtspopulismus konterkariert das eigentliche Ziel politischer Bildung[70]. Die Frage nach Strukturen, in denen eine selbstgesteuerte Willensbildung und -artikulation stattfinden soll, wird in der Konzeption eines solchen einheitlichen Volkswillens prinzipiell überflüssig. Es braucht außerhalb der Rückbesinnung auf eine homologe Gemeinschaftszugehörigkeit explizit keine offene politische Debatte und von daher auch keinen Willensbildungsprozess. Dies wird im rechtspopulistischen Bekenntnis zur Gemeinschaft schon vorweggenommen und da es eben nur die eine letzte Identität der Zugehörigen geben kann, wird zukunftsoffene Debatte um mögliche Entscheidungsoptionen im politischen Kontext überflüssig. Wem Zugehörigkeit attestiert werden kann, der muss auch nicht weiter an seiner Urteilsfähigkeit arbeiten.

---

70   Schon John Dewey problematisierte die Verquickung von nationalem und sozialem Ziel in einer primär national orientierten Pädagogik, indem eine differenzierte und prozessuale Auseinandersetzung mit der Vielfalt möglicher sozialer Bezüge konstitutiv unterbunden würde (vgl. 1993: 133).

Der Beutelsbacher Konsens entwickelte sich Ende der 70er Jahre als methodisches Regulativ, mittels dessen das ideale Subjekt der politischen Bildung letztlich in politische Bildungsprogramme internalisiert wurde. Gerade im Überwältigungsverbot offenbart sich ein „Verzicht auf eine Zeigefingerpädagogik" (Schneider 1999: 173), nach welchem die Bewertungen von Teilnehmenden in Veranstaltungen der politischen Bildung ernst zu nehmen und auf Augenhöhe zu diskutieren sind (vgl. ebenda 174). Unabhängig davon, wie eine begründete politische Positionierung stattgefunden hat, muss sie als prinzipiell wahrheitsfähig respektiert und diskutiert werden. Die Angst der Rechtspopulisten und daran anschließende Argumentationen und Narrative müssen folglich als anerkennungswürdige Positionen in der Debatte berücksichtigt werden, obwohl ihre politischen Schlussforderungen genau dieses Prinzip der generalisierten Anerkennung nicht teilen und möglicher Dissens gegen sie unter Verweis auf vermeintliche Redeverbote gemäß einer Political Correctness ihrerseits disqualifiziert werden können. Rechtspopulismus konfrontiert politische Bildung mit einer Paradoxie: Er macht eine auf der Basis einer nicht diskutierbaren Angst vor Gemeinschaftszerstörung begründete Subjektkonzeption stark, die dem liberal-demokratischen Subjekt entgegengesetzt ist und muss in einer liberal-demokratisch verpflichteten Debatte als gleichberechtigt anerkannt werden. Politische Bildung ist demnach genötigt, sich im Umgang mit rechtspopulistischer Angstpolitik mit der rationalen Diskussion ihres eigenen Scheiterns zu befassen.

Dieses Scheitern findet zugleich auf zwei Ebenen statt: Zum einen mag sie noch so sehr aufklären und Sachverhalte kontrovers diskutieren, der Affizierung durch Angst kann sie auf der reflexiv-inhaltlichen Ebene nicht viel entgegenhalten. Die Angst ist da und ihr die Realität abzusprechen, kommt einer vollständigen Entmündigung der sie aussprechenden Personen gleich. Politische Bildung *kann* die in der rechtspopulistischen Affektpolitik erzeugte Furcht vor Geflüchteten nicht außer Kraft setzen. Zum anderen verbietet sich die politische Bildung durch das Überwältigungsverbot im Beutelsbacher Konsens einen kategorialen Ausschluss rechtspopulistischer Positionen. Antipluralistische oder gar antidemokratische Positionen müssen gleichberechtigt diskutiert werden, auch wenn ihnen damit die Möglichkeit gegeben wird den Debattenraum zu dominieren. Politische Bildung *darf* den Rechtspopulismus also auch auf der inhaltlichen Ebene nicht prinzipiell die Wahrheitsfähigkeit im politischen Diskurs absprechen. Der im Rechtspopulismus kommunizierte Ausschluss von Alternativen zu durch den 'gesunden Menschenverstand' oder den 'Volkswillen' begründeten Positionen darf in diesem Sinne selbst nicht ausgeschlossen werden.

Debatte statt Überwältigung – Möglichkeiten des Umgangs mit rechtspopulistischer Angstpolitik in der politischen Bildung

Zwei Aspekte sprechen nun dafür, dass sich politische Bildung mit dem Thema Rechtspopulismus auseinandersetzen sollte: Erstens wurde schon mehrfach angedeutet, dass sich im Rechtspopulismus ein anti-pluralistisches und antidemokratisches Weltbild etabliert, das sich in den letzten Jahren als hochgradig anschlussfähig erwiesen hat. Dabei handelt es sich nicht nur um Gerede, sondern es folgen praktische Konsequenzen. Die Grenzen des Sagbaren werden dabei immer weiter verschoben, was sich eine rechtsextreme 'Neue Rechte' womöglich nicht ganz zu Unrecht als Folge ihrer 'Metapolitik' zuschreibt. Nicht nur werden Demokratie als Lebensform und Multikulturalismus aktuell schon essentiell infrage gestellt. Es ist auch nicht abzusehen, dass der Rechtsruck der öffentlichen Debatte ein schnelles Ende nimmt. In diesem Sinne ist jenes liberal-demokratische Subjekt der politischen Bildung mit seiner 'Eigensinnigkeit' und seiner 'politischen Urteilskraft'(vgl. Negt 2010: 65) stark unter Beschuss geraten. Politische Bildung wird zwangsläufig herausgefordert, weil man im Namen der Eigensinnigkeit und der politischen Urteilskraft plötzlich eine ethnisch homogene, heteronormative Gemeinschaft fordert. Diversität, öffentliche Debatte und prozessuale Ergebnisoffenheit von Debatten werden dagegen nur als Pathologien wahrgenommen.

Zweitens zeigt sich rechtspopulistisches Denken und Handeln vermehrt, multikontextuell und oftmals ohne Vorwarnung. Rechtspopulistische Positionen zeigen sich alltäglich. Allgegenwärtig kann ihnen begegnet werden. Das bedeutet, dass politische Bildung zwangsläufig mit rechtspopulistischen Argumentationen konfrontiert wird. In der persönlichen Alltagspraxis genügt ein kurzer Blick auf unterschiedliche Social-Media-Plattformen und man wird mit offensichtlichen Fake-News über marodierende und vergewaltigende arabische Männer nahezu überschwemmt. Aus welchen Gründen auch immer werden diese bei Facebook auch noch von einer oder einem der vermeintlichen Freunden geteilt. In der Praxis der politischen Bildung, d. h. im Seminarkontext nimmt eine Veranstaltung zu Islamophobie plötzlich eine unerwartete Wendung, indem die Teilnehmenden das dringende Bedürfnis äußern, über die Gefahren eines islamistischen Terroranschlags auf die durch sie betreuten Kinder während einer Ferienfreizeit sprechen zu wollen. Statt über Diskriminierung zu sprechen, versichert man sich in der Folge gegenseitig der Wahrheit von diskriminierenden Vorstellungen. Nicht nur auf einer theoretischen Ebene, sondern auch sehr unmittelbar und immanent ist politische Bildung daher mit Rechtspopulismus konfrontiert. Das heißt, sie kommt nicht mehr umhin, sich damit auseinanderzusetzen.

Mit Blick auf die Wirkmacht des rechtspopulistischen *heartland* wurde hier festgestellt, dass sie sich auf zwei Ebenen einstellt: Auf der *pragmatischen* Ebene entfaltet, ereignet sie ich über die Affizierung durch Angst, während auf der *semantischen* Ebene ein erklärendes und zugleich orientierendes Narrativ im Sinne der Beschreibung einer gefährdeten Gemeinschaft anschließt. Mit der Affizierung durch Angst bzw. deren ‚Einfaltung' oder Einbettung in die Erzählung von der bedrohten oder zerstörten Gemeinschaft wird Letztere der kommunikativen Disposition entzogen. Man kann ihre Existenz also weder anders auffassen noch grundsätzlich anzweifeln, sondern hat es mit einem Mechanismus der Selbstevidenz der unterstellten Gemeinschaft zu tun. Mit Blick auf diese zwei Ebenen sollte es der politischen Bildung unter Einrechnung des Überwältigungsverbots um die Entzerrung dieser durch die Einfaltung von Affekten in semantische Formen realisierten Selbstevidenz der rechtspopulistischen Gemeinschaft gehen. Dies bedeutet konkret, dass das rechtspopulistische *heartland* aus seiner Indisponibilität befreit wird. Gemeinschaft kann in der Rückführung in die Debatte als kontingent erscheinen und wird mit ihren Ausgrenzungsmechanismen (vgl. Rosa et al. 2010: 79) genötigt, diskutiert zu werden. Sie bietet dann keine abschließende Identifikationsformel mehr, von der aus ein Gemeinschaftssubjekt von der kontinuierlichen Reflexion entbunden werden könnte. Gerade im Moment der Kontingenz der Gemeinschaft wird letztlich ein potenzieller Raum für einen vergrößerten Kreis anerkennungswürdiger Personen geschaffen, ohne ihn vorab zu bestimmen:

a) Mobilisierung von Gegenaffekten

Hiermit soll gemeint sein, dass die Angst vor dem Verfall der Gemeinschaft affektiv konterkariert wird. Dies kann sowohl im negativen Sinne passieren, indem bspw. konkrete Gefahren rechtspopulistischer Regierungspraxis am Beispiel von Ungarn und deren Konsequenzen für die Gesellschaft mit Blick auf die Einschränkung von Grundrechten verdeutlicht werden. Exemplarisch kann dargelegt werden, wie rigide Mediengesetze oder die Beschneidung der Unabhängigkeit der Justiz gerade die Demokratie als Prozess gerade bedrohen. Entgegen des rechtspopulistischen Rekurses auf den authentischen Volkswillen kann dargelegt werden, wie dessen Artikulation durch Rechtspopulisten gerade limitiert wird. Der rechtspopulistische Wahrheitsanspruch wird in eine innere Widersprüchlichkeit zwischen Anspruch und Praxis überführt und Angst erfährt eine Umorientierung auf Rechtspopulismus, wobei dies bei rechtsaffinen Teilnehmenden andersherum zu einer Bestärkung ihrer Position führen kann. Das Aufzeigen der Konsequenzen einer rechtspopulistischen Programmatik ermöglicht zugleich eine Verschärfung der argumentativen Gegensätze in einer Situation der politischen Bildung, die eine Seminar- oder Unterrichtseinheit sprengen kann. Dies kann in letzter Instanz nur durch die Definition von demokratischen Regeln der Debatte aufgefangen werden, deren Preisgabe indiskutabel ist. Wer offen gegen ein grund- und menschenrechtlich begründetes Reglement argumentiert, kann nur schwer wieder in eine demokratische Debatte zurückgeholt werden. Eine solche Vorgehensweise bietet sich daher nur mit Teilnehmenden an, bei denen mit einer Ablehnung der prinzipiellen Gleichwertigkeit von Menschen und den ihnen zurechenbaren Meinungen nicht zu rechnen ist. Andernfalls wird die paradoxe Situation erzeugt, Teilnehmende mit demokratischen Diskussionsregeln zu 'überwältigen'.

Eine andere Methode wäre die Begegnung mit dem Anderen des rechtspopulistischen *heartland*. Dies kann sich in Form realer Begegnungen (zum Beispiel mit Geflüchteten) oder in Form von Rollenspielen ereignen, in denen Teilnehmenden die Chance geboten wird, im unmittelbaren Angesicht des Anderen auch anders als durch Angst affiziert zu werden oder eben selbst die Position des anderen einnehmen zu können. Die Begegnung mit Geflüchteten von Angesicht zu Angesicht kann abstrakte Bilder des gefährlichen Anderen erschüttern, indem die unmittelbare Interaktion in einem durch die Seminar- oder Unterrichtssituation geschützten Raum ganz andere möglichen Zuschreibungen aktualisiert, als durch das genannte Bild abzuarbeiten ist. Mit diesem Potential öffnet sich zugleich ein Potential an anderen Formen des Affiziertwerdens, was sich u.a. auch in Richtung Empathie gehen kann, wenn zugleich z.B. Erzählungen über die Flucht oder die konkrete Lebenssituation in Geflüchtetenunterkünften stattfinden.

Zusätzlich könnten über Methoden der Demokratie- und Diversitätspädagogik mit Blick auf Diversität, Selbstwirksamkeit und Partizipation andere Affekte im Kontrast zu Angst mobilisiert werden. Die konkrete Einbindung in Entscheidungsprozesse von Teilnehmenden in der Seminarsituation (z.B. als Entscheidung über Pausenzeiten, die angewendeten Methoden oder in Planspielen) kann ein Gefühl der Selbstwirksamkeit suggerieren, dass der apokalyptischen Vision des vollständigen Ausgeliefertseins der Zerstörung der Gemeinschaft durch Eliten, wie es im rechtspopulistischen Diskurs erzählt wird, situativ entgegen steht. Es geht hier darum, dass demokratische Entscheidungsfindungsprozesse in ihrer Ergebnisoffenheit eben nicht nur verunsichern mit Angst affizieren müssen, sondern z.B. auch durch Hoffnung. Das Entscheidungsereignis kann analog dazu nicht nur als Verschärfung von Angst erscheinen, sondern zugleich als Moment der Freude. Soziale Prozesse werden also nicht, wie in einer rechtspopulistischen Affektmodulation, mit Angst unterlegt, sondern es werden Räume für andere Möglichkeiten des Beobachtens und Fühlens eröffnet.

b) Dekonstruktion

Unter Dekonstruktion ist hier eine kritische Auseinandersetzung mit der rechtspopulistischen Gemeinschaftserzählung auf der *semantischen* Ebene gemeint. Die kritische Auseinandersetzung auf der inhaltlichen Ebene bedeutet aber nicht zwangsläufig eine inhaltliche Entkräftung rechtspopulistischer Argumente.

Dies setzt eine gemeinsame Vorstellung von Regeln des Diskurses voraus, von der man kaum ausgehen kann. Stattdessen ist der zentrale Ansatzpunkt für eine semantische Auseinandersetzung mit dem rechtspopulistischen *heartland* in Anlehnung an Jacques Derrida die textuelle Rekonstruktion unter Gesichtspunkten ihrer prinzipiellen Kontingenz (vgl. Derrida 1974: 45). Dies kann sich z. B. in der Explikation innerer Widersprüche und Paradoxien der Argumentation, dem Hinterfragen von als eindeutig unterstellten Wir-Sie-Unterscheidungen oder der Darstellung unbegründeter Vorannahmen von rechtspopulistischen Narrativen erfolgen. Bei der Frage nach einer 'deutschen Kultur' o.ä. lässt sich relativ gut erarbeiten, dass Kultur immer schon als Austauschprozess funktioniert hat. Als 'typisch deutsch' erachtete Kulturelemente können relativ einfach in ein weites Netz an Bezugspunkten zerlegen, das sich nicht nur international, sondern sogar global aufspannen lässt. Analog dazu kann die genaue Betrachtung von Identifikationsformeln wie z.B. 'christliches Abendland' auf seine Vieldeutigkeit befragen (vgl. exemplarisch: Weiß 2017: 155ff). Einer Logik der getrennten Identitäten kann die Logik eines transversalen 'Mit-Seins' entgegengestellt werden, wo am Anfang der Identität eben nicht Unterschiede, sondern Formen des Teilens zwischen Identitäten stehen (vgl. Nancy 2004: 127). Dies lässt sich in der Gruppendiskussion erarbeiten und eröffnet an dem Punkt, an dem der Rechtspopulismus die absolute Gewissheit des Volkswillens unterstellt, einen Kontingenzhorizont der Raum für Reflexion und Diskussion zulässt. Statt Teilnehmer zu überwältigen, gilt es vielmehr die Kommunikationsdynamik einer Seminargruppe so zu moderieren, dass letzte Sicherheiten zumindest in den Bereich des Diskutierbaren geraten. Genau dann können rechtspopulistische Gewissheiten nämlich kontingent erscheinen. Dies sind letztlich Strategien, die methodisch im Zusammenhang mit Argumentationstrainings gegen Stammtischparolen (vgl. Hufer 2006) weitreichend formuliert und erprobt sind.

Die Angst am Grund der rechtspopulistischen Gemeinschaftsimagination mag dann trotzdem noch da sein. Sie lässt sich aber nicht mehr ohne weiteres durch diese begründen. Die Ausfaltung von Angst aus einem rechtspopulistischen Gemeinschaftsnarrativ eröffnet ein Potential für die Lokalisierung von anderen Ursachen für ein Gefühl der Unsicherheit. Die Angst kann dann durchaus ernst genommen werden. Die vermeintlichen Gründe dafür müssen hingegen neu reflektiert werden.

Fazit

Eine abschließende Antwort auf Frage im Titel lässt sich auch nach diesen Ausführungen nicht eindeutig geben. Die Angst vor dem Verlust des rechtspopulistischen *heartland* drängt sich in die Kommunikation ohne selbst Kommunikation zu sein. Sie kann 'den Menschen' deshalb auch nicht abgesprochen werden. Durch das Fühlen wird die Präsenz von etwas, das sich im Zerfall befindet, erzeugt. Dies lässt sich kommunikativ nicht verneinen, wobei diese Negation im Kontext der politischen Bildung durch das Überwältigungsverbot blockiert ist. So gesehen kann Angst nur ernst genommen werden.

Nun wurden in diesem Text gezeigt, dass die Angst vor dem Zerfall der Gemeinschaft und die auf die Anderen gerichtete Furcht immer schon Resultat einer Affektmodulation ist, die sich in der Einfaltung von Affekten in ein rechtspopulistisches Gemeinschaftsnarrativ ergibt. In diesem Sinne sind die Ängste der Leute nicht ernst zu nehmen, da sie eben nicht Ausdruck authentischen Empfindens sind, sondern sich immer schon als vorab ausgerichtet zeigen. Die Angst der Rechtspopulisten entspringt einer kontingenten Einfaltung von Affekten und sozialem Sinn. Sie muss nicht in solchem Maß ernst genommen werden, als dass sie Ausdruck einer einschlägigen politischen Betrachtungsweise der Welt darstellt, die nicht alternativlos ist.

Die Arbeit mit Gegenaffekten und die inhaltliche Dekonstruktion der im Rechtspopulismus transportierten Gemeinschaftsimagination lassen sich genau in diesem Sinne begreifen: Es geht um die (Wieder-)Eröffnung von Potentialen die Welt auch anders sehen und fühlen zu können, als es im rechtspopulistischen Narrativ suggeriert wird. Es findet in diesem Sinne keine Überwältigung statt, sondern es werden Ansatzpunkte für selbstbestimmte Reflexionen geboten, an die dann kommunikativ angeschlossen werden kann oder nicht.

Die vorgeschlagenen Umgangsformen mit Angst am Grund des rechtspopulistischen *heartland* weisen allerdings grundlegende Grenzen auf. Sie konnten nur aus dem Zusammenhang von Seminar- und Unterrichtserfahrungen vorgeschlagen werden, wo sie sich methodisch begründet durchführen lassen. Sie funktionieren folglich in der jeweils eigendynamisch verlaufenden Unterrichtsinteraktion (vgl. Luhmann 2002a: 102ff). Die gesellschaftlichen Folgen im Anschluss an die Interaktion lassen sich aus der Interaktion selbst heraus nicht steuern. Die hier gemachten Vorschläge des Umgangs mit Angst im Zusammenhang rechtspopulistischer konzentrieren sich daher auf die Seminarsituation.

Literaturverzeichnis

Anderson, Ben (2006): Becoming and being hopeful: towards a theory of affect, In: Environment and Planning D: Society and Space 24; S.733-752.

Anderson, Benedict (2006): Imagined Communities. Reflections on the Origin and Spread of Nationalism. London: Verso.

Ahmed, Sara (2004): The Cultural Politics of Emotion. NY: Routledge.

Auer, Katrin (2002): ‚Political Correctness'. Ideologischer Code, Feindbild und Stigmawort der Rechten, in: ÖZP 31/3:291-303.

Bröckling, Ulrich (Hrsg.) u. A. (2015): Das Andere der Ordnung. Theorien des Exzeptionellen: 127-148; Frankfurt a.M.: Suhrkamp.

Bröckling, Ulrich (2016): Man will Angst haben, in Mittelweg 36 25/6: 3-7.

Collins, Randall (2008): Violence. A Micro-Sociological Theory. Princeton/Oxford: Princeton University Press.

Decker, Oliver et al. (2016): Die enthemmte Mitte. Autoritäre und rechtsextreme Einstellungen in Deutschland. Die Leipziger ‚Mitte'-Studie. Gießen: Psychosozial Verlag.

Deleuze, Gilles/Guattari, Felix (2004): A Thousand Plateaus. London/NY: Continuum.

De Koning, Anouk (2016): Tracing anxious politics in Amsterdam. In: Patterns of Prejudice 50/2:109-128.

Derrida, Jacques (1974): Grammatologie. Frankfurt a.M.: Suhrkamp.

Dewey, John (1993): Demokratie und Erziehung. Eine Einleitung in die philosophische Pädagogik; Weinheim/Basel: Beltz.

Fischer, J./Moebius: (Hrsg.) (2014): Kultursoziologie im 21. Jahrhundert: 267-281; Wiesbaden: VS.

Hufer, Klaus-Peter (2006): Argumente am Stammtisch: Erfolgreich gegen Parolen, Palaver und Populismus. Schwalbach: Wochenschau.

Hufer, Klaus-Peter (2010): Politische Erwachsenenbildung – zur Geschichte ihrer Ideen und Konjunkturen. In: Außerschulische Bildung 3: 206-217.

Japp, Klaus-Peter (2006): Terrorismus als Konfliktsystem. In: Soziale Systeme 12/1: 6-32.

Knöbl, Wolfgang (2016): Über alte und neue Gespenster. Historisch-systematische Anmerkungen zum 'Populismus'. In: Mittelweg 36 25/6:8-35.

Laclau, Ernesto (2004): On Populist Reason. London: Verso.

Lange, Dirk (2008): Bürgerbewusstsein. Sinnbilder und Sinnbildung in der Politischen Bildung. In: GWP 3:431-439.

Lösch, Bettina (2013): Was heißt 'kritische politische Bildung' heute?. In: polis 2:11-14.

Luhmann, Niklas (1975): Macht. Stuttgart: F. Enke.

Luhmann, Niklas (1989): Theorie der politischen Opposition. In: ZfP 36/1: 13-26.

Luhmann, Niklas (1993): Gesellschaftliche Struktur und semantische Tradition. In: ders.: Gesellschaftsstruktur und Semantik. Studien zur Wissenssoziologie der modernen Gesellschaft Bd.1: 9-72; Frankfurt a.M.: Suhrkamp.

Luhmann (1994): „Distinctions directrices". Über Codierung von Semantiken und Systemen. In: Ders. (1994). Soziologische Aufklärung 4. Beiträge zur funktionalen Differenzierung der Gesellschaft, 2.Aufl. Wiesbaden: VS. 13-31.

Luhmann (1998): Die Gesellschaft der Gesellschaft; Frankfurt a.M.: Suhrkamp.

Luhmann, Niklas (1999): Grundrechte als Institution. Ein Beitrag zur politischen Soziologie; Berlin: Duncker und Humblodt.

Luhmann, Niklas (2002): Die Politik der Gesellschaft; Frankfurt a.M.: Suhrkamp.

Luhmann, Niklas (2002a): Das Erziehungssystem der Gesellschaft, Frankfurt a.M.; Suhrkamp.

Luhmann, Niklas (2008): Die Moral der Gesellschaft; Frankfurt a.M.: Suhrkamp.

Massumi, Brian (2002): Parables for the Virtual. Movement, Affect, Sensation. Durham/London: Duke University Press.

Massumi, Brian (2010a): Angst (sagte die Farbskala), in: ders. (2010): Ontomacht. Kunst, Affekt und das Ereignis des Politischen. Berlin: Merve. 105-139.

Massumi, Brian (2010b): The Future Birth of the Affective Fact: The Political Ontology of Threat, in: Gregg, M./Seigworth (Hrsg.) (2010): The Affect Theory Reader.; Durham/London: Duke University Press. 52-71.

Mouffe, Chantal (2007): Über das Politische. Wider die kosmopolitische Illusion; Frankfurt a.M.: Suhrkamp.

Mudde, Cas (2004): The Populist Zeitgeist, in Government & Opposition 39/4: 341-364.

Mudde, Cas (2010): The Populist Radical Right: A Pathological Normalcy, in: West European Politics 33/3: 1167-1186.

Müller, Jan-Werner (2015): Populismus: Theorie und Praxis, in: Merkur 69: 28-37.

Müller, Jan-Werner (2016): What is Populism?; Philadelphia, University of Pennsylvania Press.

Nancy, Jean-Luc (2004): singulär plural sein; Berlin: Diaphanes.

Nassehi, Armin (1998): Gesellschaftstheorie und empirische Forschung. Über die ‚Methodologischen Vorbemerkungen' in Luhmanns Gesellschaftstheorie, in: Soziale Systeme 4/1: 199-206.

Negt, Oskar (2010): Der politische Mensch. Demokratie als Lebensform, in: NG/FH 12: 63-66.

Opitz, Sven (2014): Zur Soziologie der Affekte: Resonanzen epidemischer Angst, in: Fischer, J./Moebius: (Hrsg.) (2014): Kultursoziologie im 21. Jahrhundert. Wiesbaden: VS. 267-281.

Opitz, Sven (2015): Verbreitete (Un-)Ordnung: Ansteckung als soziologischer Grundbegriff, in: Bröckling, U. Et al (Hrsg.) (2015): Das Andere der Ordnung. Theorien des Exzeptionellen. Frankfurt a.M.: Suhrkamp. 127-148.

Rosa, Hartmut et al. (2010): Theorien der Gemeinschaft zur Einführung; Hamburg: Junius.

Patzelt, Werner (2015): Die Sorgen der Leute ernst nehmen!. In: APUZ 40: 17-21.

Priester, Karin (2016): Rechtspopulismus – ein umstrittenes theoretisches und politisches Phänomen. In: Virchow, Fabian et al (Hrsg.) (2016): Handbuch Rechtsextremismus. Wiesbaden: VS. 533-560.

Schneider, Herbert (1999): Der Beutelsbacher Konsens, in: Mickel, W.W. (Hrsg.) (1999) Handbuch zur politischen Bildung. Bonn: BpB, 172-177.

Seyffert, Robert (2011): Atmosphären-Transmissionen-Interaktionen: Zu einer Theorie sozialer Affekte. In: Soziale Systeme 17/1, 73-96.

Stäheli, Urs (1996): Der Code als leerer Signifikant? Diskursanalytische Beobachtungen. In: Soziale Systeme 2/2, 257-281.

Stäheli, Urs (2000): Sinnzusammenbrüche. Eine dekonstruktive Lektüre von Niklas Luhmanns Systemtheorie; Weilerswist: Velbrück.

Steinmeier, Frank-Walther (2017): Bundespräsident Frank Walter Steinmeier beim Festakt zum Tag der Deutschen Einheit am 3. Oktober 2017 in Mainz, in: http://www.bundespraesident.de/SharedDocs/Downloads/DE/Reden/2017/10/17 1003-TdDE-Rede-Mainz.pdf?__blob=publicationFile [Abfrage am 13.10. 2017]

Taggart, Paul (2004): Populism and Representative Politics in Contemporary Europe. In: Journal of Political Ideologies 9/3:269-288.

Virchow, Fabian et al (Hrsg.) (2016): Handbuch Rechtsextremismus: 533-560; VS, Wiesbaden.

von Bargen, Lasse 2016: Zwischen Popularität und Ernsthaftigkeit. Zur Ambivalenz von Gemeinschaftssemantiken in der Selbstbeschreibung des politischen Systems; Münster: LIT.

Weiß, Volker (2017): Die autoritäre Revolte. Die Neue Rechte und der Untergang des Abendlandes; Hamburg: Klett-Cotta.

Wildt, Michael (2017): Volk, Volksgemeinschaft AfD; Hamburg: Hamburger Edition.

Yuval-Davis, Nira (2006): Belonging and the politics of belonging. In: Patterns of Prejudice 40/3, 2006 197-214.

Die Aporie der politischen Bildung in Bezug auf Populismus und Extremismusprävention

Nico Wangler

Nach einer theoretischen Begründung für die Untauglichkeit der derzeitig vorherrschenden Verwendung des Begriffs *Populismus* (These 1) wird im vorliegenden Beitrag verdeutlicht, dass die Aporie der politischen Bildung in Bezug auf Populismus selbstverschuldet (These 2) und in Bezug auf Extremismusprävention auch strukturell begründet ist (These 3). Abschließend wird eine Möglichkeit aufgezeigt, wie dem Phänomen anderweitig entgegengewirkt werden kann (These 4).

These 1: Populismus wird in der politischen Debatte und im politikwissenschaftlichen Diskurs unzureichend definiert und somit werden tatsächliche politische Konfliktlinien verschleiert.

In der politikwissenschaftlichen Diskussion sind in den letzten Jahrzehnten drei verschiedene Auffassungen eines Populismuskonzepts dominierend gewesen. Kennzeichnend für sie alle ist die Auseinandersetzung, Verschränkung und Abgrenzung zu den Konzepten *Radikalismus* und *Extremismus*. Als Grundlage dient die von den Innenministerien in der Bundesrepublik Deutschland angewandte Einteilung des politischen Spektrums (s. Abbildung 1).

© Springer Fachmedien Wiesbaden GmbH, ein Teil von Springer Nature 2019
L. Boehnke et al. (Hrsg.), *Rechtspopulismus im Fokus*,
https://doi.org/10.1007/978-3-658-24299-2_11

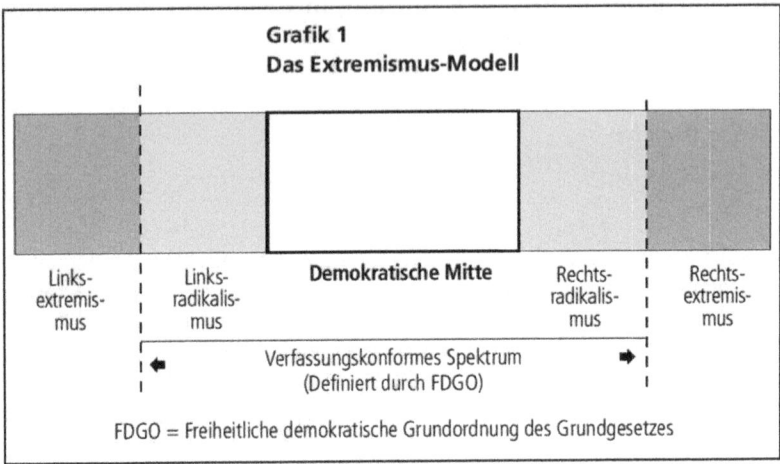

Abbildung 1: Das vom Verfassungsschutz angewandte Extremismus-Modell (Darstellung entnommen aus Stöss 2007: 19)

Zunächst wurde für Phänomene im „rechten" politischen Spektrum, die nicht mit den bisherigen Konzepten *Rechtsradikalismus* und *Rechtsextremismus* erfasst werden konnten, der Terminus *Rechtspopulismus* verwendet. Im historischen und internationalen Vergleich stellte sich zunehmend heraus, dass aber auch ein *Populismus* in Gestalt eines *Linkspopulismus* existiere. Zu beobachten war dann zudem eine Übernahme des ursprünglich pejorativ gemeinten Begriffs *Populismus* durch die Akteure der so bezeichneten politischen Gruppierungen in Form einer Selbstetikettierung, dann allerdings mit positiver Konnotation.

Die zweite Auffassung fasst *Populismus* konzeptionell als eine Zwischen-, bzw. Übergangszone zwischen Radikalismus und Extremismus auf (s. Abbildung 2). Der Versuch, *Populismus* entweder als eine eigene Stufe oder aber als Klammer zwischen Radikalismus und Extremismus zu verankern, ist ebenfalls als gescheitert anzusehen.

Links-	Linksradika- lismus	demokratische Mitte	Rechtsradika- lismus	Rechts-
extremismus				extremismus
	Links- Populismus		Rechts- Populismus	

Abbildung 2:Politisches Spektrum mit Populismus als „Übergangszone" (Eigene Darstellung)

Die dritte Auffassung, die sich derzeit politikwissenschaftlich durchgesetzt zu haben scheint, geht von der Vorstellung aus, *Populismus* als Stilmittel anzusehen. Die postulierte Ideologiefreiheit des Populismus werde dadurch aufgewogen, dass der Stil selbst zur Ideologie werde. Der Politikwissenschaftler Frank Decker konstatiert: „Gerade der Populismus macht deutlich, dass die Form, indem sie auf bestimmte inhaltliche Auffassungen zurückverweist, selbst ideologische Qualität annimmt." (Decker 2006: 11) Freilich ist es dann aber auch denkbar, dass dieses Stilmittel im *ganzen* politischen Spektrum Anwendung findet, auch wenn es zu den Rändern des Spektrums hin vermehrt auftritt (s. Abbildung 3).

Links-	Linksradikalis- mus	demokrati- sche Mitte	Rechtsradikalis- mus	Rechts-
extremis- mus				extremismus

Abbildung 3: Politisches Spektrum mit Verbreitung des „Stilmittels Populismus" (Eigene Darstellung)

Diesen drei Auffassungen des Konzepts *Populismus* beziehungsweise Definitionen des Begriffs *Populismus* folge ich nicht. Stattdessen schlage ich folgende Abgrenzung vor:

Politiker können sich in einer repräsentativen Demokratie selbst entweder als a) öffentliches Sprachrohr ihrer Klientel sowie für deren Wünsche oder als b) Überzeuger ihrer Mitbürger für die ihrer eigenen Meinung nach sinnvollste Politik verstehen und dementsprechend ihr politisches und kommunikatives Handeln ausrichten. Die erste Variante wäre ein *populistisches* Verständnis, die zweite ein *konviktorisches* Verständnis von den Aufgaben eines Politikers oder einer Politikerin. Beide Varianten lassen sich demokratietheoretisch legitimieren. Beide Varianten finden sich in allen Parteien, Verbänden et cetera – ungeachtet der jeweiligen politischen Ausrichtung – wieder. Dabei verstehe ich „politische Ausrichtung" nicht beschränkt im Sinne eines „Links-Rechts-Schemas" (s. Abbildung 4).

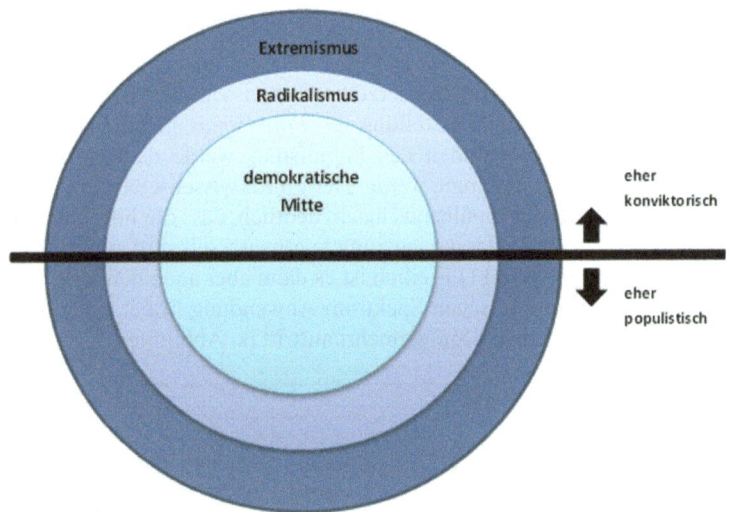

Abbildung 4: Sphäre des politischen Spektrums (Eigene Darstellung)

Durch die Selbstetikettierung von Radikalen und Extremisten als „Populisten" geben diese sich oftmals einen falschen Anstrich, da sie in der Praxis viel häufiger als Überzeuger denn als bloßes „Sprachrohr" agieren. Es findet aber auch eine Fremdetikettierung statt: Radikale und Extremisten werden von Demokraten als „Populisten" bezeichnet, um sie mit diesem Begriff abzuwerten. Dabei wird die gegebenenfalls vorhandene eigene Haltung im Sinne eines „auf den Bürger hören" als positiv, die „populistische" Haltung hingegen als negativ und letztlich als unerwünscht deklariert. Dadurch spielt man Radikalen und Extremisten jedoch in die Hände, da man sie damit sogar als „Populisten" aufwertet, anstatt sie als das zu bezeichnen, was sie tatsächlich sind.

Stellt man der Selbsteinschätzung eines Politikers oder einer Politikerin die analytische Einschätzung aus wissenschaftlicher Perspektive gegenüber, ergibt sich sachlogisch eine Matrix mit vier möglichen Idealtypen (s. Abbildung 5).

		analytische Einschätzung als	
		Populist	Konviktor
Selbsteinschätzung als	Populist	Tatsächlicher Populist	Scheinpopulist
	Konviktor	Arkaner Populist	Tatsächlicher Konviktor

Abbildung 5: Selbsteinschätzung eines Politikers versus analytische Einschätzung aus wissenschaftlicher Perspektive (Eigene Darstellung)

Von entscheidender Bedeutung ist in der politischen Auseinandersetzung jedoch weniger das Verhältnis von Selbsteinschätzung eines Politikers A und analytischer Einschätzung durch einen Wissenschaftler W, sondern vielmehr das Verhältnis von Selbsteinschätzung eines Politikers A und Fremdeinschätzung im Sinne einer Fremdetikettierung durch den politischen Opponenten B. Ebenso verfügt der Opponent B auch über eine Selbsteinschätzung und wird zudem von dem Opponenten A fremdetikettiert. Daraus entsteht ein komplexes Beziehungsgefüge.

Um dieses analytisch besser zu erfassen, bietet es sich an, eine Beziehungsmatrix zwischen zwei Opponenten zu skizzieren. Dabei wird unter „Haltung eines Opponenten" die Kombination von Selbstetikettierung entweder als „Populist" oder „Nicht-Populist" mit der Etikettierung des Gegenübers entweder als „Populist" oder „Nicht-Populist" verstanden. Wenn zwei Opponenten mit ihren Haltungen aufeinandertreffen, ergeben sich sachlogisch 16 Kombinationsmöglichkeiten (s. Abbildung 6).

		Haltung Opponent B			
		ich P, du P	ich P, du NP	ich NP, du P	ich NP, du NP
Haltung Opponent A	ich P, du P	Kombinations-möglichkeit 1	Kombinations-möglichkeit 2	Kombinations-möglichkeit 3	Kombinations-möglichkeit 4
	ich P, du NP	Kombinations-möglichkeit 5	Kombinations-möglichkeit 6	Kombinations-möglichkeit 7	Kombinations-möglichkeit 8
	ich NP, du P	Kombinations-möglichkeit 9	Kombinations-möglichkeit 10	Kombinations-möglichkeit 11	Kombinations-möglichkeit 12
	ich NP, du NP	Kombinations-möglichkeit 13	Kombinations-möglichkeit 14	Kombinations-möglichkeit 15	Kombinations-möglichkeit 16

Abbildung 6: Kombinationsmöglichkeiten Opponentenhaltungen (P = Populist, NP = Nicht-Populist),(Eigene Darstellung)

Neben der Haltung der Opponenten ist aber zudem zu beachten, welche analytische Einschätzung zu den jeweiligen Opponenten vorliegt. Eine Synthese von Matrix 1 (Abbildung 5) und Matrix 2 (Abbildung 6) findet sich in Form von Matrix 3 wieder (s. Abbildung 7).

analytische Einschätzung Opponent B als		
	Populist	Konviktor
Analytische Einschätzung **Opponent A als** — Populist	16 Kombinationsmöglichkeiten in Bezug auf die gegenseitige Haltung	16 Kombinationsmöglichkeiten in Bezug auf die gegenseitige Haltung
Konviktor	16 Kombinationsmöglichkeiten in Bezug auf die gegenseitige Haltung	16 Kombinationsmöglichkeiten in Bezug auf die gegenseitige Haltung

Abbildung 7: Kombinationsmöglichkeiten analytischer Einschätzungen: Synthese der Einschätzungsmatrizen (Eigene Darstellung)

Somit ergeben sich 64 mögliche Kombinationen, wenn zwei Opponenten im politischen Diskurs aufeinandertreffen. Es bedarf keiner weiteren Erläuterung, weshalb die Etikettierung als „Populist" somit für Verwirrung bei den politischen Akteuren selbst, aber auch insbesondere bei den Adressaten der politischen Auseinandersetzung sorgt. Wenn man sich nun vorstellt, dass aber durchaus auch drei Opponenten (z. B. Opponent A: linkes Spektrum, Opponent B: demokratische Mitte, Opponent C: rechtes Spektrum) aufeinandertreffen können, so steigern sich dementsprechend die Kombinationsmöglichkeiten um ein Vielfaches. Die Etikettierung als „Populist" ist somit auch aus dieser Perspektive als nicht zielführend anzusehen.

These 2: **Die Aporie der politischen Bildung in Bezug auf Populismus ist selbstverschuldet.**

Wenn sich Akteure in der politischen Bildung anstatt über diesen vielschichtigen Sachverhalt aufzuklären, eher dazu berufen fühlen, undifferenziert gegen „den Populismus" vorzugehen, instrumentalisiert sich die politische Bildung selbst und wirkt an der Verwischung der Grenzen zwischen demokratischen Akteuren auf der einen und extremistischen Akteuren auf der anderen Seite mit.

Für viele Bürger werden die Grenzen zunehmend undeutlicher. Die Akteure der politischen Bildung – nach ihrem Selbstverständnis zwar überzeugte Vertreter für Demokratie und parteipolitisch möglichst neutral auftretend – erscheinen somit als parteinehmende Akteure für bestimmte politische Ausrichtungen und für manche somit gar als Verhindernde von freier Meinungsentfaltung.

Eine so wahrgenommene politische Bildung bricht eklatant mit den Grundprinzipien des Beutelsbacher Konsenses (vgl. Wehling 2016), da Überwältigungsverbot und Kontroversitätsgebot nicht ausreichend beachtet werden. Es entsteht somit ein Glaubwürdigkeitsproblem für die politische Bildung und sie begibt sich damit selbst in die Falle eines von Extremisten postulierten „Meinungskartells der Eliten" beziehungsweise „Handlangern des Systems". Dies kann im schlimmsten Fall zu Solidarisierungen der bisher politisch nicht festgelegten Personen mit den „Scheinpopulisten" führen.

Darüber hinaus kann diese „Überwältigung" bei Personen, die zur Bildnerin bzw. zum Bildner eine konfligierende politische Position einnehmen, auch in psychologischer Hinsicht nicht funktionieren. Der Schweizer Psychiater und Kognitionsforscher Luc Ciompi konstatierte in seiner Studie „Die emotionalen Grundlagen des Denkens":

„Untergründige Mißstimmungen, die von einem Streit oder ungelösten Dauerkonflikt her die Kommunikation und auch Perzeption des Partners und seiner Aktionen vergiften, beeinträchtigen nicht nur das allseitige Lebens- und Selbstwertgefühl, sondern auch die kreativen Fähigkeiten aller Beteiligten zum Finden von konstruktiven Sachlösungen. Dies gilt in Ehe und Familie so gut wie im Beruf oder bei irgendwelchen Freizeitaktivitäten. Die alltagspraktische Nutzanwendung aus dieser Einsicht lautet dahin, daß es dringlich ist, vor allen weiteren Lösungsversuchen eine solche emotionale Übereinstimmung dort, wo sie fehlt, im offenen Gespräch zu suchen, das heißt, vorliegende Unstimmigkeiten nicht einfach zu verdecken." (Ciompi 2005: 310f.)

Wenn in einer Bildungsveranstaltung bei den Teilnehmenden das Gefühl entsteht, dass ein offenes Gespräch nicht geführt werden kann, produzieren die Teilnehmenden lediglich Lippenbekenntnisse oder reagieren mit Widerstand.

These 3: **In Bezug auf Extremismusprävention ist der politischen Bildung eine Aporie immanent.**

Können wir dann also davon ausgehen, dass eine Aufklärungsarbeit in politiktheoretischer Hinsicht unter Beachtung der Grundprinzipien des Beutelsbacher Konsenses somit erfolgversprechend im Sinne einer Extremismusprävention ist? Zur abschlägigen Beantwortung dieser Frage ein weiterer Auszug aus Ciompis Entwurf einer fraktalen Affektlogik:

> „Kognitive Informationen haben immer eine affektive Färbung. Bestimmte Informationen können nur in bestimmten Stimmungen aufgenommen werden. Stimmungskonforme Informationen werden am leichtesten, stimmungsdifferente am schwersten aufgenommen. Ob Kognitionen zur Information im wörtlichen Sinn werden (in die Fühl-, Denk- und Verhaltenssysteme des Empfängers eingebaut werden) oder nicht, hängt nicht in erster Linie von ihrem kognitiven Inhalt, sondern von ihren affektiven Konnotationen sowie den affektiv-kognitiven Strukturen des Empfängers selbst ab: Informationen, die diesen Strukturen mit ihren spezifischen Affektfärbungen zu sehr widersprechen, werden nicht aufgenommen, sondern mißachtet und verdrängt.“ (Ciompi 2005: 301)

Wenn man dies zugrunde legt, so verwundert es nicht, dass nach der Auswertung von Projekten der Bundeszentrale für politische Bildung (BpB) Ulrich Dovermann für die erfolgreichen Projekte feststellte:

> „Im Kern bewahrheitete sich eine alte Weisheit der politischen Bildung, nach der alle politische Bildung immer eine langfristig angelegte Auseinandersetzung mit extremistischen, d. h. stark verengten, Standpunkten ist in dem Sinne, dass das Gegenstück zu einer extremen Meinung nicht die richtige Meinung sondern die Meinungsvielfalt ist.“ (Dovermann 2007: 215)

Während somit eine rein kognitiv-aufklärerische Variante der politischen Bildung also als wenig fruchtbar erscheint, bleibt dann noch die handlungs- und erlebnisorientiere Variante. Haben ihre Vertreter nicht schon seit jeher postuliert, dass Prävention vor allem dann wirkt, wenn man nicht nur gegen etwas ist, sondern *für* etwas? Somit scheint die Demokratiepädagogik im Sinne von Gerhard Himmelmann (2005) in Kombination mit der Menschenrechtsrechts- und der Friedenspädagogik die beste Prävention gegen Extremismus zu sein, da die Menschen hierdurch *für* etwas aktiviert werden.

Aber hierfür gilt insbesondere die Kategorie der Selbstwirksamkeitserfahrung. Und genau hierbei kommen wir im Rahmen unserer Verfassungsordnung schnell an Grenzen:

> „Wo die Menschen – Jugendliche wie Erwachsene – nicht das Gefühl entwickeln, dass sie mitgestalten, einwirken, mitreden können, da haben Curricula von der repräsentativen Demokratie wenig Chancen, und wo im eigenen subjektiven Erleben die Grundwerte der humanen Gesellschaft als verletzt wahrgenommen werden, kann politische Bildung zunächst wenig ausrichten. Gegen die Erfahrung von Menschen kann man nur sehr schlecht unterrichten." (Dovermann 2007: 214)

Die fehlende Selbstwirksamkeitserfahrung führt dann eher zu noch größerer Enttäuschung bei den einen beziehungsweise zur Bestätigung ihrer Sicht bei den anderen. Letzteres verwundert nicht, wenn man sich eine psychologische Erklärung hierfür heranzieht:

> „Zur Veränderung von automatisierten Affekt-Kognitionsverbindungen bedarf es umgekehrt einer gewissen emotionalen ‚Aufheizung'. Aus diesem Grund bleibt die Wirkung von rein kognitiven Zugängen (die es allerdings aus unserer Sicht der Wirklichkeit gar nicht gibt), unbefriedigend, solange nicht auch die offen oder versteckt immer vorhandenen subjektiven und emotionalen Faktoren gebührend beachtet werden." (Ciompi 2005: 302)

Und mit dieser Forderung nach einer „emotionalen Aufheizung" kommen wir an die – hier als dritte These formulierte – strukturell bedingte Aporie der politischen Bildung, denn: Auch die beste Demokratiepädagogik kann nicht mit der „Erlebniswelt Rechtsextremismus" (Glaser/Pfeiffer 2007) oder der anderer politischer und religiöser Extremismen konkurrieren. Denn die freie Gesellschaftsvorstellung, die einer Demokratiepädagogik inhärent ist, kann ja gerade das nicht bieten, was manche Menschen bei Extremisten und Sekten finden: die exklusive Verheißung durch exkludierende Machterfahrungen.

These 4: **Extremismusprävention gelingt nur mit psychologischer und pädagogischer Bildung.**

Somit sind dann scheinbar doch kognitiv-aufklärerische Maßnahmen für eine Extremismusprävention notwendig – aber eben nicht aus Perspektive der politischen Bildung. Die Furcht vor dem Fremden, der Wunsch nach Zugehörigkeit zu einer Gruppe, nach Bedeutsamkeit der eigenen Person et cetera sind anthropologische Konstanten, die man psychologisch erklären kann. Somit wäre eine gelungene Extremismusprävention vor allem aus der Perspektive einer psychologisch-pädagogischen Bildung denkbar.

Befunde aus der Entwicklungspsychologie, der Wahrnehmungs- und Kognitionspsychologie sowie der Sozialpsychologie stellen wichtige Grundlagen für das Verständnis der eigenen Person und das der Mitmenschen dar. Aber wie soll diese psychologische Bildung aussehen: Etwas in Form von schulischen Unterrichtslektionen?

Im Rahmen einer Primärprävention kann das Schulfach Psychologie als ein Baustein angesehen werden. Leider ist dieses Fach – genauso wie das allgemeinbildende Unterrichtsfach Erziehungswissenschaft beziehungsweise Pädagogik – nicht flächendeckend an den allgemeinbildenden Schulen in Deutschland eingerichtet, obwohl es mehr lebensweltliche Relevanz für die Lernenden zu bieten scheint als Latein. Eine fachdidaktische Vorgehensweise im Sinne der paradigmenorientierten Psychologiedidaktik nach Günter Sämmer (1999) kann hierbei allerdings nur ein Ansatz für die gymnasiale Oberstufe sein. Der in ihr aufgehobene Ansatz der forschend-entdeckenden Psychologiedidaktik nach Inge Seiffge-Krenke (1981) ist dagegen auch für einen Unterricht in der Abschlussphase der Sekundarstufe I geeignet, denn sie geht von folgender Prämisse aus:

> „Demnach unterscheiden sich das wissenschaftliche Denken und das Denken im Alltag nicht grundsätzlich voneinander, sondern nur graduell und funktional: Während im Alltag unterschiedlich akzentuierte Komplexitätsreduktion und Realitätskonstruktionen mittels Alltagstheorien und Hausverstand der raschen problemlosen Orientierung dienen, erfolgen solche Prozesse in den Wissenschaften mittels Theorien und Methoden, um durch radikales Hinterfragen neue und komplexere Zusammenhänge entdecken, überprüfen und präzise beschreiben zu können. Aus diesem Grunde können wissenschaftliche Erkenntnisse im Unterricht am besten auf dem Wege des forschend-entdeckenden Lernens vermittelt, und dadurch auch höhere kognitive und affektive Lernziele leichter erreicht werden." (zitiert nach Geiß 2016: 103)

Als weiterer Baustein im Rahmen einer Primärprävention wäre es jedoch wichtig und möglich, auch außerhalb eines expliziten Psychologieunterrichts – im Sinne des allgemeinen Erziehungsauftrags – im formalen und non-formalen Bildungssektor psychologisch-pädagogische Bildung zu ermöglichen. Über basale Themen – wie die im Menschen angelegte Xenophobie (vgl. Hülshoff 2012: 160), Exklusions- und Inklusionsmechanismen in sozialen Gruppen, Entstehung von Gewalt und „gruppenbezogener Menschenfeindlichkeit" (Heitmeyer 2008) – wäre darüber hinaus allerdings die *explizite* Beschäftigung mit dem Phänomen *Extremismus* notwendig.

Hier entsteht unweigerlich eine Schnittmenge zwischen psychologisch-pädagogischer und politisch-sozioökonomischer Bildung. In diesem Überschneidungsbereich, der auch als Überschneidungsbereich zwischen politischer, rechtlicher, sozioökonomischer, historischer, psychologischer und pädagogischer Bildung angesehen werden kann, gewinnen vernetzende pädagogische Konzeptionen an Bedeutung. Friedenspädagogik mit der Gewaltprävention und die Menschenrechtspädagogik mit der Diskriminierungsprävention nehmen dabei eine gleichwertige Rolle ein.

Der Politikwissenschaftler und Mediator Friedrich Glasl plädiert für einen friedenspädagogischen Ansatz, in dem sowohl die Dynamik sozialer Konflikte als auch Ansätze zur Konfliktbehandlung zunächst kognitiv verdeutlicht werden. Ausgehend von den Deformationen der seelischen Funktionen des Wahrnehmens, des Denkens, des Fühlens, des Wollens und den sich daraus ergebenden Verhalten und Effekten geht es ihm um die Verdeutlichung von produktiver Konfliktfähigkeit, die sich zwischen Konfliktscheu und Streitlust konstatieren kann, der Dynamik der Konflikteskalation und Ansätzen für nachhaltige Konfliktlösungen. Er bezieht sich dabei unter anderem auch auf Ciompi (vgl. Glasl 2008).

Die Konfliktdynamik kann zwar zunächst kognitiv verdeutlicht, sie muss aber unmittelbar im Anschluss auch emotional erschlossen werden. Friedenspädagogische Konzepte sollten immer auf Selbstreflexion und auf Austausch mit anderen fußen sowie erfahrungsorientiert und erlebnisbasiert –gegebenenfalls auch begegnungsbasiert – gestaltet sein.

Menschenrechtspädagogik ist in Form der Menschenrechtsbildung kognitiv-aufklärerisch ausgerichtet, in Form der Diskriminierungsprävention dagegen vornehmlich erfahrungsorientiert und erlebnisbasiert. In der Menschenrechtsbildung nimmt dabei die Auseinandersetzung mit Dilemmata nach Lawrence Kohlberg einen bedeutenden Anteil ein, damit ist sie bereits durchaus entwicklungspsychologisch ausgerichtet (vgl. Lenhart et al. 2006: 95-104). Diskriminierungsprävention findet in vielfältigen Ausprägungen statt, so wie es auch vielfältige Ausprägungen der Diskriminierung gibt. Sie reicht von Ansätzen der Rassismusprävention und der interkulturellen Pädagogik über Projekte wie „Schule der Vielfalt – Schule ohne Homophobie" bis hin zur Engagementpädagogik und service learning. Ein verbindender Ansatz ist die Anti-Bias-Arbeit, die selbstreflexiv und erfahrungsorientiert vorgeht: „Es ist in diesem Zusammenhang bedeutend, neben der Verstrickung *in* auch die eigene Beteiligung *an* der Aufrechterhaltung der Herrschaftsverhältnisse zu fokussieren, indem eigenes diskriminierendes Verhalten auf seine Funktionen hin untersucht wird." (Schmidt et al. 2009: 167)

Durch eine Verschränkung von Diskriminierungsprävention mit interkultureller Pädagogik, vor allem auch in Form einer Begegnungspädagogik, kann hier positives Erleben und Erfahren von Vielfalt ermöglicht werden, das im Sinne der Affektlogik der Ausbildung einer extremistischen Haltung vorbeugt. Diese positiven Erfahrungen müssen jedoch in angeleiteter Form reflektiert werden, denn nur so ist präventiv auch eine affektiv-kognitive Resilienz erreichbar, die dann notwendig wird, wenn schlechtere Erfahrungen zu einer affektiv bedingten Eintrübung führen. Diese stellt nicht automatisch von alleine ein, sondern erfordert eine Synthese von kognitiv-aufklärerischer und erfahrungsorientiert-erlebnisbasierter Bildungsarbeit. Die aufgeführten Ansätze sind nicht nur im Rahmen der Primärprävention anzuwenden, sondern ebenfalls – dann jedoch mit einer noch stärkeren Betonung auf die Erfahrungsorientierung – im Rahmen der Sekundärprävention vorzusehen.

Eine gänzlich andere Vorgehensweise ist jedoch erforderlich, wenn wir das Augenmerk von der Prävention weg auf die Intervention hin richten. Da Affekte sowohl wichtige Komplexitätsreduktoren als auch bestimmend für die Hierarchie unserer Denkinhalte sind (vgl. Ciompi 2005: 98f.), ergibt sich hieraus: „Änderungen des Denkens und Verhaltens ohne gleichzeitige Affektveränderungen sind nicht zu erwarten." (Ciompi 2005: 300) In ihrer Dissertation, die die Theorie der fraktalen Affektlogik auf den Rechtsextremismus anwendet, stellt Elke Endert fest:

„Die tief eingeschliffenen Denk- und Fühlbahnen einer affektiv-kognitiven Eigenwelt können nach dem Modell der fraktalen Affektlogik nur unter Zuführung großer Energien in Form von Widerständen verlassen werden. Die Notwendigkeit dieser hohen Energiezufuhr bewirkt, dass das Verlassen der Denkwege nur durch einen radikalen Bruch vollzogen werden kann. [...] Diese extreme Distanzierung und ihre Gefahren sind ebenfalls ein Indiz für die emotionale Dynamik von Denkprozessen. Je eingeschliffener und breiter ausgewalzt die Denkwege sind, umso stärker müssen entgegengesetzte Denk- und Fühlinhalte als mächtige Attraktoren wirken, um ein Verlassen dieser Wege zu ermöglichen. Diese Attraktoren können so mächtig werden, dass sie direkt in eine neue extreme affektiv-kognitive Eigenwelt führen." (Endert 2006: 181)

Dies deutet somit das wahrgenommene Phänomen des raschen Wechsels eines Individuums von einer extremistischen Ideologie zu einer anderen als affektlogisch folgerichtigen Schluss. Für Personen, die sich von ihrer bisherigen extremistischen Ausrichtung abgewandt haben, ist also eine andere Form von Extremismusprävention notwendig, da quasi nach dem „Entzug" ansonsten zu einer „Ersatzdroge" gegriffen wird. Diese Tertiärprävention kann durch Bildungsarbeit allein jedoch nicht gewährleistet werden, hierzu bedarf es therapeutischer Unterstützung.

Abschließend fassen wir zusammen, dass politische Bildung nur dann einen sinnvollen Beitrag zur Extremismusprävention leisten kann, wenn sie auf einer zuvor erfolgten – zumindest basalen – psychologisch-pädagogischen Bildung aufbauen kann.

Literaturverzeichnis

Ciompi, Luc (2005): Die emotionalen Grundlagen des Denkens. Entwurf einer fraktalen Affektlogik, 3. Auflage, Göttingen: Vandenhoeck & Ruprecht.

Decker, Frank (Hrsg.) (2006): Populismus. Gefahr für die Demokratie oder nützliches Korrektiv? Wiesbaden: Verlag für Sozialwissenschaften.

Decker, Frank (2006): Die populistische Herausforderung. Theoretische und ländervergleichende Perspektiven, in: Decker, Frank (Hrsg.) (2006), Populismus. Gefahr für die Demokratie oder nützliches Korrektiv?. Wiesbaden: Verlag für Sozialwissenschaften, Seiten 9-32.

Dovermann, Ulrich (2007): Rechtsextremismus, Xenophobie und politische Bildung, in: Frankenberger, Rolf / Frech, Siegfried / Grimm, Daniela (Hrsg.) (2007), Politische Psychologie und politische Bildung, Schwalbach/Taunus: Wochenschau Verlag, Seiten 210-220.

Endert, Elke (2006): Über die emotionale Dimension sozialer Prozesse. Die Theorie der Affektlogik am Beispiel der Rechtsextremismus- und Nationalsozialismusforschung, Konstanz: UVK Verlagsgesellschaft mbH.

Geiß, Paul Georg (2016): Fachdidaktik Psychologie, Bern: Haupt Verlag.

Glaser, Stefan / Pfeiffer, Thomas (2007): Erlebniswelt Rechtsextremismus. Menschenverachtung mit Unterhaltungswert, Schwalbach/Taunus: Wochenschau Verlag.

Glasl, Friedrich (2008): Die Dynamik sozialer Konflikte und Ansätze zur Konfliktbehandlung, in: Grasse, Renate / Gruber, Bettina / Gugel, Günther (Hrsg.) (2008), Friedenspädagogik, Reinbek bei Hamburg: Rowohlt Verlag, Seiten 123-139.

Heitmeyer, Wilhelm (2008): Vorwort, in: Wilhelm Heitmeyer (Hrsg.), Deutsche Zustände, Band 7, Frankfurt a. M.: edition suhrkamp, Seite 9.

Himmelmann, Gerhard (2005): Demokratie Lernen als Lebens-, Gesellschafts- und Herrschaftsform. Ein Lehr- und Studienbuch, 2. Auflage, Schwalbach/Taunus: Wochenschau Verlag.

Hülshoff, Thomas: Emotionen (2012), 4. Auflage, München: Ernst Reinhardt Verlag.

Lenhart, Volker / Druba, Volker / Batarilo, Katarina (2006): Pädagogik der Menschenrechte, 2. Auflage, Wiesbaden: Verlag für Sozialwissenschaften.

Sämmer, Günther (1999): Paradigmen der Psychologie – Eine wissenschaftstheoretische Konstruktion paradigmatischer Strukturen im Wissenschaftssystem der Psychologie, Halle-Wittenberg: Dissertation Martin-Luther-Universität. http://www.psychologielehrer.de/cnew/GS/dis/Paradigmen%20der%20Psychologie%20Kap1_2_3.PDF [Abfrage am 03.10.2017]

Scharathow, Wiebke / Leiprecht, Rudolf (Hrsg.) (2009), Rassismuskritische Bildungsarbeit (= Rassismuskritik, Band 2), Schwalbach/Taunus: Wochenschau Verlag.

Schmidt, Bettina / Dietrich, Katharina / Herdel, Shantala (2009): Anti-Bias-Arbeit in Theorie und Praxis – kritische Betrachtung eines Antidiskriminierungsansatzes. In: Scharathow, Wiebke / Leiprecht, Rudolf (Hrsg.) (2009), Rassismuskritische Bildungsarbeit (= Rassismuskritik, Band 2), Schwalbach/Taunus: Wochenschau Verlag, Seiten 154-170.

Seiffge-Krenke, Inge (1981): Theoretische Grundlagen (= Handbuch Psychologieunterricht, Band 1), Düsseldorf: Pädagogischer Verlag Schwann.

Stöss, Richard (2007): Rechtsextremismus im Wandel, 2. Auflage, Berlin: Friedrich-Ebert-Stiftung.

Wehling, Hans-Georg (2016): Konsens à la Beutelsbach? Nachlese zu einem Expertengespräch. Textdokumentation aus dem Jahr 1977. In: Widmaier, Benedikt / Zorn, Peter (Hrsg.) (2016), Brauchen wir den Beutelsbacher Konsens?, Bonn: Bundeszentrale für politische Bildung, Seiten 19-27.

Widmaier, Benedikt / Zorn, Peter (Hrsg.) (2016), Brauchen wir den Beutelsbacher Konsens?, Bonn: Bundeszentrale für politische Bildung.

Rechtspopulismus im Kontext rechter Ideologie und dessen Einfluss auf die „Mitte" der Gesellschaft – Aufgabe, Funktion und Interventionspotenzial politischer Bildung

Lara Möller

Der vorliegende Beitrag setzt sich mit dem Begriff des Rechtspopulismus und dessen Konnex zu rechtsextremen Denkweisen auseinander. Die Thematik wird als gesamtgesellschaftliche Herausforderung verstanden, die zunehmend die Mehrheitsgesellschaft betrifft. Damit verbunden werden die Entwicklungen hinsichtlich rechter Einstellungsmuster innerhalb der Gesellschaft der letzten Jahre vorgestellt. Politische Deprivation ist ein grundlegender Faktor, der diesen Zustand befördert, und vorliegend kurz erläutert wird. So wahrgenommene Benachteiligung kann sich im Empfinden äußern, selbst keinen Einfluss auf die Politik zu haben und folglich keinen Sinn in einem politischen Engagement zu sehen. Politische Bildung als Interventions- und Präventionsarbeit erfüllt in diesem Zusammenhang eine wichtige Funktion bezüglich der Herausbildung individueller politischer Handlungskompetenz und der Urteilsfähigkeit über politische Vorgänge. Demokratie benötigt für ihr Funktionieren selbstreflexive Bürger, die über Urteils-, Kritik- sowie Handlungskompetenzen verfügen. Der Anspruch politischer Bildung sollte also darin liegen, Rechtspopulismus und Abwertungsmechanismen zu thematisieren und deren gesamtgesellschaftliche Ausprägung zu reflektieren. Im diesem Zusammenhang wird der Beitrag die Konzepte des *Bürgerbewusstseins* und des *Selbstreflexiven Ichs* sowie *Inclusive Citizenship Education* als mögliche Gegenstrategien der politischen Bildung vorstellen. Mitunter wird auf Erkenntnisse einer vorhergegangenen Masterarbeit zum Thema „Rechts außen in der Mitte der Gesellschaft: rechtsextreme Einstellungen jenseits des Hufeisenmodells mit Blick auf die ostdeutschen Bundesländer seit der deutschen Vereinigung" (Möller 2016) Bezug genommen. Die damaligen Forschungsinteressen der Autorin haben sich mittlerweile zusätzlich auf das Bürgerbewusstsein, auf Inclusive Citizenship Education und insgesamt auf das Interventionspotenzial politischer Bildung hinsichtlich rechter Denkweisen und Abwertungsmechanismen ausgeweitet.

© Springer Fachmedien Wiesbaden GmbH, ein Teil von Springer Nature 2019
L. Boehnke et al. (Hrsg.), *Rechtspopulismus im Fokus*,
https://doi.org/10.1007/978-3-658-24299-2_12

Eine kurze Erläuterung zum Begriff des Rechtspopulismus

Rechtspopulismus hat in den letzten Jahren stetig an politischem und gesellschaftlichem Einfluss gewonnen: So ist die Alternative für Deutschland (AfD), die seit 2013 an Popularität gewonnen hat, durch die Bundestagswahlen in Deutschland erstmals im Bundestag vertreten. Neben seiner Funktion als stilistisches Mittel sollte vermehrt die ideologische Komponente des Rechtspopulismus thematisiert und reflektiert werden. Populismus leitet sich von „populus" (Volk) sowie dem Suffix „mus" ab, das eine „ideologische Übersteigerung" (Decker 2004: 271) inkludiert und auf den beinhalteten Widerspruch zu einer demokratischen Politik sowie dem gleichzeitigen ambivalenten Charakter des Begriffes hindeutet (Ebd.). Zentraler Bestandteil von Rechtspopulismus ist die Abgrenzung: Einerseits erfolgt diese nach „oben" und richtet sich somit gegen das sogenannte „Establishment" unter anderem in Form von etablierten Parteien und deren Repräsentanten. Relevant für den vorliegenden Beitrag im Zusammenhang mit rechtsextremer Ideologie ist ihre Abgrenzungsstrategie nach „unten" bezüglich der Abwertung von sozial schwachen Gruppierungen als Bestandteil rechter Ideologie (Frech 2017: 2).

Konnexe zu rechtsextremer Ideologie und deren Einfluss in der Gesamtgesellschaft

Es existiert eine Vielzahl an differierenden Ansätzen, inwiefern und ob Rechtspopulismus rechtsextrem sein kann. Rechtspopulismus kann letztlich ohne sichtbare Gewaltakzeptanz- oder Ausübung (dies inkludiert häufig eine militante Assoziation im Sinne eines Randphänomens) rechtsextreme Inhalte beinhalten. Diese Inhalte werden dabei subtiler formuliert, als dies „manifest" rechtsextreme Parteien praktizieren. Hierbei spielt die Ebene des Populismus als politisches Stilmittel eine entscheidende Rolle. Dieser Graubereich und sein Einfluss haben eine erhebliche Wirkungsmacht und sollten daher aus sozialwissenschaftlicher Perspektive verstärkt thematisiert werden. Rechte Denkweisen existieren dabei als eine gesamtgesellschaftliche Herausforderung. Aus diesem Grund müssen auch die Lösungsansätze entsprechend auf einer gesamtgesellschaftlichen Ebene gesucht und fernab gesellschaftlicher Selbstentlastung konstruktiv und selbstreflexiv formuliert werden.

Durch die Annahme des Zusammenhanges zwischen Rechtspopulismus und rechtsextremen Inhalten wird der tatsächliche Gefährdungsgrad der im ursprünglichen Sinne rechtsextremen Ideologie sowie Programmatik und ihrer erfolgreichen Vermittlungsstrategien in die „Mitte" der Gesellschaft im Sinne der Mehrheitsgesellschaft anhand populistischer Praktiken kritisch vermittelt. Dabei wird nicht unterstellt, dass alle Gesellschaftsmitglieder, die entsprechende Parteien wählen oder sich einschlägigen Bewegungen und Protestgruppierungen anschließen, „Rechtsextremisten" sind. Jedoch müssen aufgrund entsprechender Mobilisierungs- und Erfolgsraten rechter Strategien die zugrundeliegende ideologische Komponente und die Profilierung aufgrund gesellschaftlicher und individueller Verunsicherungen oder Unzufriedenheiten entsprechend reflektiert werden. *Extrem* ist in diesem Kontext nicht als gesamtgesellschaftliche Verortung oder als Verhaltensweise im verfassungsrechtlichen Sinne gemeint – das Verständnis bezieht sich hierbei auf die zugrundeliegenden Ideologie, die in ihrem Kern und hinsichtlich ihrer ursprünglichen Bedeutung sowie unter Berücksichtigung eines demokratischen Umfeldes *extrem*, also letztlich enorm und gefährlich ist. Rechte Inhalte sind und bleiben in ihrem Kern in diesem Verständnis somit extrem. Politische Unzufriedenheit und abstrakte Ängste dürfen keine Legitimationsbasis für Abwertungsmechanismen und Diskriminierung schwächerer sozialer Gruppen sein, denn diese Einstellungs- und womöglich auch Verhaltensweisen sind auch weiterhin nicht mit einer stabilen und gelebten Demokratie zu vereinbaren.

Bezüglich der Inhalte und Strategien von Rechtspopulismus ist dieser Heinz Ulrich Brinkmann zufolge zwar unter dem organisatorischen Aspekt im Vergleich zum „klassischen" rechtsextremen Spektrum schwächer. Aufgrund der grundlegenden Einstellungen innerhalb der Bevölkerung ist dieser hinsichtlich seiner Wirkung jedoch gleichzeitig stärker. Komplexen Problematiken wird im Regelfall mit einfachen Lösungsansätzen begegnet. Die Schuld wird insbesondere im Bereich von Beschäftigungsverhältnissen, größtenteils bei Migranten, gesucht. Gleichzeitig wird die Zugehörigkeit des „eigenen Volkes" zu einer homogenen ethnisch-nationalen Gemeinschaft betont, die in eine christlich-abendländische Identität eigebettet ist. Des Weiteren wird die Gefahr vor der sogenannten „Islamisierung" betont. Diese gleichzeitig antipluralistische und antiliberale Haltung weist auf die betonten Verbindungen zur rechtsextremen Ideologie hin. Ein weiterer wichtiger rechtspopulistischer Mobilisierungsbereich betrifft die Europäische Union, die als Sinnbild für die negativen Aspekte von Modernisierungsprozessen gesehen wird. Modernisierungsprozesse können generell eine desintegrative Wirkung haben und in diesem Sinne ist auf europaweiter Ebene innerhalb der demokratischen Politik eine Krise hinsichtlich des Vertrauens sowie der Repräsentation zu beobachten (Brinkmann 2015: 25ff.). Die von dieser Unzufriedenheit Betroffenen haben ein niedriges Vertrauen in die demokratischen Repräsentanten und sind in der Regel anfälliger für rechte Agitation. Zwar erscheint Rechtspopulismus zunächst als eine subtile Form von Gruppenbezogener Menschenfeindlichkeit und vermittelt immanente rechtsextreme Einstellungsmuster zumeist latent. Durch die Abgrenzung gegenüber spezifischen sozial schwachen Gruppierungen und eben die verhältnismäßig subtile Vermittlung von Abwertungsstrategien ist sie eine besondere Herausforderung für die politische

Bildung. Rechtspopulismus profitiert von subtilen Benachteiligungsgefühlen sowie der Kritik an Demokratie (Frech 2017: 2) in der Gesellschaft und befördert gleichzeitig abstrakte Ängste und Unsicherheitsgefühle in der Bevölkerung. Durch das sogenannte „Establishment" scheint das „Volk" in seiner Souveränität und durch eine scheinbare „Überfremdung" durch „kulturell Fremde" wiederum in seiner „Identität" bedroht zu sein (Lewandowsky 2017: 4). Themen wie *Flucht*, *Asyl* oder *Islam* werden derzeit in einer instrumentalisierenden und negativ behafteten Form politisiert. Rechtsextreme Ideologie greift besonders dann, wenn politische und demokratische Bestandteile schwach erscheinen. Dabei wirken rechtsextreme Inhalte gewissermaßen systemstabilisierend, da sie Unzufriedenheit aufgreifen und so nutzen, dass Problemlagen wie ökonomische oder ökologische Ausbeutung durch die Benennung abstrakter Ängste und suggestiver Alternativen und Feinbilder verschleiert werden (Fedders 2016).

Die Auseinandersetzung mit rechten Einstellungen hat sich unter dem Einfluss der Totalitarismustheorie und dem Verständnis im Rahmen des Extremismusmodells des deutschen Verfassungsschutzes zu einer Vorstellung entwickelt, die auf ein Phänomen hindeutet, das sich am Rande der Gesellschaft innerhalb einer Szene bestehend aus Extremisten abspielt. In diesem Verständnis richtet sich eine rechte Einstellung dabei explizit gegen die Demokratie und den Verfassungsstaat. Sie äußert sich jedoch nicht nur anhand von Handlungsweisen kleiner organisierter sowie gewaltbereiter Gruppen, die vom Verfassungsschutz erfasst werden, sondern insbesondere im Alltagsverhalten und Denken vieler Menschen aus der gesellschaftlichen „Mitte". Rechtsextreme Denkweisen müssen nicht zwangsläufig in entsprechenden Verhaltensweisen resultieren. So äußert sich die Grundlage der rechtsextremen Ideologie, nämlich die Einstellungsebene als Voraussetzung für Handlungsweisen, unterschiedlich ausgeprägt grundsätzlich innerhalb weiter Teile der Gesellschaft und ist der Demokratie gegenüber dabei überwiegend positiv eingestellt. Rechtspopulismus hat in den vergangenen Jahren zunehmend eine Vermittlerfunktion der entsprechenden Programmatik eingenommen. Rechtsgerichtete Aussagen wurden zunächst subtiler, latenter und durch sprachliche Codes transportiert, dadurch salonfähiger und haben somit einen relevanten Einfluss auf die politische Landschaft und die gesellschaftliche „Mitte". Sie prägen die vorherrschende politische Kultur und Stimmungslage. Die kritische Auseinandersetzung hinsichtlich der Abwertung von bestimmten schwachen sozialen Gruppen wurde beziehungsweise wird auch aktuell in der Bundesrepublik häufig vermieden oder nicht umfassend thematisiert. Dadurch werden Formen von Rassismus und Diskriminierung häufig nicht erkannt oder grundlegend unterschätzt (Brinkmann 2015: 36f.). Dies zeigt, wie wichtig die Untersuchung rechtsextremer Einstellungen auf gesamtgesellschaftlicher Ebene ist. Dadurch kann erfasst werden, inwiefern einzelne Dimensionen dieser Einstellungen und damit verbunden die Abwertung spezifischer schwacher sozialer Gruppen verstärkt auftreten und wie didaktische Interventionen ansetzen müssen.

Der Einfluss rechter Einstellungen innerhalb der „Mitte" der Gesellschaft – Entwicklungstendenzen

Anhand der kurzen Präsentation der Ergebnisse zwei ausgewählter Studien wird ein prinzipielles Verständnis über die Verbreitung rechter Einstellungen innerhalb der deutschen Gesellschaft ermöglicht. Die politische Kultur einer Gesellschaft umfasst dabei Wertvorstellungen, Orientierungen, Gewohnheiten und kollektive Einstellungen derselben. Insgesamt wurde eine zunehmende Radikalisierung sowie Polarisierung festgestellt, welche die politische Kultur veränderte und antidemokratische Milieus vermehrt die Möglichkeit bietet, politisch zu wirken. Dadurch wird Menschen, welche die Tendenz rechtsextremer Einstellungen aufweisen, eine neue politische Anlaufstelle geboten. Außerdem ist insgesamt eine zunehmende Mobilisierung und die wachsende Popularität rechtspopulistischer bis rechtsextremer Parteien zu beobachten (Decker et al. 2016: 7ff, 19).

Das geschlossene, also manifeste, rechtsextreme Weltbild (in dem Sinne, dass einer Vielzahl rechtsextremer Aussagen im Durchschnitt in einem hohen Maße zugestimmt wird) veränderte sich nach Erkenntnissen der „Mitte"-Studie der Universität Leipzig zwischen 2014 und 2016 bundesweit kaum und erreichte somit nur einen niedrigen Wert. Jedoch konzentrierte sich die Abwertung zunehmend auf Angehörige des Islam. Diese Werte stiegen zwischen 2014 und 2016 stark an, sodass hierbei ein genereller aktuell stattfindender Trend diagnostiziert wird (Ebd.: 48f.). Personen mit rechtsextremen Einstellungen positionieren sich in einem sehr hohen Maße positiv gegenüber Demokratie (Ebd.: 71). Außerdem waren zumindest bis 2014 die meisten der Befragten mit einem geschlossenen rechtsextremen Weltbild Wähler der SPD oder der CDU/CSU (Decker et al. 2014: 52). 2016 wurde neben diesen Parteien zudem bevorzugt die AfD gewählt. Mehr als die Hälfte der bundesweit Befragten, die 2016 innerhalb der Dimension *Ausländerfeindlichkeit* hohe Zustimmungswerte aufwiesen, waren AfD-Wähler (Decker et al, 2016: 40f.) Rechtsextremismus ist demnach in allen Erhebungsgruppen, in allen gesellschaftlichen Gruppen vorhanden und existiert außerdem in allen Erwerbsgruppen. Des Weiteren zeigt sich der zunehmende Einfluss rechtspopulistischer Parteien (Decker et al. 2006: 157).

Die Ergebnisse dieser Langzeitstudie zeigten auf, dass der Anteil geschlossener rechtsextremer Weltbilder in den letzten Jahren zwar abgenommen hat, dass aber rechtsextreme und antidemokratische Tendenzen zunehmend in der politischen Kultur sowie in politische Handlungsräume integriert sind und somit in der Mehrheitsgesellschaft vorhanden sind. Dadurch sind rechtsextreme Einstellungen tendenziell Bestandteil von Wertvorstellungen, politischen Einstellungen und Orientierungen in der Gesellschaft. Dies erklärt auch die wachsende Popularität von rechtspopulistischen Parteien wie der AfD. Rechtsextreme Einstellungsmuster integrieren sich in den Alltagsverstand, ohne als solche problematisiert zu werden. Rechtsextreme Denkmuster und Aussagen werden im öffentlichen Diskurses oftmals vielmehr de-problematisiert und können in der Parteienlandschaft als politischer Mainstream wirken.

Die Langzeituntersuchung „Deutsche Zustände" stellte ebenfalls hinsichtlich einiger Elemente der gruppenbezogenen Menschenfeindlichkeit eine Abnahme fest, während gleichzeitig die Werte bezüglich Rassismus und Fremdenfeindlichkeit sowie sozialdarwinistischen Bereichen anstiegen. Diese finden zunehmend in öffentlichen Debatten und Protesten ihren Platz und werden modernisierter sowie subtiler kommuniziert, weshalb die Verbindung zu der zugrundeliegenden Ideologie schwerer zu erkennen ist. Dies bedeutet also eine generelle Konzentration auf spezifisch schwache soziale Gruppen und konstruierte Feindbilder, gegen die sich die Abwertung dann verstärkt richtet. Dadurch, dass in den letzten Jahren intensiver versucht wurde, Problemlagen und Ängste auf ein Feindbild zu übertragen, nahm diese Entwicklung noch zu. Das Forscher-Team um Wilhelm Heitmeyer spricht bezüglich möglicher Erklärungszusammenhänge von einem sogenannten „entsicherten Jahrzehnt" (O.V. 2011: 2) und nennt in diesem Zusammenhang den 11. September als Signalereignis. Weitere Ereignisse, die gewissermaßen gesellschaftliche Verunsicherung erzeugten und rechtsextreme Einstellungen förderten, sind zum Beispiel die Einführung von Hartz IV im Jahr 2005 und die genannten Wirtschafts- und Fiskalkrisen ab 2008 (ebd.).

Erklärungsfaktoren rechter Einstellungen

Unter der Annahme einer Interaktion zwischen rechtsextremen Einstellungsmustern, rechtspopulistischer Programmatik und Agitation sind mögliche Erklärungsfaktoren einer entsprechenden Einstellung in Zeiten verstärkter Prekarisierung, Verunsicherung und Unzufriedenheit relevant. Richard Stöss (2010) benennt insgesamt acht Erklärungsfaktoren, die einer rechtsextremen Einstellung zugrunde liegen. Zu diesen zählt er *Unzufriedenheit mit dem sozialen Status,* die ein Gefühl von sozialer Benachteiligung hervorrufen kann; *Relative Deprivation* in Form des subjektiven Gefühls, dass es zwischen der eigenen Person und einer anderen Gruppe zu ungleichzeitigen Entwicklungen kommt. Dadurch entsteht das Gefühl der Benachteiligung der eigenen Personen im Vergleich zu anderen. Der *Verlust von Privilegien* im Kontext von Transformationsprozessionen sowie sozialem Wandel; *Flexibilisierung* zum Beispiel des Arbeitsmarktes und damit verbunden der Arbeitsverhältnisse. *Politische Unzufriedenheit* und das Gefühl, dass die Politik nichts an der eigenen Situation verändert; *Individualisierung* und das dadurch entstehende Gefühl alleine auf sich gestellt zu sein. *Antidemokratische Diskurse* die in der medialen Öffentlichkeit oder im politischen Bereich öffentlich geführt werden sowie schließlich der *Autoritäre Charakter* nach Theodor W. A-dorno, 1950 (Stöss 2010: 47-52).

Diese Erklärungsfaktoren sind auch bezüglich der später vorgestellten Sinnbilder des Bürgerbewusstseins interessant. Vorliegend wird dabei näher auf Deprivation eingegangen. Diese umfasst allgemein die Erfahrung des Verlusts von etwas Vertrautem. Zu unterscheiden sind dabei die soziale, die politische sowie die ökonomische Deprivation (Decker et al. 2006: 86). Das Gefühl der politischen Einflusslosigkeit steht in einem kausalen Zusammenhang mit der Zunahme rechter Denkweisen (Ebd.: 127). Diese Form der *Politischen Deprivation* ist vorliegend von Interesse. Im Zusammenhang mit politischer Deprivation zeigt sich, dass deren Ausprägung zunimmt, je „gefügiger" die jeweilige Person ist (Ebd.: 115ff.). Außerdem geht mit dieser Deprivationsform eine geringe Resilienz, also die Fähigkeit mit Krisen und belastenden Situationen umzugehen, einher (Ebd.: 111, 121). Die Zustimmung zu rechtsextremen Aussagen ist letztlich umso wahrscheinlicher, je höher die politische Deprivation ist (Ebd.: 125).

Weitere wichtige Einflussfaktoren bezüglich der Abwertungsmechanismen sind materielle, ökonomische und gesellschaftliche Ursachen. So können ökonomische und politische Abhängigkeitserfahrungen, Erfahrungen von gesellschaftlicher Macht wie auch dem Gefühl individueller Ohnmacht eine Vorurteilshaltung fördern und sich auch in einer gewissen Blockade von politischen Lernprozessen äußern. Politische Bildung muss deshalb am Ziel der Förderung des autonomen Subjekts festhalten, das die Möglichkeiten und die Wirkungsmacht des eigenen und selbstbestimmten Handelns aufgezeigt bekommt. Die Wahrnehmung eigener Interessen muss unter der Berücksichtigung der Interessen anderer erfolgen. Gerade hinsichtlich Faktoren, die die vorliegende Problematik verstärken, sind es häufig gesellschaftliche Prozesse selbst, die durch die Verhinderung autonomen Handelns aufgrund gesellschaftlicher Machtverhältnisse die „Produktion des Unbewussten" und dadurch auch Blockierungen verstärken. Doch besonders in einer solchen Situation sollte politische Bildung ansetzen und die Lernenden und deren mögliche Lernbarrieren, politische Apathie oder Desinteresse ernstnehmen sowie entsprechend didaktisch darauf aufbauen (Ahlheim 1991: 20ff.). Im Verständnis von Oskar Negts „exemplarischen Lernens" (Negt 1971) sollte sich Bildung an den Interessen des lernenden Subjekts orientieren. Dies impliziert, dass auch individuelle Verfassungen wie auch „die im Alltag erworbenen individuellen und kollektiven Erfahrungen" im Rahmen dieser Subjektorientierung berücksichtigt werden müssen (Ahlheim 1991: 23).

Aufgaben und Funktion von politischer Bildungsarbeit

Politische Bildung erfüllt die Funktion positiver Sozialisation im Sinne der Herausbildung von autonomer Urteilsfähigkeit hinsichtlich politischer Vorgänge und individueller politischer Handlungskompetenz. Sie fördert die kritische Reflexion innerhalb der Demokratie sowie die Interessenartikulation und aktive Partizipation mündiger Bürger innerhalb einer aktiven und gelebten Demokratie. Im Zuge von gesellschaftlichen Veränderungsprozessen sind somit auch didaktische Weiterentwicklungen zu Themen mit aktueller Relevanz notwendig. Bereits junge Menschen sollten in diesem Zusammenhang politisch gebildet – und befähigt werden. Politische Bildungsarbeit kann eine positive Sozialisationsfunktion für die Lernenden einnehmen und die Resilienzfähigkeit im Bereich des Politischen im Allgemeinen und innerhalb bestimmter gesellschaftlicher Entwicklungen fördern. Wie vorliegend gezeigt wurde, kann das Gefühl politischer Unmündigkeit, des Mangels an persönlicher Einflussnahme auf politische Vorgänge sowie die generelle politische Unzufriedenheit Abwertungsmechanismen und damit verbunden die Diskriminierung von sozial schwachen Gruppen hervorrufen beziehungsweise verstärken. Im Zentrum der politikdidaktischen Bildungsarbeit stehen grundsätzlich drei Kompetenzansprüche: Urteilskompetenz, Methodenkompetenz sowie Handlungskompetenz. Die *Urteilskompetenz* umfasst die Fähigkeit, Problematiken des gesellschaftlichen, politischen oder wirtschaftlichen Spektrums objektiv zu beurteilen. Dies erfordert eine sogenannte *politikbezogene Methodenkompetenz*. Sie ermöglicht den Informationsgewinn und die Beteiligung am politischen Diskurs sowie die reflektierte Beurteilung politischer Standpunkte. Der dritte Kompetenzbereich der *politischen Handlungskompetenz* umfasst die Formulierung und Artikulation der eigenen politischen Meinung unter Berücksichtigung anderer Meinungen (Hellmuth/ Zenaty 2009: 262f.).

Didaktische Gegenstrategien der politischen Bildung

Rechte Einstellungen und wiederum Rechtspopulismus als Vermittler und Katalysator dieser Einstellungen stellen kein kurzfristiges Problem dar, sondern werden die Demokratie als immanente Bedrohung langfristig begleiten. Die Problematik existiert wie beschrieben wurde als eine gesamtgesellschaftliche Herausforderung und dies erfordert eine entsprechend reflektierte kritische Demokratiebildung. Herausforderungen wie Politikverdrossenheit, politischer Vertrauensverlust sowie die Abwertung und Exklusion bestimmter sozialer Gruppen sind also relevante Themen für die künftige Gestaltung von politischer Bildungsarbeit. In diesem Sinne benötigt es didaktische Konzepte, die ein „stärker lebensweltlich" verankertes Verständnis von Demokratie vermitteln. Politisches Bewusstsein basiert auf subjektiven Erfahrungen sowie der Reflexion von politischen Handlungsweisen und benötigt deshalb die realistische Betrachtung beziehungsweise Vermittlung von politischen und gesellschaftlichen (Macht – und Herrschafts-) Verhältnissen und das Hinterfragen möglicher Kontroversen (Lösch 2007: 76, 84f.).

Nachfolgend werden mit dem *Bürgerbewusstsein* und dem *Selbstreflexiven Ich* Konzepte der Politikdidaktik vorgestellt, die zur Stärkung politischer Urteils- und Kritikfähigkeit, der eigenen Selbstreflexion im Zusammenhang mit Denk- und Handlungsmustern und den individuellen Sinnbildungsprozessen beitragen. Rechten Abwertungsmechanismen als Reaktion auf politische Unzufriedenheit und empfundene Handlungsunfähigkeit kann in einem erweiterten Verständnis mittels einer kritischen Bildungsarbeit präventiv mit Hilfe von sinnstiftender Didaktik begegnet werden. In diesem Kontext wird durch die Förderung des sogenannten *Selbstreflexiven Ichs*, durch die Herausbildung des *Bürgerbewusstseins* sowie durch die Vermittlung von *Inclusive Citizenship Education* im Rahmen der politischen Bildung eine reflektierte Auseinandersetzung mit Herausforderungen wie Rechtspopulismus und rechten Denkweisen zugunsten der Reduktion von Abwertungsmechanismen innerhalb einer zunehmend vielfältigen Gesellschaft ermöglicht. Dieser Bildungsanspruch sollte bereits im Schulalter ansetzen und in der außerschulischen Bildung sowie innerhalb der Erwachsenenbildung erfolgen, da sich der politische Sozialisationsprozess durch alle Altersstufen zieht und stetig im Rahmen der Alltagserfahrungen weiterentwickelt wird. Entsprechend muss auch politische Bildung als lebenslanges Lernen wirken und den Lebensalltag der Bürger mitgestalten können, um sie zu selbstreflexiven mündigen Gesellschaftsmitgliedern bilden zu können, die rechtspopulistischer Programmatik nicht hörig werden.

Inclusive Citizenship Education

Der Anspruch von Politischer Bildung sollte also darin liegen, rechte Exklusionsmechanismen zu thematisieren und deren gesamtgesellschaftliche Ausprägung zu reflektieren. Der Ansatz der *Inclusive Citizenship Education* versteht Exklusion als einen Prozess, der somit *innerhalb* der Gesellschaft stattfindet. Abwertungsmechanismen sind mitunter auf Ungleichheiten im Zugang zu Ressourcen und spezifischen Ausgrenzungserfahrungen innerhalb der Gesellschaft zurückzuführen. Aus diesem Grund muss Bildung die Förderung von individuellen und sozialen Kompetenzen zum Ziel haben (Lange/ Heldt 2016: 9f.). Dieser Ansatz sieht gesellschaftliche Veränderungen im Gegensatz zu Rechtspopulismus nicht als Bedrohung, sondern als eine Chance an, um Demokratie sowie gesellschaftliche Teilhabe im Sinne von *Bildung für inklusive Bürgerschaft* zu fördern. Entsprechend ist ein Paradigmenwechsel erforderlich, der nicht die Geflüchteten als das derzeitige Problem betrachtet, sondern vielmehr den defizitären Umgang innerhalb der Gesellschaft mit ihnen. Dies betrifft mitunter die Herstellung von Rassismen und Ausgrenzungspraktiken innerhalb gesellschaftlicher Machtstrukturen. Vorliegend werden zwei Bedeutungsdimensionen bezüglich Citizenship inkludiert: einerseits als Statuszuschreibung bezüglich der (Nicht-)Zugehörigkeit und andererseits als Praxis der Bürgerschaft hinsichtlich politischer Artikulation und Partizipation als das „Herz einer funktionierenden Demokratie" (Kleinschmidt/ Lange 2016: 13ff.). Dies stellt somit den Ausgangspunkt für mögliche gesellschaftliche Transformationsprozesse dar. Citizenship sollte als ein multidimensionales Konzept verstanden werden, dass die Handlungen und Identitäten der Bürger sowie deren Verhältnis untereinander fokussiert. Entsprechend müssen Praktiken der Bürgerschaft „von unten" für mögliche Konzeptionen von Bildungsprozessen von zentraler Bedeutung sein (Ebd.: 16ff.). Vorstellungen zu Citizenship sind bislang kaum erforscht, jedoch sind sie im Rahmen der vorliegenden Thematik und damit verbunden mit aktuellen gesellschaftlichen Herausforderungen zentral. Dementsprechend muss ein differenziertes Verständnis von Inclusive Citizenship Education vermittelt werden und Inklusionsprozesse direkt „von unten" in Bezug auf die Bürger und deren Vorstellungen und Praktiken gefördert werden. Dies betrifft unter anderem die Einbeziehung von Abwertungs- und Exklusionsprozessen betroffenen Personen und erfordert letztlich auch eine Perspektivenverschiebung (Ebd.:19). Nicht der Prozess von gesellschaftlicher Selbstentlastung, sondern Sinnbildungsprozesse, um den eigenen Vorstellungen selbstreflexiv zu begegnen, können dadurch demokratische Kompetenzen bezüglich der Inklusionsmöglichkeiten innerhalb der modernen Gesellschaft fördern.

Bürgerbewusstsein

Innerhalb der vorliegenden Thematik zeigt sich die Relevanz der Herausbildung des spezifischen Bürgerbewusstseins bei den Bürgern als kontinuierlicher Prozess. In diesem Sinne wäre es zielführend, das Bürgerbewusstsein auch in einem möglichst breitenwirksamen Rahmen in sämtliche Lern- und Sozialisationsprozesse für die Bürger als lebenslang lernende Subjekte zu integrieren. Die Sinnbildungskompetenzen müssen gefördert und die subjektive Selbstreflexivität unterstützt werden. Diese subjektorientierte politische Bildung sieht beispielsweise politische Mündigkeit als einen Bereich, der in der Vorstellungswelt der Lernenden als wichtige Ressource vorhanden ist. Es muss danach gefragt werden, welche spezifischen Voraussetzungen Lernende für ein bestimmtes Thema mitbringen und wie sie mit diesem Thema umgehen. Relevant ist des Weiteren, was Lernende über gesellschaftliche Probleme denken und was ihre entsprechenden

„Denkwerkzeuge" sind. Politische Bildung kann mit diesen spezifischen Werkzeugen arbeiten und dadurch die subjektive Urteils- und Kritikfähigkeit stärken. Durch die Abbildung der gesamten Vorstellungen und Einstellungen über die politisch-gesellschaftliche Wirklichkeit bildet eine Person ein Bewusstsein aus, mit dessen Hilfe sie die wahrgenommene Wirklichkeit einerseits interpretieren und andererseits handelnd beeinflussen kann (Lange et al. 2013: 13). Da es sich beim Vorgang des Lernens um einen stark subjektiv geprägten Prozess handelt, sind besonders die subjektiven Sinnbildungsprozesse, anhand derer sich das lernende Subjekt die politisch-gesellschaftliche Realität konstruiert von Interesse (Lange 2008: 432f.). Bei dem Wandel des Bürgerbewusstseins handelt es sich um einen ständigen sowie andauernden Prozess. Im Rahmen des spezifischen Alltags kann die politische Bildung diesen Sozialisationsprozess dabei positiv beeinflussen (Lange et al. 2013: 22).

Bei Abwertungsmechanismen in Form von rechtspopulistischer Agitation spielen die fünf Sinnbilder des Bürgerbewusstseins eine relevante Rolle. Das Sinnbild der *Vergesellschaftung* beinhaltet spezifische Erfahrungen des Individuums über soziale Heterogenität innerhalb der Gesellschaft und die Schaffung von Begründungen über die Bedeutung von sozialer Differenz. Daraus ergibt sich die Notwendigkeit, für die Lernenden entsprechende Konzepte zur Verfügung zu stellen, mit Hilfe derer Fragen hinsichtlich des gesellschaftlichen Funktionierens im Zusammenhang mit sozialer Vielfalt und Heterogenität beantwortet werden können (Lange 2013: 23). Im Rahmen des Sinnbildes der *Wertbegründung* wird eine politisch-moralische Urteilsbildung ermöglicht. Dabei werden anhand des Bürgerbewusstseins Vorstellungen über die allgemein gültigen Prinzipien des sozialen Zusammenlebens strukturiert. Dieses Sinnbild beinhaltet Ideen der Lernenden über Werte und Normen, die innerhalb gesellschaftlicher Auseinandersetzungen oder politischer Konflikte auftreten (Ebd.). Die *Bedürfnisbefriedigung* strukturiert individuelle Konzepte darüber, wie Bedürfnisse durch Güter befriedigt werden. Dies ist insbesondere bezüglich der Vorstellungen zu Arbeit, Verteilung und subjektiven Benachteiligungsgefühlen relevant. Das Sinnbild des *Gesellschaftswandelns* bezieht sich auf Sichtweisen zu sozialem Wandeln. Lernende erfahren, dass sich die politisch-soziale Wirklichkeit stetig verändert und somit nicht konstant ist. Entsprechend erklären sie sich diesen Wandel anhand eigener Konzepte. Relevant ist dies unter anderem bezüglich Globalisierung, Individualisierung, Migration oder Demokratisierung. Das letzte Sinnbild der *Herrschaftslegitimation* strukturiert jene subjektiven Ideen darüber, wie Interessen in allgemein verbindliche Regeln gewandelt und mit Macht durchgesetzt werden. Dies inkludiert auf der Vorstellungsebene Verfahren der Konfliktbewältigung, Macht, Herrschaft und Partizipation. Gleichzeitig umfasst es dabei Lernenden Vorstellungen darüber, wie sich Bürger am politischen Prozess beteiligen können (Lange 2008: 435f.). Demokratie benötigt für ihr Funktionieren selbstreflexive Bürger,

die zu Urteils-, Kritik- sowie Handlungskompetenzen fähig sind. Das Bürgerbewusstsein resultiert aus der Auseinandersetzung mit der politisch-sozialen Wirklichkeit und muss anhand von gezielten Lehr- sowie Lernprozessen entsprechend
vermittelt und stetig gefördert werden (Lange/ Heldt 2016: 8f.).

Das Selbstreflexive Ich

Das Konzept des sogenannten *Selbstreflexiven Ichs* bezieht sich im Kontext
der Didaktik politischer Bildung auf die Entwicklung von Denk-, Verhaltens- und
auch Handlungsressourcen. Dadurch soll das lernende Subjekt das sich stets ver-
ändernde Umfeld begreifen und auch gestalten können. Durch diesen Prozess
wird die Abhängigkeit von Sozialisationsprozessen und kollektiv vorgegebenen
Normen und Werten im Rahmen des sogenannten „kollektiven Ichs" vom Subjekt
entsprechend erkannt. Die politische Urteilsfähigkeit erfolgt anhand des Abwä-
gens unterschiedlicher Perspektiven: Ein Problem soll aus möglichst vielfältigen
Blickwinkeln betrachtet und im Rahmen der eigenen Urteilsbildung differenziert
argumentiert werden können. Im Rahmen der Politikdidaktik müssen die Bereiche *Sachaussage*, *Sachurteil* und *Bewertung* in Bezug auf einen (selbst-)reflexi-
ven Umgang mit Denk- und Handlungsmustern voneinander differenziert werden. Eine Sachaussage bezieht auf den gesellschaftlichen Sachverhalt und stellt
Fakten fest. Das Sachurteil analysiert gesellschaftliche Sachverhalte hinsichtlich
Ursache und Wirkung. Die Bewertung umfasst die Analyse von kollektiven und
damit verbunden individuellen Wertungen eines Sachverhaltes, als Beispiel kann
die Instrumentalisierung eines bestimmten Ereignisses oder Phänomens genannt
werden (Hellmuth 2009: 14ff.). Im Zusammenhang mit dem *Selbstreflexiven Ich*
sind insbesondere vier Bereiche der politischen Bildung relevant: *Autonomie*,
Kritikfähigkeit (Erkennen der wechselseitigen Verbindung zwischen Sachverhalt
und Urteil sowie Bewertung und dessen Hinterfragen. Maßgeblich hierbei ist die
Autonomie), *Emanzipation* (Abwägen von unterschiedlichen Sachurteilen und
die Entscheidung für ein Sachurteil) sowie *individuelle Partizipation* (die Partizipation an gesellschaftlichen Prozessen ist auf Basis der vorherigen Bereiche möglich). Sachaussagen und -urteile müssen so vermittelt werden, dass sie für die
Lernenden und deren spezifische Lebenswelt erfassbar sind. Didaktik politischer
Bildung muss dabei unter anderem als „wissenschaftlicher Begründungszusammenhang" agieren können und dem lernenden Subjekt Kompetenzen vermitteln,
die dieses unter Berücksichtigung der individuellen Bedürfnisse zu kommunikativ begründeter politischer Urteilsfähigkeit, Handlungs- und auch Entscheidungs-
fähigkeit verhelfen (Ebd.: 16ff.). Das *Selbstreflexive Ich* muss einerseits Objekti-
vierung leisten und hier immer auch die Perspektivität des subjektiven
Eigenurteils mitreflektieren (Heinrich 2009: 24).

Fazit und Ausblick

Die Konzepte, die auf der theoretischen Ebene als wichtige didaktische Interventionsmöglichkeiten der politischen Bildung vorgestellt wurden, setzen direkt bei den Bürgern als lernende Subjekte an und versuchen, sie innerhalb jener Bereiche zu stärken, aus deren Schwäche Rechtspopulismus letztlich profitieren kann. Rechte Akteuren und Kanäle erhalten ihre Legitimation letztlich aus der Gesellschaft selbst heraus, entsprechend muss politische Bildung auch von „unten" im Sinne der Subjektorientierung bei den Bürgern ansetzen. Die thematischen Felder von politischer Bildung müssen in einem erweiterten Politikverständnis vermittelt werden und somit nicht nur in einem engen, auf die institutionelle Ebene bezogenen Sinne, sondern mit subjektorientierten Bezug. Gleichzeitig müssen sie stetig gesellschaftlich relevante Themen aufgreifen und sich somit bezüglich ihrer Lerngegenstände prinzipiell öffnen. Auf der Makroebene ist es mitunter die institutionelle Politikebene, die Prekarisierung, Ungleichheit, strukturelle Diskriminierung, wie beispielsweise ein potenziell segregatives Bildungssystem in Deutschland, letztlich überwinden muss, um Faktoren wie unter Anderem (politischer) Deprivation effektiv zu begegnen. Dies bezieht sich auf alle Einkommens- und Bildungsschichten und darf keinesfalls auf einkommensschwache Personen reduziert werden, da subjektive Deprivation auch auf jene Gruppen zutrifft, die objektiv betrachtet gut mit Ressourcen wie Bildung und Vermögen ausgestattet sind.

Somit kann politische Bildung allein nicht den gesamten Sozialisationsprozess innerhalb gesellschaftlicher und politischer Herausforderungen beeinflussen. Innerhalb ihres Wirkungskreises benötigt sie ebenfalls auf der Makroebene die Integration politischer Bildung innerhalb der schulischen Bildung als eigenständiges Unterrichtsfach sowie in einem verstärkten fächerübergreifenden Ausmaß. Gleichzeitig muss dieser Bildungsauftrag auch auf die außerschulische Bildung, die Jugend- und Sozialarbeit sowie die Erwachsenenbildung ausgeweitet werden.

Dadurch könnte ein erweitertes Politikverständnis mitsamt den vorgestellten Konzepten ebenso wie Hegemonie-, Herrschafts- und Machtverhältnisse, die kritisch zu hinterfragen sind, sowie rassismuskritische Bildungsarbeit vermittelt werden. Kritische Bildungsarbeit spielt eine wichtige Rolle in der Demokratiebildung: auf einer gesamtgesellschaftlichen und eben nicht segregativen oder exklusiven Ebene. Eine kritische, politische Bildungsarbeit mit einem Mehrwert für den Sozialisationsprozess aller Bürger hat dabei die Notwendigkeit, stets didaktisch angemessen auf gesellschaftliche und politische Veränderungen und Krisensituationen eingehen zu können. Dabei sollte direkt beim lernenden Individuum und dessen subjektiven Vorstellungen und Sinnbildungskompetenzen angesetzt werden. Im Prozess des lebenslangen Lernens darf dies nicht nur Aufgabe engagierter Initiativen sein, sondern muss auch institutionell gefördert werden, so dass kritische politische Bildungsarbeit allen Bildungs-, Einkommens- Altersgruppen zugänglich ist und diese Bürger in ihrer Rolle als mündige und selbstreflexive Akteuren innerhalb einer gelebten Demokratie agieren können.

Literaturverzeichnis

Ahlheim, Klaus (1991): Rechtsradikalismus und die Grenzen politischer Bildung. In: Politische Bildung. 1/1991. S. 13-26.

Brinkmann, Heinz Ulrich (2015): Diskriminierung, Fremdenfeindlichkeit und Rassismus. In: Marschke, Britta/ Brinkmann, Heinz Ulrich (Hrsg.) (2015): „Ich habe nichts gegen Ausländer, aber...". Alltagsrassismus in Deutschland. Berlin (u.a.): LIT. S. 9-45.

Decker, Frank (2004): Der neue Rechtspopulismus. 2. Auflage, Opladen. Leske + Budrich.

Decker, Oliver/ Brähler, Elmar/ Geißler, Norman (2006): Vom Rand zur Mitte: rechtsextreme Einstellung und ihre Einflussfaktoren in Deutschland. Berlin: Friedrich-Ebert-Stiftung.

Decker, Oliver/ Kiess, Johannes/ Brähler, Elmar (2014): Die stabilisierte Mitte. Rechtsextreme Einstellung in Deutschland 2014. Leipzig: Kompetenzzentrum für Rechtsextremismus- und Demokratieforschung.

Decker, Oliver/ Kiess, Johannes/ Brähler, Elmar (2016): Die enthemmte Mitte. Autoritäre und rechtsextreme Einstellungen in Deutschland. Gießen: Psychosozial.

Fedders, Jonas (2016): Die Wahlerfolge der „Alternative für Deutschland" im Kontext rassistischer Hegemoniebestrebungen. In: Häusler, Alexander (Hrsg.) (2016): Die Alternative für Deutschland. Programmatik, Entwicklung und politische Verortung. Wiesbaden: Springer VS. S. 163-181.

Frech, Siegfried (2017): Rechtspopulismus. In: LpB Baden-Württemberg (Hrsg.): Rechtspopulismus. Bürger & Staat. Heft 1-2017. 67. Jahrgang. S. 2-3.

Häusler, Alexander (Hrsg.) (2016): Die Alternative für Deutschland. Programmatik, Entwicklung und politische Verortung. Wiesbaden: Springer VS

Hellmuth, Thomas (Hrsg.) (2009): Das „selbstreflexive Ich". Beiträge zur Theorie und Praxis politischer Bildung. Innsbruck/ Wien/ Bozen: StudienVerlag.

Heinrich, Martin (2009): Politische Bildung zum „selbstreflexiven" Ich. Versuch über ein didaktisches Paradoxon. In: Hellmuth, Thomas (Hrsg.) Das „selbstreflexive Ich". Beiträge zur Theorie und Praxis politischer Bildung. Innsbruck/ Wien/ Bozen: StudienVerlag. S. 21-36.

Hellmuth, Thomas (2009): Das „selbstreflexive Ich". Politische Bildung und kognitive Struktur. In: Hellmuth, Thomas (Hrsg.) Das „selbstreflexive Ich". Beiträge zur Theorie und Praxis politischer Bildung. Innsbruck/ Wien/ Bozen: StudienVerlag. S. 11-20.

Hellmuth, Thomas/ Zenaty, Gerhard (2009): Was bedeutet politische Bildung? Eine quantitative Analyse der LehrerInnenausbildung und des Verständnisses von politischer Bildung in Österreich. In: Hellmuth, Thomas (Hrsg.) (2009): Das „selbstreflexive Ich". Beiträge zur Theorie und Praxis politischer Bildung. Innsbruck/ Wien/ Bozen: StudienVerlag. S. 262-286.

Kleinschmidt, Malte/ Lange, Dirk (2016): Demokratie, Identität und Bürgerschaft jenseits des Nationalstaats. Inclusive Citizenship Education als neuer Ansatz der Politischen Bildung. In: Forum Politische Bildung (Hrsg.): Informationen zur Politischen Bildung. Nr. 40. S. 13-19.

Lange, Dirk/ Himmelmann, Gerhard (Hrsg.) (2007): Demokratiebewusstsein. Interdisziplinäre Annäherungen an ein zentrales Thema der Politischen Bildung. Wiesbaden: VS Verlag für Sozialwissenschaften.

Lange, Dirk (2008): Bürgerbewusstsein. Sinnbilder und Sinnbildungen in der Politischen Bildung. In: Gesellschaft-Wirtschaft-Politik (GWP) Jg 57, Heft 3/ 2008. S. 431-439.

Lange, Dirk/ Onken, Holger/ Slopinski, Andreas (2013): Politisches Interesse und Politische Bildung. Zum Stand des Bürgerbewusstseins Jugendlicher und junger Erwachsener. Wiesbaden: Springer VS.

Lange, Dirk/ Heldt, Inken (2016): Demokratisches Bürgerbewusstsein und Inclusive Citizenship Education. Herausforderungen der europäischen Zivilgesellschaften. In: Bildung für Europa. Journal der Nationalen Agentur beim Bundesinstitut für Berufsbildung, Nr. 24.

Lewandowsky, Marcel (2017): Was ist und wie wirkt Rechtspopulismus? In: LpB Baden-Württemberg (Hrsg.): Rechtspopulismus. Bürger & Staat. Heft 1-2017. 67. Jahrgang. S. 4-11.

Lösch, Bettina (2007): Deliberative Politik- Demokratisches Bewusstsein und politisches Handeln. In: Lange, Dirk/ Himmelmann, Gerhard (Hrsg.) (2007): Demokratiebewusstsein. Interdisziplinäre Annäherungen an ein zentrales Thema der Politischen Bildung. Wiesbaden: VS Verlag für Sozialwissenschaften. S. 76-86.

Marschke, Britta/ Brinkmann, Heinz Ulrich (Hrsg.) (2015): „Ich habe nichts gegen Ausländer, aber…". Alltagsrassismus in Deutschland. Berlin (u.a.): LIT.

Möller, Lara (2016): Rechts außen in der Mitte der Gesellschaft: rechtsextreme Einstellungen jenseits des Hufeisenmodells mit Blick auf die ostdeutschen Bundesländer seit der deutschen Vereinigung. Universität Wien: Hochschulschrift.

Negt, Oskar (1971): Soziologische Phantasie und exemplarisches Lernen. Zur Theorie und Praxis der Arbeiterbildung. Überarbeitete Neuausgabe. Frankfurt/ Köln.

O.V. (2011): Deutsche Zustände. Das entsicherte Jahrzehnt. Presseinformation zur Präsentation der Langzeituntersuchung Gruppenbezogene Menschenfeindlichkeit. Universität Bielefeld: Institut für interdisziplinäre Konflikt- und Gewaltforschung.

Stöss, Richard (2010): Rechtsextremismus im Wandel. Bonn: Friedrich-Ebert-Stiftung.

Erzählungsbezogene Ansätze der Jugendarbeit zur Bearbeitung lebensweltbasierter Ablehnungshaltungen

Kai Dietrich

Einleitung

Völkisch-nationalistische Bewegungen und flüchtlingsfeindliche Mobilisierungen waren in den vergangenen Jahren gleichzeitig ein Kernbestandteil und Antrieb der politischen Debatte nicht allein in der Bundesrepublik, sondern auch in Europa sowie darüber hinaus. Fabian Georgi sieht im „national-chauvinistischen Backlash gegen die Politik [der] partiell offenen Grenzen 2015/2016" am Ende des Sommers der Migration „die Eigensinnigkeit sowohl rassistisch, als auch nationalistisch motivierter Bevölkerungsgruppen im globalen Norden, die versuchen, ihre relative Privilegierung in der imperialen Produktions- und Lebensweise chauvinistisch zu verteidigen, auch wenn sie damit die Arbeitskraftstrategien bestimmter Kapitalfraktionen sabotieren." (Georgi 2016: 200) Volker Weiß (2017: 12) nennt zwei Gründe für die breitentaugliche und hier anknüpfende Rückkehr völkisch-nationalistischer Strömungen auf die politische Bühne: eine scheinbar vom Nationalsozialismus abgrenzbare Theorietradition unter dem Label der „Konservativen Revolution" sowie einen hier ansetzenden übernationalen Fokus auf ein wertkonservatives Europa:), welches legitimiert ist, sich gegen eine entsprechend bebilderte Gefahr der „Anderen" zur Wehr zu setzen. Eine solche, rassistische geprägte „Dämonisierung der Anderen" dient allein dem Schutz in Legitimität und Funktionalität unter Druck geratener Privilegien der bestehenden westlichen Ordnungen (vgl. do Mar Castro Varela/ Mecheril 2016: 8). Der vorliegende Beitrag legt nahe, ausgehend von Ansprüchen an eine politische Bildung im non-formellen Bereich eine Brücke zu schlagen, zwischen aktuellen gesellschaftlichen Debatten und deren lokalräumlicher Verortung. In den Lokalräumen vorzufindende Debatten und politische Kulturen geben Einblick in Alltagsstrukturen und alltägliche, subjektive Sinnwelten. Eine Orientierung an den lebensweltlichen Erzählungen der Adressaten, könnte ein Schlüssel sein die Möglichkeit, deren Konstrukte von Demokratie und Gesellschaft zu erweitern und ko-produktiv neu zu formieren.

In Auseinandersetzung mit entsprechenden Mobilisierungen und Ablehnungsdynamiken wird Jugendarbeit im 15. Kinder- und Jugendbericht (Deutscher Bundestag 2017: 424 ff.) als wichtig Institution der politischen Bildung herausgestellt. Sozialpädagogische Projekte und Maßnahmen der Demokratiebildung setzen sich seit Jahren mit neonazistischer Ideologie, völkisch-nationalistischen Bewegungen und demokratieablehnenden Haltungen auseinander und sind unterschiedlich erfolgreich. Vor allem Konzepte von Sensibilisierung für Vorurteile und argumentative Auseinandersetzung stoßen immer wieder an Grenzen in Form fehlender Auseinandersetzungsbereitschaft bei Adressaten und auf Dynamiken von „Überzeugungspädagogik", in denen bei Teilnehmenden die Wahrnehmung entstehen kann, die Argumente der Durchführenden als Meinungen übernehmen zu sollen.

Daher setzt sich der Text im ersten Teil mit Perspektiven politischer Bildung auseinander, welche einerseits spezifisch in der Theoriebildung der Jugendarbeit geprägt wurden und anderseits an Verständnisse kritischer politischer Bildung (vgl. Lösch/ Thimmel 2011) anschließen. Im Weiteren geht der Beitrag auf lokal-räumliche Rahmungen und pädagogische Bezüge in den aktuellen Auseinandersetzungen ein. Hiernach versuche ich aufzuzeigen, wieso eine emanzipatorisch-sozialarbeiterische Haltung für eine gelingende politische Bildung grundlegend ist. Im Sinne eines Verständnisses von forschender Praxis ist der Begriff der Lebenswelt nutzbar zu machen, „etwa bei der Rekonstruktion von Zusammenhängen in ‚kleinen sozialen LebensWelt(en)' verschiedener Generationen, Milieus und Kulturen. Solche Zugänge werden derzeit jedoch nicht systematisch geprüft (vgl. Bock 2015: 200).

Es kommt also darauf an, kritische, sozialpädagogische Fachlichkeit für entsprechende Prozesse nutzbar zu machen. Dies bedeutet auch, narrative Konzepte in die politische Bildung einzuführen, worauf ich im letzten Absatz eingehe. Hiervon ausgehend könnten demokratische Perspektiven neuer Qualität entwickelt werden, gerade in Zeiten eines populären Rechtspopulismus.

Zugänge und Verständnis reflexiver politischer Bildung

Bereits im 8. Kinder- und Jugendbericht wird Jugendarbeit eine emanzipatorische Funktion zugewiesen, welche auch deren Träger als emanzipatorisch und den partizipativen Charakter des Arbeitsfelds explizit ausführen und politische Bildung als übergreifendes Leitprinzip setzen (vgl. Münder 2006: 160f). Dies geht mit dem gesetzlichen Auftrag der Jugendarbeit einher, außerschulische, politische Jugendbildung umzusetzen (§ 11, Abs. 3.1, SGB VIII). Dieser Gesetzliche ist auch zu verstehen als Auftrag, entlang gesellschaftlicher Modernisierungsprozesse Orte praktischer Vielfalt zu gestalten und entstehen zu lassen, um eine Möglichkeit zu schaffen, zentrale gesellschaftliche Werte erfahrbar zu machen.

Eine Praxis, welche orientiert ist auf die „reflexive, erfahrungs- und alltagsbezogene Auseinandersetzungen mit dieser Frage, kann Orientierungen für ein Zusammenleben in einer immer unübersichtlichen Welt ermöglichen" geben sowie „die Vermittlung entsprechender Kompetenzen" leisten, um „die demokratische Spielregeln kennenlernen und wertschätzen" zu können (Deutscher Bundestag 2017: 426). Dieser Auftrag unterstreicht Jugendarbeit als „besonderen Möglichkeitsraum für individuelle Lern- und Bildungsprozesse" (ebd.: 397) und damit das Feld für das Einüben individueller und intersubjektiver Selbstpositionierungs- und Verständigungsprozesse (vgl. ebd.: 398). Mit den in § 11 SGB VIII formulierten Zielen der Entwicklung von „Selbstbestimmung" und „gesellschaftlicher Mitverantwortung" konkretisiert sich als gesellschafts-politisches Ziel von Jugendarbeit, „dass sich Kinder und Jugendliche als Subjekte (Selbstbestimmung) politischen Handelns (gesellschaftliche Mitverantwortung) erfahren und sich politisch-demokratisches Handeln, Mitentscheiden und Mitverantworten aneignen." (Sturzenhecker 2013b: 439) Hier zeigt sich, dass Demokratie dabei nicht als Individuiertheit oder soziale Unabhängigkeit verstanden wird, sondern als zivilgesellschaftliche Demokratie unter bürgerlicher Mitentscheidung zur Gestaltung eines solidarischen Miteinanders im Sinne einer aktiven Beteiligung an Demokratie als Gesellschaftsform (Sturzenhecker 2013a: 326).

Jugendarbeit übernimmt dabei den spezifischen Bildungsauftrag, mit eigenen, angemessen Formen und Methoden und einem erweiterten Bildungs-verständnis. Dieses unterschiedet sich von einem in der Tendenz leistungs-orientierten und auf zukünftige Verwertung ausgerichtete Bildungsmethodik der Schule und zielt auf Verwertungs- und Gebrauchsaspekte für spezifische Lebenslagen, in der sich die Jugendlichen befinden (vgl. Münder 2006: 164). Ausgehend von einem Adressatenbegriff, welcher Interventionen vorausgehende Zuschreibungen an entsprechende junge Menschen professionell reflektiert und diese gleichzeitig als Betroffene innerhalb sozioökonomischer Verhältnisse in den Blick nimmt (vgl. Oelerich/Schaarschuch 2015: 12), generiert Jugendarbeit ein spezifisches Verständnis politischer Bildung und eröffnet einen Raum sich kritisch mit der individuellen Positionierung und entsprechenden Strukturen in der Gesellschaft auseinander zu setzen. Sie findet sich damit potentiell in Konzepten kritischer politischer Bildung wieder. So verstanden soll Bildung „über sich hinaus gehen, soll nicht mehr nur Bildung bleiben [...] sondern einem Wissen Raum geben, das die vernünftige Gestaltung des gesellschaftlichen Zusammenhangs ermöglicht." (Demirovic 2011: 66) Entsprechende Prozesse sind daher so anzulegen, dass kritisches Wissen produziert werden kann, welches über herrschende Wirklichkeiten hinaus geht und alternative Erfahrungsräume und

Wissensbestände einbezieht, so dass möglichst „die gemeinsam geteilten Verhältnisse autonom gestaltet und die Räume der Freiheit für alle größer werden." (ebd.: 75)

Um weitere Adressatengruppen zu erschließen, lohnt zusätzlich eine Auseinandersetzung mit den Beschreibungen aktueller Phänomene. Der weithin Verwendung findende Begriff des Rechtspopulismus scheint keine angemessenes Analyseinstrument zum Erfassen der aktuellen Bewegungen zu sein, beschreibt dieser doch weniger den Inhalt als die Form aktueller Debatten und verdeckt damit Zusammenhänge zwischen in Rede stehenden Bewegungen und allgemeiner Politik der bürgerlichen Gesellschaft. Treffender scheint der Begriff des völkischen Nationalismus (vgl. Keil 2015: 372) in diesem Sinne folgend auch als völkisch-nationalistisch verwandt.

Völkischer Nationalismus bezeichnet „die Verbindung einer Mittelstandsideologie mit einer Kritik der reflexiven Modernisierung und Rechtsnationalismus im Rahmen einer sozialen Bewegung" (ebd.) und bildet als zentrales Motiv einen aggressiv vorgetragenen Harmoniewunsch im Sinne einer völkisch-naturalisierenden Homogenitäts-vorstellung eines – von dieser Vorstellung widersprechenden Feinden – bedrohtes, organisches Ganzes (vgl. ebd.). In diesem Rahmen sind unterschiedliche Akteure aktueller Bewegungen von AfD über Pegida bis zu geflüchtetenfeindlichen Lokalinitiativen sowie unterschiedliche Debatten – neben der Ablehnung von (Flucht)Migration auch Islamfeindschaft und Gender- und Diversitätskritische Positionen – zu verstehen. Völkischen Nationalismus bzw. völkische Ideologeme ungenau als rechten Populismus zu fassen läuft damit Gefahr, einerseits als der weniger gefährliche Rechtsextremismus missdeutet und anderseits nicht auf Zusammenhänge mit bestehenden, gesellschaftlichen Hierarchien und Machtverhältnissen hin analysiert zu werden. Eine dahin gehende Spezifikation sollte in jegliche Bemühungen der politischen Bildung in Auseinandersetzung mit dem aktuellen Phänomen einfließen, da ohne eine begriffliche Schärfung weder Adressaten noch Trägern oder Faktoren der aktuellen Dynamiken adäquat gefasst werden können.

Eine reflexive, politische Bildung muss politisches Handeln einschließen. Für die Offene Kinder- und Jugendarbeit definiert Benedikt Sturzenhecker: „Politische Bildung verstehe ich als politisches Handeln. Damit geht es zunächst nicht um politische Aufklärung oder Wissensvermittlung: Diese Handlungsweisen sind zwar nicht irrelevant, sollten allerdings den Inhalten und Prozessen des jeweiligen exemplarischen politischen Handelns folgen [...] und nicht theoretische von solchen abgekoppelt geschehen." (Sturzenhecker 2013b: 439) Dies schließt die Haltung ein, jeweilige Adressaten als Gegenüber in der politischen Auseinandersetzung zu respektieren, ihre Positionen und Argumente ernst zu nehmen, auch weil gerade benachteiligte Jugendliche Kritik oder

Gegenmeinungen als bedrohlich und abwertend empfinden und hierauf mit Verteidigung, Rückzug oder Gegenangriff reagieren (vgl. ebd.: 442). Dies anzuerkennen muss für menschenrechtsorientierte Professionelle in Auseinandersetzung mit völkisch-nationalistischen Dynamiken und rassistischen Ablehnungshaltungen ein Feld tiefgründiger Auseinandersetzungen sein, wie, wozu und an welchen Stellen Ein- und Abgrenzungen durch Adressaten in Bildungsprozessen erfolgen. Die aktuellen Debatten und Erfahrungen in der Praxis der Jugendarbeit können gleichfalls kaum den Schluss nahelegen, hier vor allem auf demokratisch geprägte bzw. menschenrechtsorientierte junge Menschen zu treffen.

Lokalräume als konkrete Gesellschaft

Der Erfolg von in weiten Teilen als „Rechtspopulismus" bezeichneter Debatten und Strukturen verweist darauf, dass politische Bildung Ansätze entwickeln muss, sich mit (jungen) Menschen auseinander zu setzen oder diese in Auseinandersetzung zu bringen, welche entsprechende Ablehnungen und völkisch-nationalistische Perspektiven auf Gesellschaft teilen oder als attraktiv empfinden. Dass dabei keinesfalls jene in Vergessenheit geraten dürfen, welche für demokratische Werte kämpfen und/ oder von entsprechenden Ablehnungen betroffen sind, sondern gerade auch jene kritischen Subjekte und Strukturen gestützt und gestärkt werden müssen, muss Basis hier angestrebter Überlegungen sein. Zur aktuellen Situation schreiben Maria do Mar Castro Varela und Paul Mecheril: „Die rezente mediale, politische und alltagsweltliche Behandlung von Flucht und Migration hat deutlich gemacht, wie sehr in Europa die Bereitschaft zu Denk- und Handlungsweisen besteht, die an rassistische Deutungs- und Urteilsmuster anschließen, von diesen vermittelt sind und diese stärken." (do Mar Castro Varela/ Mecheril 2016: 8)

Bereits 2014, noch vor Beginn der asylfeindlichen Mobilisierungen und nach dem vorerst ausgebliebenen Einzug der AfD in den Bundestag führte Matthias Quent aus, dass die soziale Frage nicht mehr allein, die von Ausgrenzung betroffenen und bedrohten am Rande der Gesellschaft erreiche. Daher sei mit einem erhöhten Zuspruch zu populistischen Phänomenen auch in sozialen besser gestellten Milieus zu rechnen, welche sich in lokalen und deprivierten Kontexten „u.a. in den vergleichsweise hohen Wahlergebnissen für rechtsradikale Parteien bemerkbar machen." (Quent 2014: 47) Wichtig ist es, diese lokalen Räume zu analysieren und spezifische Dynamiken in Reaktion auf abstrakte gesellschaftliche Widersprüche in diesen konkreten Räumen zu identifizieren, denn genau hier sind Interventionen in die spezifische Komplexität von Lebenswelten möglich (vgl. Belina 2017: 99).

Für junge Menschen ist mit den aktuellen Mobilisierungen eine Erlebniswelt gegeben, welche auf Rassismus und völkischen Nationalismus setzt und diese tief in die alltäglichen Gegebenheiten des sozialen Gefüges einwebt. Damit sind Ablehnungsmuster und Repräsentationen von Differenz in einem Umfang präsent, welcher wenig Spielraum für demokratieintendierte Irritationen lässt. Der Raum gesellschaftlicher Erfahrungen wird so durch Ungleichheitsideologeme strukturiert. So schließt sich der Raum erfahrungsstrukturierender Repräsentationen in völkischem Duktus. Jene Repräsentationen können als „kollektiv wie individuell zur Verfügung stehende Bilder, Diskurse, Deutungsangebote etc." (Möller et. al. 2016: 741) verstanden werden, welche von Menschen in ihren spezifischen, gesellschaftlichen Positionierungen als Erfahrungen verarbeitet, übernommen, modifiziert und in entsprechende Ablehnungshaltungen transformiert werden (vgl. ebd.: 741 f.) Für Konstruktionsprozesse von Ablehnungshaltungen allgemein, wie unter einem spezifischen sozialräumlichen Fokus, sind das Verständnis sowie die Analyse zentraler Repräsentations-mechanismen von zentraler Bedeutung. So wird es auch möglich aktuelle rassistische und völkisch-nationalistische Debatten auf ihre Lebensweltlogik hin zu ergründen.

Bernd Belina weist darauf hin, dass rechtspopulistische Dynamiken als eine Form der Auseinandersetzung mit aktuellen neoliberalen Zumutungen erst an ihrem spezifischen Ort konkret zu fassen sind (vgl. Belina 2017: 99). Auch Benjamin Opratko sieht in einem erstarkten Rechtspopulismus einen Modus der Krisenbearbeitung. Einerseits folgt dies einer Ablösung von den politischen Repräsentanten nachfolgend zu Erfahrungen unter anderem im Umgang mit der Eurokrisenpolitik. Hinzu kommen Ablösungen von Deutungspositionen der öffentlichen Meinung in spezifische Wahrnehmungen ausgehend von den aktuellen ökonomischen Krisendynamiken. Diese bringen massenhaft geteilte Erfahrungen des politischen Kontrollverlusts und der Entfremdung von Institutionen der repräsentativen Demokratie (Opratko 2017: 124f.)" mit sich, welche wiederum Forderung nach autoritären Politikern und Möglichkeiten direkter politischer Interventionen nach sich ziehen (vgl. ebd.) und in diesem Impetus mit tradierten öffentlichen Debattenbildungsmechanismen und Vorstellungen von Statuskonsistenz und entsprechenden Mobilitäten brechen (vgl. ebd.: 125ff.).

Ablehnungsdiskurse als lokalräumliche Debatten

Vor diesem Hintergrund sind Studien zur Kenntnis zu nehmen, welche die sozialräumliche und alltagsweltliche Fundierung von Ablehnungshaltungen nachvollziehen. Entsprechende Untersuchungen mit Fokus auf lokalräumliche Rahmenfaktoren kommen zu wichtigen Ergebnissen, welche für eine adäquate

Auseinandersetzung mit demokratieablehnenden Haltungen zu berücksichtigen sind. Im Lokalen findet sich „der konkrete Raum des Alltags" (Belina 2017: 100). In diesen konkreten theoretischen und praktischen Räumen finden sich die Folgen der ungleichen, globalen Entwicklungen, schlagen sich staatlich, regionalen wie lokal unterschiedlich nieder und werden entsprechend unterschiedlich erlebt. Globale Verschiebungen, Subjektivierungs- und Klassen(trans-)formationsprozesse haben hier ihren Ort der alltäglichen Auseinandersetzungen (vgl. ebd.: 100).

Seddik Bibouche und Josef Held stellen hierzu im Ergebnis eines Forschungsprojektes zu rechtsextremen Dynamiken in der politischen Kultur fest, dass politische Orientierungen nicht allein Ergebnis überregionaler Mediendiskurse sind, sondern auch durch soziale Dimensionierungen im Lokalraum. Dies zeige sich vor allem in Regionen, „die eine starke lokale Orientierung aufweisen." (2011: 270)

Jene Sozialräume in denen allgemein bestehende, gesellschaftliche Dynamiken, Widersprüche und Deutungen vor Ort, innerhalb der lokalen Bevölkerung sowie zwischen den lokal ansässigen Bevölkerungsgruppen und ihren Bezügen nach außen konkret ausagiert und in Szene gesetzt werden. In den völkisch-nationalistischen Mobilisierungen der jüngeren Zeit stehen hierfür beispielhaft die Namen der unzähligen Initiativen, welche völkische Wehrhaftigkeit, Widerständigkeit und regionale Ordnungsvorstellungen mit den jeweiligen Ortsnamen verbinden. Strukturell verbinden sich dabei unterschiedliche Spektren zum neuen völkischen Nationalismus. Teile dieser in den Lokalräumen heterogen zusammengesetzten Bewegung sind verschwörungsideologische Strukturen der Friedensmahnwachen, antifeministische Mobilisierungen aus christlich-fundamentalistischen und Lebens-schützer-Milieus, organisierte neonationalsozialistische und rechts-radikale Strukturen sowie „besorgte Bürger" (Keil 2015: 371). In einigen Milieus verbinden sich vorliegende lokale Orientierungen mit einem starken Bezug zur jeweiligen sozialen Bezugsgruppe. „Lokale und segmentäre Orientierungen verbunden mit starker Familien- und Cliquenbildung" (Bibouche/Held 2011: 272) führen zu einer sozialen Gemengelage, welche sich förderlich auf Ausbreitung und Akzeptanz rechtsextremistischer Überzeugungen auswirkt. Folgende Faktoren müssen im Ergebnis weiterer lokalräumlicher Untersuchungen als relevant betrachtet werden:

- Rechtsextremismus wird dann befördert, wenn er als Problem ausschließlich von marginalisierten Teilen der Bevölkerung wahrgenommen und aktiv kritisiert wird.
- In wenig partizipativ angelegten, lokalen politischen Kulturen geraten Gegenaktivitäten dann von Seiten der Bevölkerung unter Druck, wenn sie nicht ausdrücklich von etablierter Lokalpolitik gestützt werden.

- In Regionen mit geringer Gegenöffentlichkeit sind Strukturen in der Lage lokalen Gegenaktivitäten auszuweichen.
- Parteiförmige Strukturen werden gestärkt, wenn sie in der Lokalbevölkerung positive Kontakte knüpfen können.

Wenn potentiell Betroffene von Täter-Opfer-Verkehrungen bei Behörden und deutungsmächtigen Akteuren des Lokalraums ausgehen, weiten sich konkrete Angsträume zu abstrakten, bewegungseinschränkenden Angsträumen im Lokalraum (vgl. Quent/Schulz 2015: 289ff.).

Dabei wird die häufig geteilte These widerlegt, „dass die Basis für Rechtsextremismus und rechte Orientierungen ein Desintegrationsproblem sein könnte." (Bibouche/Held 2011: 270) Untersuchungen in ähnlich strukturierten Kommunen zeigen, dass die politische Kultur von anderen Faktoren als von sozioökonomischen und -demographischen Daten bestimmt ist (vgl. Quent/Schulz 2015: 289). Jene mit einem sozialräumlichen Fokus empirisch nachgewiesenen, lokalen Orientierungen scheinen eine klare Verbindung zu völkisch-nationalistischen Überzeugungen aufzuweisen. Im Ergebnis der Untersuchung zu Lokalismus zeigt sich, dass dieser „in der untersuchten Region eine entscheidende Voraussetzung ist für die Entwicklung rechter Orientierungen (Bibouche/Held 2011: 270)". Lokale Identifikationen verknüpft mit spezifischen Benachteiligungserzählungen und autoritären Ansprüchen an politischer Regulationsmacht der autochthonen Bevölkerung sind Kondensationskerne von denen völkisch-nationalistische Mobilisierungen ausgehen (vgl. Göttinger Institut für Demokratieforschung 2017). Eigenschaften von Orten und ihre Unterschiede zu anderen Orten sind damit wichtige Merkmale, welche in der globalen Konkurrenz relevante Ressourcen zur Vernutzung sind (vgl. Belina 2017: 101) und bei denen es in der globalen Auseinandersetzung um Standorte angemessen erscheint, diese gegenüber anderen Orten als vorteilhaft heraus zu stellen. Damit geht eine verfestigte Identifikation mit der Region einher.

Lokalismus kann somit bezeichnet werden als spezifische Form einer lokalen Orientierung, welche sich als Gegenbewegung gegen eine als entgrenzt wahrgenommene Globalisierung versteht. Lokalismus tritt als Lokalpatriotismus oder Provinzialismus in Erscheinung und dient als Versuch eine heile Vergangenheit lokal zu beschwören. Er bietet einen entscheidenden Ansatzpunkt für Rechtsextremismus, wobei der Rückgriff auf die Vergangenheit hier häufig zum Rückgriff auf die deutsche Vergangenheit und speziell die Zeit des Nationalsozialismus wird (vgl. Held u.a. 2008: 182). Für ostdeutsche Regionen muss hier angenommen werden, dass der Rückgriff auf die Vergangenheit auch Erinnerungen umfasst, welche völkische Vergemeinschaftungen innerhalb des ehemals bestehenden realsozialistischen Systems fassen.

Vor allem in benachteiligten, ländlichen Regionen werden Bilder des Abdriftens und Aussterbens kultiviert. Diese werden einerseits in Beschreibungen über ländliche Räume angelegt und vor Ort tradiert. Hierdurch gelang es, dass „das ‚Volkstod'-Motiv seit 2011 zum wichtigsten inhaltlichen Paradigma rechtsradikaler Graswurzelarbeit." (Quent 2014: 42) entwickelt werden konnte. Dies stellt inhaltlich nicht allein Anknüpfungspunkte und Mobilisierungsoption völkischer Ideologie für neonazismus- oder nationalismusaffine (junge) Menschen dar, sondern bildet in ihren ähnlichen Vorstellung von völkischen Bevölkerungstechniken eine „Brücke in die Mitte" (ebd.: 44) dar, welche sich mit bevölkerungspolitischen Nützlichkeitserwägungen Thilo Sarrazins identifiziert. Die herausgehobene Sichtbarkeit von (Flucht-)Migration und tradierte, lokalistische Identifikationen führen dazu, dass zu zentralen Positionierungs-dimensionen wie ‚arm – reich', ‚männlich – weiblich' oder ‚deutsch – ausländisch aktuell raumbezogene Dimensionen wie etwa ‚angestammt – zugewandert', ‚Nord – Süd', ‚Ost – West' oder ‚Stadt – Land' als relevant ergänzt werden (Belina 2017: 101). Kurt Möller et al. führen aus, dass entsprechende Bezüge vor allem dann funktional erscheinen, wenn sie es vermögen, soziale wie politische Positionierungen im persönlichen Nahfeld (hier v.a. lokales Wohnumfeld) abzusichern oder herzustellen, welche über individuelle zu erbringende Leistungen nicht oder nicht im erforderlichen Maße herstellbar sind oder langfristig nicht gesichert werden können(vgl. Möller et. al. 2016: 716).

In Erzählungen des „Zurück-gelassen-werdens" weben sich Aspekte von Widerständigkeit gegen „die Etablierten" ein, welche wenig von den Problemen vor Ort wissen oder hierfür Lösungen bereithalten. Entsprechend scheitern zivilgesellschaftliche und demokratiepädagogische Interventionen auch daran, dass Neonazistische und völkisch-nationalistische Kümmerangebote in den Gemeinwesen nicht als Strategie gezielter, neonazistischer Unterwanderung wahrgenommen werden oder ablaufen, sondern als Prozesse eines innovativen, stabilisierenden Umgangs mit Problemen vor Ort gelesen werden (vgl. Quent 2014: 48).

Politische Bildung unter ‚sozialarbeiterischer' Haltung

Um ein genaues Bild davon zu erhalten, wo abstiegsbedrohte oder sich bedroht fühlende Schichten die AfD und andere völkisch-nationalistische Bewegungen stützen, ist es wichtig, zu klären wie diese Räume von wem produziert wurden und welcher spezifische Kontext völkische, rassistische und sexistische Positionen zustimmungsfähig macht. Dies steht bisher weitgehend aus (vgl. Belina 2017: 102). „Für ein systematisches Verständnis der Geographie der Abstiegsgesellschaft sind insbesondere räumliche Differenzierungen inklusiver sozialstruktureller sowie auch qualitativer Vertiefungen vonnöten." (ebd.) Dies müsste auch umfassen, die aktuelle Debatte um allgemeine Abstiegsängste der Wählerklientel der AfD mit qualitativem Material hierzu zu untersetzen (vgl. Opratko 2017: 127) um diese in ihren subjektiven Logiken fassen zu können. Entgegen einer auf Leistung und zukünftige Verwertung ausgerichtete Bildung der Schule zielt Bildung in der Jugendarbeit angebotsbezogen und methodisch auf Gebrauchsmöglichkeiten für spezifische Lebenslagen von jungen Menschen (vgl. Münder 2006: 164).

Um hier die entsprechenden Bedarfe mit den Jugendlichen erörtern und eine gemeinsame Perspektive auf Welt und Gesellschaft entwickeln zu können lohnt aus methodischen wie haltungsbezogenen Gründen der Fokus auf ein lebensweltbezogenes Prinzip der Zusammenarbeit auch mit dem Ziel der politischen Bildung.

Das Konzept der Lebensweltorientierung verhandelt grundlegende Fragen der Sozialen Arbeit, „indem es die spezifische Sicht der AdressatInnen mit Kritik und Gestaltungsprinzipien der Sozialen Arbeit verbindet." (Thiersch 2015: 200) Aktuell erfahrene Verwerfungen entlang neoliberaler bis postdemokratischer Dynamiken in westlichen Gesellschaften – erfahren als relative Deprivationen - und die damit einhergehenden Infragestellungen von Herrschaftspositionen, individuellen Status und Privilegien können als ein wichtiger Faktor für die breite Hinwendung zu völkisch-nationalistischen oder „rechtspopulistischen" Bewegungen angesehen werden. In Ermangelung einer solidarischen Kollektiverzählung und identifiziert mit neoliberalen Anforderungen von Selbstverantwortung und Leistungsbereitschaft scheint es subjektiv funktional, sich restriktiven Kollektiven von Volk oder Nation zuzuwenden. Die Integration in diese ideologischen oder formellen Gemeinschaften formuliert Bilder von „Wir" und den „Anderen" und lässt bestehende Ungleichheit- und Machtverhältnisse gleichsam angemessen und politisch notwendig erscheinen. Damit entziehen sie bestehende Hierarchisierungen und völkische Gesellschaftsbilder einer kritischen Reflexion und schließen sie gegen eine Infragestellung ab (Möller et. al. 2016: 717).

In Reaktion auf neoliberale Verwerfungen und damit einhergehendes unter Druck geraten in einer globalen Konkurrenz legen eine individuelle Selbst-priorisierung schon immer nahe, welche aktuell als kollektive Selbstpriorisierung in ein gesetztes völkisches Kollektiv mündet. Hier gilt es, sich den subjektiven Erfahrungen annähern zu können, um gemeinsame Momente politischer Bildung und hiervon ausgehende Prozesse zu ermöglichen.

Dafür ist eine lebensweltorientierte Perspektive in der politischen Jugendbildung nutzvoll. „Unter der Lebenswelt wird die unmittelbar erfahrene, unhinterfragte und sinnhaft strukturierte Welt des alltäglichen Lebens verstanden, die den kulturellen Rahmen der gemeinsamen Lebenspraxis von Menschen bildet.

Lebenswelt umfasst also zunächst die alltäglich erfahrenen und erfahrbaren Dinge, Handlungen und Ereignisse, die den Menschen zu jedem Zeitpunkt ihres Lebens selbstverständlich gegeben sind und durch gemeinsame Handlungszusammenhänge intersubjektiv erfahren werden und erfahrbar sind (vgl. Bock 2015: 198 f.). Lebenswelt ist Ort des individuellen wie interindividuellen Handelns und somit Raum des alltäglich Sozialen in der Vermittlung von Subjektivität und Gesellschaft. Sie umschreibt das Potential gesellschaftlichen Miteinanders unter bestehenden Ressourcen, Beziehungen, und Netzwerken (vgl. Wendt 2017: 37). In Auseinandersetzung mit aktuellen völkischem Nationalismus müssen hiermit verbundene Akteure in den Blick genommen werden, die, wie bestehende neonazistische Alltagsnetzwerke, Einbindung von Neonazis in alltägliche Netzwerke sowie breite rassistische Mobilisierungen, eben jene Strukturen abbilden, welche eine völkisch erfahrene Lebenswelt ausmachen.

Bezogen auf „Rechtspopulismus" bzw. völkischen Nationalismus muss dies bedeuten, mikrotheoretische Verkürzungen der Perspektive (vgl. ebd.: 199) kritisch zu wenden und diese auf gesellschaftliche Wandlungsprozesse und damit allgemein sozial angelegte Dynamiken zu übertragen. Hier kann und muss sich Jugendarbeit auf eine Haltung Sozialer Arbeit beziehen, welche durch die International Federation of Social Workers (IFSW) wie folgt definiert ist: „Die Profession Soziale Arbeit fördert den sozialen Wandel, Problemlösungen in zwischenmenschlichen Beziehungen sowie die Ermächtigung und Befreiung von Menschen, um ihr Wohlbefinden zu heben.

Unter Nutzung von Theorien menschlichen Verhaltens und sozialer Systeme greift Soziale Arbeit an den Punkten ein, in den Menschen mit ihrer Umgebung interagieren. Prinzipien der Menschenrechte und sozialer Gerechtigkeit sind für Soziale Arbeit fundamental." (Wendt 2017: 26) Perspektiven Sozialer Arbeit auf ihre Adressaten sind auch in der politisch-bildenden Praxis mit Trägern von völkisch-nationalistischen oder neoliberal-verwertungsbezogenen Haltungen relevant. Sie umfassen eine Orientierung am Subjekt, an Ressourcen und an der Mündigkeit (vgl. Wendt 2017: 30 ff.). Politische Bildung ist hier gefordert, kritisch zu prüfen, an welchen Stellen gesellschaftliche und demokratische Debatten abstrakt an lebensweltlichen Bedürfnissen unter dem Anspruch sozialer Gerechtigkeit vorbeilaufen und Menschen als Vertreter unmündiger Milieus etikettiert werden.

Migrationsgesellschaftliche Realitäten und diversitätsgesellschaftliche Ansprüche sind unhintergehbar, sie müssen aber im Rahmen von politischer Bildung in Aushandlungsprozesse münden, welche auch Solidarität für lebensweltliche und lokalräumliche Bezüge in Auseinandersetzung mit globalisierten Konkurrenzverhältnissen beachten und beim mündigen Einfordern von Rechten in Entsicherungsdynamiken weiterhelfen.

Adäquate Interventionen in den alltäglichen Lebensraum müssen sich daher „an den konkreten Subjekten, ihren Erfahrungen und Kompetenzen orientieren" (Oelschlägel 2001 zit. n. Wendt 2017: 37), innerhalb dieser räumlichen und sozialen Strukturen den Alltag zu bewältigen. Ein lebensweltorientiertes Verständnis von politischer Bildung muss dabei folgendes berücksichtigen. Subjektive Erfahrungen schließen verinnerlichte Positionierungen und konkrete Identifikationen entlang von Dimensionen wie Gender, Klasse, Nation, ethnokultureller Zugehörigkeiten u.a. ein, strukturieren die Wahrnehmung der eigenen wie anderer Inszenierungen und führen über völkisch-nationalistische Bilderwelten von „ich", „wir" und die „Anderen" zur Schaffung einer völkischen bzw. heteronormativen, rassistischen und neoliberalen Wahrheit und Wirklichkeit. Hiervon ausgehende Zugehörigkeiten scheinen gerade aktuell reinszeniert und dramatisiert werden zu müssen. Der feste, alltägliche, intersubjektive Bezug zwischen den Individuen lässt ohne Interventionen von „außen" wenig Raum für alltägliche Irritationen und hiervon ausgehende (menschenrechtsorientierte oder gemeinschaftskritische) Neupositionierungen. Die präsenten, identitätsstiftenden, gemeinsamen Erfahrungen können dabei auch nur einer Erzählung geteilter Erfahrungen folgen und lassen einen unkritischen Bezug hierauf auch als alltäglichen Pragmatismus erscheinen, welche bei fehlenden Alternativen und alternativen wie solidarischen Großerzählungen als pragmatisches, völkisch-nationalistisches Arbeitsbündnis mit entsprechenden Akteuren zur Alltagsgestaltung erscheint.

Dabei muss auch eine solidarisch angelegte, politische Bildung in der Jugendarbeit ernst nehmen, dass Zerwürfnisse, welche mit dem neoliberalen Umbau der Gesellschaft einhergehen nicht allein hierüber zu bewältigen sind. Angemessen scheint es aus dieser Perspektive kritische Widerständigkeit aus dem Arbeitsfeld heraus weiter zu entwickeln (vgl. ebd. 2017: 409 f.) und nicht gegenüber, sondern gemeinsam mit den Adressaten „für eine aktive Bewältigung auf der Grundlage gemeinsamer Interessen und gegenseitiger Solidarität" (ebd.: 410) einzutreten. Eine so ausgeformte Widerständigkeit gegen neoliberale Zumutungen muss auch politische Bildung konzeptionell einbetten, bewusst thematisieren und problematisieren (vgl. ebd.: 411) und dies nicht als Kritik an individuellen Haltungen und Verantwortlichkeiten sondern als eine Kritik, welche sich an Strukturen und Dynamiken gesellschaftlicher Verhältnisse fest macht, die soziale Gerechtigkeit auf individueller Ebene einfordert und gegenüber individuellen Ansprüchen gleichzeitig aufgibt.

Subjekte und ihre Erzählungen vom Alltag

Welche Funktionalität die jeweiligen Akteure ihren Haltungen und Verhaltensweisen in den aktuellen Auseinandersetzungen beimessen, kann entweder gemutmaßt oder mit den Adressaten gemeinsam analysiert werden. Politische Haltungen folgen dabei nicht einer einzelnen, enthobenen Funktion, sondern leiten ihre Funktionalität aus dem Alltag ab. Sie sind eingebettet in lokalräumlich gerahmte Erzählungen von Alltag und Lebenswelt. Hier schließt eine Haltung im Sinne des Ansatzes zur lebensweltorientierten Sozialen Arbeit an. Hans Thiersch schreibt dazu: „Das Konzept der Lebensweltorientierten Sozialen Arbeit versteht sich im Zusammenhang einer sozialwissenschaftlich-empirischen Wissenschaft, als Glied der Sozialen Arbeit als forschender Disziplin." (Thiersch 2015: 333)

Für eine Jugendarbeit in politischer Bildungsabsicht kann es als wissenschaftliches wie Praxisforschungskonzept fruchtbar gemacht werden, denn es „versteht sich in seinem Wissenschaftscharakter als Konzept in der Tradition einer hermeneutisch-pragmatischen Erziehungswissenschaft und einer pragmatisch orientierten Sozialen Arbeit" (ebd.: 332) und dies bedeutet konkret, sich pragmatischen Alltagsgestaltungsdynamiken zuzuwenden. Wie dieser Alltag in völkisch-nationalistischem Duktus pragmatisch gestaltet wird, wurde oben angeführt. Wichtig für eine politische Bildung, welche den Raum und die Potentiale von Jugendarbeit ausnutzt, ist die Arbeit an entsprechenden Alltagserzählungen bzw. deren Bezüge zu diskursiven Narrativen in den Lokalräumen. Die Sichtbarmachung und kritische Betrachtung vorhandener Erzählungen kann es leisten, dies reflektierbar zu machen und gemeinsam mit den Adressaten, über politische Bildung – i.S. politischen Handelns in der Jugendarbeit - ergänzte Wirklichkeiten und erweiterte Erzählungen zu gestalten und dabei Distanzierungen anzubahnen und Haltungen demokratisch weiterzuentwickeln. Haltung und Methodik so zu gestalten kann möglicherweise weiterhelfen, bei „der Suche nach einem anderen Wir" (Langhanky 2017)

Leitprinzip narrativer, insb[esondere] lebensweltbezogener Arbeitsweisen ist der zentrale Wert zugänglich zu machender, persönlicher (Alltags-)Erfahrungen der Adressaten (vgl. Gilsdorf 2004: 315). Für den Prozess der Hebung entsprechender Erzählungen kommt es darauf an, die Alltagsgeschichte der Adressaten gemeinsam mit ihnen und dicht an ihren Deutungen zu erkunden und dabei zuvorderst eine zu beschreibende Problemlage so zu heben, dass sie sich losgelöst von den Adressaten beschreiben und damit entgegen bisheriger Bewertungen neu rahmen lässt. Gleichzeitig liegt hier die Gefahr, die Verantwortlichkeit auf andere zu übertragen, die als Urheber oder Nicht-Unterstützende wahrgenommen wurden (ebd.: 312). Vor allem bei Erzählungen, welche über die Ablehnung „der Anderen", aus der Gemeinschaft Ausgeschlossenen – wie die aktuellen flüchtlingsfeindlichen und völkisch-national-istischen Debatten – funktionieren und ihnen und „verbündeten Eliten" bereits die Verantwortlichkeit für eigene Problembezüge zuschreiben, ist eine External-isierung vor allem so anzulegen, dass eigene Anteile an der Dynamik in den Fokus rücken und individuelle Motive für bestimmte Haltungen und Problemsichtweisen neu formuliert werden können. Rüdiger Gilsdorf schreibt: „Bereits im Verlauf externalisierender Gespräche findet eine Veränderung statt: Die alte Geschichte verliert an Überzeugungskraft." (ebd.: 313)

Ziel erzählungsorientierte Arbeitsweisen ist es, Erzählungen und Deutungen, welche als gemeinschaftliche Erfahrungen von und Auseinandersetzungen mit Wirklichkeit entstanden sind so zu reformulieren, dass Adressaten mit diesen neuen Deutungsoptionen weiterhin Teil ihrer alltäglichen Sozialbezüge bleiben können und darauf vorbereitet sind, diese neue Deutung in diese Bezüge einzubringen. (vgl. ebd.: 315) Unterstützung kann bspw. darin bestehen, Personen im sozialen Nahfeld ausfindig zu machen, welche für entsprechende neue Deutungen offen sind und damit eine Ressource bei deren Absicherung und einer folgenden Distanzierung von der alten Erzählung darstellen (vgl. ebd.: 316). Gerade hier muss politische Bildung in der Jugendarbeit über ihre direkten Arbeitsgelegenheiten hinausblicken und gemeinsam mit den Adressaten Verbündete solidarischen Handelns in den Lokalräumen ausfindig machen.

Neben einer arbeitsfeldübergreifenden Dimensionierung dieses Auftrags zeigt sich hier der hohe Stellenwert strategischer Netzwerkarbeit. Wenn es offenen Einrichtungen grundlegend gelingt keine Schließung entlang dominierender Nutzergruppen zuzulassen und Raum für Begegnung zu schaffen, kann dies auch bedeuten, Raum für die Begegnung Menschen bereit zu stellen, denen rassistische und andere Ablehnungen gelten und mit denen über den Alltagskontakt eine gemeinsame, von Ablehnungen sich ablösende Erzählung wahrscheinlich wird. Auf einer Metaebene politischer Bildung kann es hier auch gelingen die Relevanz von Deutungen bei der Erfassung von „Wirklichkeiten" deutlich zu machen und damit entgegen angenommenem logischem Denken Konstruktionsmechanismen von Wirklichkeit und deren Relevanz nachzuvollziehen (vgl. ebd.: 317). Wirklichkeiten sind immer als Wirklichkeiten subjektiver Positionierungen zu verstehen. Individuelle Wirklichkeitsbeschreibungen als Geschichten verstehen zu können bedeutet, sich von der Vorstellung einer richtigen Beschreibung zu trennen: Zu jeder Begebenheit gibt es viele Geschichten (ebd.: 318). So verstanden, kann es politischer Bildung gelingen, sich nicht an abstrakt vorhandenen Bilder von Wirklichkeit (und damit einhergehenden wie zu behebenden Klischees, Stereotypen und Vorurteilen) abzuarbeiten, sondern mit den Adressaten in deren lebensweltgrundierte Entstehungslogik vorzudringen.

Fazit

Jugendarbeit ist nicht erst in den letzten Jahren und im Zuge der massiven Zunahme völkisch-nationalistischer wie autoritärer Bestrebungen und Debatten angehalten adäquate politische Bildungsräume herzustellen und Angebote zu machen, welche es vermögen, unterschiedliche Adressatengruppen zu erreichen. Dabei muss sie weiter den Spagat wagen zwischen der Arbeit mit und dem Schutz und Empowerment für Betroffene und Engagierte sowie der Auseinandersetzung mit Nutzergruppen, welche sich zustimmend in den aktuellen Ausgrenzungs-debatten wiederfinden. Junge Menschen, die sich autoritären und völkisch-nationalistischen Gesellschafts- und Politikverständnissen zuwenden, tun dies möglicherweise auch, weil aktuelle Krisen- und Verwerfungs-erscheinungen diese Haltungen als funktional erscheinen lassen. Ablehnungshaltungen können eine Strategie sein, die eigene, als fragil erscheinende Positionierung abzusichern oder aufzuwerten.

Wie oben gezeigt werden konnte, scheinen vor allem lokal angelegte Untersuchungen zu bestätigen, dass Ablehnungshaltungen auch eine Folge sozialräumlicher Vergemeinschaftungsprozesse sind, in welchen Regionen bzw. Teile der sich als lokale Gemeinschaft verstehenden Bevölkerung abschließend und ausgrenzend auf globale, nationale wie überregionale Veränderungsprozesse reagieren. Die Überzeugung auf sich angewiesen zu sein und gegenüber anderen – vermeintlich in Konkurrenz stehenden – Gruppen benachteiligt zu sein, beschrieben als „fraternale relative Deprivation (Michelsen/ Przybilla-Voß/ Lühmann 2017: 6) fällt in Regionen Ostdeutschlands aber auch anderen Regionen der Bundesrepublik mit einer tradierten Benachteiligungserzählung zusammen. Fehlende Sensibilität und Widerständigkeit gegenüber neonazistischen wie völkisch-nationalistischen Verflechtungen und Unterwanderungsversuchen in der Vergangenheit legen bilden das Fundament aktueller, völkisch-nationalistischer und autoritär-politischer Raumgewinne. Sie knüpfen an eingeübte Affekte gegen die Politik der „Etablierten" an, welche scheinbar nicht oder nichts Gutes mit den Gegebenheiten vor Ort zu tun hat.

Jugendarbeit kann und muss sich hier als anderer Raum strukturieren, in welchem politische Debatten inhaltlich, formell demokratisch und kritisch-reflexiv ermöglicht werden. Will sie wirksam als Ort der politischen Bildung in Erscheinung treten, muss sie ihre Haltung der Sozialen Arbeit in Bezug auf eine gesellschaftliche Analyse, ihre eigene Funktion darin sowie in der Begegnung mit ihren Adressaten transparent machen. Inhalte für Prozesse der politischen Bildung können dann die subjektiven Wirklichkeiten ihrer Adressaten werden. Erzählungen ihres subjektiv erlebten Alltags sind die Grundlage für angemessene Antworten in der politischen Debatte. Dies lässt – wenngleich langfristig anzulegende – Prozesse zu, welche einerseits Funktionalitäten spezifischer Erzählungen für das Subjekt ergründen und im Sinne einer Strukturierung von Biographie als subjektiv funktionales Erzählhandeln verstehen und gleichzeitig mit den Adressaten das Motiv entfalten die eigene Wirklichkeit bewusst als solche zu fassen und gleichzeitig ergänzen zu wollen und damit die Freiheit der Interpretation von Identität, subjektiver Positionierung und persönlicher wie kollektiver Bedürfnisse dem Subjekt (rück)übertragen. Dies wäre solidarischer wie emanzipatorischer und damit nicht-völkischer Impuls, den politische Bildung in kritischer Absicht zu leisten vermag und folgt im Sinne von Problemlösung sowie Ermächtigung und Befreiung Ansprüchen an eine kritische Soziale Arbeit (vgl. Wendt 2017: 26 f.) und politischer Bildung, „die beansprucht, kritisch zu sein." (Demirovic 2011: 74)

Für eine kritische politische Bildung in der Jugendarbeit bedeutet das, dass sich mit konkreten Anliegen vor Ort und Erzählungen hierüber auseinandergesetzt werden muss und parteilich für inklusive Raumforderungen und lebensweltliche Beteiligungsanliegen Stellung beziehen muss. Dies fordert grundlegende Strategien, denn „[d]em politischen Rechtsruck etwas entgegen zu setzen, ist eine langfristige und strategische Aufgabe. Taktische Manöver – ein bisschen volksnaher Zungenschlag hier, ein wenig populistische PR-Provokation da – tragen zu ihrer Bewältigung wenig bei [...]. Ein adäquates Verständnis der Funktionsweisen des Rechtspopulismus ist eine Voraussetzung dafür, die Herausforderung systematisch anzugehen." (Opratko 2017: 129)

Literaturverzeichnis

Belina, Bernd (2017): Zur Geographie der Abstiegsgesellschaft. Der Aufstieg der Rechten – Anmerkungen zu Oliver Nachtwey und Didier Eribon. IN: Prokla 186 (2017) Jg. 47, Nr. 1. Münster: Westfälisches Dampfboot.

Bibouche, Seddik/ Held, Josef (2011): Rechtsextreme Dynamiken in der politischen Kultur. Zur sinnvollen Verbindung von quantitativen und qualitativen Methoden am Beispiel eines Forschungsprojektes. In: Melter, Claus / Mecheril, Paul (2011). Rassismuskritik. Band 1: Rassismustheorie und -forschung. Schwalbach/ Ts.: Wochenschau Verlag.

Bock, Karin (2015): Lebenswelt. In: Thole, Werner/ Höblich, Davina/ Ahmed, Sarina (Hg.): Wörterbuch Soziale Arbeit. Bad Heilbrunn: Julius Klinkhardt.

Burschel, Friedrich/ Schubert, Uwe/ Wiegel, Gerd (Hg.) (2014): Der Sommer ist vorbei ... Vom „Aufstand der Anständigen" zur „Extremismus-Klausel". Beiträge zu 13 Jahren „Bundesprogramme gegen Rechts". Münster: edition assemblage.

Deinet, Ulrich/ Sturzenhecker, Benedikt (Hg.) (2013): Handbuch Offene Kinder- und Jugendarbeit. Wiesbaden: Springer VS.

Demirovic, Alex (2011): Bildung und Gesellschaftskritik. Zur Produktion kritischen Wissens. In: Lösch, Bettina / Thimmel, Andreas (Hrsg.). Kritische politische Bildung. Ein Handbuch. Schwalbach/ Ts.: Wochenschau Verlag.

Deutscher Bundestag (2017): Bericht über die Lebenssituation junger Menschen und die Leistungen der Kinder- und Jugendhilfe. 15. Kinder- und Jugendbericht.

do Mar Castro Varela, Maria/ Mecheril, Paul (Hg.) (2016): Die Dämonisierung der Anderen. Rassismuskritik in der Gegenwart. Bielefeld: transcipt.

do Mar Castro Varela, Maria/ Mecheril, Paul (2016): Die Dämonisierung der Anderen. Einleitende Bemerkungen. In: do Mar Castro Varela, Maria/ Mecheril, Paul (Hg.) (2016): Die Dämonisierung der Anderen. Rassismuskritik in der Gegenwart. Bielefeld: transcipt.

Georgi, Fabian (2016): Widersprüche im langen Sommer der Migration. Ansätze einer materialistischen Grenzregimeanalyse. In: Prokla 183 (2016) Jg. 46, Nr. 2. Münster: Westfälisches Dampfboot.

Gilsdorf, Rüdiger (2004): Von der Erlebnispädagogik zur Erlebnistherapie. Perspektiven erfahrungsorientierten Lernens auf der Grundlage systemischer und prozessdirektiver Ansätze. Bergisch Gladbach: EHP.

Göttinger Institut für Demokratieforschung (2017): Rechtsextremismus und Fremdenfeindlichkeit in Ostdeutschland. Ursachen –Hintergründe –regionale Kontextfaktoren. Studie im Auftrag der Beauftragten der Bundesregierung für die neue n Bundesländer.

Held, Josef/ Bibouche, Seddik/ Dinger, Gerhard/ Merkle, Gudrun/ Schork, Carolin / Wilms, Laura (2008): Rechtsextremismus und sein Umfeld. Eine Regionalstudie und die Folgen für die Praxis. Hamburg: VSA.

Keil, Daniel (2015): Die Erweiterung des Resonanzraums. Pegida, die Aktualisierung des Völkischen und die Neuordnung des Konservativismus. IN: Prokla 180 (2015) Jg. 45, Nr. 3. Münster: Westfälisches Dampfboot.

Langhanky, Michael (2017): Auf der Suche nach einem anderen Wir. Kleine Narrative zu einer kritischen Sozialen Arbeit. Weinheim, Basel: Beltz Juventa.

Lösch, Bettina/ Thimmel, Andreas (Hg.) (2011): Kritische politische Bildung. Ein Handbuch. Schwalbach/Ts.: Wochenschau-Verlag.

Melter, Claus / Mecheril, Paul (2011): Rassismuskritik. Band 1: Rassismustheorie und -forschung. Schwalbach/ Ts.: Wochenschau Verlag.

Michelsen, Danny/ Przybilla-Voß, Marika/ Lühmann, Michael (2017): Rechtsextremismus und Fremdenfeindlichkeit in Ostdeutschland. Ursachen – Hintergründe – regionale Kontextfaktoren. Zusammenfassung des Forschungsprojekts. Göttingen: Göttinger Institut für Demokratieforschung.

Möller, Kurt/ Grote, Janne/ Nolde, Kai/ Schumacher, Nils (2016): „Die kann ich nicht ab!" - Ablehnung, Diskriminierung und Gewalt bei Jugendlichen in der (Post-)Migrationsgesellschaft. Wiesbaden: Springer VS.

Münder, Johannes (2006): Frankfurter Kommentar SGB VIII. Kinder- und Jugendhilfe. Weinheim, Basel: Beltz Juventa.

Oelerich, Gertrud/ Schaarschuch, Andreas (2015): AdressatIn der Sozialen Arbeit. In: Thole, Werner/ Höblich, Davina/ Ahmed, Sarina (Hg.) (2015): Wörterbuch Soziale Arbeit. Bad Heilbrunn: Julius Klinkhardt.

Opratko, Benjamin (2017): Rechtspopulismus als Krisenbearbeitung. Anmerkungen zum Aufstieg von AfD und FPÖ. In: Prokla 186 (2017) Jg. 47, Nr. 1. Münster: Westfälisches Dampfboot.

Quent, Matthias (2014): Der „Volkstod" und die Übriggebliebenen. Rechtsradikale Angebote und Machtgewinne in abtriftenden und dörflichen Regionen in: Berliner Debatte Initial 25 (2014) 1. Sozial- und geisteswissenschaftliches Journal.

Quent, Matthias/ Schulz, Peter (2015): Rechtsextremismus in lokalen Kontexten. Vier vergleichende Fallstudien. Wiesbaden: Springer VS.

Reimer, Katrin (2014): Rechte Ideologie und Soziale Frage. Soziale Arbeit und politische Bildung in Zeiten des rechtspopulistischen Neoliberalismus. In: Burschel, Friedrich/ Schubert, Uwe/ Wiegel, Gerd (Hg.) (2014): Der Sommer ist vorbei. Vom „Aufstand der Anständigen" zur „Extremismus-Klausel". Beiträge zu 13 Jahren „Bundesprogramme gegen Rechts". Münster: edition assemblage.

Sozialgesetzbuch (SGB) - Achtes Buch (VIII) - Kinder- und Jugendhilfe

Sturzenhecker, Benedikt (2013a): Demokratiebildung in der Offenen Kinder- und Jugendarbeit. In: Deinet, Ulrich/ Sturzenhecker, Benedikt (Hg.): Handbuch Offene Kinder- und Jugendarbeit. Wiesbaden: Springer VS.

Sturzenhecker, Benedikt (2013b): Politische Bildung konkret. In: Deinet, Ulrich/ Sturzenhecker, Benedikt (Hg.) (2013): Handbuch Offene Kinder- und Jugendarbeit. Wiesbaden: Springer VS.

Thiersch, Hans (2015): Soziale Arbeit und Lebensweltorientierung: Konzepte und Kontexte. Gesammelte Aufsätze. Bd. 1. Weinheim und Basel: Beltz Juventa Verlag.

Thole, Werner/ Höblich, Davina/ Ahmed, Sarina (Hg.) (2015): Wörterbuch Soziale Arbeit. Bad Heilbrunn: Julius Klinkhardt.

Weiß, Volker (2017): Die autoritäre Revolte. Die Neue Rechte und der Untergang des Abendlandes. Stuttgart: Klett-Cotta.

Wendt, Peter-Ulrich (2017): Lehrbuch Methoden der Sozialen Arbeit. Weinheim und Basel: Juventa.

Rechtspopulismus, antidemokratische Haltungen und Positionen handlungsorientiert reflektieren – Querschnittsaufgabe und Arbeitsprinzip in der Erwachsenenbildung

Erik Weckel

Einführung – Idee, Konzept und Zielgruppe

"Demokratie beginnt dort, wo die Menschen leben, arbeiten, primäre Erfahrungen im öffentlichen Austausch machen" (Negt 2010: 173).

Im vorliegenden Beitrag werden das Konzept[71] und erste Erfahrungen mit der Durchführung der fünf Module umfassenden Fortbildung „Demokratie- und Menschenrechtsbildung als Querschnittsthema und Arbeitsprinzip in der Erwachsenenbildung" vorgestellt. Die Fortbildung wurde im Kontext des „Niedersächsischen Landesprogramms gegen Rechtsextremismus – für Demokratie und Menschenrechte" (2016) entwickelt und erprobt.

Aktuelle gesellschaftliche Herausforderungen stellen die plurale, auf Grund- und Menschenrechten basierende Demokratie in Deutschland, Europa und weltweit auf die Probe. Inzwischen alltägliche Handlungen wie Übergriffe auf „Anders" erscheinende, sich verschärfende Ausgrenzungsdiskurse oder Wahlergebnisse zeigen dies. Wissenschaftliche Studien zur gruppenbezogenen Menschenfeindlichkeit (GMF), zu rechtsextremen, rechtspopulistischen oder antidemokratischen Einstellungen und Verhaltensweisen, als auch die rechtspopulistischen Bewegungen und die sich verstärkenden sozialen und politischen Exklusionsprozesse belegen die Trends. Die 'gesellschaftliche Mitte' zeigt sich hier als relevanter Akteur.

Kernanliegen der Fortbildung ist es, Leitende von Einrichtungen der Erwachsenenbildung, haupt-, neben- oder ehrenamtliche pädagogische Mitarbeitende im weiten Feld von Bildung, Beratung, Qualifizierung und Betreuung anzusprechen (*Zielgruppe*), sie für die Herausforderungen für die Demokratie zu sensibilisieren,

---

71 Das Konzept erstellte Ulli Ballhausen vom Institut für Didaktik der Demokratie der Universität Hannover gemeinsam mit dem Autor.

© Springer Fachmedien Wiesbaden GmbH, ein Teil von Springer Nature 2019
L. Boehnke et al. (Hrsg.), *Rechtspopulismus im Fokus*,
https://doi.org/10.1007/978-3-658-24299-2_14

mit ihnen über ihre demokratische und menschenrechtsorientierte Haltung und Positionierung als Querschnittsaufgabe und als Arbeitsprinzip zu reflektieren und ihre Handlungsfähigkeit zu erhöhen. Die Begriffe „Haltung – Kennen – Können" bilden einen zentralen Orientierungsrahmen für die Präventions- und Projektziele sowie für die jeweiligen konkreten Lernziele der einzelnen Module. In jedem Einzelmodul werden diese drei Aspekte mit jeweils unterschiedlicher Gewichtung thematisiert.

Ausgangspunkt ist die Erfahrung, dass in jedem Lehr-/Lernverhältnis Situationen auftreten können, in denen Lehrende mit rechtsextremen, rechtspopulistischen Einstellungen und Formen der GMF konfrontiert werden. Deshalb ist es sinnvoll proaktive (primäre) oder reaktive (sekundäre) Intervention oder Prävention in die Konzepte zu implementieren. Die Gestaltung der Inhalte und Ziele (Lernergebnisse) unter Berücksichtigung demokratischer, politischer, Vorurteile reflektierender und menschenrechtsorientierter Themen ist auch im Sinne des niedersächsischen Landesprogramms. Das Landesprogramm wiederum wird auf seine Wirkung evaluiert.

Die Fortbildung besteht aus fünf Modulen (Tagesveranstaltungen mit je 8 Unterrichtsstunden) und einem abschließenden Reflexionsmodul. Vertiefend und zur Abschlussvorbereitung sind im Selbststudium 102 Stunden einkalkuliert. Insgesamt besteht die Fortbildung aus 150 Unterrichtsstunden und wird im Rahmen des „Vertiefungsmoduls Politische Bildung" an der Leibniz Universität Hannover/AGORA Politische Bildung mit fünf Credit Points anerkannt. Jedes Modul kann einzeln besucht werden. Die Lernergebnisse, darunter das von den Teilnehmenden selbst erarbeitete Konzept, werden in einem Lerntagebuch verschriftlicht.

Haltung – Kennen – Können: Die Ziele und Struktur des Konzepts

Zunächst wird in die Ziele und Struktur des Konzepts eingeführt und der Zusammenhang von Haltung, Kennen und Können in der Fortbildung verdeutlicht, um im Anschluss die Verbindung von antidemokratischen Haltungen und Rechtspopulismus und Möglichkeiten zur Auseinandersetzung mit diesen in der je eigenen Arbeit zu reflektieren. Abschließend werden exemplarisch die pilothafte Umsetzung der Fortbildung vorgestellt, sowie ein Fazit gezogen

Kompetenzorientierung nimmt unter Wirkungsperspektiven die Lernergebnisse in den Blick, um Zielerreichungen festzustellen. Das zentrale Lernergebnis dieser Fortbildung ist die Erstellung eines eigenen verschriftlichten Konzepts, in dem die Erfahrungen und Wirkungen der Fortbildung verarbeitet sind. Die

AEWB kommentiert das Konzept, die Teilnehmenden stellen es dem Plenum vor und reflektieren es in kollegialer Beratung[72]. Die Teilnehmenden erhalten ein konstruktives und kritisches Feedback. Die Fortbildung schafft insofern einen organisationalen Mehrwert, die Konzepte fließen unmittelbar in die Bildungsarbeit ein. Den ersten Durchgang schlossen fünf Teilnehmende mit einem Zertifikat ab. Ihre Lernergebnisse waren ein Konzept zur Demokratie- und Menschenrechtsbildung für die Ländliche Erwachsenenbildung in Niedersachsen (LEB), ein Konzept für eine Fortbildung für Multiplikator*innen mit einer Reflexionseinheit zur „eigenen Haltung zur Demokratie", sowie für je eine Unterrichtseinheit zu Ageismus, zu einem Sprachkurs mit Geflüchteten und für eine offene politische Veranstaltung im sozialen Raum. Die Konzepte wurden aus verschiedenen professionellen Perspektiven entwickelt, darunter der Geschäftsführer einer Landeseinrichtung für Erwachsenenbildung, zwei hauptamtliche Kolleg*innen und zwei freiberufliche Kolleginnen.

Im Sinne der *Präventionsziele* versetzt das Fortbildungsprojekt die Teilnehmenden in die Lage, einerseits demokratische und menschenrechtsorientierte Aspekte in ihre Arbeit (als Arbeitsprinzip und Querschnittsaufgabe) und in das eigene Lehrangebot im Sinne primärer und sekundärer Prävention zu integrieren und auf Situationen in Bezug auf die Verletzung von Menschenrechten, auf antidemokratische Einstellungen und Verhaltensweisen einzugehen.

Die *Projektziele* ermöglichen den Teilnehmenden erstens sowohl die politische und gesellschaftliche Dimension ihrer Arbeit (Haltung, Kennen, Können) zu reflektieren und die Relevanz von „Demokratie- und Menschenrechtsbildung als Querschnittsaufgabe" zu erkennen, als auch zweitens Kernelemente der Demokratie (als Regierungs-, Gesellschafts- und Lebensform) sowie einer Menschenrechtsorientierung nachvollziehen zu können. Zum Dritten befördern die Projektziele, auf zielgruppenadäquaten fachlichen Grundlagen, antidemokratischen, rechtsextremen, rechtspopulistischen, von Vorurteilen geprägten Einstellungen und Formen der gruppenbezogenen Menschenfeindlichkeit situationsangemessen zu begegnen; viertens wird die Entwicklung konkreter Ideen zur Umsetzung und Erprobung von Interventionsmöglichkeiten oder Gegenstrategien angestoßen und fünftens die Diskussion in den Einrichtungen in Bezug auf die Querschnittskompetenz im Sinne eines Erfahrungstransfers befördert.

Voraussetzung für die Auseinandersetzung mit Demokratie und Menschenrechten ist ein eigener und klarer politischer Standpunkt, der glaubwürdig nach außen vertreten wird. Dieser baut auf Wertvorstellungen und Prinzipien auf, die

---

72   Kollegiale Beratung ist ein methodisches Instrument zur systematischen Beratung.

deutlich machen, in welcher Gesellschaft wir in Zukunft leben möchten. Die Fortbildung reflektiert und entwickelt die drei Kompetenzdimensionen der eigenen Haltung, des Kennens (z.b. von Einstellungen gruppenbezogener Menschenfeindlichkeit) und erweitert die Handlungsfähigkeit (Können) oder wie es die Reformpädagogik in Anlehnung an Johann Heinrich Pestalozzi (1746 - 1827) ausdrückt: Lernen mit Kopf (Kennen), Herz (Haltung) und Hand (Können) (vgl. Spiegel 2008: 96f.).

Die Kompetenzdimensionen werden im vorliegenden Konzept in fünf Modulen vermittelt:

Modul 1: Einführung in die Demokratie- und Menschenrechtsbildung
Modul 2: Demokratie als Regierungs-, Gesellschafts- und Lebensform,
Modul 3: Menschen und ihre Lebensumstände
Modul 4: Erprobung pädagogischer Ansätze (Praxis I)
Modul 5: Erprobung pädagogischer Ansätze (Praxis II)
Modul 6: Reflexion

Inhaltlich finden sich in den Modulen folgende Aspekte: Die Einführung (Modul 1) steigt ein mit eigenen Beschreibungen und Analysen konkreter Anforderungssituationen an die Teilnehmenden. Die eigene Haltung zu Demokratie- und Menschenrechtsbildung wird reflektiert, wie die „Haltung" der Institution (z.B. Leitbild, Geschichte). Benannt werden Herausforderungen für das Zusammenleben in der Demokratie, wie soziale Ausgrenzung und Polarisierung, antidemokratische Einstellungen, Populismus oder Menschenfeindlichkeit. Gefragt wird, wo und wie diese die eigenen Angebote berühren. Ein Verständnis über „Demokratiebildung und Menschenrechtsorientierung als Querschnittsaufgabe und Arbeitsprinzip" wird vorgestellt und erste Assoziationen zur eigenen Arbeit gesammelt, die damit bereits erste Fragen zur konkreten Umsetzungen (Können) beinhalten. Im Modul 2 wird die dreifache Perspektive der Demokratie als Regierungs-, Gesellschafts- und Lebensform kennen und verstehen gelernt. Im Rahmen der Präventionsperspektive werden Beispiele aufgenommen zur Auseinandersetzung mit demokratie- und menschenrechtsfeindlichen Einstellungen und Positionierungen; diese werden darüber hinaus analysiert und entsprechende Handlungsmöglichkeiten erprobt. Damit wird eine demokratie- und menschenrechtsorientierte Grundhaltung als „Arbeitsprinzip" (proaktives Gestalten und Handeln) vertieft. Im Modul 3 werden Analysen und Auseinandersetzungen mit den sozialen, historischen, sozialpsychologischen, biografischen und gesellschaftlichen Ursachen entsprechender Einstellungen aufgenommen und gesellschaftliche Kompetenzen (Negt) als eine didaktische Grundorientierung für die Erwachsenenbildung diskutiert. Die Module 4 und 5 bieten Raum für Erfahrungs- und Praxisreflexion. Diverse pädagogische Ansätze für die Praxis werden vorgestellt und exemplarisch erprobt. Zu ihnen zählen interkulturelle Ansätze, das Betzavta-Konzept, „Nichtrassistische Bildungsarbeit", AntiBias-Ansätze, Diversity-Konzepte und citizenship education. Argumentationstrainings und Interventionsstrategien werden erprobt. Das Modul 6 führt in die Kollegiale Beratung ein und erprobt das Instrument mit der Vorstellung und Reflexion des eigenen Konzepts.

Ausgangspunkt ist die eigene Person, im Abgleich mit der historisch gewordenen Institution und dem professionellen Auftrag. Wir nutzen das pädagogische Modell der Themenzentrierten Interaktion (TZI)[73], ein theoretischer Ansatz der Humanistischen Pädagogik, der drei Faktoren gleichwertig bedenkt: Das ICH, das WIR und das THEMA, umschlossen vom GLOBE, der Gesellschaft (TZI-Dreieck). So arbeiten wir vom Subjekt (ICH) über die Gruppe (institutionelle Eingebundenheit, WIR) zu den Themen und ihren gesellschaftlichen Zusammenhängen.

Die Erfahrungshebung beginnt mit dem Sammeln der je eigenen Position oder Haltung zu Demokratie und Menschenrechten bzw. entsprechend orientierter Bildung, die erstens im Rahmen von Fragen diskutiert werden kann, um zweitens auf der Basis der subjektiven Reflexion den Blick auf die Institution (Erwachsenenbildungseinrichtung) zu richten: Welche Bedeutung haben Demokratie und Menschenrechte für mich? Finden sie sich in meinem Alltags- und beruflichem Handeln? Gibt es hier einen Zusammenhang für mich zu meinen Arbeitsaufgaben? Welchen Stellenwert haben Demokratie- und Menschenrechtsbildung in ‚meiner' Institution, mit welchen historischen Traditionen ist sie verbunden und wie verknüpft sich dies mit meinem Denken und Handeln? Ergibt sich daraus ein Auftrag? Drittens verbinden sich diese Perspektiven mit den Inhalten meines Arbeitsauftrags: welche Zusammenhänge finden sich dort und wie finden sich demokratie- und menschenrechtsbildende Aspekte? Die Assoziationen werden auf Moderationskarten geschrieben, den Dimensionen (Ich – Wir – Thema) zugeordnet, im Plenum vorgestellt und kommentiert.

Dieses Dreieck wird mit einem zweiten Dreieck ergänzt. Hier sind die Eckbezeichnungen die Kompetenzdimensionen HALTUNG, KENNEN und KÖNNEN. Erneut werden die Assoziationen zugeordnet. Es entsteht ein komplexes Bild des einzelnen Subjekts und der Gruppe.

---

73   Ruth Cohn entwickelte die Grundlagen der Themenzentrierten Interaktion, die ein zentraler
       Ansatz der Humanistischen Pädagogik darstellt.

Deutlich wird, welche Bedeutung die eigene biografisch gewachsene und historisch-institutionell gewordene Haltung für die Realisierung des Auftrages Demokratie- und Menschenrechtsbildung als Querschnittsthema und Arbeitsprinzip haben. Dies motiviert zu kennen, was historisch-theoretisch mit der Idee von Demokratie- und Menschenrechtsbildung verknüpft ist und provoziert meine Handlungsfähigkeit (Können). Was muss ich methodisch Können, um die Erkenntnisse (Kennen) mit entsprechender Haltung umzusetzen. Das Globe reflektiert die gesellschaftlichen Voraussetzungen, Zusammenhänge, Erfordernisse oder Widersprüche für eine gelingende Arbeit. Der Prozess zielt auf die subjektive allgemeine Handlungsfähigkeit (vgl. Holzkamp 1990).

Zum Kennen wird die gesellschaftliche Lage in den Blick genommen. Exemplarisch rücken gesellschaftliche Herausforderungen und empirische Beschreibungen in den Blick: Ideologien der Ungleichheit, soziale Ausgrenzungen und Polarisierungen, antidemokratische Einstellungen, Populismus und Gruppenbezogene Menschenfeindlichkeit (GMF) in Konfrontation mit den Grundprinzipien von Gleichheit, Freiheit und Solidarität und der Frage nach dem Zusammenhang zu den je eigenen professionellen Angeboten. Ausgehend von neuen sozialen Spaltungsprozessen (Bude 2016) unter neoliberaler Hegemonie, sich weiter entwickelnder Armut im zunehmenden Reichtum, dem Ende der Aufstiegsgesellschaft mit dem Kippen zur Abstiegsgesellschaft (Nachtwey 2016) spitzen sich Konkurrenz, Wut und Abwertungstendenzen zu (vgl. auch Zick/Küpper 2015).

Das Können orientiert sich an der Fähigkeit präventiv oder interventiv die Herausforderungen aufzunehmen. Verschiedene methodische Zugänge ermöglichen und stärken die Handlungsfähigkeit. So kann nach gewählten Bedürfnissen der Teilnehmenden die eine oder andere Perspektive in den Vordergrund rücken. Eingeführt wird in die Konzepte Betzavta, Diversity, nicht-rassistische Bildungsarbeit, Anti-Bias-Ansätze und das Modulpaket "Kompass - Handbuch zur Menschenrechtsbildung" des Deutschen Institutes für Menschenrechtsbildung. In jedem Modul wird der Praxistransfer in den Blick genommen. Welche Inhalte und Methoden verknüpfen konkret die je eigenen Themen?

Antidemokratische Haltungen und Rechtspopulismus reflektieren und Auseinandersetzungsstrategien in der je eigenen politischen Bildung verankern

Rechtspopulismus ist ein vielschichtiger und ambivalenter Begriff. Zick et al (2016) sehen im Rechtspopulismus menschen- und demokratiefeindliche und aggressiv autoritäre Einstellungen mit Sympathien oder Mitgliedschaft in Parteien und Gruppierungen wie der AfD oder PEGIDA. Rechtspopulist*innen unterscheiden in der Vertikalen zwischen „die da oben" und „wir hier unten" und horizontal im „wir" gegen die abgewerteten „Anderen" (vgl.: 114). Populismus ist nicht notwendig politisch ‚rechts' oder ‚links', sondern kann in unterschiedlichen ideologischen Ausrichtungen auftreten. Karin Priester (2017) sieht im Populismus eine Ideologie des Antagonismus vom "reinen Volk" und einer "korrupten Elite". Im Vergleich zu dieser dyadischen Grundstruktur des Populismus ist Rechtspopulismus triadisch strukturiert: Ein „gutes eigenes Volk" (Volk, Nation, Gemeinschaft) muss und soll sowohl gegen eine „korrupte Elite", als auch gegen „bedrohliche Fremde" (Ausländer, Migranten, Muslime) verteidigt werden (vgl. Jörke/Selk 2017: 68f.). Rechtspopulismus kennzeichnet sich zum Beispiel durch Nationalismus, in der Ablehnung der Europäischen Union und einer kollektiven Wut gegen die „Anderen" (vgl. Zick et al 2016: 116), die angeblich nicht wirklich zum Volk gehören sollen.

Derartige politische Programmatiken werden in der Zivilgesellschaft von verschiedenen Seiten mit Sorge rezipiert: "Mir ist mulmig zumute, das sage ich ganz offen" führt Josef Schuster aus, der Präsident des Zentralrates der Juden in Deutschland, zum Einzug der AfD in den Bundestag (Kauschke 2017). "Angst macht sich breit in der türkischen Gemeinde" sagt Gökay Sofuoglu, Vorsitzender des Vereins "Türkische Gemeinde in Deutschland" (Kormbaki 2017). "Große Sorge" drückte der Technologiekonzern Bosch aus, wie auch die beiden großen Interessenverbände der deutschen Wirtschaft, der Bundesverband der Deutschen Industrie (BDI) und der Bundesvereinigung Deutscher Arbeitgeberverbände (BDA), die die AfD ablehnen (vgl. Dietl 2017: 90f.). Sie drücken die Sorgen aus, die sich die deutsche Gesellschaft machen muss, angesichts der Zunahme der offenen Bekenntnisse zu rechtspopulistischen Positionen und des Aufstiegs der Partei in den Bundestag.

Auch von wissenschaftlicher Seite wird auf die Gefahren hingewiesen, die mit einem Erstarken rechtspopulistischer Kräfte einhergehen. Andreas Kemper sieht die AfD als die "Partei der Gruppenbezogenen Menschenfeindlichkeit", die sich durch die "Idee der Ungleichheit" auszeichnet (vgl. Bittner 2016). Mattias Kumm hält die Integration national-autoritärer Populisten für ein ernsthaftes Verfassungsproblem. Sie sind für den freiheitlich-demokratischen Verfassungsstaat eine große Gefahr (vgl. Kumm 2017: 8). Diese Gefahr sieht auch Jan-Werner Müller (2016: 28) und resümiert: Populismus ist nicht demokratisch, er ist der Tendenz nach antidemokratisch (vgl. Müller 2016: 14). Populismus ist der "Schatten der repräsentativen Demokratie" (Müller 2016: 18), die im Zweifel die autoritäre oder rechtsextreme Option zieht.

Für die Belange politischer Bildung ist es wichtig, Demokratie nicht auf eine formelle politische Struktur zu reduzieren, die durch Rechtspopulismus unter Druck geraten ist. „Demokratie ist mehr als eine Regierungsform; sie ist in erster Linie eine Form des Zusammenlebens, der gemeinsamen und miteinander geteilten Erfahrung" (Dewey 2000: 121) und kann so auch als „Niederbruch jener Schranken zwischen Klassen, Rassen und nationalen Gebieten" gedeutet werden (ebd.). Demokratie wird in diesem Sinne beispielsweise von Gerhard Himmelmann (2006) oder Oskar Negt (2010) als Lebensform beschrieben: „Demokratie beginnt dort, wo die Menschen leben, arbeiten, primäre Erfahrungen im öffentlichen Austausch machen" (Negt 2010: 173). Dies verweist auf die Pluralität und Diversität des Lebens, entgegen der Homogenität („homogenes Volk") im Denken des Rechtspopulismus, der die Erfahrungen der „Anderen" der „Fremden" der „Muslime" ausschließen will. Fremdenfeindliche Töne fanden sich bereits im US-amerikanischem populist movement der letzten Dekade des 19. Jahrhunderts (vgl. Jörke/Selk 2017: 21). Dieser Antipluralismus ist einer der Hauptgründe, warum verschiedene Forscher wie zum Beispiel Marcel Lewandowsky (vgl. BzpB 2016) den Rechtspopulismus als gegen die Demokratie gerichtet bewerten.

Oskar Negt sieht autoritäre und totalitäre Tendenzen als strukturelle Gefährdungen für politische Systeme (vgl. 2010: 487). Die profunde Legitimation sozialer Ungleichheit, die häufig ein Kernbestandteil rechtspopulistischer Ideologie ist, steht im Widerspruch zum Ideal der sozialen Gleichheit, wie es vielen Vorstellungen von und zu Demokratie inne ist. Gerhard Wegner sieht Populismus nicht davor gefeit, in „Rechtsradikalismus und damit in die Nähe von terroristischen und extrem menschenfeindlichen politischen Haltungen übergehen zu können" (2017: 2). Die Forderungen nach Schusswaffengebrauch gegen Geflüchtete durch Frauke Petry und Beatrix von Storch sind ein provokantes Beispiel dafür. Gleichzeitig ist zu bedenken, dass Rechtsextreme in populistischen Bewegungen einen Boden für ihre Agitation finden und damit die klare Eingrenzung von noch populistisch oder schon rechtsextrem herausfordernd ist, zumal die Akteure die letztere Zuordnung auch zu vermeiden suchen. Jörke/Selk schreiben vom Populismus in der Demokratie und gegen die Demokratie (vgl.: 72ff.) und betonen, dass gerade die demokratische Fahne für populistische Ziele herhalten soll. Die mehrfachen Häutungen und Spaltungen der AfD zeigen diese Positionskämpfe wie auch die Teilnahme von Rechtsextremisten an PEGIDA-Demonstrationen: Auch unter Rechtspopulisten gibt es also Streit darüber, welcher einheitliche Wille des moralisch reinen Volkes auf welche Art repräsentiert werden soll.

Der Neoliberalismus mit seinen Ideologien der Ungleichheit und des angeblich freien Marktes ohne soziale Abfederungen als Glücksverheißungen trägt zur Verrohung der Sitten bei. Es zeigte sich mehrfach in der Geschichte, dass sich

Marktapologeten zur Abwehr sozialer Ideen auf autoritäre und faschistische Regime einließen, um ihre Ideologien voran bringen zu können. Demokratie und Menschenrechte sind für sie nachrangig, mit Ausnahme ihres Rechts auf Eigentum, das mit allen Mitteln durchgesetzt und geschützt wird. Die nachträgliche Legitimation durch den Marktradikalen Ludwig von Mises, der 1927 in seinem Band "Liberalismus" behauptete, dass das Eingreifen des Faschismus in Italien "für den Augenblick die europäische Gesittung gerettet" hätte, zeigt diese Affinitäten. Von Mises führt weiter aus: "Das Verdienst, das sich der Faszismus damit erworben hat, wird in der Geschichte ewig fortleben (...) Der Faszismus war ein Notbehelf des Augenblicks" (Mises 1927: 45)[74].

Die Fortbildung bietet eine Auseinandersetzung mit eigenen und gesellschaftlichen Vorstellungen über Demokratie und Menschenrechten sowie mit antidemokratischen und rechtspopulistischen Positionen und deren Auswirkungen auf die eigene Arbeit. Im Modul 1 beispielsweise erinnert die Reflexion der eigenen und institutionellen Perspektive auf Demokratie an die historische Entstehung der Erwachsenenbildung. Sie entwickelte sich entscheidend mit der Aufklärung, aus der Kritik an absolutistischen, antidemokratischen Gesellschaftsstrukturen und setzte sich für die sich entwickelnden Menschen- und Bürgerrechte ein. Dafür bekämpften die jeweils Mächtigen sie vielfach scharf, ob im Absolutismus, im Vormärz, mit den Sozialistengesetzen, in der Weimarer Republik, im Nationalsozialismus oder seit den 1970er Jahren mit marktradikaler, antidemokratischer neoliberaler Politik. Mitarbeitende wurden mit Berufsverbot belegt oder ins Exil getrieben, Einrichtungen verboten oder geschlossen (vgl. Ciupke 1999, Pongratz 2010). Marktradikale Konzepte setzen auf einen Staat, der wie ein Unternehmen geführt wird, demokratische Mitbestimmung hat dort den wirtschaftlichen, schlanken Entscheidungen einer Führungsriege zu weichen, Mitbestimmungsstrukturen werden beschnitten, Kollegialstrukturen in hierarchische verwandelt. Alles, was nicht als zentrale Aufgabe des Staates angesehen wird, und dies sind nur die drei Grundaufgaben wie die Landesverteidigung, Justiz und öffentliche Anstalten und Einrichtungen, die nicht privat getragen werden könnten, wird dem Markt und seinen Gesetzen ausgesetzt (vgl. Smith, 1990: 582, von Mises 2006 oder Friedman 2009). Alles andere ließe sich kapitalistisch mit dem Markt lösen, auch politische Bildung, so ihre Vorstellungen. Heute würde der Staat viel zu viel Geld aufbringen, wider dem Nutzen, zum Beispiel für höhere Schulbildung, „die aber meist nicht benötigt wird" (Friedman 2009: 111).

---

74   Ludwig von Mises wird in der FDP und der ihr nahestehenden "Friedrich Naumann Stiftung der Freiheit" hofiert, die seine Bücher neu auflegt, der aufgerufene Band zuletzt 2006. Milton Friedman ließ sich vom Diktator Augusto Pinochet einladen, sein marktradikales Wirtschaftskonzept in Chile umzusetzen.

Beispiele für die Verfolgung sind die ins Exil getriebene Ada Lessing, die Mitgründerin und heutige Namensgeberin der VHS Hannover, oder Johannes Drees, Vorsitzender der LandvolkHochschule Oesede, der 1944 erschossen wurde, wahrscheinlich in Verbindung mit dem Widerstandskampf um den 20. Juli (Katholische LandvolkHochschule Oesede 2018). Diese und viele weitere Erfahrungen führten in der Bundesrepublik Deutschland in der Erwachsenenbildung zu einer institutionellen Perspektive gegen antidemokratische oder autoritäre Ideologien, pro emanzipatorischen Denkens, für Demokratie, für Menschenrechte, für die Verwirklichung des Rechts auf Bildung und der Chancengerechtigkeit. Ihren Bildungsauftrag leiten sie aus den Prinzipien der Aufklärung und den Menschen- und Bürgerrechten ab (vgl. DVV, Pongratz 2010: 11). Demokratie- und Menschenrechtsbildung sind zentrale Aufgaben der Erwachsenenbildung als Arbeitsprinzip und Querschnittsthema der Einrichtungen. Analogien finden sich in der Schule, mit der Idee des Unterrichtsprinzips für alle Fächer oder des Transfers auf die gesamte Organisation (wie Schulprofil, -kultur oder -klima). Rechtspopulistische Positionen hingegen sind tendenziell antidemokratisch, antipluralistisch, gegen die herrschende Elite ("das Establishment") gerichtet (vgl. Müller 2016: 19); Rechtspopulismus ist insofern eine Gefahr in der Demokratie (vgl. Müller 2016: 28). Damit sind zentrale Antagonismen zwischen Rechtspopulismus und Erwachsenenbildung benannt.

Ein Impulsvortrag führt ein in „Ausgewählte Einblicke: Soziale Ausgrenzung und Polarisierung, antidemokratische Einstellungen, Populismus und Menschenfeindlichkeit", unter anderem in das „Syndrom Gruppenbezogener Menschenfeindlichkeit (GMF)" (vgl. Heitmeyer 2012) und geht exemplarisch auf empirischen Ergebnisse ausgewählter Aspekte ein, wie auf die „Befürwortung einer rechtsautoritären Diktatur" mit einer Zustimmung von 21,9 % (Decker et al 2016: 32) oder der Erkenntnis der relativ hohen Zustimmung zur „Demokratie als Idee" (95 %) und dem deutlichen Rückgang der Zustimmung auf 52 % auf die Frage, wie die „Demokratie in der Bundesrepublik Deutschland funktioniert" (Decker et al 2016: 53f.). Rechtspopulistische Einstellungen finden sich bei 40 % der Bevölkerung (Zick et al 2016: 118), 15 % empfinden kollektive Wut. Bei rechtspopulistisch Eingestellten zeigt sich die kollektive Wut bei 40 % der Personen und sie äußern sie lauter, bei anderen zu ca. 2 % (Zick et al 2016: 120f.).
Weitere Merkmale der GMF sind im Blick, wie Etabliertenvorrechte, Abwertungen gegenüber Langzeiterwerbslosen oder Wohnungslosen, von Menschen mit Behinderungen, Homosexuellen oder Trans*Menschen, Haltungen der Muslimfeindlichkeit oder des Sexismus[75]. Tiefen der Analysen verdeutlichen anteilige

---

75 Vgl. auch die rechtspopulistischen Debatten um Gender und Geschlecht (vgl. Dietl 2017: 15 und Trau 2017).

Ausprägungen von GMF unter Gewerkschafter*innen (Decker et al 2016: 134, Hilmer et al 2017), unter Protestanten und Katholiken, sowie auf den stärkeren Anteil unter Konfessionslosen (Decker et al 2012: 47). Auffällig ist, dass marktförmiger Extremismus schon durch drohende Abstiege und daraus resultierenden Ängsten, zu rechtspopulistischen Einstellungen führen kann (Hövermann et al. 2015). Auch Demokratiekritik (Klein 2014) zeigt Anfälligkeiten, im Sinne des Doppelcharakters der Demokratie: Sie ist mit demokratischen Mitteln aufhebbar.

In den Modulen 2 und 3 stehen Reflexionen zur Demokratie als Regierungs-, Gesellschafts- und Lebensform (Negt 2010, Modul 2) im Mittelpunkt und „die Menschen, unsere Lebensverhältnisse und Lebenswünsche" (Modul 3). Perspektiven des "Kennens" regen Reflexionen über eigene Demokratievorstellungen an und konfrontieren mit Demokratie- bzw. Gesellschaftsvorstellungen von rechtspopulistischen Strömungen und antidemokratischen- und marktradikalen Initiativen. Eine Übung (das Schokoladenspiel, Betzavta, vgl. Ulrich et al 2005) ermöglicht eine Vertiefung in eigener Erfahrung im demokratischen Handeln. Analytische Erklärungsmodelle unterstützen das Weltverstehen. Eine Reflexion zur Kompetenzorientierung in der politischen Bildung rundet das Modul 3 ab. Gesellschaftlichen Kompetenzen nach Oskar Negt (2010) ergänzen und konkretisieren den Deutschen Qualifikationsrahmen (DQR). Negt beschreibt als Metakompetenzen die Fähigkeiten, sich Orientierung zu verschaffen, Zusammenhänge herzustellen und Unterscheidungsfähigkeit. Weiter benennt er Identitätskompetenz/Interkulturelle Kompetenz, Technologische (Folgenabschätzung ...), Gerechtigkeits-, Ökologische, Historische und Ökonomische Kompetenz. Ein Einstieg in Grundlagen der Menschenrechtsbildung schließt diesen Block.

Die Module 4 und 5 stehen im Zentrum der Reflexion des „Könnens", des Kennenlernens von verschiedenen Konzepten und des exemplarischen Erprobens ausgewählter Methoden. Ein Impuls zu „Demokratischer Kommunikation" öffnet im Kontext von „Interkulturellem Lernen und Diversitätsorientierung" mit Hilfe von Übungen eigene Kulturbegriffe (vgl. Handschuk/Klawe 2010) und schließt mit der Übung „die Albatros-Kultur", zur Wahrnehmung kultureller Differenz. Wir eröffnen eine „Ausstellung" zur Einführung in den „Baustein zur nicht-rassistischen Bildungsarbeit" (DGB Bildungswerk Thüringen 2008) und erproben die Übung „Abstandnehmen" zur Reflexion von Demokratie- und Menschenrechten als Querschnittsthema und Arbeitsprinzip. Das Modul 5 führt in Anti-Bias-Ansätze ein und in den „Kompass – Handbuch zur Menschenrechtsbildung" (Brander et al 2005). Zwei Kurzgeschichten und eine Wand mit Zeitungsausschnitten spiegeln Diskurse, Vorurteile und vorschnelle Urteile über verschiedene

Gruppen von Menschen aufgrund eigener Vorstellungen (Reflexion von Geschlechterrollen und von Zivilisationsvorstellungen über eigene und andere Gesellschaften). Die „Wirkung des Internet", eine Übung aus dem Handbuch „Kompass", nimmt eine von den Teilnehmenden wiederholt geführte Diskussion auf.

Exemplarische Umsetzung der Idee in der Fortbildung

Folgende vier Lernsituationen beschreiben exemplarisch Arbeitsweisen und Inhalte. Die Beispiele sind den Modulen 1, 2, 3 und 5 entnommen. Sie geben einen Überblick von der Erfahrungshebung, zu gelebter Demokratie mit einer Übung, zur Analyse und Auseinandersetzung mit den sozialen, historischen, sozialpsychologischen, biografischen und gesellschaftlichen Ursachen entsprechender Einstellungen und zu Anti-Bias-Konzepten und Methoden. Im Modul 1 tauschen sich die Teilnehmenden über „aktuelle gesellschaftliche Herausforderungen für das Zusammenleben in der Demokratie" aus. Sie arbeiten selbstständig und schreiben ihre wichtigsten Stichworte auf eine Moderationswand, zur anschließenden Diskussion. Zentrale Aspekte sind die „Spaltung der Gesellschaft", mit ihren Folgen wie Armut und Reichtum, (Un)gleichheit, (Un)Gerechtigkeit, Freiheit, Rechtsextremismus und persönliche wie gesellschaftliche Gefährdungen. Ohnmacht, Überforderung durch Komplexität und eingeschränkte Handlungsfähigkeit finden sich in diesem Gemisch. Die Demokratie ist zwar die beste Staatsform dennoch ist mit Frustrationen, Macht und Machtmissbrauch umzugehen. Begriffe wie Freiheit, Gerechtigkeit (Gleichheit) und Brüderlichkeit (Solidarität) und ihre unterschiedlichen gesellschaftlichen Bedeutungen beziehungsweise Zielvorstellungen stehen im Fokus. Zusammenhänge sind herzustellen zwischen Ideen von Gleichheit oder Ungleichheit, zu Vielfalt und Verschiedenheit, über Theorien wie „Jeder ist seines Glückes Schmied" oder „jeder tue für sich das Beste" und Neoliberalismus. Grundprinzipien wie Kooperation oder Konkurrenz, Solidarität versus Egoismus oder Individualismus konfrontieren Prozesse der Entdemokratisierung. Strategien präventiven oder reaktiven Handelns entfalten sich in der Diskussion des Syndroms Gruppenbezogener Menschenfeindlichkeit (GMF). Lösungsstrategien loten die alternativen Strategien des „systematischen Einarbeitens im Vorfeld" (präventiv) oder „spontanen Reagierens" (intervenieren) aus. Grundperspektive des Arbeitsprinzips leuchtet sich aus, die Spannung präventiver Integration der Querschnittsaufgaben oder der Einübung „direkter Interventionen". Das „Schokoladenspiel" (Betzavta) spiegelt im Modul 2 den Umgang mit demokratischen Regeln und Strategien im Erproben und motiviert zu präventiven Strategien. „Ausgewählte Einblicke: Soziale Ausgrenzung" (siehe Kapitel 3) ergänzen die Diskurse.

Das Modul 2 nimmt den Demokratiebegriff in seiner komplexen Perspektive von Regierungs-, Gesellschafts- und Lebensform in den Blick. Mit dem Arbeitsauftrag „unter Demokratie verstehe ich ..." sammeln die Teilnehmenden ihre Vorstellungen von Demokratie, es entstehen komplexe Mindmaps. Es folgt eine Diskussionen um die Demokratie, ihre Krise und Gefährdung, auf der Basis zweier Artikel von Dirk Jörke (2011) und Wolfgang Merkel (2016). Erkenntnisse über Demokratie- bzw. Gesellschaftsvorstellungen von rechtspopulistischen Strömungen und antidemokratischen und marktradikalen Initiativen konfrontieren das Vorherige. Das Selbststudium vertieft mittels Texten zum Rechtspopulismus und zur Gruppenbezogenen Menschenfeindlichkeit[76].

In die Betzavta-Übung[77] - das „Schokoladenspiel" - führt möglichst eine Teilnehmer*in ein, die Gruppe erprobt die Übung. Das Schokoladenspiel spürt nach, wie die Teilnehmenden mit Gleichheit (vor dem Gesetz, „die Regeln"), mit (Un)Gleichheit und (Un)Gerechtigkeit (Startbedingungen in der Übung sind ungleich) in der Übung umgehen und welche Strategien sie wie finden, um zu bestehen. Kleingruppen erleben die Übung. Die Auswertung beleuchtet den Gruppenprozess im Verlauf der Übung, das Verhalten der anderen Gruppen, die Herausforderungen und Chancen, die Möglichkeiten neue Regeln festzusetzen und welche Regeln wie mit welchen Begründungen eingeführt werden, welche Personen sich wie einbringen, durchsetzen oder eher zurückhalten. Wie wirkt die „Motivation" Schokolade auf die Teilnehmenden?

Das Setzen, Einhalten, (Neu)Vereinbaren und Gestalten demokratischer Regeln, die Entwicklung von Macht und Konkurrenz, das Kontrollieren oder Ausschalten möglicher Konkurrenz, die Wahrnehmung von subjektiven oder gemeinsamen Lebensinteressen, eher autoritär umsetzend, antidemokratisch oder in solidarischem Handeln: Im Schokoladenspiel lassen sich diese Herausforderungen der Demokratie erproben, wahrnehmen und anschließend reflektieren. Hier zeigt sich, dass Demokratie im Negtschen Sinne immer wieder gelernt, gesichert und verteidigt werden muss (vgl. Negt 2010: 13).

Im Modul 3 erarbeiten die Teilnehmenden anhand von Textauszügen von Stefan Fehser (2013) Erklärungsansätze zu Theorien der sozialen Identität, zu Kontakthypothesen, zu Bildung und Sozialisation, zur Deprivationstheorie und zur Desintegrationstheorie und präsentieren diese zur Diskussion.

---

76   Siehe im Literaturverzeichnis: Decker/Lewandowski (2017), Niehr (2017), Butterwegge (2011), Küpper/Zick (2015) und Gardels (2017).

77   Das Schokoladenspiel, ursprünglich in Ulrich et al 2005, wieder abgedruckt im Baustein zur nicht-rassistischen Bildungsarbeit und frei verfügbar im Netz unter: http://baustein.dgb-bwt.de/PDF/B3-Schokoladenspiel.pdf.

Das Modul 5 stellt das „Anti-Bias-Konzept" vor. Die zwei Kurzgeschichten und die „Wand der Vorurteile" führen in die Thematik ein. Die Kurzgeschichten regen zur Reflexion eigener Bilder von Menschen und Gesellschaften an. Die erste Geschichte befragt die Vorstellungen über Geschlechtsrollen. Eine Frau gibt ihr Kind wegen eines wichtigen Gespräches bei der Schreibkraft im Vorzimmer ab, diese antwortet später, es sei ihr Kind. Wer diese Schreibkraft ist, stößt in der Gruppe Denk- und Reflexionsprozesse an? Die zweite Geschichte erzählt von einem rückständigen Land, mit vielen Klischees, die im Allgemeinen damit verbunden werden. Die Auflösung, die Rede sei von Deutschland, löste Erstaunen aus. Ein solcher erzählerischer Ansatz motiviert die Teilnehmenden zum einen, vermeintlich feste Glaubenssätze zu hinterfragen und dabei zum anderen zu erfahren, wie stark die eigene Wahrnehmung durch Narrative und Bilder strukturiert ist.

Die Diskussion der Wahrnehmungen zur „Wand der Vorurteile" bringt „Beobachtungen" zu Tage, „welche Vorurteile" einbezogen sind, welche unterschiedlichen Formen diese transportieren, welche „Funktionen sie haben" und regt zum Nachdenken über „eigene Gefühle/Haltungen/Verwicklungen" an. Das Eisbergmodell zu „sichtbarer Diskriminierung", sowie „teilweise sichtbarer" oder „unsichtbarer Diskriminierung" ergänzt die Sammlung. Eine Reise durch die Struktur des „Anti Bias"-Konzeptes schließt die Einheit ab. Die „lebenslange Reise" führt über die Stationen „die eigene Haltung bewusst machen", „Vielfalt Wert schätzen", „Perspektivwechsel", „Diskriminierung emotional begreifen", „Strukturen erkennen", „die eigene Macht nutzen", „Muster aufbrechen", „Schieflagen ins Gleichgewicht bringen", „Hindernisse überwinden", „Aktiv werden" und „Bündnisse schaffen".

Fazit: Reflexionen und Perspektiven

Der erste Durchgang der beschriebenen Fortbildung ist absolviert und kann als Erfolg gewertet werden. Zertifikate der erfolgreichen Teilnahme sind ausgehändigt, das Feedback der Teilnehmenden ist, bestätigt durch die Evaluation, sehr positiv. Einiges ist zu überarbeiten, die Ziele sind abzugleichen, die Lernergebnisse konkreter den einzelnen Modulen zuzuordnen. Die Verzahnung von Präsenz- und Selbststudium ist deutlicher implementiert und mit konkreten Arbeitsaufträgen versehen, die einzureichen sind. Die Referent*innen geben Rückmeldungen dazu. Die Arbeit mit dem Lerntagebuch ist stärker strukturiert, ein Portfolio mit Arbeitsergebnissen dokumentiert die Eigenarbeit. Der Bezug zur Geschichte der Institutionen ist verdeutlicht, das Erbe der Aufklärung fokussiert. Das weite Feld der verschiedenen praktischen Ansätze ist auf einen konzentriert und verschafft mehr Raum zum Erproben von Übungen. Flexibilitäten, wie die frühe Aufnahme der Übung „das Schokoladenspiel" ist verstetigt, ebenso die bedarfsorientierte Inklusion von streitigen Diskussionen wie die zur „Wirkung des Internet" im Modul 5. Die Seminarist*innen sind weiterhin auch direkt mit eigener Aktivität eingebunden, in dem sie entsprechende Übungen vorstellen. Die Übungen zeigen gleichzeitig Möglichkeiten auf, reaktiv auf Diskussionen unter Teilnehmenden einzugehen, wie dies zur Wahrnehmung eines Querschnittsthemas sinnvoll ist. Es zeigt sich, dass im Rahmen der Reflexion der inhaltlichen Orientierungen der Einrichtungen (Leitbild, Geschichte), die Geschichte der Erwachsenenbildung nur mit knappen Bezügen angerissen ist. Daraus erwuchs die Idee, der Geschichte, den Wurzeln und Entstehungsgründen und dem darauf Bezug nehmenden professionellen Selbstverständnis in einer separaten Fortbildung mehr Raum zu geben. Ein erstes Angebot ist mit dem Fortbildungsprogramm 2018/19 in Vorbereitung. Die Modularisierung ist sinnvoll und zeigt auch, dass Personen noch in das „letzte" Modul einstiegen. Dabei sind die Referent*innen gefordert, die Neueinsteigenden entsprechend einzuführen und die persönlichen Reflexionen subjektiver zu differenzieren, so dass jede Teilnehmende auf der Grundlage ihres Seminarhorizonts effektiv arbeiten kann. Hier ist das angebotene Coaching bedeutsam.

An der gesamten Fortbildungsreihe nahmen 16 Personen teil, 13 Frauen (81 %), darunter zwei Migrantinnen (13 %), und drei Männer (19 %). Beteiligt waren alle drei Säulen der niedersächsischen Erwachsenenbildung: Volkshochschulen (acht Teilnehmende, 50 %), Heimvolkshochschulen (zwei Teilnehmende, 13 %), Landeseinrichtungen (fünf Teilnehmende, 31 %) und sonstige Einrichtungen (eine Teilnehmende, 6 %). Unter ihnen waren Leitungskräfte, politische Bildner*innen und Pädagogische Mitarbeitende oder Dozent*innen mit anderen Schwerpunkten. Das Zertifikat erwarben fünf Teilnehmende, drei Frauen (60 %), darunter eine Migrantin (20 %) und zwei Männer (40 %). Fünf Teilnehmende konnten aus beruflichen oder gesundheitlichen Gründen die Fortbildung nicht fortsetzen (vier Frauen und ein Mann), davon strebten drei den Abschluss an. Im Prozess befinden sich sieben Teilnehmende, die die Fortbildung mit dem nächsten Zyklus 2018/19 fortsetzen wollen.

Das Konzept konnten mehrfach vorgestellt werden: Beim „Runden Tisch politische Bildung" der niedersächsischen Erwachsenenbildung, bei der Jahrestagung des „Niedersächsischen Landesprogrammes gegen Rechtsextremismus ..." und auf der Fachtagung "EINmischen, MITmischen - 'Demokratiebildung' als (Kern-) Auftrag und Querschnittsaufgabe in Angeboten der Kinder- und Jugendhilfe - Aktuelle Herausforderungen und Konzepte" der Jugendbildungsstätte Waldmünchen im Oktober 2017. Eine Volkshochschule möchte diese Idee ihren Mitarbeitenden vorstellen.

Literaturverzeichnis

Bittner, Ralf (2016): Soziologe: "AfD zeichnet sich durch Ungleichheit aus", in: Neue Westfälische, vom 13.06.2016. http://www.nw.de/lokal/kreis_herford/herford/herford/20853706_Soziologe-AfD-zeichnet-sich-durch-Ungleichheit-aus.html. [Abfrage am 17.11.2017]

Brander, Patricia; Oliveira, Bárbara u. a. (2005): Kompass. Handbuch zur Menschenrechtsbildung für die schulische und außerschulische Bildungsarbeit, Berlin: Deutsches Institut für Menschenrechte.

Bude, Heinz (2016): Soziale Ungleichheit. Die neue soziale Spaltung, in: FAZ, 15.04.2016. http://www.faz.net/aktuell/wirtschaft/arm-und-reich/soziale-ungleichheit-in-deutschland-trotz-starker-wirtschaft-14169768.html. [Abfrage am 20.10.2016]

BzpB: Bundeszentrale für politische Bildung (Hrsg., 2016): Dossier Rechtspopulismus. https://www.bpb.de/politik/extremismus/rechtspopulismus/, [Abfrage am 09.04.2018]

Ciupke, Paul (1999): Historische Entwicklungslinien: Politische Erwachsenenbildung von der Aufklärung bis zum Ende des Nationalsozialismus, in: Beer, Wolfgang; Cremer, Will; Massing, Peter (Red.): Politische Erwachsenenbildung. Ein Handbuch zu Grundlagen und Praxisfeldern, Bonn: Bundeszentrale für politische Bildung: 61-85.

Decker, Frank; Lewandowsky, Marcel (2017): Rechtspopulismus: Erscheinungsformen, Ursachen und Gegenstrategien, in: Bundeszentrale für politische Bildung (Hrsg.): Dossier: Rechtspopulismus, vom 10.01.2017. http://www.bpb.de/politik/extremismus/rechtspopulismus/240089/rechtspopulismus-erscheinungsformen-ursachen-und-gegenstrategien, [Abfrage:14.11.2017]

Decker, Oliver; Kiess, Johannes; Brähler, Elmar (2012): Die Mitte im Umbruch. Rechtsextreme Einstellungen in Deutschland 2012, Bonn, Dietz-Verlag.

Decker, Oliver; Kiess, Johannes; Brähler, Elmar (Hrsg., 2016): Die enthemmte Mitte. Autoritäre und rechtsextreme Einstellungen in Deutschland, 2. Auflage, Giessen, Psychosozial-Verlag.

Dewey, John (2000/1915): Demokratie und Erziehung. Eine Einleitung in die philosophische Pädagogik, 3. Auflage, Weinheim, Beltz Taschenbuch.

DGB Bildungswerk Thüringen (2008): Baustein zur nicht-rassistischen Bildungsarbeit 2. Auflage Erfurt http://baustein.dgb-bwt.de/ [Abfrage am 14.11. 2017]

Dietl, Stefan (2017): Die AfD und die soziale Frage. Zwischen Marktradikalismus und 'völkischem Antikapitalismus'. Unrast-Verlag: Münster.

DVV, Deutscher Volkshochschulverband: Volkshochschulen, in: https://www.dvv-vhs.de/der-verband/volkshochschulen.html [Abfrage am 10.10.2017]

Fehser, Stefan (2013): Determinanten Gruppenbezogener Menschenfeindlichkeit. Eine empirische Studie zu Vorurteilen und Abwertung sozialer Gruppen. Diplomarbeit. Dresden.

Friedman, Milton (2009/1962): Kapitalismus und Freiheit. 6. Auflage. München: Piper Verlag.

Gardels, Nathan (2017): Politik ohne Parteien, in: Sonntag Ihr neues Wochenende, vom 21.04.2017, http://www.sn-online.de/Sonntag/Gastkommentar/Politik-ohne-Parteien [Abfrage am 07.06.2017]

Handschuk, Sabine; Klawe, Willy (2010): Interkulturelle Verständigung in der Sozialen Arbeit. Weinheim:, Juventa.

Heinrich-Böll-Stiftung (2016) (Hrsg.): Ideologien der Ungleichwertigkeit, Berlin: 21-35, in: https://www.boell.de/sites/default/files/201605_ideologien_der_ungleichwertigkeit.pdf [Abfrage am 08.11.2017]

Heitmeyer, Wilhelm (2012): Deutsche Zustände. Folge 10. Berlin: Suhrkamp Verlag.

Hilmer, Richard; Kohlrausch, Bettina; Müller-Hilmer, Rita; Gagné, Jérêmie (2017): Einstellung und soziale Lebenslage. Eine Spurensuche nach Gründen für rechtspopulistische Orientierung, auch unter Gewerkschaftsmitgliedern. in: www.boeckler.de/pdf/p_fofoe_WP_044_2017.pdf [Abfrage am 10.08.2017]

Himmelmann, Gerhard (2006): Leitbild Demokratieerziehung. Vorläufer, Begleitstudien und internationale Ansätze zum Demokratie-Lernen, Bad Schwalbach/Ts: Wochenschau Verlag.

Hövermann, Andreas; Groß, Eva; Zick, Andreas 2015: "Sozialschmarotzer" - der marktförmige Extremismus der Rechtspopulisten, in: Zick, Andreas; Küpper, Beate (2015): Wut, Verachtung, Abwertung. Rechtspopulismus in Deutschland. Bonn: Dietz Verlag. 95-108.

Holzkamp, Klaus (1990): Worauf bezieht sich das Begriffspaar "restriktive/verallgemeinerte Handlungsfähigkeit"? In: Forum Kritische Psychologie 26: 35-45.

Jörke, Dirk (2011): Bürgerbeteiligung in der Postdemokratie, in: APUZ, 01-02/2011, v. 03.01.2011: 13-18, in: http://www.bpb.de/apuz/33569/buergerbeteiligung-in-der-postdemokratie?p=all [Abfrage am 13.11.2017]

Jörke, Dirk; Selk, Veith (2017): Theorien des Populismus zur Einführung. Hamburg: Junius Verlag.

Katholische LandvolkHochschule Oesede (2018): Geschichte – Wurzeln und Flügel - …, in: https://www.klvhs.de/klvhs-oesede/geschichte.html [Abfrage am 16.01.2018]

Kauschke, Detlef David (2017): "Bedrückend und beunruhigend". Interview des Zentralratspräsidenten Dr. Josef Schuster, Jüdische Allgemeine, v. 23.10.2017, in: http://www.zentralratdjuden.de/de/article/6187.bedrückend-und-beunruhigend.html [Abfrage am 24.10.2017]

Klein, Anna (2014): Mitten in einer entleerten Demokratie? In: Zick, Andreas; Klein, Anna: Fragile Mitte – Feindselige Zustände. Rechtsextreme Einstellungen in Deutschland 2014, Bonn: Dietz Verlag: 85-101.

Kormbaki, Marina (2017): "Angst macht sich unter Deutschtürken breit", in: Allerzeitung, v. 25.10.2017: 3.

Krause, Daniela; Küpper, Beate (2015): Zwischen Wut und Druck: Rechtspopulistische Einstellungen in der Mitte, in: Zick, Andreas; Küpper, Beate: Wut, Verachtung, Abwertung. Rechtspopulismus in Deutschland, Bonn: Dietz Verlag: 44-60.

Küpper, Beate, Zick, Andreas; Krause, Daniela (2016): Ideologien der Ungleichwertigkeit und das Syndrom "Gruppenbezogener Menschenfeindlichkeit", in: Heinrich-Böll-Stiftung (2016) (Hrsg.): Ideologien der Ungleichwertigkeit, Berlin: 21-35, https://www.boell.de/sites/default/files/201605_ideologien_der_ungleichwertigkeit.pdf [Abfrage am 08.11.2017]

Kumm, Mattias (2017): Demokratie als reaktionärer Topos. Populistische Ideologien sind strukturell verfassungsfeindlich, in: WZB Mitteilungen, Heft 157, September 2017. 6-8.

Langmaack, Barbara (2000): Themenzentrierte Interaktion. Einführende Texte rund ums Dreieck. 4. Auflage. Weinheim: Beltz Psychologie-Verlags-Union.

Merkel, Wolfgang (2016): Krise der Demokratie? Anmerkungen zu einem schwierigen Begriff, in: APUZ, 40-42/2016, v. 04.10.2016: 4-11, in: www.bpb.de/apuz/234695/krise-der-demokratie-anmerkungen-zu-einem-schwierigen-begriff?p=all [Abfrage am 14.11.2017]

Mises, Ludwig von (2006:1927): Liberalismus, 4. Auflage, Sankt Augustin: Academia Verlag.

Müller, Jan-Werner (2016): Was ist Populismus? Ein Essay. Berlin: Suhrkamp.

Nachtwey, Oliver (2016): Die Abstiegsgesellschaft. Über das Aufbegehren in der regressiven Moderne. Frankfurt/M.: Suhrkamp.

Negt, Oskar (2010): Der politische Mensch. Demokratie als Lebensform. Göttingen: Steidl Verlag.

Niedersächsisches Landesprogramm gegen Rechtsextremismus - für Demokratie und Menschenrechte (2016): in: //lpr.niedersachsen.de/html/download. cms?id=2274&datei=Das+Niders%E4chsische+Landesprogramm+gegen+ Rechtsextremismus.pdf [Abfrage am 08.01.2018]

Niehr, Thomas (2017): Rechtspopulistische Lexik und die Grenzen des Sagbaren, in: Bundeszentrale für politische Bildung (Hg.): Dossier: Rechtspopulismus, vom 16.01.2017, http://www.bpb.de/politik/extremismus/rechtspopulismus /240831/rechtspopulistische-lexik-und-die-grenzen-des-sagbaren [Abfrage am 13.11.2017]

Pongratz, Ludwig A. (2010): Kritische Erwachsenenbildung. Analysen und Anstöße, Wiesbaden: VS-Verlag.

Priester, Karin (2017): Das Syndrom des Populismus, in: Bundeszentrale für politische Bildung (Hrsg.): Dossier: Rechtspopulismus, vom 16.01.2017, http://www.bpb.de/politik/extremismus/rechtspopulismus/240833/das-syndrom-des-populismus [Abfrage am 13.11.2017]

Smith, Adam (1990/1789): Der Wohlstand der Nationen, 5. Auflage, München,: Deutscher Taschenbuch Verlag.

Sow, Noah (2009): Deutschland Schwarz Weiß. Der alltägliche Rassismus, München, Goldmann.

Spiegel, Hiltrud von (2008): Methodisches Handeln in der Sozialen Arbeit, 3. Auflage, München: UTB.

Trau, Kim Alexandra (2017): Zwischen Gaga und Hass. Warum sexuelle und geschlechtliche Vielfalt ein Thema der politischen Bildung sein muss, in: Zeitschrift Außerschulische Bildung Ausgabe, 4-2017: 61-64.

Ulrich, Susanne; Henschel, Thomas R.; Oswald, Eva (2005): Miteinander - Erfahrungen mit Betzavta. Ein Praxishandbuch für die politische Bildung auf der Grundlage des Werks "Miteinander", eine Adaption von Uki Maroshek-Klarmann/Adam Institut, Jerusalem, 4. überarbeitete Auflage, Gütersloh: Verlag Bertelsmann Stiftung.

Wegner, Gerhard (2017): Über ein neues, altes Phänomen. Populismus – gut oder böse? In: www.kirche-und-arbeitswelt.de/leitartikel-populismus-gut-oder-boese-269.php [Abfrage am 10.04.2018]

Zick, Andreas; Krause, Daniela; Küpper, Beate (2016): Gespaltene Mitte – Feindselige Zustände Rechtsextreme Einstellungen in Deutschland 2016, Bonn: Verlag J. H. W. Dietz.

Zick, Andreas; Krause, Daniela; Küpper, Beate (2016): Rechtspopulistische und rechtsextreme Einstellungen in Deutschland, in: Dies.: Gespaltene Mitte – Feindselige Zustände Rechtsextreme Einstellungen in Deutschland 2016, Bonn: Verlag J. H. W. Dietz: 111-142.

Zick, Andreas; Küpper, Beate (2015): Wut, Verachtung, Abwertung. Rechtspopulismus in Deutschland, Bonn: Verlag J. H. W. Dietz.

The manufacturer's authorised representative in the EU is Springer
Nature Customer Service Centre GmbH, Europaplatz 3, 69115 Heidelberg,
Germany. If you have any concerns regarding our products, please
contact ProductSafety@springernature.com

Printed and bound by CPI Group (UK) Ltd, Croydon, CR0 4YY
24/04/2026
02096333-0003